이순신과 임진왜란

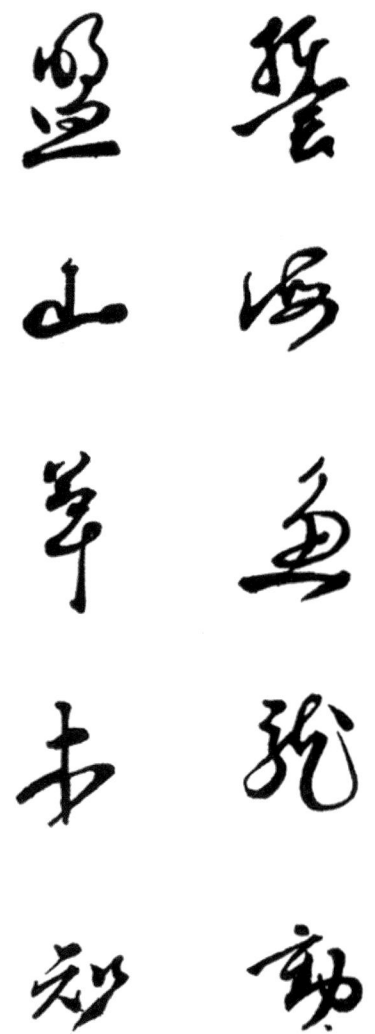

〈忠武公의 親筆詩句(陣中吟)〉

誓海魚龍動　　　바다에 맹세하니 물고기와 용이 감동하고
盟山草木知　　　산에 맹세하니 풀과 나무가 알아 주네

〈이순신의 영정〉 이상범 필, 1932, 143.0×90.0㎝.
1932년 충무공유적보존회의 주도로 아산 현충사 보존 운동이 일어났을
때 새로 조성하여 봉안한 영정. 식민지 시대 국민성금에 의해
조성되었다는 의의가 있다. 동일인의 작품이 아산 종가와 통영
충렬사에도 소장되어 있다. 〈해군사관학교박물관 소장〉

〈부산진 순절도〉
부산성 앞에 정박한 왜군 수송선단. 왜의 육군(고니시, 가토, 구로다군도 육군이다)이 이들 수송선단을 타고 침공해 온바. 이순신은 조선 수군이 이들 수송선단을 해상에서 불태우지 않았다고 통분해 했다.
〈육군박물관 소장〉

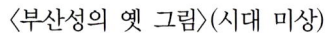

〈부산성의 옛 그림〉(시대 미상)

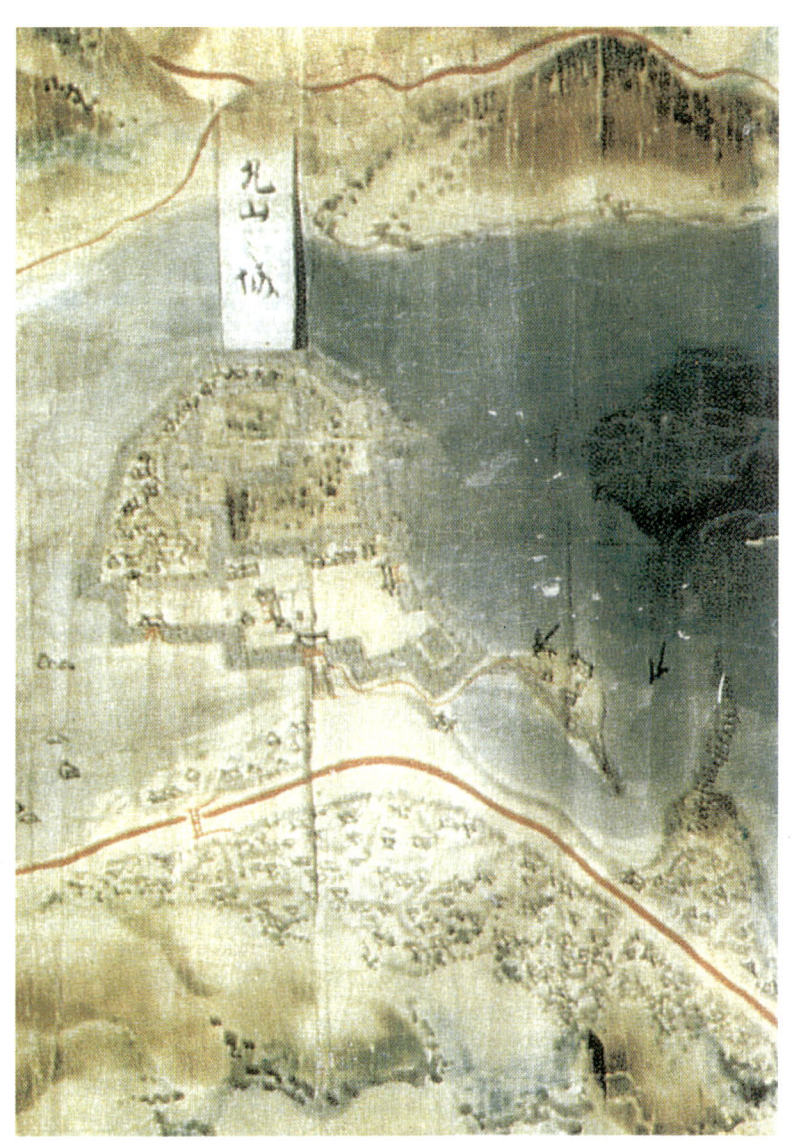

〈임진란 동안 왜성으로 고쳐 쌓은 부산성〉

〈동래부 순절도〉
이순신은 동래성에서
화약무기를 준비하지
않았다고 개탄했다.
〈육군박물관 소장〉

〈평양감사가 대동강에서 기생들과 시문놀이를 하고 있는 그림. 이 같은 선단과 상선, 어선단에 방패를 세우고 화약무기로 무장했더라면 대동강은 지켜낼 수 있었을 것이다.〉

〈방패를 세운 방패선〉
어선·상선·화물선에 방패를 세우고 화약무기로 무장시켰으면, 왜란은 부산·한강·임진강·대동강에서 막아낼 수 있었을 것이다.

〈경기도 파주에 있는 화석정〉

〈아다케선〉

〈1968년 우연히 발견된 히데요시의 나고야성의
병풍 그림. 일본의 국보로 지정되었다.〉

이순신과 임진왜란

― 죽더라도 천자의 나라에 가서 죽겠노라. ―

이순신역사연구회 지음

비봉출판사

제2권 차례: 죽더라도 천자의 나라에 가서 죽겠노라.

- 제2권의 CONCEPT(기존 책들과의 차이점)/ 11

제5부 부산포해전
1. 웅천과 거제도를 잇는 '이순신 방어선' / 30
2. 낙동강 하구에서의 해전/ 35
3. 부산포해전/ 43
4. 해전이 끝나고/ 58
5. '부산파왜병장'을 행재소로 가지고 간 송여종/ 62
6. 왜군들이 본 부산포해전/ 63
7. 임진년 겨울의 군영 經·營/ 66
8. 〈선조실록〉등에 기록되어 있는 원균의 군영 經·營/ 74

제6부 분실된 개전 초 충무공의 장계
1. 개전 2개월 전에 부임한 원균 수사/ 86
2. 왜란에 대한 단순한 통보성 공문들/ 89
3. 경상도 쪽으로 구원 나가는 장계/ 99
4. 선전관이 가지고 달려온 발병부(發兵符)/ 106
5. 드디어 도착한 원균의 구원요청 공문/ 109
6. 단독 출항을 감행/ 117
7. 개전 전후의 군영 經·營 일기/v120

제7부 임진왜란은 부산에서 막을 수 있었다
1. 왜란의 징후와 대응/ 156
2. 정발 장군의 명예회복 과정의 자초지종/ 163
3. 해상방어를 외면한 박홍 경상좌수사/ 172

4. 經·營者로서 재조명하는 동래부사 송상현/ 177
　5. '춘추필법'과 비석문의 필법/ 186
　6. 이각 병마사에 대한 재조명/ 192
　7. 정발 장군도 화약무기를 사용했다?/ 196
　8. 100년 만에 들어보는 經·史의 史學 특강/ 198

제8부　임진왜란은 한강에서 막을 수 있었다
　1. 개전 초 조정의 대응전략/ 204
　2. 신립 장군과 화약무기/ 207
　3. 수전맹(水戰盲)들끼리 논의한 '한성 방어전'/ 211
　4. 파천 직전에 일어난 사건들/ 216
　5. 도시락 준비도 없이 굶으면서 떠난 피난길/ 223
　6. 하늘에서 통곡했을 율곡의 혼령/ 229
　7. 이산해와 신성군 세력의 몰락/ 241

제9부　임진왜란은 임진강에서 막을 수 있었다
　1. 선조가 어명으로 지휘한 '임진강 전투'/ 256
　2. 피난 중에도 멈추지 않은 조정의 시문놀이/ 268
　3. "경연을 열고 국가 經·營을 바로 세우라"는 양사/ 298
　4. 충청·전라·경상도 소식/ 302
　5. 평양성 방어 준비/ 311

제10부 선조 시대의 캄캄하고 어두운 국가 經·營
   1. '세상을 캄캄하고 어둡게 한다'는 주자(朱子)의 경고/ 320
   2. 전략·전술적 마스터플랜이 없는 조선군/ 335
   3. 신각의 죽음을 밝혀주는 한강·임진강 전투/ 345
   4. 임진강전투/ 354
   5. 구원의 빛이 된 〈옥포파왜병장〉/ 358
   6. 평양성 수비를 장담한 3정승/ 368

제11부 임진왜란은 평양에서 막을 수 있었다
   1. 평양성 백성들의 분노/ 374
   2. 선상에서의 강화회담/ 384
   3. 평양성의 함락/ 397
   4. 〈임진전란사〉에 기록된 동대원 전투/ 402
   5. 코미디 같은 3도 감사들의 용인 전투/ 404
   6. 〈선조실록〉에 기록된 동대원·평양성 전투/ 406
   7. 이일 장군이 올린 긴급장계/ 412
   8. 한응인이 강동에서 올린 장계/ 422
   9. 지휘·작전권을 넘기지 않은 선조 임금/ 426
   10. "죽더라도 천자의 나라에 가서 죽겠다!"는 선조 임금/ 431

1권: 죽더라도 천자의 나라에 가서 죽겠노라.
  제 1부. 옥포·합포·적진포해전
  제 2부. 사천포·당포·당항포·율포해전
  제 3부. 한산도해전
  제 4부. 안골포해전

3권: 우리 땅에서 왜적을 토벌치말라니 통분하옵니다.
  제12부 명나라 조승훈 군의 평양성전투
  제13부 명군의 평양성 탈환과 선조의 가토 기요마사 공포증
  제14부 이여송 군의 벽제관전투
  제15부 행주대첩·한성 수복·왜군의 퇴각
  제16부 웅천포해전
  제17부 견내량 막아서기 작전
  제18부 3도수군통제영의 창업 經·營

4권: 신에게는 아직도 열두 척의 배가 남아있나이다.
  제19부 제2차 당항포해전
  제20부 태산명동(泰山鳴動)에 서일필(鼠一匹)로
           끝난 영등·장문포의 수륙전
  제21부 백의종군의 남행길 천리
  제22부 칠천량에서 불타는 조선 함대
  제23부 신산(神算)의 울돌목(명량)해전
  제24부 조·명의 4로군(四路軍) 전략과 히데요시의 죽음
  제25부 성자(聖者)의 승천(昇天)-노량해전

제2권의 CONCEPT(기존 책들과의 차이점)

제1권에서는 독자들이 직접 〈난중일기〉와 〈임진장초(장계)〉를 통해 임진왜란사를 탐방했다. 또 直衝(직충), 又衝(우충) 등에 대한 오역을 바로잡았으며, 20세기 세계 해군들의 이순신 연구사도 조명해 보았다.

제2권부터는 이에 덧붙여 '동양의 史學(經·史의 史學)+서양 史學(논리·실증주의의 서양 History학)의 양대 학풍'으로 임진왜란사를 보다 다각도로 조명해 본다.

하나. 다시 보는 동양의 史學(經·史의 史學)

'史'라는 개념은 '기록한다', 또는 史官(사관)을 뜻하는바, 사마천(司馬遷)의 〈史記(사기)〉는 사마천이라는 사관의 기록이고 〈三國史記〉는 김부식(金富軾)이라는 사관이 기록한 것이다. 〈조선왕조실록〉 또한 조선의 사관들이 기록한 것이다. 따라서 〈史記〉, 〈三國史記〉, 〈조선왕조실록〉은 史學 분야의 史書(사서)로 분류되며, 기록과 해독 방식은 經·史의 학풍(자료 3에서 B쪽 영역)이다.

한·중·일 3국은 19세기 말~20세기 초에 와서 서양의 학문·학제·학풍을 수입하여 신식학교를 세웠다. 그리고 Science는 '과학', History학은 '역사학'이라는 신조어를 만들어 가르쳐 왔는데, 학풍은 〈자료 3〉에서 A쪽 영역(서양의 과학·논리·실증주의)이다.

이렇듯 한·중·일의 신식학교들이 동양의 史學을 가르치지 않게 되자 그 후 史學은 실종되고 말았다.

그런데 임진왜란 분야의 고전(〈선조실록〉, 〈징비록〉, 〈난중일기〉)들은 經·史의 史學으로 접근해야 할 영역이 많다. 때문에 제2권에서부터는 '동양의 經·史의 史學+서양의 논리·실증주의의 History학의 양대 학풍'으로 심층 조명해 간다.

〈자료 3〉 이치탐구(진리탐구)의 두 가지 패러다임

	진리	학습방법	학습대상	바탕적 학문	판단기준
A영역 IQ 좌뇌	과학적 진리 논리적 진리 (헬레니즘의 이성)	실험학습 실증주의 논리적 제3자적 객관적	거북선과 화약무기 과학/군사학 산수/논리학 History학	과학, 수학 등 데카르트의 논리에 바탕	事判(事理적 판단)
B영역 EQ 우뇌	경전 말씀 진리(經). 가치관(히브리즘의 신앙)	經·史학풍 修道적 주관적 체험적	경전(經)을 좌우명으로 삼은 인간의 史학	경전학(4서5경, 성경, 불경)에 바탕을 둔 인성학	理判(道理적 판단)

둘. 經·史의 기초 개념

經·史의 史學은 근 100년간 실종되어 왔기에 우리에게는 생소한 용어가 되었다. 하지만 동양인에게는 체질화된 분야이므로 다음과 같은 기초적 개념들만 이해하면 초등학교에서도 가르칠 수 있을 만큼 쉽다.

1) 格物(격물)·致知(치지): 동양사상과 동양학의 출발점

이순신은 어릴 때 서당에서 〈자료 3〉의 B쪽으로 학습했고, 전쟁놀이는 A쪽이었다. 세종대왕이 한글을 만들 때 동물의 성대를 해부한 것은 A쪽에 해당된다. 그러나 경연에서 사서오경(四書五經)을 공부할 때는 B쪽이었다.

서당 출신〈자료 4〉의 이승만, 김구, 안창호, 김창숙, 그리고 경방·삼양사·삼성·LG·현대·효성·동양 등 기업의 창업주들은 모두 서당에서 經·史 학적 진리탐구법을 배웠으며(B쪽), 그 후 신식학교에 가서는 데카르트에 바탕한 수학과 과학적 진리탐구법(A쪽)을 배웠다. 그리고 사회인이 되어서는 두 가지(동양과 서양, 東道와 西器)를 접목·구사했고, 그것이 대성(大成)하는 비결이었다.

〈자료 4〉 經·史學으로 조명하는 민족사

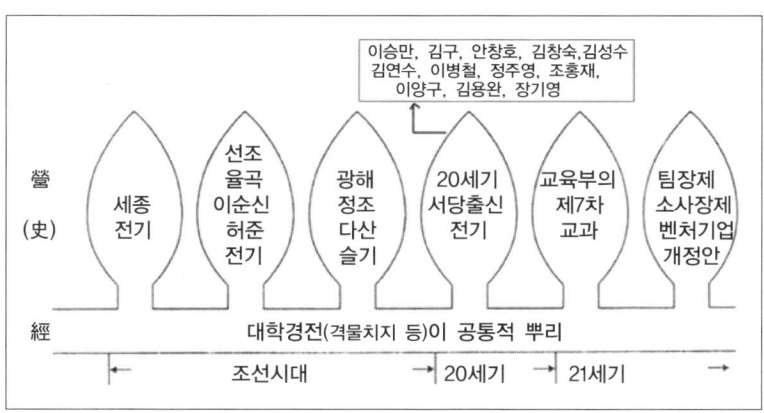

2) 經·史: 經典 말씀과 史例(왕조실록, 문집 등)를 비교 독서하는 원리

격물·치지는 옛날 서당에서 가르쳤던 학문이므로 초등학생들의 눈높이에 맞춰 쉽게 가르칠 수 있는 개념이다. 이 책에서는 격물·치지를 經으로 삼고, 〈난중일기〉와 〈임진장초(장계)〉를 史로 한 經·史學으로 임진왜란사를 탐방해 가는바, 이를 도식화 하면 〈자료 4〉와 같은 모습이다.

3) 經·營(경·영): 經典(경전) 말씀을 자기 철학으로 삼아 營爲(영위, 行) 하는 것

經·營은 〈시경〉, 〈주경〉, 〈맹자〉에도 나오지만 조선시대에 와서 유학이 국학으로 되자 유학 經典과 이를 기초로 제정된 經國大典이나 어명을 經이라 했다. 또 이들 經을 규범으로 삼아 조정의 6조와 지방의 6방에서 국정을 영위(營爲, 실천)하는 것을 經·營이라 했다.

〈자료 5〉 조선왕조실록에 등장하는 經·營의 횟수(태조~성종)

	재위	횟수		재위	횟수
태조	7년	89	단종	3년	81
정종	2년	18	세조	14년	256
태종	18년	235	예종	2년	37
세종	32년	579	성종	25년	733
			계	102년	1,830

● 이순신의 經·營

〈난중일기〉는 충무공의 經·營 일기이며, 〈임진장초(장계)〉는 충무공의 經·營 보고서이다. 그러나 지난 100여년 가까이 經·史의 史學이 실종되어 왔기에 아래에서 보는 충무공의 經·營도 조명되지 못해 왔다.

「대개 수륙으로 적을 토벌함에 있어서는 동시에 함께 하는 것이 급선무인데도, 요즘 와서는 논의가 분분하여 수군이 내놓는 대책들은 열에 한 가지도 시행되는 것이 없습니다. 난리가 일어 난 지 수년 동안 온갖 가지를 經·營해 오면서 한결같이 품었던 소원이 그만 허사가 될 형편입니다.」

－충무공의 장계(1593. 11. 17.)－

「국가의 위태로움이 극도에 이른 이때 해전에 관한 일은 방책을 세울 길이 없게 되어, 위로는 전함을 더 많이 만들라는 전하의 명령을 어기게 되고, 또 아래로는 미천한 신이 여러 해를 두고 經·營해 오던 뜻을 모두 잃어버리게 되었습니다.」

－충무공의 장계(1593. 12. 29.)－

● 유성룡의 經·營

다음은 유성룡이 도체찰사 겸 영의정으로서 황해도 순찰사에게 보낸 군영 經·營과 관아 經·營 분야의 공문서이다.

「오늘날 밤낮으로 경영해야(今日之日夜經營)할 것은 다만 나아가서 적군과 싸우는 일과 물러나서 국토를 지키는 일의 두 가지 계책이 있을 따름이다. 그러나 지키기를 먼저하고 싸움은 뒤에 할 것이니, 능히 지키지도 못하면서 싸운다는 것은 있을 수가 없는 일이며, 지키는 방법은 다만 그 형세를 얻는 데에 있을 뿐이다….

옛날에 강음을 합병할 때 우연히 이 계획을 생각하여 지금 (진鎭을) 다시금 설치하였는데, 당초에 설치한 의도는 고을 이름만 회복시키려는 데 있을 뿐만 아니라 점차 경영하여(漸次經營)

둔전(屯田)도 하고, 곡식도 저장하며, 험준한 땅을 가려서 웅거하고 수비하여 연안·배천·평산·해주의 보루(堡壘)로 만들고자 함이었다.」

전란이 터지자 유성룡은 이렇듯 온 힘을 다했지만 나라는 이미 극도로 피폐해져 있었기에 매사에 제대로 되는 일이 없었다. 유성룡은 이것이 한이 되어 전란 후 '유성룡형 난중일기'라 할 수 있는 〈군문등록(軍門謄錄)〉(謄錄은 일기라는 뜻)을 남기면서 이렇게 개탄했다.

「수년 동안 경영(數年經營)해 온 것이 다만 쓸모 없는 빈 말이 되었구나! 지나간 것이 이와 같을진대 다음에 오는 것도 다시 그러할 것이니, 천년만년 한없는 세월에 지사(志士)의 한 가닥 슬픈 마음만 더해질 뿐이다. 올 겨울에 내가 눈 속에 얼어 죽는다면, 내년에 어떤 사람이 큰 주발의 밀국수(초상집 국수)를 먹을는지 알 수가 없구나!」

유성룡은 선조 시대의 못난 經·營을 거울삼아 후대에는 제발 훌륭한 국가 經·營을 하라는 뜻으로 문집을 엮었고, 그것이 바로 〈징비록〉이다.

- 〈선조실록〉으로 조명하는 經·營 者들의 모습

「임금이 비망기(備忘記)로 지시하였다.
"요즘 비변사에서는 군공(軍功)의 높고 낮음만을 따지고 있을 뿐 적절한 지휘나 조치를 하거나 계책을 세우는 것은 보지 못하겠으니, 이래서는 안 되는 것 아닌가?"
비변사에서 회답 보고하였다.

"현재 經·營해야 할 일이 끝이 없는데 시행하고 조처하는 것은 모두 전하께서 헤아려 운용하기에 달려 있습니다."」
-〈선조실록〉-

〈선조실록〉은 조선의 임금 선조와 조정, 그리고 360여 지방관아의 군국(軍國) 經·營과 경국제민(經國濟民) 經·營의 史를 수록해 놓은 일기이다.

'군공(軍功)의 높고 낮음만을 따져'라는 말은 적의 수급(首級) 등을 기준으로 해서만 공로를 평가할 줄 안다는 의미다. '계책을 세우는 것'은 작전의 수립을 말한다. 그러나 비변사의 구성원들은 군사학의 이치에 맹(盲)한 문신들이었기 때문에 아이디어가 나올 수 없었다. 다음은 1592년 12월 20일자 〈선조실록〉에서이다.

「비변사에서 건의하였다.

"순찰사 성영(成泳)의 장계에서 말하기를, '의병을 통솔하고 군사를 모으는 사람들 가운데는 혹은 자신을 보위하기 위하여 군사를 데리고 있거나, 또는 중간에서 서로 뿔뿔이 행동하면서 지휘에 복종하지 않는 자들이 없지 않습니다.'고 하였는데, 이것이 오늘날의 큰 폐단입니다.

고을원이나 지시를 받고 나간 관리들이 자신을 위한 물자를 평상시와 마찬가지로 사치스럽게 쓰고 있으며, 호서와 호남의 장수들 가운데는 공사(公事)를 빙자하여 사리(私利)를 경영(經營)하며, 자기 집안사람들과 친구들로 고을을 가득 채우고 맛있는 음식을 대접하며 집까지 마련하는 자가 있으니 매우 놀라운 일입니다."」

지방의 관아와 군영 經·營에 있어 낭비와 사치, 비리가 많다는 기록이다. 그러나 지난 100여년 가까이 經·史의 史學이 부재했던 이유로 선조 임금의 經·營에 대한 조명이 없었다.

셋. 붓글씨 쓰기와 시문놀이를 국가 經·營으로 착각한 선조 임금

"조선의 왕들 중에서 최고 명필은 선조, 한석봉과 쌍벽"

「500년 조선왕조에서 왕은 정치 못지않게 문화예술의 구심점이었다. 학예수련은 통치자들의 기본 덕목이었기 때문에 역대 왕들은 그 시기를 대표하는 대학자이자 서예가이기도 했다. 간송미술관 최완수 실장은 "한석봉이 선조의 취향에 따라 그의 서체를 이루어 갔다고 보는 것이 오히려 타당한 견해일지 모른다"며 "특히 속리산 법주사 소장 선조 어필 초서 병풍을 보면 그 필력이 오히려 한석봉을 능가한다"고 지적한다.

송병락, 이원복 교수 저
〈한국 한국인 한국경제〉 그림

선조의 현란하고 비실용적인 글씨. 서예 전문가라면 칭찬 받을 일이지만 국가의 經·營자가 한석봉처럼 글씨 수련에 빠졌다면 모든 사대부층에서도 왕을 따라 서예를 연마했을 것이다. 그래서 선조시대의 조선왕국은 '캄캄하게 어둡고 답답한 시대'였다.

정조대왕의 글씨.
현란한 글씨체와 시문놀이 시대가 200년간 계속되어 오면서 임진·정유·정묘·병자란을 무기력하게 대응하고 백성과 조정은 가난에 찌들었다.
다음 정조대왕 시대에 와서 '시문놀이 → 실학'으로 변하고 글씨체도 실용적인 체로 바로잡혔는바 이를 '서체 반정(書体反正)'이라고 한다.

선조의 어필은 인조, 효종, 현종으로 이어진다. 밤낮없이 공부에 몰두한 정조는 표준적이고 모범적인 글씨를 남겼다. 정조는 '임진왜란과 병자호란 이후 변질된 글씨를 바로 잡는다'는 '서체반정(書體反正)'을 내세운 군주이기도 하다.」

-〈조선일보〉(2002. 12. 25.)-

넷. 군영 經·營의 이치를 몰랐던 문신들이 주도한 전쟁

이순신은 〈자료 3〉의 A쪽 이치에는 입신의 경지에 있었고, B쪽 이치탐구에도 성자(聖者)의 경지에서 수도했다. 반면, 임진왜란을 주도했던 문신, 문관들은 시문놀이(기송사장 記誦詞章)와 붓글씨 쓰기에 빠져서 군사 분야의 이치(〈자료 3〉의 A쪽 영역) 탐구를 하지 않았고, 그 때문에 수전맹(水戰盲), 육전맹(陸戰盲)의 한계를 드러냈다.

그럼에도 불구하고 이들은 자신들이 앉을 자리가 부족하자 무신과 무관들의 자리까지 차지하고서는 전쟁을 지휘하기에 이른다. 그래서 당시의 조정은 '문무백관'이 아닌 '문문백관'의 시대였고, 심지어 병조와 비변사조차 그러했다.

당시는 국가의 비상 전시체제였음에도 8도의 감사, 부사, 목사, 현령, 현감, 체찰사, 도원수, 순변사, 초토사, 초유사, 어사 등 거의 모든 관직은 문관과 문신들이 독차지했다. 이들은 작전을 세우고 실행하면서 무관들을 마치 하인 부리듯 했기에 개전 초에 끝났을 전쟁은 7년 대란으로 이어졌다.

최소한 경상감사나 동래부사는 군사학 분야의 이치탐구를 깊이 한 무관이 맡았어야 했다. 그러나 군영 經·營을 모르는 문관들이 그 자리에 있었으며, 그들은 전쟁에 대비할 줄도 몰랐고, 전쟁이 터지자 어찌할 바를 모르고 도망쳤으며, 동래성은 2시간 만에 함락되는 통한의 역사를 남겼다.

한편 이순신은 격물·치지·성의·정심을 經(자기 철학)으로 삼아 해군과 후방을 營爲(실천)하면서 왜란에 대비했다. 또 거북선과 학익진법을 개발했으며, 전란이 터지자 연전연승하면서 무너진 국가사회의 經·營을 회복시켜 나갔고, 이를 기록으로 남긴 것이 〈난중일기〉와 〈임진장초(장계)〉이다.

다섯. 기독교와 불교의 經·史, 經·營 學

「신학은 오늘과 내일의 인간과 세계의 상황 속에서 말씀하시는 하나님의 뜻을 찾는 것이 그 본연의 과제이다. 20세기의 대표적 신학자 칼 바르트는 "설교자는 한 손에는 성서를, 한 손에는 신문을 들고 있어야 한다."고 가르친 바 있다. 신학은 상황을 연결하는 학문이다.」　　　　－(장로교신학대 김명용)－

'성경은 經이고 신문은 인간이 행하는 史'에 해당한다는 설명이다. 그간 經·史學이 실종되었던 관계로 이렇게 해석하지 않았을 뿐이지 經·史, 經·營 學은 이미 오랜 옛날부터 생활화되어 왔었다.

교회에서 성경 말씀(예컨대 '뿌린 만큼 거두리라')을 봉송하는 것은 經 쪽이다. 또 사람들이 그 말씀(經)을 행(營)하여 번영한 생애사(史)를 설교하는데, 설교를 들은 사람들 역시 이러한 기독교적 經·史, 經·營 學의 삶을 살아가려고 노력하게 된다.

임진왜란을 앞둔 조선조의 국가사회는 예컨대 '뿌린 만큼 거두리라'는 정신으로 국방(군국 經·營)과 경제(經國濟民 經·營)를 튼튼히 했어야 했다. 그러나 조정과 사대부층은 시문놀이와 붓글씨 쓰기에 젖어 왜란에 무기력하게 대응했다. 그 후 실용과 실학사상으로 이러한 시대상을 바로잡고자 하는 움직임이 일어났는데, 그것이 바로 정조 시대 실학파들의 민족중흥사이다.

명나라와 청나라 때 성경 말씀으로 經을 삼아 행(營)하는 것을 經·營으로 번역했는데 이 시대는 이순신, 유성룡, 선조가 經·營의 개념을 사용하던 시대이기도 하다.

"마음의 경영은 사람에게 있지만 말의 응답은 여호와께로부터 나오느니라."   -성경 잠언 16장-

"저희에게 이르되 너희는 이 포로를 이리로 끌어들이지 못하리라. 너희의 경영하는 일이 우리로 하여금 여호와께 허물이 있게 함이니…."   -성경 역대하 28장-

이러한 원리로 보면 불교의 經·史, 經·營 學도 당연히 성립된다. 성경에 '뿌린 만큼 거두리라'고 한 말씀에 해당하는 부처님의 가르침은 '일하지 않는 자는 먹지도 말라'이다.

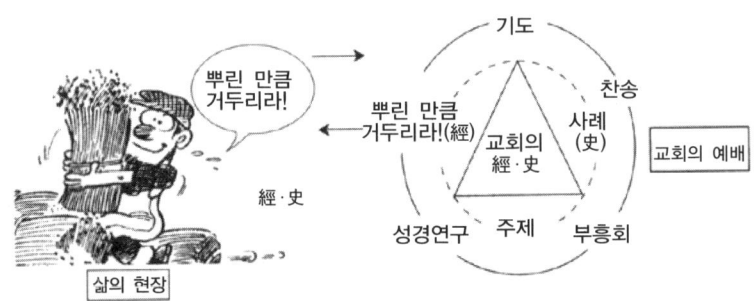

선조와 사대부층은 이같은 부처님의 말씀을 위배했기 때문에 임진왜란이라는 큰 수난사를 겪게 되었다.

여섯. 오늘날에도 국가 經·營의 틀이 중요하다

오늘날 經·營의 개념은 유학의 범주를 벗어나 일반화, 보편화된 개념이다. 예를 들어 聖經(Bible)을 經으로 삼으면 기독교적인 經·營이 된다. 일본인들의 내면세계는 유+불+신도(神道)교가 經(和魂, 일본정신, 야마도다마시)이다.

〈자료 6〉 동양학과 동양의 전통 經·營 學의 구조

	경전(經), 내면세계, 체(體), 동도(東道), 理判	營(史), 외면세계, 용(用), 서기(西器), 事判
수신경영 (修身經營)	자기 철학, 사상, 좌우명, 자기 훈, 가치관, 자기 규범	자기활동
가정경영 (齊家經營)	가훈, 가족 구성원들의 자기 철학 합계	가정활동, 가족 구성원의 활동 합계
학교경영 (治國經營)	교훈, 교직원과 학생들의 윤리	학교운영, 교육계획 등 Administration학
기업경영 (治國經營)	사훈, 기업이념, 기업인 정신, 기업윤리, 경영철학	기업활동(원료구입, 생산, 판매 등) Management학
국가경영 (平天下經營)	정치인의 윤리강령, 국민의 정치적 윤리, 공직자, 정치인 윤리강령	정치활동은 정치학 (Politics, Statistics학)의 영역.

기업에서는 사훈, 경영철학 등이 經이고 학교에서는 교훈과 급훈이 經이며, 가정에서는 가훈이 經이다. 이러한 經은 동양적인 것(東

道, 동양사상)이며 서양에서 수입된 Management, Administration 학 등은 방법론적인 西用으로 접목되어 있다. 하지만 經·史의 史 學의 기초개념들이 실종되어 있었기에 이 같은 국가 經·營의 틀을 세우지 못해 왔다.

2005년 4월
이순신역사연구회

제5부. 부산포해전

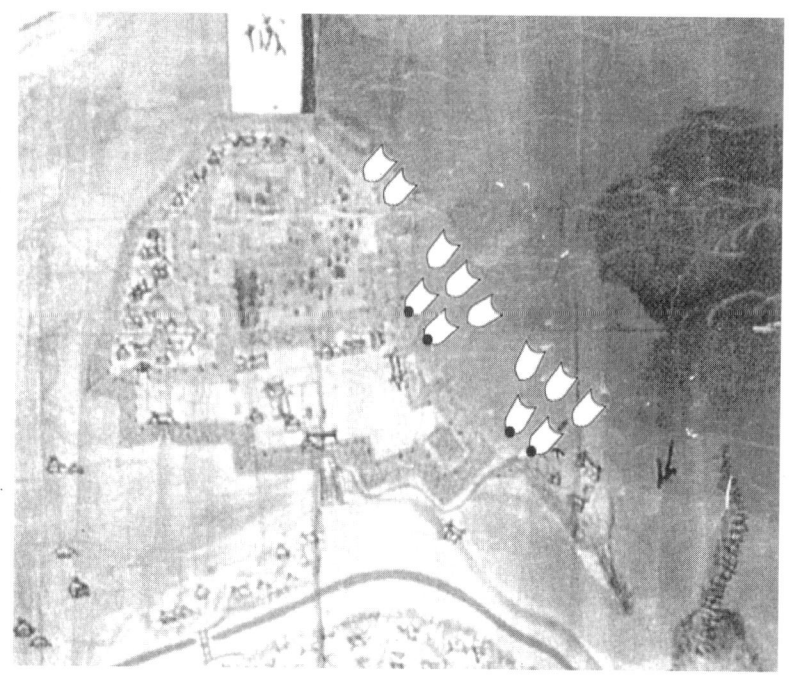

부산포해전 당시 부산포 앞바다의 '거북선+학익진 함대'.
왜군들은 이에 맞서 '방파제+왜성+왜선+조총수+창검수+기마대에 의한 시스템적 수비전'으로 대응했다. 이 같은 수비전법은 구키 요시다카(九鬼嘉隆)가 안골포에서 펼친 바 있으며, 이 진법은 그 후 임진왜란 7년 동안 왜군들의 주된 진법으로 활용되었다.

1. 웅천과 거제도를 잇는 '이순신 방어선'

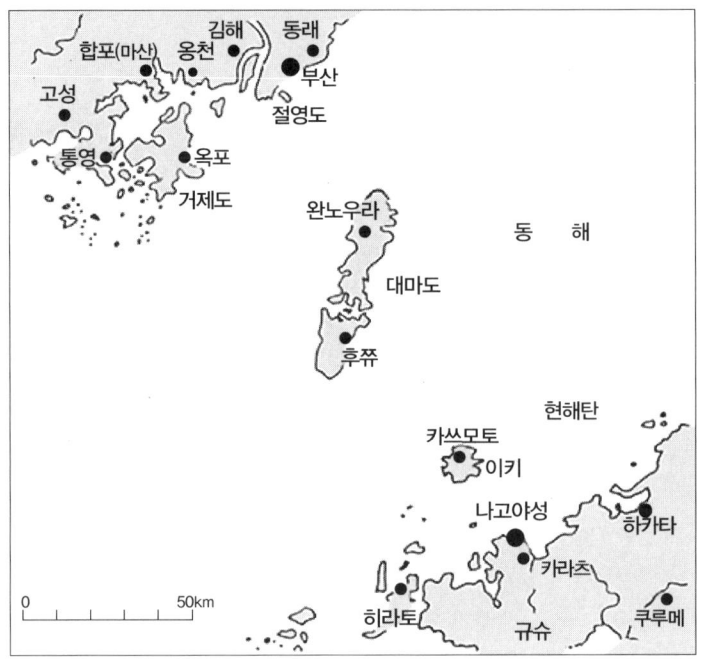

임진년 9월이 되자 북상한 왜군들은 함경도와 평안남도까지 진출했다. 평양성을 점령한 고니시 유키나가(小西行長) 군은 의주의 선조와 조정을 위협했고, 함경도 일대를 석권한 가토 기요마사(加藤淸正) 군은 회령에서 피난 중이던 임해군(臨海君)과 순화군(順和君)을 생포하면서 한껏 기세를 올리고 있었다.

그러나 남해에서는 전황이 전혀 다르게 전개되고 있었다. 나고야 사령부에서는 서해 진출을 위해 병선과 병력이 고갈될 만큼 해군에 쏟아 부었지만 끝내 조선 함대의 가덕도-거제도 방어선을 뚫지 못했다. 이 같은 상황에서 이순신은 김해강과 양산강의 왜선단을 소탕하고 왜군의 근거지인 부산포를 압박해 들어갔다.

맹위를 떨친 양국의 화약무기

부산포해전이 기록된 이순신의 장계를 보면 조선 3도 수군의 병력은 약 2만 명 정도로 추산된다.

장계에는 전라 좌·우수영의 판옥선과 거북선을 합친 큰 전선의 수가 74척, 중간 전선이 94척으로 기록되어 있다. 원균의 경상우수영 쪽은 판옥선과 중간 배, 작은 배를 각각 10척이라고 보면, 거북선을 포함해서 각 전선에 탑재한 천·지·현·황자 대포의 수는 약 1,600문 정도로 추산할 수 있다.

- 병력
  판옥선 및 거북선: 84척×160명=13,440명
  협선: 104척×50명=5,200명   계: 19,680명
  포작선: 104척×10명=1,040명

- 대포
  판옥선 및 거북선: 84척×16문=1,344문
  협선: 104척×3문=312문   계: 1,661문

그 무렵 스페인의 무적함대는 병력 14,000명(무적함대에 맞선 영국 함대는 9,000명)에 2,500문의 대포로 무장하고 있었다.

기동함대의 병력만으로 보면 2만의 조선 함대가 수적으로는 우세

하다고 할 수 있지만, 조선 함대는 전체 병력 중 비전투원인 격군이 50%를 넘었다. 그러나 전투가 한창일 때에는 격군들도 갑판 위아래를 다람쥐처럼 오르내리며 장탄을 돕거나 적선을 향해 발화탄을 던졌을 것이므로 격군 모두를 비전투원이라고 볼 수는 없다.

보유한 대포의 수에서 스페인 함대가 화력에서 앞섰다고 볼 수도 있다. 하지만 신기전 등 조선 함대가 보유한 다종의 화약무기들을 감안한다면 엇비슷한 수준이었다. 거기에다 판옥선과 거북선이 함께 펼친 '환상의 해전법'을 놓고 본다면 당시 지구촌 최강의 함대는 단연 조선 함대였다.

또 중세기 때 사용된 대포들은 유럽과 조선 쪽 모두 주물제였다. 포탄과 구경 간에는 5% 정도의 오차가 있었고, 따라서 표적이 50m 이내에 들어왔을 때 사격하는 점도 닮았다.

그러나 당시는 주물공업의 시대였으므로 대포의 품질과 성능 면에서는 조선 대포가 더 우수했을 것으로 여겨진다.

조선이 주물공업 분야에서 앞서 있었다고 하는 점은 세종 때 천자포의 사정거리가 무려 2km(유럽은 1km)에 달했다는 사실로도 입증된다. 세계 최고의 동(銅) 활자를 사용하고 있었다는 점도 그렇고, 역사를 소급해 올라가 보면 신라의 에밀레종 같은 작품은 그 무렵 유럽의 수준으로는 상상도 못할 만큼 앞선 기술이었다.

사실 당시 세계 최강의 함대가 어느 나라 함대였느냐 하는 것은 그리 중요하지 않다. 그것보다는 조선 함대와 스페인 함대, 그리고 영국 함대가 건설되기까지의 과정에 주목할 필요가 있다.

스페인과 영국의 경우에는 국가 차원에서 추진한 해외원정, 그리고 신대륙에서 약탈해온 황금 등으로 오랜 세월에 걸쳐 함대를 건설해 왔다. 또 그 주역은 국왕이었다. 즉, 국력을 총동원해서 이룩한 역사였다는 것이다.

이에 반해 조선 함대는 변방의 장수들과 백성들이 1년이라는 짧은 기간 동안 거의 맨주먹으로 이룩한 군영 經·營의 역사였다. 이순신이 세계사에서 가장 위대한 해군제독으로 전해지고 있는 데에는 이러한 점도 참작된 것이다.

동·서양 화약무기의 만남

화약이 처음 개발된 것은 중국 송나라 때이다. 송의 화약제조법을 그 후 몽골이 입수해 가서 아랍과 유럽 침공에 사용했다.

당시 몽골군은 화약의 추진력으로 발사하는 로켓탄을 사용했다. 수백 발의 로켓탄이 굉음을 터뜨리며 적의 진영으로 쏟아지자 아랍의 코끼리 부대도 유럽의 기마대도 대 혼란에 빠져버렸다. 치렁치렁 요란하게 매단 장식물들이 불타기 시작하면서 각 진영에는 자중지란이 일어났고, 순간 몽골의 기마대는 쏜살같이 내달려 적진을 유린했다.

화약무기에 자극받은 아랍과 유럽은 그 후 몽골의 화약무기 제조법을 입수했고, 유럽 각국은 대포와 조총을 만들어 아프리카와 신대륙 정복에 나서게 된다.

그 무렵 일본의 한 영주가 포르투갈 상인들로부터 조총과 화약제조법을 전수받았는데, 임진왜란이 일어나기 50년 전이었다.

이렇게 전수받은 조총과 화약제조법은 오다 노부나가(織田信長)와 도요토미 히데요시(豊臣秀吉)의 시대에 이르러 일본의 주력 병기가 되었다.

몽골은 원나라를 세운 후 화약 제조기술이 유출되지 않도록 철저한 보안을 유지했다. 이러한 보안의 역사는 180년이나 지속되었을 만큼 원의 화약 제조기술에 대한 통제는 매우 엄격했다.

그러나 원나라가 망국의 조짐을 보일 무렵 화약 제조기술에 대한 감시는 비교적 허술해졌다. 고려의 최무선(崔茂宣)은 이 때를 기회 삼아 중국인 상인 이원(李元)을 초빙해 와서 화약 제조기술을 배웠다. 고려 조정의 화통도감(火筒都監)은 그때 만들어진 것이다.

이로써 고려도 화약을 제조할 수 있게 되었고, 화약 제조술을 바탕으로 고려식 대포도 만들게 되었다. 이렇게 제작된 고려의 대포는 그 후 왜구 퇴치에 요긴하게 사용되었다.

1380년 아기발도라는 일본의 한 영주가 노략질을 위해 고려에 침입했는데, 고려군은 화약무기로 그들의 배를 모두 불태워버렸다. 이에 돌아갈 길을 잃은 왜적들은 전라·충청·경상도를 다니면서 끈질기게 저항했고, 결국 이성계에 의해 진압된다.

이성계는 활도 잘 쏘았지만 화약무기의 중요성에 대해서도 큰 관심을 가지고 있었다. 때문에 위화도 주둔 때에는 최무선을 늘 곁에 있게 했다. 위화도 회군을 결정하게 된 데에는 믿고 있던 화약무기가 장마로 사용하기 어렵게 된 것도 주요 원인이 되었다.

최무선은 1389년에 〈화약수련법〉과 〈화포법〉을 저술해서 조정에 바쳤다. 당시 신흥세력으로 부상한 이성계는 화약무기의 중요성을 간파했기 때문에 최무선을 자신의 사람으로 만들었다.

조선왕국이 개국(1392년)되자 최무선은 그 동안의 공로를 인정받아 정헌대부와 판군기시(判軍機寺: 병기분야 최고직)에 봉해졌다.

태종도 화약무기의 중요성을 간과하지 않았고, 세종 2년에 이종무(李從茂)로 하여금 대마도를 정벌케 했다. 세종 시대의 각종 화약무기 개발사는 태종의 화약무기 개발사에 기초한 것이다.

2. 낙동강 하구에서의 해전

「삼가 적을 불태워 죽인 일로 아뢰나이다.

경상도 연해안의 왜적들을 세 번 나가서 토벌한 후 가덕 서쪽으로는 왜적의 흔적조차 끊어졌으나, 각 도에 가득 차 있던 왜적들이 날마다 내려오므로 장차 그 도망가는 때를 타서 바다와 육지에서 힘을 합쳐 공격하기 위하여 전라 좌·우도의 전선 모두 74척과 협선 92척을 배나 더 엄하게 정비하고, 지난 8월 1일 본영 앞바다에 도착하여 진을 치고 거듭 지시사항을 명확히 하였습니다.」 -〈부산파왜병장(釜山破倭兵狀)〉(92. 9. 17.)-

협선의 수가 92척으로 늘어난 것은 그 동안의 해전을 통해서 기동성이 뛰어난 협선의 중요성을 실감했기 때문이다. 또 판옥선 건조에 소요되는 시간과 비용도 줄여야 했다. 그래서 기존의 협선 보수와 병행하여 이미 만들어져 있던 어선, 상선, 화물선들을 협선형으로 개조하여 4차 출동에 임했다.

소형선에 대한 언급이 없는 것은 낙동강 하구→다대포→부산으로 향하는 항로를 감안한 조치로 보인다. 태평양에서 불어오는 거센 풍랑을 감당하기에는 아무래도 어려움이 따를 것으로 판단하고 최소한으로 줄인 것 같다.

8월 1일. 이억기가 이순신 함대와의 동반 출동을 위해 여수에 도착하자 이순신은 장계에서와 같은 계획을 이억기와 논의했다.

출동일을 8월 24일로 정해놓고 출동 전까지 두 함대는 약 20일간의 합동훈련에 들어갔다. 이번에는 적의 심장부를 목표로 한 훈련이었던 만큼 일사불란한 단위전술과 시스템적 함대전술을 완벽하게 구현해 내야 했다.

8월 24일. 두 함대는 여수를 출발하여 사량도에서 원균 함대를 만났다. 그리고 27일 웅천 땅 제포(薺浦) 뒷바다 원포(院浦)에서 밤을 지내고, 다음 날 아침 적정(敵情)을 입수했다.

> 「그때 경상우도 순찰사 김수(金睟)가 보낸 공문에서, "위로 쳐 올라갔던 적도들이 낮이면 숨고 밤에는 행군하여 양산강과 김해강 등지로 잇달아 내려오고 있는데, 바리 짐들을 가득히 실은 것을 보면 도망가고 있음이 분명하다"고 하였습니다.
> 그래서 이달(8월) 24일 우수사 이억기 등과 배를 띄우고 수군 조방장 정걸(丁傑)도 함께 데리고 남해 땅 관음포(觀音浦)에서 밤을 지내고, 25일에 만나기로 약속한 곳인 사량도 바다에 이르러 경상우도 수사 원균을 만나서 적의 소식을 자세히 물은 뒤에, 함께 당포(唐浦)에 이르러 밤을 지냈습니다.」
> 　　　　　　　　　　　　　　　－〈부산파왜병장〉(92. 9. 17.)－

이순신과 조선 함대 수뇌진들은 경상감사 김수로부터 '위로 쳐 올라갔던 적도들이 낮이면 숨고 밤에는 행군하여 양산강과 김해강 등지로 잇달아 내려오고 있는데, 바리 짐들을 가득히 실은 것을 보면 도망가고 있음이 분명하다'는 내용의 공문을 받았다.

불과 얼마 전까지만 해도 찌를 듯한 기세로 조선 반도를 주름잡았던 왜군들의 모습과는 아무래도 많이 다른 모습이다. 왜군 측에 이러한 변화가 생긴 데에는 다음과 같은 이유가 있었다.

첫째, 각지에서 패전한 왜군들이 갈 곳을 잃고 떠돌이 부대가 되어 그나마 안전한 밀양과 김해 등지로 몰려들고 있었다.

둘째, 그 동안 약탈한 문화재 등을 본국으로 가져가려는 자들이 있었다.

셋째, 눈치 빠른 일부 왜장들이 가망이 없는 전쟁이라고 판단하고는 자신의 군속을 본국으로 퇴각시키고 있었다.

이순신도 이러한 낌새를 알아챘고, 이참에 낙동강 하구에 밀집해 있는 왜군 기지들과 왜군의 한반도 최대 병참기지였던 부산포에 대한 공격을 계획했다.

기존의 임진왜란 관련 서적들에서는 낙동강 하구에서의 해전을 부산포해전에 포함시켜서 대충 설명해 왔다. 그러나 이순신은 왜군들이 김해와 낙동강 하구를 전략 요충지로 삼았던 점을 들어 낙동강 하구에서의 해전 상황을 자세히 기록해 놓았다. 때문에 이순신의 기록을 토대로 이 해전을 부산포 해전과 구분해서 살펴보고자 한다.

이렇게 해야 뒷날 있게 되는 삼도수군통제사 교체 사건과 원균 통제사의 칠천량 패전의 과정을 상세히 알 수 있다.

「(8월) 26일에는 비바람이 교대로 불어서 배를 출발하지 못하다가 날이 저물어서야 거제도에 이르러 밤을 타서 몰래 건너갔습니다.

27일에는 웅천(熊川) 땅 제포(薺浦) 뒷바다 원포(院浦)에서 밤을 지냈습니다. 28일에는 경상도의 육군 탐색병이 와서 보고하기를 "고성·진해·창원 등지에 진을 치고 있던 왜적들이 이 달 24, 25일 밤중에 전부 도망갔다"고 하였는데, 이는 틀림없이 산에 올라가 망을 보던 왜적들이 우리 수군을 바라보고는 그 위세에 겁을 먹고 배를 대어 놓고 있던 곳으로 도망쳤음을 말하는 것입니다.」   -〈부산파왜병장〉(92. 9. 17.)-

조선 함대는 밤을 타서 이동했고, 원포에 선단을 숨기고 탐색조를 보내서 고성 진해(진동) 일대의 적정을 살피게 했다. 이 지역을 미리 수색해 놓음으로써 함대가 부산 쪽으로 나갔을 때 생길 수 있는 후환거리를 사전에 제거하기 위한 조치이기도 했다.

이 과정에서 조선 함대는 조선 육군의 탐색대를 만났고 왜적들이 도망가고 없다는 사실을 알게 되었다.

「이날(28일) 이른 아침에 (원포를) 출발해서 곧장 양산·김해 두 강(낙동강 하구의 양산과 김해 쪽으로 흐르는 낙동강의 지류) 앞바다로 갔는데, 창원 땅 구곡포(仇谷浦)의 보자기(鮑作) 정말석(丁末石)이라는 자가 포로가 된 지 사흘이 되는 날 김해강에서 도망쳐 왔다고 하면서 말하기를 "김해강에 정박해 있던 왜적의 배들이 사나흘 간 떼를 지어 몰운대(沒雲臺) 바깥 바다로 노를 재촉해서 가는데, 도망치는 모습이 분명했습니다. 소인은 그날 밤을 타서 도망쳐 왔습니다"고 하였습니다.

그래서 가덕도 북쪽 서안(西岸)에 배들을 감추어 두고, 방답 첨사 이순신과 광양 현감 어영담에게 가덕 바깥쪽으로 가서 숨어 있으면서 양산(梁山) 쪽의 적선을 탐망하도록 하였더니, 하오 4시경에 돌아와서 보고하기를 "하루 종일 망을 보았으나 단지 왜의 작은 배 4척이 두 강(김해와 양산)으로부터 나와 곧장 몰운대를 지나갔을 뿐입니다(부산 쪽으로 갔다)"고 하기에, 그대로 천성(天城: 가덕도)의 선창으로 돌아와서 밤을 지냈습니다.」 －〈부산파왜병장〉(92. 9. 17.)－

김해와 양산강의 포구들은 서쪽으로 진출하는 왜군들의 수군기지이자 낙동강 왜군 수송선단의 기지였다. 그래서 왜선들의 출현이 빈

번했고 이들 포구에는 정박해 있는 왜선도 많았다.

이순신은 이 기지들에 대한 소탕을 1차 목표로 정했다.

그때 정말석(丁末石)이란 자가 이 지역의 상황을 알려 왔기 때문에 왜군들의 동정을 자세히 살피고자 일부 선단을 가덕도에 숨겨놓고 다른 일부는 가덕도 바깥쪽에 매복시켰다. 아울러 여러 척의 탐색선을 띄워 주변을 철저히 정찰하도록 지시했다.

만약 이곳에 큰 규모의 왜선단이 숨어 있다면 최종 공격목표인 부산포 공격 때 역으로 포위될 우려가 있다. 또한 공격을 마치고 돌아와 가덕도 등지에서 쉬고 있을 때에도 야습의 위험이 있다. 게다가 왜군 함대가 견내량 해협을 봉쇄하고 나온다면 조선 함대는 귀로를 잃을 수도 있다. 때문에 적정을 보다 철저히 살피게 했지만 별다른 움직임이 없었다.

「29일에는 닭이 울 때 출발하여 날이 샐 무렵에 두 강(양산, 김해) 앞바다에 도착했는데, 동래 땅 장림포(長林浦) 앞바다에 낙오된 왜적 3백여 명이 큰 배 4척과 작은 배 2척에 나누어 타고 양산으로부터 나오다가 우리 군사를 보고는 배를 버리고 뭍으로 올라가므로, 경상우수사가 거느린 수군들만으로 그것을 깨뜨리고 불태웠는데, 전라좌수영의 좌별도장(左別都將: 좌측 특공대장) 우후 이몽구(李夢龜)도 왜적의 큰 배 1척을 깨뜨리고 왜적의 머리 1개를 베었습니다.

그런 다음 군사를 좌우로 나누어 두 강으로 들어가려고 했으나, 강어귀의 지세가 협착하여 판옥선 같은 큰 배는 들어가서 싸울 수 없겠기에, 어두워지기 시작할 무렵에 가덕도 북쪽으로 돌아와서 밤을 지내면서 원균, 이억기 등과 함께 밤새껏 작전을 상의하였습니다.」　　　－〈부산파왜병장〉(92. 9. 17.)－

29일 새벽, 가덕도를 출발한 좌수영 함대는 낙동강 하구에 이르러 발견한 6척의 왜선을 불태웠다. 그리고 밤사이 왜선단이 김해 등지에 숨어 있을지도 모른다는 생각에 그곳까지 들어가려고 했지만 강이 좁아서 들어갈 수가 없었다. 이는 판옥선이 들어갈 수 없을 정도로 강 폭이 좁았다는 것이 아니라, 판옥선 같이 큰 배가 학익진법을 펴고 전투를 수행하기에는 좁았다는 의미이다.

이순신은, 그곳에서 곧바로 부산을 공격하고 되돌아 나오기에는 시간(이미 정오 무렵이었다)이 부족하다고 판단했다. 그래서 선수를 돌려 가덕도에서 숙영했다.

「9월 1일, 닭이 울자 출발하여 아침 8시경에 몰운대를 지나자 갑자기 동풍이 불면서 파도가 거세게 일어 배를 부리기가 어려웠습니다. 화준구미(花樽龜尾)에 이르러서 왜적의 큰 배 5척과 맞닥뜨렸고, 다대포(多大浦) 앞바다에 이르러서는 왜적의 큰 배 8척과, 서평포(西平浦: 부산시 구평동) 앞바다에 이르러서는 왜적의 큰 배 9척과, 절영도(絕影島)에 이르러서는 왜적의 큰 배 2척과 마주쳤는데, 이들은 모두 기슭에 줄지어 정박해 있었으므로, 3도 수사가 거느린 여러 장수들과 조방장 정걸(丁傑) 등이 힘을 합쳐 왜적의 배들을 남김없이 때려 부쉈습니다. 그리고 배에 가득 실려 있던 왜적의 물건들과 전쟁 기구들도 끌어내지 못하게 하고 모두 불태워버렸는데, 왜적들은 멀리서 우리의 위세를 바라보면서 산으로 올라갔으므로 왜적의 머리는 벤 것이 없습니다. 그리고는 절영도 안팎을 샅샅이 뒤졌으나 적의 종적은 찾을 수 없었습니다.」

-〈부산파왜병장〉(92. 9. 17.)-

9월 1일. 첫닭이 울자 출발, 8시경 다대포 앞바다에 왔는데, 부산포를 공격하고 되돌아오더라도 시간은 넉넉한 편이었다. 그런데 갑자기 동풍이 불어 파도가 높게 일었다. 때문에 부산포 공격에는 차질이 생겼다. 하지만 화준구미에서 왜군 대형 수송선 5척, 다대포에서 부산 쪽으로 도망가는 수송선 8척, 서평포에서 대형 수송선 9척을 깨뜨리는 전과를 올렸다.

조선 함대가 왜선들을 추격해서 격파하는 동안 조선 함대 탐색선단은 영도 주위에 왜군의 복병 함대가 있는지를 확인하기 위해 샅샅이 수색하고 있었다. 그러나 왜군 함대는 보이지 않았다.

〈부산성 순절도〉에 그려진 왜군 수송선단. 이 같은 수송선단으로써는 '거북선+학익진의 원리'로 싸우는 300여 척의 조선 전투선단에 맞설 수 없다.

"조선 해군과는 절대로 맞붙어 싸우지 말라"는 히데요시의 명령도 있었지만, 이 같은 명령이 없었다고 해도 왜군들은 도망칠 수밖에 없었다. 그 이유는, 이 무렵 김해와 부산 등지를 오가고 정박해 있는 선단은 대부분이 수송선단이었고 와키자카, 구키 등의 왜국 전투선단은 한산도와 안골포 등지에서 섬멸되었기 때문이다.

조선의 전투선단은 왜군의 수송선단에게는 맞붙어 싸울 수 있는 상대가 아니라 공포의 대상이었다.

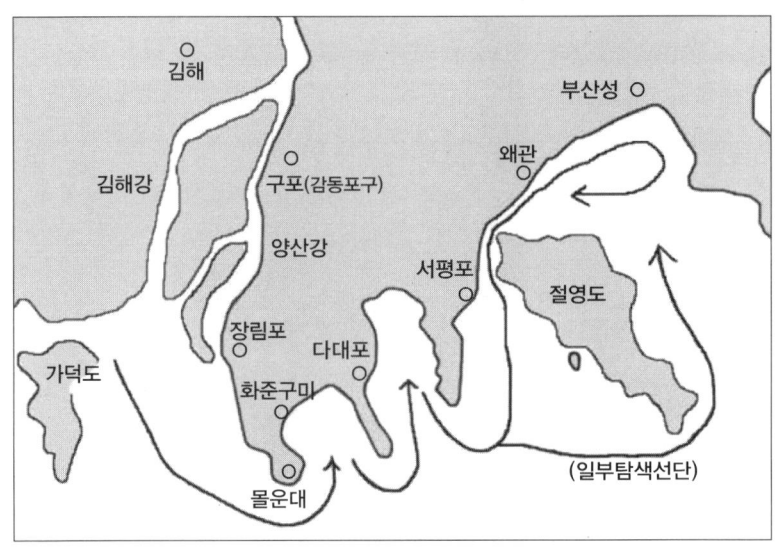

다대포 일대

낙동강 하구의 해전을 정리하면 다음과 같다.

첫째, 이틀 동안 불태운 왜선이 30척이었다.

둘째, 김해와 부산 사이에 왜군 수송선들이 줄을 잇고 있었던 것을 보면 왜군들은 낙동강을 주 보급로로 이용하고 있었다.

셋째, 가덕도에서 출발하여 부산을 공격하고 다시 가덕도로 돌아오는 데는 하루해가 빠듯했다는 사실을 알 수 있다.

넷째, 부산 진출시 가덕도 외에는 조선 함대가 안심하고 정박할 곳이 없었다.

다섯째, 가덕도와 부산 사이의 바닷길은 '갑자기 거센 바람이 불어 파도가 높이 일어나는' 위험한 항로였다는 점이다. 이는 태평양에서 불어오는 바람 때문이다. 한 두 척도 아닌 300여 척 규모의 소·중·대형으로 구성된 대 선단이라면 대단히 위험한 항로이다. 이순신은 이렇게 위험한 해역을 격물·치지의 정신으로 꼼꼼하게 이치를 따져가면서 조심스럽게 항해하고 다녔다.

3. 부산포해전

「그래서 작은 배를 부산 앞바다로 보내어 왜적의 배들을 찾아보게 하였더니, 약 5백여 척의 배들이 선창 동쪽 산기슭 언덕 아래 줄지어 정박해 있는데 선봉에 왜적의 큰 배 4척이 멀리 초량항(草梁項) 쪽에서 나오고 있다고 하기에, 이억기 등과 상의하기를, "우리 군사의 위세를 가지고 만약 지금 치지 않고 그대로 돌아간다면, 적들은 반드시 우리를 멸시하는 마음이 생길 것이다"고 하고는, 이에 깃발을 흔들어 싸움을 독려하며 달려 나갔습니다.」　　　　　　－〈부산파왜병장〉(92. 9. 17.)－

영도 일대를 수색하는 동안 부산포 쪽으로 정찰을 나갔던 탐색선으로부터 "약 500여 척의 왜선이 동쪽 산기슭 언덕 아래(오늘날 우암동과 자성대 동쪽)에 정박해 있다"는 보고가 들어왔다. 왜군의 한반도 최대 병참기지다운 모습이었다.

왜선 500척이 부산과 경상도 일대의 병력을 싣고 나온다면 무려 500척 규모의 대 함대를 상대해야 하는 격이므로 조선함대 사령부에서는 공격 방식과 공격 시점에 신중을 기해야 했다.

세 명의 수사들은 결전을 합의하고 각 함대에 공격 준비령을 하달했다. 이에 각 기함과 대장선들에는 "공격에 들어간다"는 깃발이 연이어 올려졌다. 곧바로 이순신 함대, 원균 함대, 이억기 함대 순으로 전 함대는 분항하기 시작했다.

전라좌수영 함대가 선봉에 나선 것은 타 함대에 비해 전투경험과 전력 면에서 앞서 있었기 때문이며, 전략상으로도 사실상의 주장을 맡고 있던 이순신 함대가 선봉에 서는 것이 바람직했다.

막후 실세, 이시다 미쓰나리의 작전계획

부산포해전은 왜군 측이나 조선 함대 측이나 한 치도 물러설 수 없는 일전이었다. 부산의 왜군들로서는 나고야 사령부와 한성 사령부의 명령에 따라 부산포만은 하늘이 두 쪽 나는 한이 있어도 지켜내야 했다. 조선 함대 역시 부산포를 서둘러 공격하라는 선조의 어명을 따라야 했다.

상부의 명령도 지엄했지만 필승에 대한 양측 수뇌진의 입장 또한 확고했다. 그야말로 '창과 방패(矛盾)의 대결'이라 불러도 좋을 만큼 양측 모두는 만반의 태세를 갖추고 대회전을 기다렸다.

조선 함대가 부산포 공격을 위해 최상의 전력으로 출전하고 있었던 것처럼 왜군 측도 수륙군이 연합하여 자신들의 역량을 총동원한 수비전을 준비하고 있었다.

그 주역은 구키 요시다카(九鬼嘉隆), 가토 요시아키(加藤嘉明), 와키자카 야스하루(脇坂安治), 도도 다카도라(藤堂高虎) 등 이미 패전의 쓰라림을 맛보았던 해군장수들이었다.

이들은 한결같이 정면대결의 무모함을 통감하고 있었다. 그래서 그간의 실패를 거울삼아 이 마지막 보루를 지켜냄으로써 실추된 명예를 조금이나마 회복하고자 했다.

모두가 패장(敗將)의 멍에를 짊어지고 있었던 만큼 이전의 패배에 대해서 누가 누구를 욕하고 나무랄 수 있는 처지가 아니었다. 다만 해군 총사령관 신분이었던 구키 요시다카의 입장에서는 독단적인 행동으로 화를 자초한 와키자카에 대해서만큼은 따가운 질책을 가한 바 있었다.

어쨌거나 이들 모두는 서로가 공동운명체임을 잘 알고 있었다. 부산에서 지난날의 패배를 만회하지 못한다면 언젠가는 그에 대한 응분의 대가를 치를 수도 있다는 사실이 이들을 동병상련(同病相憐)의 심정으로 소통시켰다. 그것이 부산포해전을 앞둔 이들 해군장수들의 절박한 심정이었다.

부산포해전은 나고야와 한성 사령부, 그리고 조선 주둔 전 왜군 부대들에게도 초미의 관심을 불러일으켰다. 이유는 부산이 보급과 증원을 위한, 즉 자신들의 밥줄과 관계된 최후의 보루이기도 했지만, 특히 지금까지의 해전과는 판이하게 다른 시나리오로 기획되었다는 점 때문이다.

왜군 측으로서는 대규모 육군 병력과 나고야의 히데요시 직할 해군력까지 참여시킨 최초의 수륙 합동작전이었으며 그 성격은 받아치기를 곁들인 완고한 수비전이었다.

이 같은 작전은 히데요시의 "조선 해군의 부산포 공격에 대비하고 적의 공격시 아군의 피해를 최소화할 수 있는 방안을 강구하라"는 명령에 따른 것으로, 작전을 구상한 이는 33세의 왜군 총감독관

이시다 미쓰나리(石田三成)였다.

　히데요시 정권의 막후 실세, 히데요시의 최측근 심복, 히데요시 가신 그룹의 수장이기도 했던 그는 문무를 겸비한 흔치 않은 전국(戰國) 영주였으며, 임진왜란을 입안한 대 기획가이기도 했다.

　전쟁의 밑그림을 그린 장본인으로서 그림의 완성을 보기 위해 우키타 히데이에(宇喜多秀家)와 함께 한성에 입성했지만 이런저런 이유로 자신의 그림이 마구 훼손되는 상황을 지켜보면서 애써 분을 삭이고 있던 터였다. 이제 더 이상 방치하지는 않겠다는 심정으로 부산 방어전을 주도하게 되었던 것이다.

　이시다로서도 자신이 이처럼 피해갈 수 없는 벼랑 끝 작전을 주도하게 되리라고는 생각지도 못했겠지만, 그들이 처한 상황은 점점 더 악화일로로 치닫고 있었다.

　연합함대의 패전, 그리고 이순신의 등장…. 사실상 그의 기획은 휴지조각이 된 것이나 다름이 없었다. 그로 인해 기획의 백미가 되었을 나고야 주둔 예비대 10만 군사의 평안도 상륙은 끝내 무위로 그쳤고, 이것은 훗날 숙명의 라이벌 도쿠가와 이에야스(德川家康)와의 한판 승부에 적지 않은 영향을 미쳤다.

　히데요시와 그 가문을 위해 한 목숨 바치겠노라 맹세하며 히데요시의 막하로 들어간 이시다에게 도쿠가와는 늘 위협적인 인물이었다. 비록 히데요시에게 신종(臣從)의 예를 올리고(1586년) 대결의 시대를 청산했다고는 하지만, 도쿠가와가 오다 노부나가 사후 몇 년간 지속된 패권 구도에서 보여준 히데요시에 대한 적대행위는 결코 간과할 수 없는 위험의 징표였다.

　그의 신종의 예는 어디까지나 표면적인 것일 뿐이었다. 이시다의 눈에 비친 도쿠가와는 히데요시의 통일사업에 가장 적대적이었으며 창칼을 겨누어 서로를 살상하기도 했던 지우지 못할 전과(前科)를 남긴 잠재적 위험인물이었던 것이다.

그러나 불행하게도 도쿠가와를 납작 엎드리게 만들 수 있는 사람은 주군인 히데요시 외에는 아무도 없다는 것이 이시다의 불만이었다. 엎드리게 만드는 것은 둘째 치고 도쿠가와와 어깨를 견줄 만한 실력자는 없었다. 그런 도쿠가와가 60을 코앞에 둔 히데요시 사후에 어떻게 나올지는 대충 짐작할 만했다.

세키가하라(關ヶ原) 전투. 이시다가 죽은 히데요시를 대신해서 도쿠가와를 상대로 치른 마지막 대리전이었다.

양측 합계 20만 명이 격돌한, 세계사에서 그 유래를 찾기 어려울 만큼 격렬했던 이 전투에서 이시다는 피의 시대를 짊어지고 역사의 무대에서 사라진다.

이 같은 운명을 예감해서였을까? 연합함대의 패전보가 전해지던 날 이시다는 이렇게 소리쳤다.

"아! 나의 계획이 쓸모없게 되었구나!"

조선의 속지화는 둘째 치고, 도쿠가와를 전장으로 끌어내지 못한 것을 이시다는 두고두고 후회했다. 조선 원정에 참여한 다이묘들은 풍토병과 굶주림, 대륙의 매서운 추위와 기나긴 전투를 치르면서 반 이상의 병력과 막대한 재정적 손실을 입었지만, 도쿠가와는 전력의 100%를 보존하고 있었기 때문이다.

그러나 발등의 불로 다가온 조선 함대의 부산포 공격에 대비해야 하는 이시다에게 그것은 어디까지나 먼 미래의 사건일 뿐.

이시다는 구키(九鬼)의 소견이 담긴 해전 보고서를 참고해서 주도면밀한 방어전을 구상했다. 그리고 다음과 같은 작전명령을 총사령관 우키타 히데이에의 이름으로 부산 사령부에 하달했다.

① 조선 해군의 부산 진출 예상 항로를 예측하고 곳곳에 망대를 세

울 것. 근해에서 적을 발견하기 전이라도 적 선단의 부산 쪽 기동이 확인되면 남해안 일대의 모든 선단을 부산으로 집결시킬 것.
② 포구 방파제를 더 높이 견고하게 쌓을 것.
③ 조선 대포를 최대한 확보하고 그 사격법을 익혀 둘 것.
④ 투석기와 석탄(石彈)을 최대한 많이 제작하고, 언제든 사용할 수 있도록 적소에 배치해 둘 것.
⑤ 적의 상륙에 대비하여 병력을 적소에 배치할 것.
⑥ 적을 최대한 끌어들여 싸우고 거북선을 타격하는 데 집중할 것. 적의 사령선에 대한 타격이 가능하다면 역시 집중 타격할 것.
⑦ 선상의 병력을 정예화 하고, 그 병력은 화공에 대비한 화재진압조와 저격조로 편성할 것.
⑧ 적을 공격하기 용이한 곳에 엄폐용 참호를 파고 필요하다면 새로 진지를 구축할 것.
⑨ 적의 부산 쪽 기동이 확인되면 즉시 비상체제에 들어가고 야간에도 상시 전투체제로 운용할 것.
⑩ 전투가 종료되면 그 결과를 하나도 빠짐없이 즉각 보고할 것.

창과 방패의 공방 – 위기의 선봉함대

조선 함대 수뇌진들에게 부산포 공격은 벼르고 별러 온 지상과제였다. 그동안 조정으로부터는 "왜 부산으로 나아가 싸우지 않느냐!"는 성화에 시달려 왔음은 물론이고, 전략상 적의 본거지를 그냥 방치해 둔다는 것도 있을 수 없는 일이었다.

그러나 부산에 오기까지는 위험을 무릅쓴 대장정이었다. 여수에서 부산까지의 항로는 멀고도 험했다.

그동안 숱한 난관을 극복했고 크고 작은 해전을 치렀다. 천신만고 끝에 부산에 도착한 조선함대 장병들로서는 감회가 클 수밖에 없었다. 첫 출동일로부터 네 달만의 일이었다.

부산포구에는 5백여 척의 왜선이 진을 치고 있었다. 또 그 주위를 튼튼하게 쌓아올린 방파제가 원형으로 둘러쳐져 있었고, 방파제 앞 수로에는 여러 척의 전선들이 수로를 막아선 채 꼼짝도 하지 않고 있었다.

왜군 측 병력은 선상과 해안가, 그리고 포구 주위 언덕과 왜성 등에 분산 배치되어 있었다. 그 중 대부분은 육지에 진을 치고 조선함대가 접근해 오기를 기다리고 있었는데, 해안에서부터 왜성 외곽에 이르기까지 투석기, 각종 총포류 등을 앞세우고 있었다. 또 그 수를 알 수 없는 많은 수의 기병과 보병들이 대오를 갖추고 곳곳에 늘어서 있었다.

이 광경을 지켜본 이순신은 '이번만큼은 절대 호락호락 당하고만 있지 않겠다'는 왜군 수뇌부의 전의를 읽었다.

잠시 동안 양측 간에 깊은 정적이 흘렀다. 그리고 얼마 지나지 않아 포구 앞 수로를 막아섰던 전선들 중 4척이 조선 함대 쪽을 향해 움직이기 시작했다.

「우부장인 녹도 만호 정운(鄭運), 거북선의 돌격장인 신의 군관 이언량(李彦良), 전부장인 방답 첨사 이순신, 중위장인 순천 부사 권준, 좌부장인 낙안 군수 신호(申浩) 등이 앞장서서 곧장 달려가서 왜적의 선봉 큰 배 4척을 때려 부수고 불태워버렸습니다. 적도들은 헤엄을 쳐서 뭍으로 올라갔습니다.」

―〈부산파왜병장〉(92. 9. 17.)―

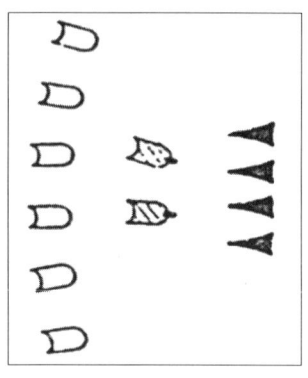

4척의 왜선은 부산포 방어를 담당하는 항만수비대였다. 이들은 자신들의 임무상 어쩔 수 없이 나섰을 뿐 처음부터 여차하면 바다로 뛰어들어 육지로 도망칠 생각을 하고 있었다. 언제부터인지 왜군들에게 있어서 조선 해군과의 싸움에서 도망친다는 것은 그렇게 부끄러운 일이 아니었다.

더군다나 자신들에게 접근해 오는 상대는 전라좌수영의 중위장 권준, 전부장 이순신, 좌부장 신호, 우부장 정운, 거북선 돌격장 이언량 등이 이끄는 최정예 '거북선 + 학익진' 함대였으므로 실제로 싸운다는 것은 어림도 없는 일이었다.

아니나 다를까 왜군들은 싸우는 시늉만 하다가 곧바로 바다로 뛰어들었다. 그리고 대포 공격을 받아 깨지고 불타는 배를 뒤로한 채 사력을 다해 헤엄쳐 달아났다.

4척의 전선들이 한 순간에 박살나는 것을 목격한 왜군들은 바짝 긴장했다. 그것은 그토록 떨쳐내려고 몸부림쳤던 악몽의 재현이었으며 아직 조선 함대와의 해전을 경험한 적이 없었던 왜군들까지도 소스라치게 만들었다.

장사진(長蛇陣)의 군함 퍼레이드

「그때 뒤에 있던 우리의 여러 전선들은 승세를 타서 깃발을 흔들고 북을 치면서 긴 뱀이 앞으로 나아가는 모양(長蛇陣)으

로 돌진해 들어갔습니다.」　　　-〈부산파왜병장〉(92. 9. 17.)-

 4척의 왜선을 격파한 선봉 함대는 긴 뱀 모습의 일자형(一字形) 장사진을 펴고 곧장 포구를 향해 돌진했다.
 방파제 안에서 꼼짝도 하지 않고 있던 왜선단은 안골포에서의 구키 함대처럼 젖은 가마니와 젖은 이불 등으로 선체를 덮고 연신 물을 끼얹으면서 화공에 대비할 뿐 응전할 기미가 전혀 없었다. 섣불리 대응했다가는 선단을 송두리째 날려버릴 수 있음을 우려했기 때문이다.

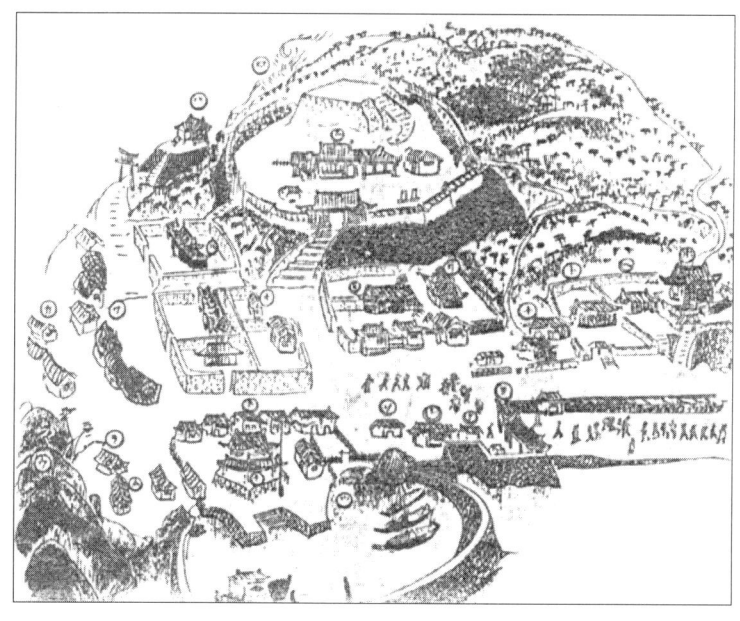

1700년대 부산포 초량 왜관의 모습이다.
임진왜란 때도 왜군들은 그림에서처럼 방파제를 쌓아 배를 그 안에 정박시켜 놓았다. 해전 때는 배에 젖은 가마니 등을 덮어 조선함대의 화공에 대비했다. 포구 뒤쪽 산 위에 있는 것은 왜성이다.

하지만 그 광경을 지켜보았을 부산의 조선 백성들에게는 군악을 울리며 펼쳐진 조선 함대의 장사진 군함 퍼레이드는 오랜 세월을 두고 잊을 수 없는 감동의 그림이었다.

장사진으로 포구 앞에 다다른 선봉 함대는 군악을 바꿔가며 각기 6개의 학익진 대형으로 분항(分航)했다. 그리고 선단별로 왜군들의 포구와 해안기지들을 막아섰는데 그 모습은 영락없는 군함무(軍艦舞)였다.

「왜적의 배들은 부산진성 동쪽에 있는 한 산으로부터 5리쯤 되는 언덕 밑 세 군데에 정박해 있었습니다. 큰 배, 중간 배, 작은 배 모두 합쳐 대략 470여 척쯤 되었는데, 왜적들은 우리의 위세를 바라보고는 겁을 먹고 감히 나오지 못했습니다.

우리의 여러 배들이 곧바로 짓찧듯이 쳐들어가자 배 안에 있던 왜적들과 성내 산 위의 소굴(왜성이거나 포탄 공격을 막기 위해 파놓은 참호인 듯) 속에 있던 왜적들은 총을 잡고 활과 화살을 옆구리에 끼고는 모조리 산으로 올라가서 여섯 군데로 나뉘어 진을 치고는 아래로 내려다보면서 총알과 화살을 쏘아댔는데, 마치 비 오듯 우박 쏟아지듯 했습니다.

그들 중에서 편전을 쏘는 것은 전부 우리나라 사람 같았습니다. 때로는 큰 철환을 쏘았는데 그 크기가 모과 만했으며, 또 굵은 자갈을 던졌는데 그 덩어리 크기가 사발만한 것이 우리 배에 많이 떨어졌습니다. 여러 장수들은 더욱 분하여 죽음을 무릅쓰고 돌진하여 천자포·지자포·장군전(將軍箭)·피령전(皮翎箭)·장편전·철환 등을 일제히 쏘아대며 하루 종일 맞붙어 싸웠더니 적의 기세가 크게 꺾였습니다.」

-〈부산파왜병장〉(92. 9. 17.)-

자성대 동쪽 5리쯤 되는 곳이라면 현재는 매립된 지역이다. 당시에는 갈대밭과 갯벌이 있었던 곳으로 여겨진다.

선봉 함대가 여러 단위의 학익진으로 포위하자 그때까지 잠자코 있던 왜군들이 배 위, 해안가, 언덕 위, 왜성 등지에서 일제히 사격을 가해 왔다.

왜군들은 조선의 비밀병기인 편전으로도 공격했다. 이는 조선인 징용병들을 시켜서 쏘게 한 것이다. 모과만한 철환은 큰 포탄인데 사정거리나 관통력에서 조선제 대포를 능가하지 못했다. 이유는 화약을 많이 넣어 사격하게 되면 포신이 깨져버렸기 때문이다.

포신이 깨졌던 것에 대해 일본 학자들은 "일본의 주물공업 수준이 조선의 주물공업 수준에 미치지 못했기 때문"이라고 설명한다.

왜군들이 쏜 철환, 편전, 굵은 자갈(水磨石) 등이 선봉 함대의 갑판에 날아들었다. 이에 선봉 함대에서도 사격에 나섰다. 주 목표는 방파제 안의 왜선단이었다. 그러나 방파제가 넓게 둘러쳐져 있었고 표적과의 거리가 멀었기 때문에 효과적인 공격이 되지 못했다.

왜군들의 방어 사격도 만만치가 않았다. 그렇게 거센 공방을 벌이는 가운데 선봉 함대는 왜선단에 효과적인 타격을 가하기 위해 공격선을 점차 포구 쪽으로 좁혀 들어갔다. 공격선이 좁혀지면서 선봉 함대 역시 투석기와 대포를 동원한 왜군들의 완강한 저항에 부닥쳤다. 공격선을 더 좁히게 되면 조총의 유효사거리 안에 들 수 있는 상황이었다.

오직 거북선만이 적의 반격을 감당할 수 있었다. 하지만 최선봉에서 공격을 주도하던 거북선단에도 위기가 찾아왔다. 왜군들은 거북선을 향해 공격을 집중시켰고, 크고 작은 석탄류(石彈類)와 각종 철환들이 "쿵! 쾅! 쿵! 쾅!" 하는 소리와 함께 거북선의 등과 선체에 쏟아졌다.

왜군들은 조선제 대포로도 사격을 가해 왔다. 무적의 전함 거북선이 처음 맞닥뜨린 위기의 순간이었다. 거북선이라고 해도 조선 대포의 공격을 장시간 버텨낼 수는 없었기 때문이다.

정운 장군의 전사

중위장 권준(權俊)의 선봉 함대 장수들은 적의 조직적인 대응에 내심 놀라워하면서 지리(地利)의 불리함을 극복할 만한 묘안을 찾고자 고심했다. 하지만 적의 선단을 타격하기 위해서는 어느 정도의 피해는 감수할 수밖에 없는 진퇴양난의 형국이었다.

이순신도 교전 상황을 지켜보며 같은 고민을 하고 있었다.

더군다나 시간이 흐를수록 왜군 측이 반격의 강도를 더욱 높이고 있었기 때문에 일단 선봉 함대를 안전한 지역까지 물려야만 했다. 이순신은 선봉 함대를 퇴각시킨 후에 육지의 적과 맞상대할 작전을 세웠다.

거북선의 출전을 알리는 깃발이 이순신의 기함 돛대 높이 올랐다. "적의 공격을 분산시킬 것이다! 즉시 선봉의 공격선을 물리도록 하라!"

기함 돛대 위로 이번엔 '공격선 일보 후퇴!'를 명하는 깃발이 올랐다. 이에 중위장 권준도 즉시 영하기(令下旗)를 올려 퇴각을 독려했다. 그 사이 본대 정면에 위치해 있던 거북선들은 지체 없이 각기 맡은 육지 6곳의 왜군 진지를 향해 돌진해 들어갔다.

이때, 이순신의 본대는 포구 안 왜선단을 향해 총공격을 알리는 함포사격을 개시했다. 본대의 함포사격에 맞춰 거북선들과 판옥선단도 일제히 협격전에 들어갔다.

부산포 해전 당시 거북선의 수가 몇 척이었는지는 알 수 없다. 추측컨대 판옥선과 거북선의 비율을 10:1로 보면 개조형을 합쳐서 약 8척 정도가 있었을 것으로 보인다.

이억기와 원균 함대도 후방 경계를 위한 일부 전선들을 제외하고는 모두 공격에 가담해 싸웠다.

포구 앞은 수심이 깊지 않았으므로 근접사격이나 조준사격이 아닌 500여 척의 왜선들을 목표로 한 원거리 사격이었다.

전 함대가 공격에 가담하자 바다는 짙은 포연과 천둥 같은 포성으로 뒤덮였다. 이에 질세라 왜군들도 총반격으로 맞섰다.

그 와중에 선봉에 나섰던 우부장 녹도 만호 정운(鄭運)이 왜군 저격병의 총포 사격에 전사했다. 이순신은 장계에서 '큰 철환이 정운의 이마를 뚫었다'고 기록했는데, 큰 철환은 조총보다 조금 더 큰 대포이고 사정거리도 조총보다 긴 무기이다.

정운의 죽음은 조선 함대와 후방 고을들에 큰 아픔을 남겼다. 유능한 장수의 죽음이었으며, 조선 함대 지휘관으로서는 최초의 전사자였기 때문이다.

이순신은 정운의 죽음을 이렇게 기록하고 있다.

「녹도 만호 정운(鄭運)은 변란이 생긴 후로 충의심이 불타올라 적과 함께 죽기를 원한다고 맹세하면서 세 번 왜적을 칠 때 매번 앞장서서 돌진하였는데, 부산에서 맞붙어 싸울 때에도 죽음을 무릅쓰고 돌진하다가 적의 큰 철환이 이마를 꿰뚫어 전사하였는바, 지극히 슬프고 가슴이 아픕니다.

여러 장수 중에서 차사원(差使員)을 따로 골라 뽑아 각별히 호상(護喪)하도록 지시하였는데, 그를 대신할 사람으로 무재(武才)와 지략을 겸비한 사람을 뽑아 임명하여 속히 내려 보내주시기 바랍니다. 그 동안에는 신의 군관 전 만호 윤사공(尹思恭)을 가장(假將)으로 정하여 보냈습니다.」

-〈부산파왜병장〉(92. 9. 17.)-

양측의 공방전은 오후 늦게까지 이어졌다.

조선함대는 뜨겁게 달궈진 대포의 포신을 식혀 가며 공격을 지속했다. 그러나 왜군들은 안골포에서처럼 잔뜩 웅크린 채 받아치기 작전으로 일관했다.

「적선 100여 척을 3도의 여러 장수들이 힘을 합쳐 때려 부순 후에 보니, 왜적들은 화살을 맞아 죽은 자들을 토굴(참호) 속으로 끌고 들어갔는데 그 수가 얼마인지는 알 수 없었으나, 배를 깨뜨리기에 바빠서 왜적의 머리는 베지 못하였습니다.

여러 배에서 용사들을 뽑아 뭍으로 올려 보내 모조리 섬멸하고 싶었으나, 성 안팎 6, 7군데에 진을 치고 있는 수많은 왜적들이 말을 타고 용맹을 과시하고 있는데 말도 없는 외로운 군사들을 가벼이 뭍으로 올려 보낸다는 것은 만전(萬全)의 계책이 되지 못할 뿐 아니라 날도 이미 저물었기에, 만약 적의 소굴에 그대로 머물러 있다가는 혹시 앞뒤로 적들의 공격을 받을 염려도 있고 해서, 형편상 부득이하여 여러 장수들에게 배를 돌리라고 명령하여 자정 경에 가덕도로 돌아와 밤을 지냈습니다.」
-〈부산파왜병장〉(92. 9. 17.)-

왜군들은 조선 함대의 공격이 좀처럼 누그러질 기미가 보이지 않자 당황하기 시작했다. 이미 많은 배를 잃었고 남은 배들도 온전하지가 않았다. 사상자도 점차 늘어가고 있었다. 특히 선상의 부대들이 심한 타격을 입었다.

　이 날을 위해 충분하다고 생각될 만큼 발사용 무기들을 많이 준비했건만 포탄과 화약, 석탄과 화살도 거의 바닥을 드러내고 있었다. 전술적 차원에서도 나름대로 많은 훈련을 쌓아 왔지만 조선 함대의 창끝을 견뎌내기엔 역시 역부족이었다.

　구키는 패배를 교훈삼아 구겨진 명예를 회복하려고 했다. 그러나 조선 함대 또한 안골포에서의 경험을 토대로 한층 더 발전된 전술을 선보이고 있었다.

　수시로 걸어오는 거북선들의 근접전과 판옥선단의 함포사격. 거북선을 공격하려 하면 배후의 판옥선들이 일시 집중타를 날렸고, 판옥선단을 공격하려 하면 거북선들이 조준사격으로 공격해 왔다. 이 바람에 육지의 왜군들은 표적을 잃고 무작정 포탄과 조총을 난사했다. 힘들게 제작한 투석기도 그런 식으로 사용했기 때문에 석탄(石彈)의 낭비가 많았다.

　육지에 포진한 왜군들이 그렇게 대응하고 있는 사이 포구 정면에 위치한 또 다른 조선 함대에서는 초지일관 일사불란한 모습으로 야금야금 자신들의 선단을 깨뜨리고 있었다.

　구키는 결국 또다시 속수무책으로 당해야 하는 현실 앞에서 몸을 떨었다. "이순신, 도대체 너는 사람이냐, 귀신이냐? 네가 귀신이라면 나는 내 신(神)께 빌 것이며, 사람이라면 너에게도 언젠가는 뼈저린 날이 있을 것이다!"

　구키는 그저 이 감당할 수 없는 사태가 종료되기를 하늘에 빌면서 이순신을 향해 증오에 찬 독백을 내뱉었다.

　조선 함대의 함포 사격은 해질 무렵이 되어서야 멈췄다. 그리고 해전도 끝이 났다.

기상 여건이 양호한 경우 가덕도에서 부산까지 이동하는 데 소요되는 시간은 약 5시간 정도. 조선 함대가 이 날 가덕도에서 출발한 시각이 오전 8시라고 보면 부산포에 도착한 시각은 오후 2시경이다. 이순신은 가덕도에 되돌아온 시각이 자정 경이라고 했으므로, 해전은 오후 7시쯤에야 종료된 듯하다.

해전에 소요된 시간은 총 5~6시간인데, 매번 속공전을 구사했던 조선 함대로서도 왜군측의 결사적인 반격 작전에 고전을 했다.

반나절 동안의 공방으로 왜군 측은 많은 사상자와 100여 척의 선박을 잃었다. 이순신의 좌수영 함대도 정운을 포함해서 약 30여 명의 사상자를 냈다.

이억기와 원균 함대에서도 사상자가 발생했다. 하지만 기록이 없어 정확히는 알 수 없다. 다만 좌수영 함대가 선봉에 섰던 점을 감안하면 좌수영 함대보다는 훨씬 적었을 것으로 보인다.

좌수영 함대 장병들의 사상 원인을 보면 총포에 의한 사망이 4명, 부상이 23명이었다. 화살에 의한 부상은 3명으로, 이는 적지 않은 수의 전선들이 조총과 일본제 대포의 사정거리 안에까지 들어가 있었기 때문이다.

4. 해전이 끝나고

이순신의 정보 분석

「양산과 김해에 있는 왜선들은 몇 달 내로 차차 저희 나라로 돌아간다는 말도 있습니다.

저희 세력이 날로 외로워짐을 알고 모두 부산성 안으로 모여들어서는 관사(官舍)들은 전부 헐어버리고 흙집을 만들어 이미 소굴로 삼은 것이 100여 호나 됩니다.

성밖 동서 양쪽 산기슭에 민가가 3백여 호나 즐비하게 연이어 있는데, 이것들은 다 왜적들이 지은 집으로서, 그 중에 큰 집은 층계가 있고 벽에 회칠을 한 것이 마치 절간과 같았습니다. 그 하는 짓들을 생각하면 극히 통분합니다. 」

-〈부산파왜병장〉(92. 9. 17.)-

이순신은 장계를 통해서 당시 부산의 왜군 진영이 내부적으로 도망병이 나오는 등 동요하고 있음을 조정에 보고하고 있다.

'저희 나라로 돌아간다는 말도 있다' 고 하였는데, 패잔병들을 중심으로 한 일부 왜군들은 사태를 낙관적으로 보고 있지 않았다.

또 '저희 세력이 날로 외로워짐을 알고' 라고 한 것을 보면 전투와 질병, 굶주림, 탈영병 등 이런저런 이유로 왜군 단위부대들의 소속 인원수가 많이 감소한 것 같다. 또 조선 사람들과의 동화도 여의치 않았던 것 같다.

「접전한 이튿날 다시 되돌아 쳐들어가서 왜적의 소굴을 불태우고 그 배들을 전부 때려 부수고도 싶었으나, 뭍으로 올라간 왜적들이 여러 곳에 가득 차 있는데다가 만약 저들의 돌아갈 길마저 끊어버린다면 막다른 골목에 몰린 도적으로 변할까봐 염려되었습니다.

수륙에서 함께 쳐야만 섬멸할 수 있을 뿐만 아니라, 더구나 풍랑이 심하여 우리 전선들도 서로 부딪쳐 깨어진 곳이 많았으므로, 부득이 전선을 수리하고 군량을 넉넉히 준비한 뒤에, 또 육지에서 크게 몰아낼 날을 기다려서, 경상감사 등과 수륙으로 함께 진격하여 모조리 토벌하여 섬멸하기로 작정하고 9월 2일에는 진을 파하고 본영으로 돌아왔습니다.」

-〈부산파왜병장〉(92. 9. 17.)-

격물·치지에 바탕한 이순신의 깊은 사려를 재차 확인할 수 있는 대목이다.

이순신은 적선을 더 깨뜨릴 수도 있었다. 그러나 이미 날이 저물었고 야간에 공격을 지속한다는 것은 효율 면에서도 문제가 있었다. 또한 왜군들에게 있어서 조선 함대의 부산포 공격은 일찍부터 예견된 일이었으며, 수삼일 전부터는 부산 사령부에 조선 함대의 남해안 출현이 알려져 있었다.

부산의 왜군들을 후원하기 위해 대마도와 나고야에서 나오는 또 다른 함대가 가덕도 부근에서 퇴로를 막고 협공해 올 수도 있기 때문에 야간 해전은 매우 위험했다. 그런 이유로 조선 함대는 서둘러 가덕도로 돌아왔다.

다음날 재차 부산포 공격을 계획했지만 풍랑이 거세져 무리하게 이동을 하다가는 예기치 못한 변을 당할 수도 있었다.

풍랑으로 인한 위험이 아니더라도 이순신은 부산포의 왜선 모두를 깨치지는 않았을 것이다. 부산의 왜군들은 방파제 안에 숨어서 젖은 가마니 등을 덮고 필사적으로 저항하고 있는데다가 육지에 진을 친 왜군들까지 상대해야 했으므로 효과적인 공격이 될 수 없었다. 어디까지나 해군만의 공격으로는 한계가 있었다.

더구나 반나절 동안의 해전으로 많은 양의 화약을 소비했고 식량도 충분치 않았다. 출동시 조선 함대는 약 10일분의 식량을 싣고 다녔는데 부서진 전선을 수리하기 위하여 2~3일을 보내고 나면 식량은 완전히 바닥이 날 상황이었다.

이순신은 적을 섬멸하기 위해서는 수륙군 합동으로 협공해야 한다고 조정에 건의하고 있다. 이 말을 되짚어 보면, 조선 육군의 전력이 왜군에 미치지 못했기 때문에 부산포해전 시점에서는 적의 섬멸이 현실적으로 불가능하다고 판단했던 것 같다.

「우후 이몽구(李夢龜)가 벤 왜적의 머리 1개는 본래 왼쪽 귀가 없는 것이어서 귀뿌리를 잘라 소금에 절여 올려 보냅니다. 정해(丁亥)년에 왜적에게 사로잡혀갔다가 도망쳐 온 본영의 수군 김개동(金介東), 이언세(李彦世) 등을 문초하였더니, "소인 등을 잡아가던 왜놈은 본래 왼쪽 귀가 없었는데, 지금 이 왜놈의 머리를 보니 눈과 눈썹이 그와 똑 같습니다. 이 왜놈은 나이 늙어서 스스로 두목이 되어 가지고 도적질을 일삼았으며, 평소에 사람 죽이기를 좋아했습니다"고 하였습니다.

사량도 권관 이여념(李汝恬)이 사로잡은 왜적 오도동(吳道同)을 문초해 보았더니, "왜인들 중 높은 자들이 처자를 이곳으로 데려온 후부터 소인이 살고 있는 지역의 왜인들은 모두 싸우러 나가기를 싫어하여 산골로 피해 들어갔습니다. 그런데 6, 7월간에 일본의 차사(差使)가 산을 뒤져서 숨어 있던 왜인들을 찾아내어 배에 가득 실어 이곳으로 보냈는데, 요사이 고려(조선) 사람들이 우리 왜인들을 많이 죽이므로 오래 머물러 있을 수 없는 형편이기에 본토로 돌아가려고 하던 참에 이처럼 잡혔습니다"고 했는데, 간사스러운 말을 믿을 것은 못되지만, 그 나이가 어리고 어리숭한 모양이 어느 정도 그럴 듯한 점도 있었습니다.

그동안 전후로 4차례 출전하여 10번 맞붙어 싸워서 전부 승리하였으나, 장수와 군사들의 공로를 논한다면, 이번 부산싸움보다 더 큰 것은 없을 것입니다.

　이전에 서로 싸울 때에는 적선의 수가 많아도 70여 척에 불과했으나, 이번에는 큰 적의 소굴에 줄지어 정박해 있는 470여 척 속으로 군사의 위세를 한껏 벌려 승리한 기세를 타고 돌진해 들어갔습니다. 그리하여 겁을 내고 꺾이는 일 없이 하루 종일 마구 공격하여 적선을 100여 척이나 때려 부수어 적들로 하여금 기가 꺾이고 간이 떨어지게 만드니 적들은 머리를 웅크리고 두려워 벌벌 떨었습니다. 비록 왜적의 목을 벤 것은 없으나 힘껏 싸운 공로는 이전 싸움 때보다 훨씬 더했습니다. 그래서 전례에 따라 공로를 참작하여 등급을 마련하고 그것을 별장(別狀)으로 기록하옵니다.」　　-〈부산파왜병장〉(92. 9. 17.)-

'적들로 하여금 기가 꺾이고 간이 떨어지게' 라고 하였는데, 이것은 곧 '부산의 우리 백성들은 기뻐서 춤추고 눈물을 흘리지 않은 사람이 없었다' 란 말로 해석해도 될 듯하다. 이렇게 힘을 얻은 조선 백성들은 이후 7년간의 고난을 견뎌내며 왜군들에게 보이지 않는 힘으로 항거했다.

5. '부산파왜병장'을 행재소로 가지고 간 송여종

「노획한 왜의 물건들 중에서 쌀, 포목, 옷 등은 군사들에게 상급(賞給)으로 나누어 주고 왜적의 병기 등 물건들은 뒤에 나란히 기록해 두었습니다.

태인(泰仁)에 사는 업무교생(業武校生) 송여종(宋汝悰)은 낙안 군수 신호의 대변군관(待變軍官: 비상대기 군관)으로서 전후로 4번 적을 칠 때 충성심을 발휘하여 몸을 던져 적진으로 돌진하여 죽을힘을 다하여 싸운 결과 왜적의 머리를 베었는데, 전후의 군공이 모두 1등에 든 자이므로 이 장계를 가지고 올라가게 하였습니다.」 －〈부산파왜병장〉(92. 9. 17.)－

'부산포파왜병장'은 그간의 전투에서 공이 많았던 군관 송여종(宋汝悰)이 가지고 올라갔다. 송여종이 행재소를 향해 출발한 날은 9월 17일이었다.

다음은 송여종이 장계를 받들고 올라갈 때의 상황을 기록한 송여종의 비문에서 옮긴 것이다.

「임금의 수레는 몽진하셨고 세 도성이 다 무너져 연도에는 적들이 겹겹이 진을 치고 있어 문안 차 달려가던 관원들도 문득 길이 막혀 중도에 돌아오는 형편이었다. 이공(이순신)은 공이 본시 나라에 죽을 생각을 가지고 있다는 말을 듣고 공에게 장계를 주었다.

적의 진영을 돌고 돌아 낮이면 엎드리고 밤에 움직여 죽을 고비를 여러 번 넘어 겨우 임금 계신 곳에 당도했다.

위(임금)에서 곧 불러보시고 친히 변방의 일을 물으시며 술을 하사하여 수고를 위로해줌이 참말 장하므로, 서부주부(西部主簿)를 제수하고 위로부터 이조(吏曹)에 지시하시기를 '전라좌수사 군관 송여종은 맨발로 걸어 천리를 멀리 왔으니 지극히 가상할 바다. 전라 방면의 수령 가운데 빈 자리가 있으면 보직케 하라.'고 하시므로, 이조에서는 곧 남평 현감을 제수했는데, 병조에서 또 청하되 '녹도 만호(鄭運)가 탄환에 맞아 죽었으므로 마땅히 그 후임을 선택해야 할 것이온데 송여종을 이미 남평 현감으로 제수하긴 했으나 일찍이 순신의 관하에서 공을 세웠고 또 해전에 익숙하오니 이 사람으로 대행하게 하시기 바랍니다' 라고 하였다.」
                                              -송여종의 비문-

'적의 진영을 돌고 돌아' 라는 표현은 비문을 쓴 후대의 선비가 경상도와 강원도 등 육지 쪽의 장계 전달 여정(旅程)을 인용했기 때문으로 보인다.

6. 왜군들이 본 부산포해전

말로만 듣던 조선 해군의 위용을 확인한 부산 주둔군 사령관 하시바 히데카스(羽柴秀勝)는 해전이 끝난 지 여러 날이 지났음에도 무시무시했던 그 날의 기억을 털어내지 못했다. 그 체험이 얼마나 가혹했던지, 꿈에서조차 거북선과 조선 함대가 나타났다가 사라졌다.

무사 아닌 평민 출신이었지만 히데요시의 조카이자 양자인 덕에 그 누구도 부럽지 않은 부귀영화를 누려온 몸이었다. 이번 전쟁에서도 히데요시의 후광에 힘입어 비록 전장이라고는 해도 안전이 보장된다는 부산 주둔군 사령관 자리를 맡아 유람 나서듯 현해탄을 건너왔다.

그러나 천지를 뒤흔드는 포성과 언덕 위 진지에까지 날아드는 살탄과 탄환, 그리고 그것을 맞고 죽은 휘하 장졸들의 주검을 보면서

'어쩌면 부산이 가장 위험한 곳일지도 모른다'는 생각에 하루하루가 두려웠다.

그렇게 큰 살탄도 처음 봤지만, 또 그 큰 것을 대포에 넣어 우박 퍼붓듯 쏘아댄다는 것도 가히 충격이었다. 하지만 더 끔찍했던 것은, 이제 조선 해군이 아무런 거리낌 없이 나타나 그런 식의 공격을 시도 때도 없이 해올 것이라는 점이었다.

'만약 저들이 부산 앞바다에 진을 치고 장기간 농성에 들어간다면…'

하시바는 때때로 '본국으로 돌아가지 못하고 조선에서 죽을 수도 있다'는 생각을 하며 장담할 수 없는 미래를 걱정해야 했다.

밀항선을 타고 본국으로 돌아가는 왜군들의 수가 부쩍 늘고 있다는 보고를 익히 듣고 있던 터였다. 또 부산포해전이 있기 전 자신의 참모들 중에는 "조만간 이순신이 바다를 막고 퇴로를 끊은 뒤에 명군과 조선군이 합세하여 쳐내려올 것"이라는 풍문을 전하면서 사태가 악화되고 있음을 보고해 오기도 했다.

그런데 실제로 조선 해군이 부산 앞바다에 나타나 부산포를 공격해 오자 부산과 경남 일대의 왜군 진영에는 낙담과 절망의 그림자가 짙게 드리워졌고 "어서 빨리 본국으로 돌아가지 않는다면 영영 돌아가지 못할 것이다!"라는 풍문까지 나돌기 시작했다.

아무튼 이 심약하고 예민한 성격의 소유자는 자신의 염려대로 해전이 있은 직후 병을 얻어 죽는데, 부산포해전이 왜군 측에 미친 영향을 상징적으로 대변해 주는 사건이었다. 또한 훗날 도요토미(하시바) 가(家)에 밀어닥칠 멸문(滅門)의 서곡이기도 했다.

7. 임진년 겨울의 군영 經·營

부산포해전을 끝내고 여수항에 돌아온 좌수영 함대는 각 기지별로 돌아갔고, 병사들은 각자 자기 집으로 돌아가서 가을 추수에 바빴다. 또 그러는 가운데 화살을 만들고 화약을 굽는 등 각자 나름의 군영 經·營에도 여념이 없었다.

이 기간 중에 올린 이순신의 장계들 가운데 오늘날 전해져 오는 것을 살펴본다.

한산도로 도망간 왜군 400명

「삼가 상고(相考)하올 일로 아뢰나이다.
지난 7월 8일 경상도 한산도 앞바다에서 왜적과 맞붙어 싸울 때 화살에 맞은 왜적 4백여 명이 외딴 섬으로 올라가 마치 장롱 속에 갇힌 새처럼 되어서, 한 열흘만 지나면 틀림없이 굶어 죽을 것이므로, 경상도 우수사 원균에게 그 소속 수군을 거느리고 사면을 포위해 있다가 모조리 잡아 죽이도록 하고서, 신과 전라우수사 이억기 등은 진을 파하고 돌아왔습니다.
그런데 원균이 그 후에 왜적의 배들이 많이 오고 있다는 잘못된 소문을 듣고서는 포위를 풀고 가버렸으므로, 섬으로 올라갔던 왜적들은 나무를 찍어 뗏목을 만들어 타고 전부 거제(巨濟)로 건너가 버렸으므로, 솥 안에 들어있던 고기가 그만 빠져나간 것처럼 되어 참으로 통분하옵니다.」

―〈피위왜병도환장(被圍倭兵逃還狀)〉(92. 9. 10.)―

한산도해전 때 도망치던 왜군들은 한산도를 육지로 잘못 알고 올라갔다가 작은 섬에 갇힌 꼴이 되고 말았다.

해전이 끝나고 전라 수군이 귀향한 후에는 원균 함대만이 지키고 있었는데, 원균은 '부산포 쪽의 왜군들이 구원하러 온다'는 헛소문을 듣고는 겁이 나서 포위망을 풀어주고 말았다. 원균은 이 무렵까지도 단독으로 작전을 할 수 없었던 것이다.

종이를 올려 보내는 장계

「삼가 아뢰나이다.

행재소에서 소용되는 종이를 수량을 넉넉히 올려 보내라는 분부를 받았습니다. 그러나 장계를 받들고 가는 사람이 길이 멀어서 운반하기 어려우므로 우선 장지(壯紙) 10권을 봉하여 올려 보냅니다.」 ―〈봉진지지장(封進紙地狀)〉(92. 9. 18.)―

후방 고을의 행정과 관아의 經·營이 건재했기 때문에 이 같은 물자를 조정에 올려 보낼 수 있었다.

군량과 진상물을 실어 보내는 장계

「삼가 아뢰나이다.

지난 9월에 순천 사는 사람 정사준(鄭思竣)은 아직 상제의 몸으로 있으면서 임용된 사람으로서, 같은 고을의 의로운 선비 교생(校生) 정빈(鄭濱) 등과 약속하고 각각 의연곡(義捐穀)을 모아 한 배에 싣고 행재소로 올라간다고 하였습니다. 그래서 본영 및 수군 관할의 각 고을 순천, 광양, 낙안, 흥양 등 고을 수령들이 따로 봉하여 진상하려는 물건 등을 각각 물목을 기록하여 정사준에게 주어서 올려 보내도록 하였습니다.

그러나 서해 물길의 바람세(風勢)가 좋지 못하여 정사준이 중도에 추위에 상하여 병세가 중해져 더 앞으로 나아갈 수 없어서 되돌아 왔습니다. 그래서 그의 동생으로 신의 군관으로 있는 정사횡(鄭思竑)으로 하여금 가지고 올라가도록 하면서, 신이 따로 봉하여 진상하는 장편전 등 물건과 탄신일(誕日), 동지, 설 진상물들도 정사횡과 본영 진무(鎭撫) 김양간(金良幹)에게 주어서 의연곡 실은 배에 같이 실어 올려 보냈습니다.

순천부사 권준(權俊)이 봉하여 따로 진상하는 것까지도 물목을 만들어 같은 배에 실어 보냈습니다.

광양, 흥양, 낙안 등의 고을 수령들은 각각 자기 고을 배에 싣고 각자 모집한 사람들에게 주어서 올려 보냈습니다.」

－〈장송전곡장(裝送戰穀狀)〉(92. 9. 25.)－

정사준 등이 의연곡을 모아서 의주 행재소로 가는 편에 순천·광양·낙안·흥양 등의 고을에서도 곡식을 모아서 의주로 보냈다. 전라좌수영 관내 고을들의 經·營이 건재했음을 알 수 있다.

하지만 원균의 관내 고을들은, 첫째 안골포, 웅천 등은 왜군의 점령지가 되었고, 둘째 거제도는 적과의 공방전 지역이었으며, 셋째 소비포와 남해도 지역은 왜군들의 분탕질은 없었으나 개전 초 김수(金睟) 감사와 조대곤(曹大坤) 병마사 등이 펼친 청야(淸野) 작전과 백성들에 의한 분탕질로 제대로 된 經·營이 이루어지지 못했다.

유황(硫黃)을 내려 보내주시기를 청하는 장계

「삼가 나누어 받고자 하는 일로 아뢰나이다.

본영과 각 포구에 있는 화약이 원래부터 넉넉하지 못한 것을 전선에 갈라 싣고 다섯 번이나 영남 바다로 출정하여 거의 다 쏘아버렸습니다.

더구나 본도 순찰사, 방어사(防禦使), 소모사(召募使), 소모관(召募官), 여러 의병장과 경상도 순찰사, 수사들의 요구가 많았으므로 남은 것이 심히 적은데, 옮겨 받을 데도 없고 또 보충할 길도 없어 백방으로 생각해 봐도 달리 방책이 없어서 형편에 따라 구워 썼는데, 신의 군관 훈련주부 이봉수(李鳳壽)가 그 묘법을 알아서 석 달 동안에 염초(焰硝) 1천 근을 구워내어 본영과 각 포구에 차례로 나누어주었으나, 석유황(石硫黃)만은 달리 나올 곳이 없으므로 감히 1백여 근쯤 내려 보내주실 것을 청하나이다.」　　　－〈청사유황장(請賜硫黃狀)〉(93. 1. 26.)－

의병승(義兵僧)을 보내어 요해처 파수할 것을 청하는 장계

「삼가 상의드릴 일로 아뢰나이다.

영남에 진을 치고 있던 적들이 본 도를 침범하고자 하여 수륙으로 엿보고 있으니, 신은 비록 해전을 담당하였사오나 육전의 방비에도 마음을 늦출 수 없었습니다. 그래서 호남과의 접경인 구례, 석주(石柱), 도탄(陶灘), 광양, 두치(豆峙), 강탄(江灘) 등 요해처에 복병하여 파수 보는 일들을 돕고 살피도록 함으로써 적들로 하여금 끝내 경계를 넘지 못하게 하고자 했습니다.

그래서 작년 8, 9월 사이에 근처 각 고을에 통문을 보내어 여러 절간에 숨어 있는 중들과 병적에 들지 않고 놀고 있는 자를 모두 적발하여 석주, 도탄, 두치 등지에 나누어 파수를 보도록 신칙하였더니, 중들이 소문을 듣고 즐거이 모여들어 한 달도 안 되어 4백 명이나 되었는데, 그 중에도 용맹과 지략을 가진 자들로는 순천 사는 중 삼혜(三惠)는 시호별도장(豺虎別都將), 흥양 사는 중 의능(義能)은 유격별도장(遊擊別都將), 광양 사는 중 성휘(性輝)는 우돌격장, 광주 사는 중 신해(信海)는 좌돌격장, 곡성 사는 중 지원(智元)은 양병용격장(揚兵勇擊將)으로 정해 주었습니다.

따로 더 모집할 즈음에 또 구례 사는 진사 방처인(房處仁), 광양 사는 한량 강희열(姜熙悅), 순천 사는 보인(保人) 성응지(成應祉) 등이 강개하고 의기를 분발하여 시골사람들을 모아 각각 의병을 일으켰으므로, 방처인은 도탄으로, 강희열과 중 성휘 등을 두치로, 신해는 석주로, 지원은 운봉팔양치(雲峰八陽峙: 남원군 동면 인월리)로 가서 요해처를 파수 보도록 하면서 관군과 합력하여 사변에 대비하도록 명령을 전하였습니다.

그리고 성응지에게는 순천성을 수비하는 책임을 맡기고, 중 삼혜는 순천에, 중 의능은 본영에 각각 머물면서 방비하고 있다가 적의 형세의 경중을 보아서 육전이 중대하거든 육전으로 가고 해전이 중대하거든 해전으로 가라는 뜻으로 약속하였으나, 물길을 차단하고 도망가는 적의 큰 부대를 섬멸하려면 병력이 외롭고 약해서는 안 되겠으므로 소속 수군력을 넉넉히 정돈하기 위하여 의병장 성응지, 승장 삼혜, 의능 등에게는 전선을 나눠주어 갈라서 타고 바다로 나가도록 신칙하였습니다.」
-분송의승파수요해장(分送義僧把守要害狀)〉(93. 1. 26.)-

유민들을 돌산도로 보내 둔전 經·營을 하자고 청한 장계

「삼가 상고할 일로 아뢰나이다.
영남의 피난민들로 본영 경내에 들어와 사는 자들이 2백여 호나 되는데, 모두 임시로 거접(居接)시키기는 했으나 겨울을 나기 어렵고, 당장 이들을 구제할 물자라고는 백방으로 생각해 보아도 얻을 계책이 서지 않습니다. 비록 난리를 평정한 뒤에는 제 고장으로 돌려보내면 된다고 하나, 당장 눈앞에서 굶어 죽어가는 참상은 차마 눈뜨고 볼 수 없습니다.
전일 풍원 부원군(豊原府院君) 유성룡에게 보낸 편지로 인하여 비변사에서 내려온 공문 중에 "여러 섬 중에서 피난하여 머물며 농사지을 만한 땅이 있거든 피난민을 들여보내 살 수 있도록 하되, 그 가부(可否)는 참작해서 시행하라"고 하였기에, 신이 생각해 본 바 피난민이 거접할 만한 곳으로는 돌산도만한 데가 없습니다. 이 섬은 본영과 방답 사이에 있는데, 겹산으로 둘러져 있어서 사방으로 도적들과는 격리되어 있으며, 지세가 넓고 편평하고 땅도 기름지므로 피난민을 타일러 차츰 들어가서 살게 하여 방금 봄갈이를 시켰습니다.
전 어사(御史) 홍종록(洪宗祿), 감사 윤두수(尹斗壽), 수사 박선(朴宣)과 이천(李薦), 이영(李英) 등이 본영의 둔전 일로 장계할 때, 병조에서 목장이 있는 곳이라 말 기르는 일에 방해가 된다고 장계를 막았던 일이 있었으나, 지금은 국사가 어렵고 위태로우며 백성도 살 곳이 없으니, 설사 의지가지없는 백성들을 들여보내 농사짓게 하더라도 말 기르는 데 해를 끼칠 일은 별로 없을 터이오니, 말도 먹이고 백성도 구제하여 둘 다 편의케 하기를 바라옵니다.」 　 －〈청령유민입접돌산도경종장
(請令流民入接突山島耕種狀)〉(93. 1. 26.)－

이순신의 부하 장수들 공로 챙겨주기

「삼가 아뢰옵니다.

녹도(鹿島) 만호 정운(鄭運)은 맡은 바 직책에 충실하고 담략까지 겸비하여 신이 어려운 일을 같이 의논할 수 있었던 사람이었습니다. 그는 사변이 일어난 이래로 의기(義氣)가 북받쳐 올라 나라를 위해 몸을 돌보지 않는 마음이 조금도 해이해짐이 없이 변경 방어에 힘쓰기를 이전보다 두 배나 하였습니다. 그간 신이 믿고 의지했던 사람이라고는 다만 이 정운 등 두세 사람뿐이었습니다.

그간 세 번 싸워 이길 때 매번 앞장을 섰고, 부산의 큰 싸움에서도 몸을 가벼이 여기고 죽음을 잊어버리고 앞장서서 적의 소굴로 쳐들어가 하루 종일 싸웠는데, 힘껏 쏘아댔기에 적들은 꼼짝도 못하였습니다. 이는 오직 정운의 힘이었습니다.

그러나 배를 돌릴 무렵 탄환에 맞아 전사하였는데, 그 늠름한 기운과 맑은 혼령이 부질없이 사라져 후세에 알려지지 못한다면 이야말로 지극히 애통한 일입니다.

이대원(李大源)의 사당이 아직도 그 포구에 있으니, 초혼(招

魂)하여 같은 제단에 함께 모시고 제사를 올린다면, 한편으로는 의로운 혼백을 위로함이 되고, 또 한편으로는 다른 사람들을 경계함이 될 것입니다.

　방답 첨사 이순신(李純信)은 변경 방비에 힘을 다했고, 변란이 일어난 후에는 더욱 부지런히 하여, 네 번 적을 칠 때 반드시 앞장서서 쳐들어갔습니다. 특히 당항포(唐項浦)에서 적과 맞붙어 싸울 때에는 왜장을 쏘아 죽이고 목을 벰으로써 그 공로가 월등하였지만 다만 쏘아 죽이는 데만 전력하고 왜적의 목을 베는 데는 힘쓰지 아니하였는데, 그런 사유를 들면서 따로 포상하도록 장계를 올린 적이 있습니다. 그런데 표창과 상을 내리신 글 속에 유독 이순신(李純信)의 이름만 들어 있지 않아서 군사들의 마음이 모두 놀라고 이상하게 여기고 있습니다.

　여러 장수들 중 권준(權俊), 이순신(李純信), 어영담(魚泳潭), 배흥립(裵興立), 정운(鄭運) 등은 따로 믿고 의지하는 바가 있어서 서로 같이 죽기를 기약하고서 매사를 같이 의논하고 계획을 세워왔습니다. 그런데 권준 이하 여러 장수들은 모두 당상관(堂上官)으로 승진되었으나 오직 이순신(李純信)만은 임금의 은혜를 입지 못하였으므로, 이에 조정의 표창 명령이 내려오기를 기다리고 있습니다.」

　　-〈정운추배이대원사장(請鄭運追配李大源祠狀)〉(92. 9. 11.)-

　정운의 혼백을 이대원(李大源: 1587년-선조 20년. 손죽도 앞바다에서 왜구와 싸우다가 순국한 녹도 만호)의 사당에 함께 모시도록 할 것을 건의하고 있다. 또 방답 첨사 이순신(李純信)의 공로가 당상관에 오를 만큼 큰데도 누락되었다고 지적하며 이를 챙겨주고 있다.

　이순신은 장병들이 공을 세우거나 사상자가 생겼을 때 표창과 보상을 받을 수 있도록 자세히 보고하고 챙겼는데, 이 같은 군영 經·營도 이순신 함대를 1등 해군으로 만든 비결이다.

8. 〈선조실록〉 등에 기록되어 있는 원균의 군영 經·營

경상도 초유사 김성일의 장계

「우수영에서는 수사(元均)와 우후(虞侯: 禹應辰)가 병영을 제 손으로 불태워버렸습니다. 우후는 행방불명이고 수사는 한 척의 배만 타고 지금 사천(泗川) 포구에 들어붙어 있는데, 수십 명의 격군(格軍: 노 젓는 군사)뿐이고 군사들은 한 명도 없습니다. 신이 고성(固城)에 가 보니, 성은 비록 함락되었지만 왜적이 이미 돌아갔고 군량도 있었습니다. 만약 수사가 성에 들어가서 차지하고 지킨다면 흩어졌던 백성들이 아마 앞을 다투어 모여들어 안착할 수 있겠기에 두 번이나 수사에게 공문을 보냈습니다.

수사(元均)가 지난 19일에 성안으로 들어가서 지켜볼 생각으로 배를 고을 지경에 대었더니, 전에 왔던 왜적 100여 명이 반역한 백성들을 거느리고 다시 와서 성을 차지하고 있었기 때문에 결국 들어가지 못했습니다.」 -〈선조실록〉(1592. 6. 28.)-

김성일(金誠一) 초유사(招諭使)는 경상도의 관·민 합동 사령관 격으로 김수 경상감사와 함께 원균에게는 직속상관이다. 그런데 김성일은 장계에 개전 초 원균의 초라한 행적을 기록하면서, 100명의 왜군들에게도 대적하지 못한다고 했다. '수사가 지난 19일'에서 말한 19일은 적진포 해전(5월 8일) 이후인 5월 19일로 보인다.

경상감사 김수의 장계

「수사(水使) 원균은 수군 대장으로서 여러 장수들을 거느리고 내지(內地)로 피신하고, 우후(虞侯) 우응진(禹應辰)에게 고을 창고에 불을 지르게 한 결과 2백년간 저축해둔 물건들이 하루아침에 없어져 버렸습니다.」 -〈선조실록〉(1592. 6. 28.)-

'200년간 저축해 둔 물건들'이라고 하였는데, 이것들은 장부상으로만 있었고 실제로는 제대로 갖춰진 것이 없었다. 〈선조실록〉(1592. 6. 28.)에 김수와 김성일의 장계가 수록되어 있는 것은 그 무렵 의주 행재소와 소통이 시작되면서 경상도의 한 관리가 두 사람의 장계를 같이 가지고 올라왔기 때문일 것이다.

〈징비록〉에 기록된 원균의 經·營

「이보다 먼저 왜적이 바다를 건너 육지로 올라왔을 때 원균은 왜적의 형세가 대단한 것을 보고 감히 나가서 치지 못하고, 자기 관할 하의 전선 100여 척과 화포(火砲)·군기(軍器)를 바닷물 속에 침몰시켜 버린 다음, 홀로 수하의 비장(裨將) 이영남(李英男)·이운룡(李雲龍) 등과 함께 네 척의 배를 타고 달아나 곤양(昆陽)의 바다 어귀에 이르러 육지로 올라가서 왜적을 피하려고 하였다. 이에 그 수군 만 여명이 다 무너져버렸다.」

－〈징비록〉－

원균이 경상우수사로 부임한 것은 왜란이 일어나기 2개월 전이다. 관내의 수군력은 장부상으로만 있었고, 소수의 전선들은 우후 우응진 등이 불태우고 도망갔다. 그 결과 원균의 함대는 개전 초부터 전투력을 상실했다.

충무공의 장계에는 '원균은 군사 없는 장수'

「6월 1일 새벽, 경상우수사 원균(元均)이 신에게 말하기를 "어제 맞붙어 싸울 때 남겨둔 적의 배 2척이 도망을 쳤는지도 알아보고 겸하여 화살에 맞아 죽은 왜적들을 찾아 그 목을 베어 오겠다"고 하였습니다.

원균은 이전 싸움에서 패하여 군사들을 잃은 후 군사 없는 장수가 되어 지휘통솔할 일이 없었기 때문에 맞붙어 싸운 곳들을 찾아가서 화살이나 탄환에 맞아 죽은 왜적들을 찾아내어 그 목을 베어 왔습니다.

그날 오전 8시경 그곳을 다녀와서 하는 말이 "왜적들은 뭍으로 해서 멀리 도망을 갔고, 그래서 남겨둔 배만 불태웠는데, 죽은 왜놈의 목을 세 개 베었고, 나머지는 숲이 울창해서 다 찾아내지 못했다"고 하였습니다.」

－〈당포파왜병장〉(92. 6. 14.)－

원균의 함대는 병사, 격군(格軍), 화력, 군량 등 여러 가지 면에서 정상적인 전투에 나설 수 있는 상황이 아니었다.

원균이 올린 장계

「비변사에서 건의하였다.

"경상도 원균(元均)이 올린 승첩 장계는 지난 번 한산도 등지에서 이순신(李舜臣)이 승리한 것과 같은 때의 일입니다.

싸움에서는 주동자와 추수자(追隨者)는 그 공로의 크기에서 반드시 차등을 두어야 합니다. 하지만 이번 일에 대해서는 정확히 알기가 어려우나 적의 목을 벤 숫자로 논한다면 힘껏 피 흘려가며 싸웠다는 것만은 틀림없습니다. 다시 1등 대열에 넣어 특별히 표창하는 것이 마땅할 것 같습니다.

첨사 김승룡(金勝龍)과 현령 기효근(奇孝謹)은 특별히 당상관으로 올리고 현감 김준계(金遵階)는 3품으로, 주부(主簿) 원전(元㙉)은 5품으로, 우치적(禹致績) 등 4명은 6품으로 올려 임명하고, 이효가(李孝可) 등 13명은 알맞은 벼슬에 임명할 것입니다. 만호 한백록(韓百祿)은 그동안 세운 공로가 가장 많은데 심지어 탄환에 맞은 후에도 나아가 싸우다가 싸움이 끝나자 얼마 안 되어 결국 죽었으니 더없이 참혹하고 측은합니다. 역시 당상관으로 올려주어야 할 것입니다.

장계를 가지고 올라온 박치공(朴致恭)은 적의 머리 3개를 베고 1명을 사로잡았으니 6품으로 올려 임명하는 것이 어떻겠습니까?"

임금이 대답하였다. "그대로 하는 것이 좋겠다. 원균에게는 품계를 올려주지 않는가?"

비변사에서 대답하였다. "원균은 이미 높은 품계를 받았고 또 이번 싸움에서 전과를 이루는 데는 이순신이 주동(主動)이므로 원균에게는 품계를 올려줄 필요가 없을 듯합니다."」
―〈선조실록〉(1592. 8. 24.)―

　이순신이 올린 〈옥포파왜병장〉의 행재소 도착은 5월 23일이고, 김수와 김성일의 첫 장계가 행재소에 도착한 것은 6월 28일이며, 원균의 첫 장계가 행재소에 도착한 것은 8월 24일이다.
　지세포 만호 한백록(韓伯祿)은 옥포에서 부상당한 후 곧 죽었는데, 이 시점에 와서야 보고되고 있다. 또 전공자를 상신(上申)하고 전사자에 대한 보상처리도 요청했는데, 신속해야 할 이 분야의 經·營이 느림보형이다. 원균 관내 백성들은 원균의 이 같은 느림보 군영 행정에 불만이 많았고, 불만은 원균에 대한 비협조로 나타났다. 이는 결과적으로 원균의 함대가 늘 왜소하고 궁색한 처지를 벗어나지 못하게 되는 원인이 되었다.
　문맥으로 보아 옥포해전(5.7.)…당포(6.2.)…한산도(7.8.)…안골포(7.10.) 해전에 대한 것을 하나로 묶어서 이 시점에 와서 장계한 것 같은데, 그간 조정에서도 궁금하고 답답했을 것이고, 현지에서 표창이나 보상 대상자들도 답답해했을 것이다.
　'이번 일에 대해서는 정확히 알기가 어려우나 적의 목을 벤 숫자로 논한다면 힘껏 피흘려가며 싸웠다는 것만은 틀림없다'고 하였는데, 해전장별로 누가 어떻게 해서 몇 개의 목을 베었다는 설명은 없고 목 벤 전체 숫자만 기록되어 있는데, 그 숫자가 결코 적지 않았던 것 같다.
　당시 의주의 조정 비변사에서는 몇 사람이 수십 명이 해야 할 업무를 처리했는데, 굶는 날이 많았을 정도로 형편이 어려웠다. 그 같은 상황에서 더 이상 알아볼 자료도 없었기에 목을 벤 숫자를 기준으로 표창을 했고, 어려운 형편이었기에 비변사에서는 원균이 상신한 대로 목 벤 숫자를 기준으로 품계를 올려주었다.

비변사는 상신을 하면서 이순신 쪽은 병선·병력·화약무기가 많고, 원균 쪽은 이들 분야가 빈약한데(비변사는 김수, 김성일, 이순신의 장계를 통해서 이 같은 점을 파악하고 있었다), 목 벤 것은 이순신 쪽과 비슷했기 때문에 이상하다고 생각했을 것이다. 그런 가운데서도 그들은 그날 저녁 식사가 '조밥일까, 조죽일까?'를 생각하면서 끼니 걱정을 해야만 했다.

〈원균행장록〉의 오류

임진란 당시 원균을 두둔하는 붕당(朋黨)에서 원균을 칭송하는 기록들을 남겼고, 그 후 원균의 후손들이 문인들에게 부탁해서 〈원균행장록〉(김간. 1646-1732)을 발간해 두었는데, 이순신 쪽에 비유하면 곧 〈이충무공행록〉(이분 저. 1609)에 해당한다.

오늘에 와서 원균을 두둔하는 소설이나 드라마 등에서 〈원균행장록〉을 인용하면서 역사적 사실 관계에 대해 많은 혼란과 혼돈이 일어나고 있는데, 이 같은 현실을 바로 잡기 위하여 〈원균행장록〉 또한 중요한 원전으로 삼아 비교 탐방해 본다.

「5월 6일에 이르러 비로소 이순신이 전함 24척을 거느리고 우수사 이억기(李億祺)와 더불어 거제 앞바다로 모이었고, 7일 새벽에 삼도의 수군들이 일제히 옥포 앞바다로 진격하니, 진을 치고 있는 적선이 개미떼와 같이 몰려 있었다. 공이 북을 높이 울리며 곧바로 진격하여 적의 중앙을 공격하고, 이순신 등이 일시에 승세를 타고 공격하여 적을 무너뜨리니, 불태워버린 적선이 100여 척이고, 불에 타서 죽은 자와 물에 빠져 죽은 자는 그 수를 헤아릴 수 없었다.

　빼앗은 적선 중에서 둥근 금부채 한 자루를 얻었는데, 부채면 한 가운데에 '6월 8일 수길(六月八日秀吉)'이라 쓰여 있고, 바른쪽 가에는 '우시축전수(羽柴筑前守)'라고 5자가 쓰여 있으니, 이는 틀림없이 풍신수길(豊臣秀吉)이 우시축전수(羽柴筑前守)에게 준 물건이 확실하며, 이날 목을 벤 적장은 곧 우시축전수가 틀림이 없었다. 공이 적진으로 돌격을 잘하여 적은 병력으로 능히 많은 적을 격파하니, 공이 향하는 곳에는 대적할 적이 없었다.」
　　　　　　　　　　　　　　　　　－〈원균행장록〉－

'우수사 이억기와 더불어'라고 했는바, 잘못된 기술이다. 또 '공이 … 적의 중앙을 공격하고, 이순신 등이 일시에 승세를 타고'라고 했는데, 원균이 먼저 돌격에 나서자 비로소 이순신 쪽도 용기를 얻어 사격전에 나섰다는 것인데 '원균을 두둔하고 이순신은 깎아내리기'를 하고 있음이다. 이 기록대로 해전도를 그려보면 다음과 같다.

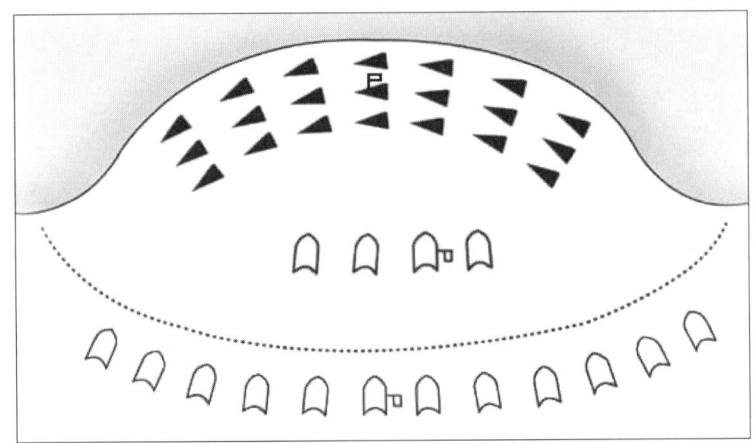

이때는 전라좌수영 함대가 학익진 대형을 펼치고 옥포 하늘에 장대비를 퍼붓듯 왜선단을 향해 각종 총포탄과 크고 작은 살탄 세례를 가하고 있었으므로, 원균 함대는 공격은 고사하고 아군 탄에 맞아 심각한 타격을 받았을 것이다.

'불태워버린 적선이 100여 척'이라고 한 것도 과장되었다. 그리고 금부채는 당포해전 때 전라좌수영 함대가 노획한 것인데 옥포해전에서 원균 함대가 노획했다고 했으니, 이 역시 잘못된 설명이다.

'羽柴筑前守(우시축전수)'는 히데요시의 다른 이름이다. 그런데 죽은 왜장이라고 했으므로 잘못된 것이다.

오늘날 원균을 두둔하는 서적이나 드라마에서는 '공이 적의 중앙을 공격하고'라는 대목을 인용하여 마치 원균이 왜선에 충돌도 하고 또 백병전을 한 것처럼 설명하고 있다. 그러나 실제로 그렇게 했다면 왜선의 층루에서 쏘는 조총탄에 맞아 원균 쪽의 갑판은 피바다가 되었을 것이고, 왜선단은 학익진의 일시집중타를 맞아 화염에 휩싸여 있었기 때문에 원균 함대도 함께 불탔을 것이다.

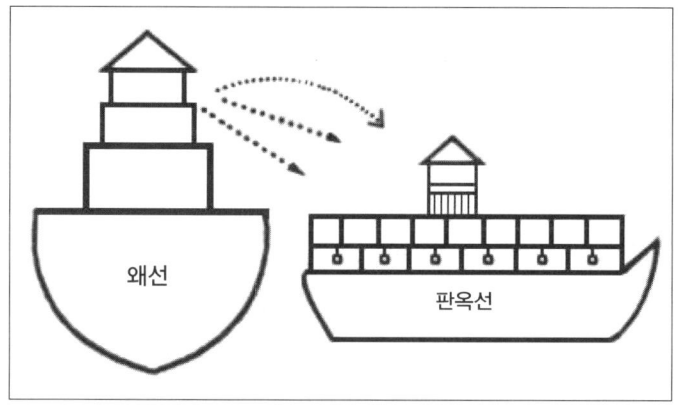

원균의 판옥선이 왜선 가까이 접근했다면 왜군들은 조총을 쏘고 폭발물을 던지면서 사다리를 타고 판옥선으로 건너왔을 것이다.
저자인 김간이 군사학에 맹(盲)했기 때문에 이 같은 오류를 범한 것이다.

김간의 경우는 그래도 옛이야기다. 오늘날에 와서도 소설이나 드라마에서 〈원균행장록〉을 승계해서 '원균을 두둔하고 이순신을 깎아 내리기'에 나서고 있는 것을 볼 수 있는데, 해전도를 작성해보면 말이 안 된다.

아래는 〈원균행장록〉에 소개된 제2차 출동에 관한 기록이다.

「5월 21일에 왜선이 당포로부터 공격해 오므로 우리 수군이 해구로 나아가서 맞아 싸우는데, 주위의 여러 섬에서 왜적의 무리가 사면으로 일제히 나오는지라 이때에 이순신 등은 본진으로 돌아갔으므로 공은 육지로 올라가서 우선 적의 선봉을 피하고, 다시 사람을 보내어 이순신에게 구원을 청하고 배들을 노량으로 옮겨 놓았다. 얼마 후 이순신이 수군을 이끌고 와서 다시 모여서 적을 곤양 근처에서 격파하고 사천 앞바다까지 적을 쫓아가서 이를 모두 섬멸해 버렸다.」　　ー〈원균행장록〉ー

사실관계도 왜곡되어 있고, 거북선에 대한 기록도 없다. 군사학에 맹(盲)한 김간은 거북선에 대해서 알기도 어려웠고 관심을 가지기도 어려웠을 것이다.

「6월에 당포에 이르니 적선이 바닷가에 나누어 정박하고 있었는데, 그 중의 큰 배 한 척은 3층 누각이었고, 밖으로 붉은 장막을 드리웠는데 그 속에서 한 사람이 금관과 비단옷을 입고 적들을 지휘하고 있는 것이 보이므로 우리의 여러 장수들이 노를 재촉하여 곧바로 공격하였으며, 순천 부사 권준(權俊)이 아래로부터 치쏘아 한 대의 화살로 적중시키니 금관을 쓴 자는 화살 소리와 함께 거꾸러지고, 남은 왜적들은 놀래서 흩어지고 스

스로 몸을 던져 물에 빠져 죽었다.」　　　　－〈원균행장록〉－

'거북선+학익진'에 대한 기록이 없다. 문신 출신의 김간으로서는 해독 자체가 어려웠을 것이다.

「조금 있다가 적선 40여 척이 뒤로부터 공격해 오므로 우리 군사가 노를 돌려서 이를 맞아 힘껏 싸워서 오전 10시부터 해가 저물 때까지 이르니 적들은 밤을 타고 도주해버렸다. 이날 전라우수사 이억기(李億祺)가 다시 와서 합세하니 먼저는 여러 장수들이 적은 병력으로 적진 깊숙이 진격하는 것을 근심하다가 이억기가 도착한 것을 보고는 사기가 두 배로 되어 동도 앞바다까지 적을 추격하여 북을 울리며 용감하게 싸워서 적장 다섯이 함께 탄 배를 붙잡았고, 율포와 가덕 전투에서도 완전한 승리를 거두었다. 전후 전투에서 공이 붙잡은 직신이 모두 55척이며, 목 벤 적이 모두 103급이었다.」　－〈원균행장록〉－

당항포 해전에 대한 내용과 '거북선+학익진'의 설명이 빠져 있다. '적장 5인이 함께 탄 배'는 미끼배로 보인다. '공이 붙잡은 적선이 모두 55척'이라고 했는데, 원균 함대의 10배가 넘는 규모로 과장되었다. 다음은 한산도와 안골포해전에 대한 설명이다.

「7월 30일에 조서(詔書)가 내렸는데 그에 말하기를, "경이 올린 네 차례의 군공 장계를 보고 그 중에서 특별히 공이 있는 자를 먼저 논상(論賞)하며 내가 기뻐하는 뜻을 보이고자 하였으나, 그때에 본직에 있던 자를 지금에 와서 승진시키려면 자리를 바꾸고 갈아야 하는 불편함이 있으니, 아직은 본직을 그대로 두고 다만 급수만을 올려 주었다가 후일에 등용하게 하라. 소록

(小錄: 요점만 적은 기록)에 기록한 왜물(倭物)은 경이 노획한 자들에게 나누어 주어 뒷사람들을 권장하게 하라"고 하였다. 9월에 자헌대부 지중추부사(知中樞府使)로 승진하고 또 교서를 내려 표창하였다.」　　　　　　　　　　　　-〈원균행장록〉-

"7월 30일에 조서가 내렸다"고 하였는데, 〈선조실록〉에는 8월 24일에 원균의 장계를 처음 받았다고 기록되어 있으므로 날자가 맞지 않는다. 그리고 "네 차례의 군공 장계"가 아니라 8월 24일자로 받은 '단 한 차례의 장계'이다. 이뿐만 아니라 수많은 사실들을 왜곡하여 기록해 놓은 후, 〈원균행장록〉은 이후 부산포 해전과 이듬해에 있은 해전들은 다 빼놓은 채 아래와 같이 이어졌다.

「을미년(1595) 겨울에 충청병사를 제수하고 병신년(1596) 가을에는 전라병사로 전임되었는데…」　　-〈원균행장록〉-

종합적으로 분석해 보면, 우선 충무공의 해전 기록이 '거북선+학익진의 순수 사격전'으로 일관되어 있는데 반해, 〈원균행장록〉에는 첫째, 원균은 중앙으로 돌격해 들어갔고, 둘째, 원균의 병선들은 충루선들과 충돌했으며, 셋째, 원균의 장졸들은 왜선단에 올라가서 백병전으로 대승했다는 설명이다.

그러나 원균 함대가 이렇게 해전을 벌였다면 옥포해전에서 이미 전멸했을 것이므로, 〈원균행장록〉에 기록된 원균 함대는 유령 함대가 되고 만다. 아무튼 이 부분은 계속 살펴보기로 한다.

제6부 분실된 개전 초 충무공의 장계

개전 초부터 옥포해전까지는 불과 20일간이지만, 이 기간 중에 올라간 중요한 장계(1592년 4월 27일, 4월 30일, 5월 3일자 장계)들은 신립의 탄금대 전투에서 경기·충청의 역졸들이 모두 전사함으로써 중도에 분실되어 조정에 전달되지 못했다. 이로 인해 조정에서는 원균과 원균의 지지세력들이 이순신을 모함하는 것을 분석해 내지 못했고, 결과적으로 칠천량 패전을 겪게 된다.

오늘에 와서도 많은 사람들이 '이순신과 원균의 관계'에 대해서 많은 혼돈과 곤혹스러움을 겪고 있는데, 본 장에서는 이순신이 개전 초 20일 동안 올린 장계들을 재조명함으로써 이 같은 혼돈과 혼란에서 벗어나고, 또 임진왜란사 전반을 재조명하는 실마리로 삼고자 한다.

〈원릉군 원균 장군 사당(경기도 송탄시 원동)〉

1. 개전 2개월 전에 부임한 원균 수사

　원균은 1540년 1월 9일 경기도 평택군 도일리에서 영의정 평원부원군을 추증 받은 원준량(元俊良)의 장남으로 태어났다.
　무과에 급제하고 선전관으로 있다가 함경도 조산보 만호로 부임해서 오랑캐를 토벌한 공로로 종3품이 되었고, 그 후 종성으로 옮겨 이일(李鎰) 병마사(병마사의 본영은 경성) 휘하에서 공을 세워 정3품에 올라 그 용맹함이 알려졌다.

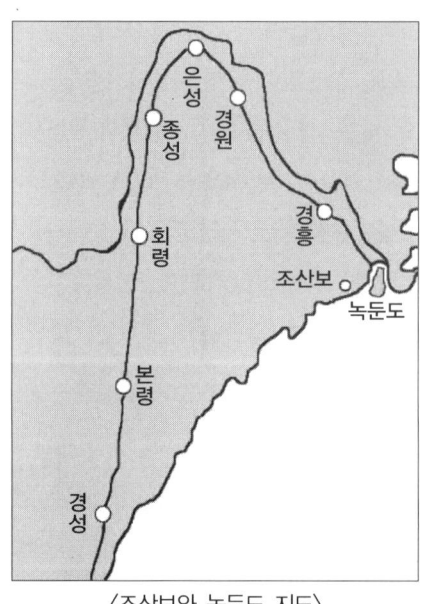

〈조산보와 녹둔도 지도〉

　그리고 1592년 2월에는 경상우수사에 제수되었는데, 왜란 발발 2개월 전이다.

경상우수영은 거제도 남단에 위치한 가배량에 있었고, 관내 기지들은 낙동강 하구의 김해·안골·가덕에서부터 노량·남해·평산포·옥포·상주포·미조항에 이르기까지 넓은 해역에 분산되어 있었다. 때문에 원균은 부임 후 기지대장들을 한 차례 소집하고 병선과 병력, 병기 등을 서면 보고로만 파악할 수밖에 없었을 것이다.

반면에 이순신은 원균보다 1년 전에 부임해서 병선과 화약무기의 준비, 동원훈련, 그리고 관내의 자세한 호구조사까지 했다. 아래는 〈원균행장록〉에서 인용한 것이다.

「공은 가정(嘉靖) 경자년(庚子年: 1540) 1월 5일에 출생하였는데, 어려서부터 날쌔고 힘이 세었으며, 자라서 무과(武科)에 급제하고, 선전관이 되었다가, 조산(造山) 만호로 있을 때에 변경 오랑캐를 토벌하는데 공이 컸으므로, 정규의 등급을 뛰어넘어서 부령 부사가 되었다가, 다시 종성(鍾城)으로 옮겨서 병사 이일(李鎰)을 따라 시전(時錢) 부락을 격파하였다.

임진년(1592), 공의 나이 53세에 경상우수사로 제수되었는데, 그해 4월에 왜적이 국력을 기울여 우리나라를 침공하니 부산·동래가 차례로 함락되었다.

이때 공의 수하에는 단지 배 4척이 있을 뿐이어서, 군사 세력의 부족으로 혼자서는 능히 적을 섬멸할 수 없음을 예측하고 우후(虞侯) 우응진(禹應辰)으로 하여금 머물러 본영(本營)을 지키게 하고, 옥포(玉浦) 만호 이운룡(李雲龍), 영등포 만호 우치적(禹致績), 남해 현감 기효근(奇孝謹) 등으로 하여금 물러가서 곤양(崑陽)을 지키도록 하고, 비장(裨將) 이영남(李英男)을 전라좌수사 이순신(李舜臣)에게 보내어, 힘을 합해서 적을 방어하기를 청하였으나, 이순신이 지키는 데에는 각기 한계가 있다고 하면서 듣지 않으므로 서로 의견이 5, 6차나 오갔다. 이때에 광양 현감 어영담(魚泳潭)과 순천 부사 권준(權俊)이 이순신에게로 달려가서 바다로 나아가 싸울 것을 힘써 권고하니, 이순신이 비로소 허락하였다. 공은 이순신이 도착하기 전에 수차 적과 교전하여 적선 10여 척을 불사르고 빼앗으니 군성이 점차로 떨치게 되었다.
　5월 6일에 이르러 비로소 이순신이 전함 24척을 거느리고 우수사 이억기(李億祺)와 더불어 거제 앞바다로 모이었고,…」
-〈원균행장록〉-

'지키는 바 각기 한계가 있다'는 것은 출동에는 조정의 승낙이 필요했다는 뜻이다. 출동 과정에서 '어영담과 권준 등이 힘써 권고했다'고 했는데, 당시 권준은 전라도 육군 중위장으로 뽑혀 갔으므로 출동 결정 과정에는 참여하지 않았고 이순신(李純信)과 정운(鄭運)이 적극 출동을 주장하는 측이었으며, 조정과 전라감영의 출동명령이 있기 전에 이순신 자신이 먼저 출동을 결심하고 그런 방향으로 조정의 지시를 기다리고 부하 장수들의 의견을 통일시켜 갔다.
　〈난중일기〉 1592년 5월 2일자에 나오듯이, "모두 즐거이 나갈 뜻을 품는데 낙안 군수(申浩)는 회피하려는 뜻을 가진 듯하여 한탄스러웠다. 그러나 군법이 있는데 설사 회피하려고 한들 될 일인가." 하는 글로 볼 때, 이순신이 누구의 권유를 받아 마지못해 출동했다는 것은 그를 모함한 것에 지나지 않는다.

화약무기를 준비하지 못한 원균 수사

　개전 직전에 부임한 원균은 설혹 화약무기를 준비하려고 했어도 시간이 부족했을 것이다. 부산성과 동래성, 그리고 그해 6월에 있은 평양성 전투에서도 화약무기를 준비하지 못했는데 하물며 한적한 어촌에 위치한 휘하 기지들이 화약무기를 준비하고 있었을 리가 만무하다.

게다가 김해·안골·영등포 등 주요 기지들이 최일선 지역이 되었기 때문에 관·군·민이 모두 도망가기에 바빴고, 엎친 데 덮친 격으로 김수 경상감사와 조대곤 경상병마사는 황폐화 작전(청야작전)을 편답시고 피난을 가라는 공문을 보냈으므로 원균의 관내 기지들은 스스로 황폐화되어 '끼니 걱정을 하는 함대'로 전락하고 말았다.

2. 왜란에 대한 단순한 통보성 공문들

다음의 장계는 원균으로부터 왜군의 침공 소식을 받은 이순신 쪽이 왜군의 전라도 쪽으로의 침입에 대비한다는 내용의 공문이다. 즉, 원균 쪽에서 정식으로 구원을 요청해온 것이 아니라 규정에 의해 왜군의 침공소식을 통보해온 것이다.

첫 번째 도착한 원균의 공문과 충무공의 장계

「삼가 사변에 대비하는 일로 아뢰나이다.

오늘 4월 15일 술시(戌時: 하오 8시경)에 도착한 경상우도 수군절도사 원균(元均)이 보내온 공문에 말하기를, "오늘(14일) 오전 10시경에 도착한 가덕진 첨절제사(僉節制使) 전응린(田應

麟)과 천성보(天城堡) 만호 황정(黃珽) 등이 보고해온 바에 의하면, '응봉(鷹峯: 창원군) 봉수 책임자 이등(李登), 연대(煙臺: 김해군) 책임자 서건(徐建) 등이 보고하기를, 4월 13일 오후 4시경에 왜선이 몇 십 척인지 알 수 없으나 대충 눈으로 보기에 90여 척이 좌도의 축이도(杻伊島: 부산 사하구)를 지나 부산포로 향하여 연속 나오고 있다기에, 첨사가 규정에 따라 부산 다대포(多大浦)의 우요격장(右邀擊將)으로서 군선을 정비하여 바다로 나가서 대비하고 있습니다.' 고 하였습니다.

이것은 틀림없이 세견선(歲遣船: 해마다 오는 무역선)인 것 같기도 하지만, 다만 90척이나 많이 나오는 것은 그 까닭을 알 수 없을 뿐만 아니라, 연속해서 나온다는 것이 심상치 않으므로, 소속 여러 포구에 방비하고 망을 보는 일 등에 신경을 쓰도록 문서로 신칙하고 밤낮으로 대비하도록 급히 공문을 돌려 신칙하였으며, 신의 군선도 정비하여 일제히 바다 어귀에서 사변에 대비하고 있습니다. 이 일로써 오늘 급보를 띄웁니다."라고 하였습니다.

그리고 또 같은 날 수군절도사 원균이 보낸 공문에, "같은 날 하오 4시경에 가덕 첨사의 보고에 근거하여 좌수사(朴泓)가 보내온 공문에서는 말하기를 '왜선 150여 척이 해운대와 부산포로 향하여 들어간다고 하였는데, 이는 필시 세견선은 아닌 것 같으므로 극히 우려됩니다' 라고 하였습니다.

전해온 기별 내용의 사연들을 낱낱이 열거하자면 시각이 늦어지겠으므로 대강만 적어 우선 전하고 차차 또 기별할 것이니 사변에 대비하기 바랍니다."라고 하였습니다.

그래서 신도 군사와 전선들을 정비하여 바다 어귀에서 사변에 대비하면서 (전라도) 겸관찰사(李洸), (전라도)병마절도사(崔

遠), (전라)우도 수군절도사(李億祺)들에게도 모두 급히 공문을 띄우고 연해안 각 고을과 포구에도 동시에 공문을 돌려 신칙하였나이다.」   −〈인왜경대변장(因倭警待變狀(一)(92. 4. 15.)−

원균 수사의 공문이 도착한 것은 1592년 4월 15일 8시 경이고, 내용을 보면 원균이 가덕도 초소로부터는 '왜선 90여 척이…', 박홍 경상좌수사로부터는 '왜선 150여 척이 해운대와 부산포에…' 라는 공문을 받고, 원균도 규정(方略)에 따라 급보를 보낸 것이다.
그리고 이순신 수사도 규정에 따라 관내 10개 기지에 비상령을 내렸고, 또 전라감사와 병마사, 우수사 등에게 공문으로 알리면서 이 모든 조치 상황을 조정(비변사)에 장계를 올려 보고하였다.
대마도를 출발한 왜군 일부가 풍향 때문에 사하구의 가덕도 해안에 도착하였다가 부산포 쪽으로 몰려가고 있다.

김수 경상감사가 보낸 두 번째 공문

두 번째로 온 공문은 김수 경상감사가 보낸 것이다. 받은 시각은 4월 16일 오전 8시경이다.
'사변에 대비하는 장계' 라는 장계의 성격에서 보듯이, 역시 자체 방어의 개념이다. 장계는 여수 좌수영에서 행정관청인 순천부 관아까지 보내면 그 다음엔 파발 조직이 자기 구역을 달리는데, 자기 구역이라면 밤길이나 험로에서도 쏜살같이 달릴 수 있는 역졸들이 있었다.

「삼가 사변에 대비하는 일로 아뢰나이다.

오늘 4월 16일 진시(辰時: 상오 8시경)에 도착한 경상도 겸관찰사 김수(金睟)가 보낸 공문에서 말하기를, "이달 13일 왜선 4백여 척이 부산포 건너편에 와서 정박하였는데, 적의 형세가 이미 이 지경에 이르고 보니 극히 우려됩니다. 또 계속 전하겠으니 사변에 대비하기 바랍니다."라고 하였습니다.

적의 형세가 이처럼 극성하게 되었으니, 적들이 패를 나누어 이곳으로도 쳐들어올 걱정이 없지 않으므로, 신도 군선을 정비하여 바다 어귀에서 대비하고 있습니다.

그리고 겸관찰사, 병마절도사, 우도 수군절도사 등에게도 급히 공문을 돌리고, 소속 각 고을과 포구에도 살피고 망보는 등의 일들을 각별히 신경 써서 하라고 문서로써 신칙하고, 그밖에 모든 전투 장비들을 잘 갖추어 사변에 대비하도록 평소보다 두 배나 엄하게 조치하였습니다.」

-〈인왜경대변장(因倭警待變狀(二)(92. 4. 16.)-

김수 감사도 규정에 따라 알려 왔고 그 역시 자체 방비에 임하고 있었다.

세 번째, 네 번째 온 공문

다음의 공문은 원균 수사가 보낸 것으로 접수 일시는 4월 16일 해시(亥時: 오후 11시~12시) 경이다. 이순신이 장계를 올린 것도 해시였다. 전황은 더욱 급박해졌으나 원균 쪽에서의 구원 요청은 아직 없다. 이때 원균은 김해에 있었다.

「삼가 사변에 대비하는 일로 아뢰나이다.

오늘 4월 16일 해시(亥時: 하오 10시경)에 도착한 경상우도 수군절도사 원균이 보낸 공문에서 말하기를 "당일 유시(酉時: 하오 6시)에 도착한 경상우병사(金誠一)의 공문과 경상좌수사(朴泓)의 급보에, '이달 4월 14일 묘시(卯時: 상오 6시경)에 황령산(荒嶺山: 동래군 사면) 봉수군(烽燧軍) 배돌이(裵突伊)가 와서 말하기를, 왜적들이 부산포 우암(牛巖)에서 세 패로 갈라서 진을 치고, 해뜰 무렵에 성을 에워싸고 맞붙어 싸웠는데, 대포 쏘는 소리가 천지를 흔들더라고 하였으며, 서평(西平) 다대포(多大浦)는 이미 길이 막혀서 구원병도 때맞추어 달려갈 수 없다고 하니 참으로 걱정스럽습니다'고 하였기에, 신은 규정에 따라 방비를 튼튼히 하여 성을 굳게 지키고 적을 막는 일 등을 각별히 조처하는 일 등으로 급보를 올립니다."라고 하였습니다.

그리고 또 경상우도 수사(元均)가 보낸 공문에서는 〈왜적이 당일 부산포에서 성을 에워싸고 접전하던 연유에 대해서는 이미 급보를 올렸거니와, 그 진(釜山鎭)은 적을 막아내지 못하고 이미 함락되었으며, 그 후 왜적들은 부산포에서 북쪽으로 5리쯤 떨어진 당천(唐川)에 진을 치고, 왜군의 선봉은 동래의 우수영을 향하여 갔다고 합니다. 계속 각처로 공문을 돌립니다."라고 하였습니다.

그리고, "김해부(金海府)에서 사변에 대비하고 있는데, 당일 김해부에 이르러 연해안 각 고을의 위장(衛將)들과 내지의 각 고을 수령들에게도 모두 급보를 띄워 군사와 말들을 온전히 갖추어 사변에 대비하도록 하였습니다."라고 하였습니다.」

—〈인왜경대변장(因倭警待變狀)(三)(92. 4. 16.)—

전쟁이 나면 지휘관은 자신의 부대 안에 머물면서 지휘권을 장악해야 한다(현대전에서도 비상이 걸리면 지휘관은 자기 부대로 달려가서 부대를 장악한다). 그런데 원균은 가배량을 지키면서 관내 기지들을 지휘하지 않고 김해 등지로 쏘다니고 있다.

이 무렵 가배량은 우후 우응진(禹應辰)이 지키고 있었는데, 우후는 피난민들의 배를 왜선단으로 잘못 알고 병영과 병선들을 불사르고 도망을 갔다. 게다가 경상감사 김수는 청야작전을 편다는 사실을 공문을 통해 백성들에게 통고했으며, 이로써 원균의 관내 기지들은 군·관·민 모두가 피난을 떠나가고 있었다.

이 같은 상황이 되자 원균의 지휘체계와 함대는 어쩔 수 없이 무너졌고 스스로 해체된 격이 되고 말았다.

한편, 이순신은 1년 전부터 왜란에 대비해 왔고, 급보가 올 때마다 5관 5진포에 '각자 관내 기지를 굳게 지키면서 병력·병선·병참 물자의 동원을 차질없이 수행하도록' 일사불란하게 지휘해 갔다. 그리고 당시의 상황을 〈난중일기〉와 장계에 기록해서 조정에 보고해 갔다. 이렇게 보면, 여러 가지 면에서 원균 쪽은 이순신 쪽과 비교조차 되지 않을 만큼 열악했다.

「적의 형세가 이처럼 극성하여 부산과 같은 큰 진이 이미 함락되었다니 놀랍고 분함을 이기지 못하겠습니다. 신도 지금 배를 정비하여 바다 어귀에서 사변에 대비하고 있으며, (전라)관찰사, 병마절도사, (전라)우도 수군절도사에게, 그리고 본 도 소속 연해안 각 고을과 포구에 급히 파발마를 띄워 소식을 전했습니다.

신이 관할하는 (전라)좌도는 같은 한 바다에서 경상도와 서로 이어져 있으므로, 적이 쳐들어오는 길목으로서는 도 내에서 가장 중요한 곳인데, 적들이 경계를 침범해 온 다음에 가지각색의 사람들을 징발하여 방비에 보충시키려 해서는 때를 놓치기 쉬울 것이므로, 소속 각 고을에서 뽑혀온 한두 패 군사들을 우선 재촉하여 각각 성을 지키는 군사와 수전하는 군사에 보충시키고, 모든 것을 정비하여 사변에 대비하고 있습니다.」
－〈인왜경대변장(三)(92. 4. 16.)－

 원균 수사가 김해 쪽에 가서 관내 기지들에게 명령을 내리고 있었는데, 이렇게 되면 가배량 인근의 백성들과 기지대장들은 원균 수사가 도망간 것으로 오해할 수 있다.
 오해가 확산되는 경우, 긴급뉴스 같은 것이 없었기에 바로 잡기가 어려울 뿐더러 지휘관이 부임한 지 얼마 되지 않았던 관계로 이 같은 불신은 원균 함대의 자체 붕괴로 이어질 수 있다.
 이러한 형편에 왜군의 제3진 구로다 나가마사(黑田長政) 군에게 김해가 4월 19일 함락되었는바, 원균의 함대는 김해가 공격받아 함락되기 직전 정박지를 또 옮겨야 했을 것이다.

유성룡의 증언

 다음은 유성룡의 〈징비록〉에서 인용한 것인데, 이러한 인식은 선조와 다른 대신들도 마찬가지였다.

「왜적이 바다를 건너 육지로 올라왔을 때 원균은 왜적의 형세가 대단한 것을 보고 감히 나가서 치지 못하고 자기 휘하의 전선 1백여 척과 화포·군기(軍器) 등을 바닷물 속에 침몰시켜

버린 다음, 홀로 수하의 비장(裨將)인 이영남(李英男)·이운룡(李雲龍) 등과 함께 4척의 배를 타고 달아나 곤양(昆陽)의 바다 어귀에 이르러 육지로 올라가서 왜적을 피하려고 하였다. 이에 그의 수군 1만여 명이 다 무너져버렸다.

이영남이 간하기를, "장군은 임금의 명령을 받아 수군절도사가 되었는데, 지금 군사를 버리고 뭍으로 올라간다면 뒷날 조정에서 죄를 조사할 때 무슨 이유를 들어 스스로 해명하겠습니까? 그보다는 전라도에 구원병을 청하여 왜적과 한번 싸워보고, 이기지 못하겠으면 그 후에 도망가더라도 늦지 않을 것입니다"라고 하니, 원균은 옳다고 여겨서 이영남으로 하여금 이순신에게 가서 구원병을 청하게 하였다.」　　　－〈징비록〉－

'전선 1백여 척과 화포·군기 등을 바닷물 속에 침몰시켜…' 라고 했는데, 이 같은 규모는 장부상의 숫자이며 애초부터 존재하지도 않았다. 아무튼 얼마간의 병선과 병기가 있었는데, 원균이 부재중일 때 경상우수영 우후(虞侯)가 왜군이 온다는 헛소문을 듣고 배를 불태우고 병장기들을 바다에 버렸다.

이영남은 소비포(所非浦) 권관이며 이순신과는 먼 인척간으로 함경도 시절에 이순신의 수하 군관을 지낸 적이 있었다. 그렇다면 이순신의 사람됨을 알고 있었을 것이므로 답답한 마음에 원균에게 이순신 측에 구원을 요청하자고 건의했던 것이다.

그러나 원균은 조정의 명령 없이는 이순신이 출동할 수 없음을 알고 있었고, 그래서 공문에는 구원을 요청하는 내용을 반영하지 않았다. 그 대신 이영남과 이순신은 사석(이영남이 여수에 왔을 때 겸상으로 밥도 함께 먹었을 듯)에서 구원을 요청했을 수는 있다.

「이순신은 이에 대하여, "각각 분담한 경계가 있으니 조정의 명령이 없으면 어찌 함부로 경계를 넘어갈 수 있겠는가?" 하며 거절하였다.」　　　　　　　　　　　　　　　－〈징비록〉－

이순신은 위와 같이 답하면서, 거기에 덧붙여 "경상감사와 조정으로 이어지는 승인 절차를 서둘러 밟으라!"고 했을 것이다.

「원균은 다시 이영남으로 하여금 이순신을 찾아가서 구원을 청하도록 하였는데, 대여섯 차례나 찾아왔다가는 돌아가곤 했다. 이영남이 돌아갈 때마다 원균은 뱃머리에 앉아서 바라보며 통곡하였다.」　　　　　　　　　　　　　　－〈징비록〉－

'통곡하였다'고 하였는데, 통곡한 이유가 만약 이순신의 출병 거절에 있었다면 원균은 '출병 절차도 모르는 바보'가 되고 만다. '대여섯 번'이라고 했는데, 이는 원균이 보낸 '통보성 공문'의 횟수 같다. 이 공문은 이영남과 그의 군관이 노량까지 와서 진주 감영과 여수 좌수영을 주야를 구분치 않고 오가며 전했던 것이다.

〈선조실록〉에 기록된 원균의 모습

경상우도 초유사 김성일(일본에 통신사절단 부사로 다녀왔고, 후에 경상우도 감사가 된다)이 올린 장계에서 원균과 관련된 내용이다.

「우수영은 수사(水使: 元均)와 우후(虞侯: 禹應辰)가 스스로 군영을 불태운 후 우후는 어디로 갔는지 알 수 없고, 수사는 배

한 척을 타고 현재 사천 해포(海浦)에 들러붙어 있는데, 격군 수십 명 이외에는 군졸이 한 명도 없습니다. 신이 보건대, 고성(固城)이 비록 함락되었지만 왜적이 이미 돌아갔고 군량도 있으니, 만약 수사가 성에 들어가 버티고 있으면서 지킨다면 무너져 흩어진 백성들이 반드시 안심하고 모여들 수 있을 것이기에 두 차례나 수사에게 통문(通文)을 보냈더니, 수사가 지난 19일 성으로 들어가 지킬 계획으로 고성현 지경에 배를 대자, 전날의 왜적 100여 명이 배반한 백성들을 거느리고 재차 와서 성을 점거하였으므로 결국 들어가지 못하였습니다.

그러나 지금 들으니 수사가 선전관 원전(元㙉: 원균의 동생)이 전한 어명에 따라 전라도 수사와 재차 약속하고 근간에 적선을 쳐 부수려는 계획을 하고 있다고 하였습니다.」

-〈선조실록〉(1592. 6. 28.)-

개전 초 원균 함대의 초라한 모습이다. '지난 19일'은 5월 19일인데 옥포해전이 있은 지 10여일 후다. 당시 원균의 해군은 '왜적 100여 명'도 감당해 내지 못하고 있다.

아래는 같은 날자 〈선조실록〉에 기록된 경상감사 김수의 장계다.

「수영들과 조라포·지세포·율포·영등포 등 6개 진영은 이미 텅 비었고,… 수사 원균은 수군 대장으로서 여러 장수들을 거느리고 내지(內地)로 피신하고 우후 우응진을 시켜서 고을 창고를 불사르게 한 결과 2백년 동안 저축해둔 물건들이 하루아침에 없어져 버렸습니다.」   -〈선조실록〉(1592. 6. 28.)-

3. 경상도 쪽으로 구원 나가는 장계

앞에서 본 장계는 그 명칭이 '왜란에 대비하는 장계'이다. 그 다음부터의 장계는 명칭 자체부터 '경상도 쪽으로 구원 나가는 장계'(救援慶尙道狀)로 바뀌어져 있다. 구원을 요청한 사람은 경상감사 김수(金睟)이며, 구원을 요청한 사유는 원균 함대가 부산 쪽으로 나아가므로 이순신 함대가 와서 원균의 관내를 대신 지켜달라는 것이었다.

이때까지 김수는 원균 함대가 아직 건재한 것으로 알고 있었다. 그렇게 인식하게 된 이유는, 그 무렵까지 원균 함대가 싸웠다는 보고를 받지 못한 데 있었다. 싸웠다면 사상자와 전공을 쌓은 사람들이 있게 마련이고, 경상감사가 그 같은 상황을 모르고 있었을 리가 없다.

경상도로 구원나가는 장계(1)

「삼가 구원병 나가는 일로 아뢰나이다.

이달 4월 20일 도착한 겸경상도 관찰사 김수(金睟)의 공문에서 말하기를, "적의 형세가 극성하여 부산·동래·양산이 이미 함락되었고, 적들은 내지(內地)로 향하므로, 본도 우수사에게 해군을 모두 이끌고 적선을 막아내기 위하여 바다로 나가라고 이미 지시하였기 때문에 경상도 여러 진(鎭)에는 전선이 1척도 남아 있지 않습니다. 만약에 (경상)우도에 변고가 생기면 즉시 와서 구원해야 할 일로 조정에 보고를 올렸는데, 지금 조정의 명령을 기다리고 있는 중이다. 이런 뜻을 (전라)감사와 병사들과도 의논하여 시행하기 바란다."고 하였습니다.」

-〈부원경상도장(赴援慶尙道狀)(一)〉(92. 4. 27.)-

김수는 행정절차를 잘 아는 문신이었다. 지금까지의 공문은 단순한 통보용이었지만 이번 것은 경상도 쪽에서 전라도에 정식으로 구원을 요청한 것이다. 따라서 경상도의 군사령관이기도 했던 김수 감사가 조정에 승인을 받는 과정에서 전라감사와 출동 당사자가 될 이순신 수사에게도 사전통보를 해온 것이다. 즉, 출동준비를 서둘러 달라는 메시지가 담겨 있다.

「적의 형세가 극성하여 사태가 이 지경에 이르러 큰 진들이 연달아 함락되고 내지까지 침범당하니, 지극히 통분하여 간담이 쪼개지는 듯 아픕니다. 이럴 때 신하된 자로서 몸과 마음을 다하여 나라의 치욕을 씻고자 아니할 사람은 없을 것입니다. 나아가 같이 싸우라는 조정의 명령을 엎드려 기다리면서, 소속 수군과 각 고을 및 포구에는 전선을 정비하여 주장(主將)의 명령을 기다리고 있으라는 내용으로 급보를 띄웠으며 본 도의 감사 및 병마사와도 의논을 하였습니다.」

-〈부원경상도장(一)〉(92. 4. 27.)-

경상감사로부터 공문을 받은 후 관내 수군에 출동 준비를 갖추도록 지시했고, 감사와 병마사와도 의논을 끝냈다고 보고하고 있다.

「지난 번 지시에서 "사정 형편상 할만한 일을 하지 않았다가는 기회를 크게 놓치는 수가 있을 것이다. 그러나 조정은 멀리 있어서 지휘할 수 없으니, 도내 주장(主將)의 지휘에 일임한다(在道內主將號令而已)."라고 하셨습니다.

그러나 신은 주장의 한 사람으로서 혼자 마음대로 일을 처리하기는 어려우므로(以臣之一主將, 獨擅爲難) (전라)겸관찰사 이광(李洸), 방어사 곽영(郭嶸), 병마절도사 최원(崔遠) 등에게도 지시문의 내용을 낱낱이 설명해 주는 한편, 경상도 순변사 이일(李鎰), 겸관찰사 김수, 우도 수군절도사 원균 등에게도 그 도의 물길 사정과, 두 도의 수군이 모일 장소와, 적선의 수와 그들이 현재 정박해 있는 곳, 그밖에 여러 가지 전략에 관한 일들을 전부 급히 회답해 달라는 내용으로 급히 공문을 띄웠습니다.

그리고 소속 각 고을과 포구에는 제반 전투 기구를 다시금 잘 손질해 놓고 명령을 기다리라는 내용으로 공문을 보내어 엄중히 신칙하였습니다. 왜적들이 침입해온 지 오래 되었으니 반드시 적들은 지쳐 있을 것이고 지니고 있는 전쟁 물자들 또한 다 떨어져갈 것으로 생각되므로, 적들을 쳐야 할 시기는 바로 지금이라 하겠습니다.」　　　－〈부원경상도장(一)(92. 4. 27.)－

조정은 김수 감사의 건의를 받고 이순신에게 출동명령서를 보내왔는데(4월 26일 도착), 그것이 장계에서 말하는 '지난 번 분부' 이다. 그런데 분부내용 중에 '주장의 지휘에 일임한다' 고 한 글귀를 두고 작전명령으로서는 이렇게도 저렇게도 엇갈리게 해설할 수 있으므로 독단적으로 처리하기 어렵다면서 나름대로의 고심을 보고하고 있다.

「그러나 앞뒤로 건너온 적선의 수가 5백여 척이나 된다고 하니, 우리 측의 위세와 무장을 엄중하게 갖추어 적을 습격할 태세를 보임으로써 적들이 무서워서 떨게 하지 않아서는 안 됩니다. 그러나 본영 소속의 방답(防踏)·사도(蛇渡)·여도(呂島)·발포(鉢浦)·녹도(鹿島) 등 다섯 진(鎭)과 포구의 전선들만으로는 그 세력이 몹시 외롭고 약하기 때문에, 기타 수군이 나뉘어져 있는 순천·광양·낙안·흥양·보성 등 다섯 고을의 수령들도 규정에 따라 함께 거느리고 가야만 하겠기에, 경상도로 구원 나가려면 거쳐야 되는 바다 길목에 있는 본영 앞바다로 일제히 도착하라고 급히 공문을 띄웠습니다.

수군의 여러 장수들 중에 보성과 녹도 같은 곳은 오는 데 3~4일이나 걸리는 먼 곳에 있으므로, 공문을 받고 나서 집합하려면 틀림없이 기일에 대어 오기 힘들겠지만, 다른 여러 곳의 장수들은 모두 이달 29일에 본영 앞바다에 모이도록 하라고 분명히 지시한 후 곧바로 경상도로 구원 나갈 계획입니다. 이런 내용으로 경상도순변사, 겸관찰사, 우도수군절도사 등에게도 공문을 띄워 약속하였습니다.」

－〈부원경상도장(一)(92. 4. 27.)〉－

전라좌·우도의 수군이 총동원되고 있고, 상황은 죽을 각오로 나서는 마당이다. 이 같은 마당에 4월 26일에 도착한 조정의 출동명령에 애매한 점이 있었다면 당연히 문제(논란)가 되었을 것이다.

애매했던 조정의 분부

아래는 4월 26일에 도착한 '이번의 분부'이다.

물길을 따라 적선을 습격하라고 명령하는 유서(諭書: 명령서)

「물길을 따라 적선을 습격하여 육지의 적들이 겁을 내어 뒤를 돌아보게 하는 것이 매우 좋은 방책이다. 그래서 경상도 순변사 이일(李鎰)이 내려갈 적에 이미 일러 보내었다. 다만 군사상 나아가고 물러날 때에는 반드시 기회를 따라서 해야만 그르치는 일이 없는 법이다.

오직 마땅히 먼저 적선의 많고 적음과 또 지나가는 길목인 섬과 섬 사이에 적들의 복병이 있는지 없는지를 잘 살펴본 후에 해야 할 것이다. 그러나 이것이 매우 좋은 방책이기는 하지만, 만약 사정과 형편이 해야만 할 것을 아니했다가는 기회를 크게 놓칠 수가 있으므로, 조정이 멀리서 지휘할 수는 없고, 다만 그 도내의 주장(主將)의 지휘에 맡길 뿐이다(在道內主將號令而已). 본도에서는 이미 서로 의논을 나누었다고 하니, 경상도에 통문을 보내어 서로 의논한 뒤에 기회를 보아서 처리하도록 하라.」

-1592년 4월 26일자 유서-

예로부터 전쟁에서 멀리 떨어져 있는 임금은 일선의 작전에 관여하지 않는 것이 관례였다. 위의 유서에서도 이 같은 점을 엿볼 수 있다. 하지만 경황이 없는 상황에서 '도내(道內) 주장(主將)의 지휘'로 출동 여부를 결정하도록 위임한다고 하였다. 그렇다면 당시 도내의 주장은 누구를 가리킨 것인가?

당시 도내의 주장(主將)은 전라감사(李洸)였고, 전라좌수사는 전라감사(李洸)의 지시를 받아야 했다. 게다가 수사에게는 관내 기지대장들에 대한 인사권은 없고 단지 군사 분야의 관리 감독 및 작전권만 있을 뿐이었다. 또 육군 쪽은 두 개의 병마사(兵馬使: 줄여서 兵使라 함) 직이 있었는데, 그 중의 하나는 전라감사가 겸직을 했다.

따라서 출동 문제는 전라감사가 결정하고 육군 병사들과도 협의해야 할 사항이었으며, 나아가 지방 토호세력(유림과 명문가)들과도 의논해야 할 사항이었다. 예컨대 후에 의병장이 되는 고경명, 최경희, 곽재우 등도 유림이자 명문가를 대표하는 사람들이다. 이들 사대부 층의 지지를 받지 못하면 군사와 군량미의 모집이 근본적으로 어려워진다.

김성일이 왜국에 통신사로 다녀와서 왜국의 정세를 잘못 보고했지만 처벌하지 않고 경상도 지역의 도망간 관·군·민을 달래고, 의병모집 총책임자 격인 초유사에 제수했던 것도 김성일이 경상도의 유림을 대표했기 때문이다.

이 같은 실정에서 '도내의 주장의 지휘에 맡긴다(在道內主將號令而已)'는 것은 그 지시의 내용이 애매모호했다. 자칫 명령계통에 혼선을 초래할 수도 있었으므로 이순신으로서는 그 같은 군영 經·營은 피해야 했다. 이러한 우려를 밝혀둔 것이 앞에서 본 장계에서 '신은 일개 주장으로서 혼자 마음대로 처리하기 어려워(以臣之一主將, 獨擅爲難)'라고 한 부분이다.

원균에게 '물길 형편과 만나기로 한 장소'를 물었다는데, 원균 쪽에서 안내 선단을 보내야 함을 뜻한다. 당시에는 바다와 강에 구역을 나누고 전문 수로인을 두었다. 지도나 등대가 없었던 데다가 암초, 섬, 안개, 세찬 바람이 많았고 더구나 전시였으므로 왜군 함대가 복병하고 있을지도 모르는 일이었으며, 또 칠흑 같은 야밤에도 항해를 감행해야 하는 경우가 비일비재했다.

이순신은 김수로부터 구원 요청을 받은 지 7일째 되는 4월 27일에 장계를 올렸는데, 당시로는 유례가 드문 신속한 응답이었다.

다음의 유서는 4월 27일 오후, 선전관이 가지고 달려온 것이다. 조정에서는 경상도 쪽의 상황이 더욱 심각하게 돌아가자 이미 보낸 유서가 애매하다고 느꼈는지 이번에는 분명한 메시지를 담은 출동명령서를 보냈다. 즉, 이순신은 4월 27일 오전에 '좀 더 분명한 출동명령서'를 요청했는데, 그날 오후에는 '좀 더 분명한 출동명령서'가 도착했다.(작전명령과 같은 왕명은 유서(諭書)로, 벼슬을 내리는 왕명은 교서(敎書)로 내린다.)

원균과 합세하여 적을 치라고 명령하는 유서(諭書)

「왜적이 이미 부산·동래를 함락시키고 또 밀양으로 쳐들어 왔다고 했는데, 이제 경상우수사 원균의 장계를 보니 여러 포구의 수군들을 거느리고 바다로 나가 형세를 과시하고 적을 덮쳐 격멸시킬 계획을 세우고 있다고 하니, 이는 하나의 좋은 기회이니 그 뒤를 잇달아 나가지 않아서는 안 될 것이다.

만약 네가 원균과 합세하여 적의 배를 쳐부수기만 한다면 적을 평정시키는 것은 일도 아닐 것이다. 그러므로 선전관을 보내어 급히 이르도록 하는 것이니, 너는 각 포구의 병선들을 독촉하여 거느리고 급히 달려가서 기회를 잃지 말도록 하라.

그러나 천리 밖에 떨어져 있는지라 혹시 무슨 뜻밖의 일이 있을 경우에는 반드시 이 지시에 구애받지는 말라.」

—1592년 4월 27일자 —

앞서의 유서에 비해 보다 구체적이고 출동을 명하는 내용이 분명한, 진정한 의미의 출동명령서이다. '원균과 합세한다면 적을 평정시키는 것은 일도 아닐 것이다' 라고 한 것을 보면, 조정에서도 원균이 상당한 규모의 함대를 보유하고 있는 것으로 알고 있다.

4. 선전관이 가지고 달려온 발병부(發兵符)

발병부(發兵符)란 군사 동원의 비밀 표시로서, 지름 7cm 정도의 둥글납작한 나무쪽의 한 면에 '발병(發兵)' 이라 쓰고 다른 한 면에 관찰사, 수사, 통제사 등 현지 군사책임자의 칭호를 기록한 것을 한 가운데를 쪼개어 좌편(左片)은 임금이, 우편(右片)은 군사책임자가 보관하고 있도록 한 것으로서, 왕이 군사 동원이 필요하다고 결정하였을 때 좌편과 함께 교서를 선전관 등을 통해 보내는데, 군사 책임자는 그것과 자기의 우편(右片)과의 부합 여부를 조사한 후 군대를 동원하였다.

이 제도는 현지 장수들의 역적모의로 인한 출동이나, 적이 조작해 낸 가짜 선전관이 어명을 빙자하여 엉뚱한 곳으로 출동시키고는 아군의 기지를 습격하는 사건 등을 예방하기 위해서이다.

다음은 이순신이 선조 임금으로부터 비밀리에 받은 발병부 관련 유서이다.

전라좌도수군절도사 이순신에게 내리는 명령

「그대(卿)는 한 지역에 대하여 나의 위임을 받았으니 맡은 바

책임이 무겁다. 일반적으로 군대를 출동하여 사태에 적응하여 백성의 치안을 확보하고 적을 막아내는 데 있어서 정상적인 사무는 과거로부터 내려오는 관례가 있지만, 간혹 나와 그대(卿)만이 단독으로 처리해야 할 사건에 대하여는 비밀병부가 아니면 실시할 수가 없으며, 또 뜻밖에 야기되는 사태도 예방하지 않으면 안 될 것이다.

만일 비상사태에 의한 명령이 있을 때에는 비밀병부와 맞추어 보아 의심이 없다고 인정된 뒤에야 명령을 수행해야 할 것이다. 그러므로 제29호의 비밀병부를 찍어서 내려주는 것이니 그대(卿)는 이를 수령하라.」 -만력19년(선조 24년) 2월 15일-

만약 원균이 박홍의 경상좌도 해역으로 출동하는 경우라면 같은 도(道) 안에서의 출동이므로 경상감사 김수의 승인만 받으면 되었을 것이다. 그러나 이순신의 경상도 해역으로의 출동은 타도 간의 출동이므로 이광 전라감사의 승인과 비변사를 통해서 임금의 승인도 받아야 했다.

한편, 조정에서 보낸 4월 26일과 4월 27일자 유서는 임금 쪽에서 내린 출동명령서였다. 그러므로 어명을 받고 달려온 선전관은 반쪽의 발병부를 비밀리에 휴대하고 내려왔을 것이다.

만약 휴대하지 않는다면 가짜 선전관으로 의심을 받을 수 있는데, 천리길을 달려가는 선전관이 그런 의심받을 일은 결코 하지 않을 것이다. 더구나 그 무렵은 정여립의 모반사건 이후 발병부를 재발행해 두었을 때이다.

그리고 이러한 성격을 가진 발병부는 이순신이 1년 후 1593년에 삼도수군통제사가 되었을 때에도 다시 발행되어 내려왔다.

삼도수군통제사로 전라좌도수군절도사의 직을 수행하는 이순신에게 내리는 명령

「그대는 한 지역에 대하여 나의 위임을 받았으니 맡은 바 책임이 무겁다. 일반적으로 군대를 출동하여 사태에 적응하여 백성의 치안을 확보하고 적을 막아내는 데 있어서 정상적인 사무는 과거로부터 내려오는 관례가 있지만 간혹 나와 그대만이 단독으로 처리해야 할 사건에 대하여는 비밀병부가 아니면 실시할 수가 없으며… 그러므로 비밀병부를 찍어서 내리는 것이니 그대는 이를 수령하라.」 ―선조 26년 7월 14일―

선전관이 한성을 떠난 것은 신립이 충주를 향해서 출발한 4월 20일 경이다. 신립은 내려오면서 경기·충청 지역의 역졸들을 끌어 모으고 있었지만 선전관은 어명을 전하는 직책이었기 때문에 발병부를 비밀리에 가지고 왔을 것이다.

발병부는 어명을 확인시켜 주는 것이므로 역졸들은 경황이 없는 와중에도 선전관에게 험한 육로길을 안내해 주었고, 선전관은 주야로 달려올 수가 있었다. 그 후 선전관을 안내한 역졸들은 탄금대에서 비장한 최후를 맞았을 것이다.

신립의 탄금대 패전은 4월 29일. 선조가 피난길에 오른 것은 4월 30일 캄캄한 새벽이었다. 그리고 비, 빈, 상궁, 나인들은 물론 대신들도 울면서 도성을 나섰다.

이순신의 4월 27일자 장계는 "출동하라"는 어명에 대한 답변서이다. 그러나 이 장계는 경기·충청의 파발마 조직이 탄금대 패전으로 와해되면서 조정에까지 올라가지 못한 것 같다. 발병부를 가지고 달려온 군관이 그 후 한성에 돌아가기도 어려웠을 것이다.

5. 드디어 도착한 원균의 구원 요청 공문

원균의 구원요청 공문이 도착한 것은 4월 29일이고, 이 공문을 받은 이순신은 4월 30일 다음의 장계를 올렸다.

왜군이 한성 외곽에 다다른 것은 5월 1일, 한성에 입성한 것은 5월 3일이다. 그래서 이 장계도 조정에서는 받아보지 못한다.

경상도로 구원 나가는 장계(2)

「삼가 사변에 대비하는 일로 아뢰나이다.

이달 4월 29일 정오 경에 경상수사(元均)의 회답 공문에서 말하기를 "왜적의 배 5백여 척이 부산·김해·양산강·명지도(鳴旨島: 김해군 명지면) 등 여러 곳에 정박한 후 뭍으로 올라가서 제멋대로 날뛰고 있으며, 연해안 각 고을과 포구의 우리 병영(兵營)과 수영(水營)들은 거의 다 적의 수중에 떨어졌고 성들도 함락되었으며 봉화까지 끊어져버려 지극히 통분합니다.

그래서 본 도의 수군을 뽑아 출동시켜서 적선 10여 척을 추격하여 불태워버렸으나, 나날이 적병들이 늘어나서 그 세력이 더욱 성해짐으로써 적은 많고 우리는 적기 때문에 대적할 수 없었고, 본영 역시 이미 함락되었으니, 양 도의 수군이 합세하여 적선을 친다면 뭍으로 오른 왜구들도 뒤를 돌아다보는 걱정거리가 생기게 될 것이니, 귀 도(道)의 전선들을 남김없이 거느리고 당포(唐浦) 앞바다로 달려오는 것이 좋겠습니다."라고 하였습니다.」　－〈부원경상도장(赴援慶尙道狀)(二)(92. 4. 30)－

'적선 10여 척을 추격하여 불태워버렸다'는 기록은 원균 수사가 그 무렵의 전공(戰功)을 밝힌 유일한 기록이다. 그러나 이순신의 장계 이외에는 어디에도 기록된 것이 없어서 원균이 꾸며낸 말일 것으로 짐작된다. "연해안 각 고을과 포구의 우리 병영(兵營)과 수영(水營)들이 거의 다 적의 수중에 떨어지고, 성들도 함락되고 봉화까지 끊어져버린" 상황에서 일부 수군 병력으로 왜적을 추격하여 적선 10여 척을 불태우는 일은 전후 사정으로 미뤄 볼 때 있기 어려운 일이다. 이것은 원균이 자기 관내를 지키지 못하여 끝내 자존심을 굽히고 구원병을 청하게 된 처지에서 자신의 무능을 조금이라도 감춰 보려고 꾸민 거짓말로 보인다.

그리고 공문의 내용도 왜군의 어떤 함대와 싸웠다는 것인지, 소형의 왜군 탐색선들을 합한 숫자가 10여 척인지, 조선군 쪽에서 누가 공을 세우고 누가 죽었는지, 또 이로 인해 포상과 위로를 받았는지에 대한 기록이 전혀 없다.

그 무렵 왜군의 고니시, 가토, 구로다의 선봉군들은 한성에 먼저 입성하려고 경쟁적으로 북상하고 있었고, 그 후 보급로 개척에 나선 것이 옥포·당포 등지에서 패전한 왜군들이다. 일본 쪽에도 그 이상의 자료는 없다.

원균의 함대가 그 이전에 단독으로 해전을 벌였다면 화약무기가 없는 처지에서 과연 어느 누가 살아남을 수 있었을까?

「이에 소속 수군 중위장인 방답 첨사 이순신(李純信), 좌부장인 낙안 군수 신호(申浩), 전부장인 흥양 현감 배흥립(裵興立), 중부장인 광양 현감 어영담(魚泳潭), 유군장(遊軍將)인 발포 가장(假將: 임시장수) 본영 군관 훈련봉사 나대용(羅大用), 우부장인 보성 군수 김득광(金得光), 후부장인 녹도 만호 정운(鄭運), 좌척후장인 여도 권관 김인영(金仁英), 우척후장인 사도 첨사 김완(金浣), 한후장(捍後將)인 본영 군관 급제(及第) 최대성(崔大成), 참퇴장(斬退將:도망가는 자를 참하는 장군)인 본영 군관 급제 배응록(裵應祿), 돌격장인 본영 군관 이언량(李彦良) 등과 지시 사항을 분명히 하였습니다.

　선봉장은 우수사와 약속할 때 그 도의 장수 중에서 뽑아 정할 계획이고, 신의 우후 이몽구(李夢龜)를 본영(本營)의 유진장(留鎭將: 본영에 남아 비상사태에 대비하는 장수)으로 정했으며, 방답·사도·여도·녹도·발포 등 다섯 포구에는 신의 군관 중에서 담략이 있는 자를 가장(假將)으로 정하여 엄중히 신칙하여 보냈습니다.」　　　　　　　　　－〈부원경상도장(二)(92. 4. 30)－

　경상도 쪽으로 출동하기 전에 함대의 편성과 출동기간 동안 누구에게 후방을 지키게 했는가에 대한 부분이다.

　출동 준비, 후방 관리, 그리고 조정에 보고하는 내용에 이르기까지 빈틈이 없다. 발포는 기지대장이 공석이었기 때문에 본영 군관 나대용으로 하여금 함대를 이끌게 했다.

　방답·여도·사도·녹도·발포 등에 본영 군관들을 배치시킨 것은 이들 지역이 여수에 인접한 기지들이기 때문이다. 여수 본영에 또 다른 왜군 함대가 기습해 온다면 잔류 함대를 이끌고 달려오게 하는 작전이며, 정걸이 조방장으로서 전체를 지휘했을 것이다.

남해도는 첩입군(疊入軍: 군사적 공동 관할지역)

「신은 수군의 여러 장수들을 거느리고 오늘 4월 30일 새벽 4시경(寅時)에 출발할 계획이므로, 경상우도 소속이자 본영과 이웃하고 있는 진(鎭)인 남해현 미조항(彌助項)·상주포(尙州浦)·곡포(曲浦)·평산포(平山浦) 등 네 진은 이미 첩입군(疊入軍: 공동 관할 지역의 군대. 공동관할 지역이기 때문에 전라수군 쪽에서도 군사적 요구나 작전권을 행사할 수 있는 곳임)으로 편입시켜 그곳 현령, 첨사, 만호 등이 군선을 정비하여 중간까지 나와 기다리라는 내용의 비밀공문을 4월 29일 새벽에 전령에게 주어 급히 보냈습니다.

그런데 그날 하오 2시경(未時)에 신이 전령으로 보냈던 본영의 진무(鎭撫)인 순천 수군 이언호(李彦浩)가 급히 돌아와서 보고하기를, "남해 고을 성 안의 관아와 민가들이 모조리 다 텅 비었고 굴뚝에는 연기라고는 전혀 나지 않아 쓸쓸하였으며, 창고의 문들은 이미 열려서 곡식들이 전부 흩어져 없어졌고, 무기고의 병기들 역시 전부 없어졌는데, 군기창고 밖 행랑채에 다만 한 사람이 남아 있기에 그 까닭을 물어보았더니, 온 성의 군사들이 왜적들이 이미 가까이 쳐들어왔다는 소문을 듣고서는 전부 도망쳐버렸으며, 현령과 첨사까지도 따라서 도망갔는데, 그들이 어디로 갔는지는 모른다고 했습니다. 또 한 사람이 쌀섬을 등에 지고 장전(長箭)을 가지고 남문에서 달려 나오다가 화살 일부를 주었습니다"고 하였습니다.

신이 그 장전을 살펴보니 분명히 곡포(曲浦)라고 새겨져 있었으므로 성을 비우고 도망갔다는 말이 그럴듯하였지만, 하인들의 하는 말인지라 꼭 그렇다고 믿기도 어려워서, 신의 군관 송한련(宋漢連)에게 지시하기를, "만약 그 말이 사실이라면, 도리어 적에게 군량을 대주어 점차 본 도(전라좌도)로 쳐들어와서 오랫동안 머물러서 퇴각하지 않도록 해주는 셈이 되니, 곡식창고와 무기창고를 불살라 없애버리도록 하라"고 전령하여 급히 보냈습니다.」　　　　　　－〈부원경상도장(二)(92. 4. 30)－

　외적의 침공이 있을 경우 본영에서 소집명령을 내리면 관내 기지들은 본영으로 달려와야 하는 것이 당시의 군법이었다. 원균수사도 법대로 소집령을 내렸을 것이고 이에 남해도의 미조항·상주포·곡포의 대장들도 몇 척의 병선을 타고 달려갔을 것이다.

　기지대장들은 떠날 때 어느 군관에게 기지를 지키고 있도록 명령을 했을 것이다. 그런데 그 시점에 경상감사 김수와 병마사 조대곤이 청야작전(淸野作戰)을 하라는 공문을 보냈으므로 경상도의 백성과 모병(募兵) 대상인 장정, 그리고 현역 병사들까지 피난을 떠났다. 이 같은 현상은 경상도 각 고을의 일반적인 현상이었다. 때문에 그 후 김수 감사는 오랫동안 3사의 탄핵을 받았고, 의병장 곽재우는 '김수를 죽여야 한다'는 상소문을 올리기도 했다.

　이순신은 수로안내 겸 공동출동을 요청하기 위해 4월 29일 선발대를 남해로 보냈다. 그러나 모두들 피난을 가고 없었다.

　이순신은 김해와 가배량 등이 왜군의 수중에 떨어진 것을 원균의 공문을 통해 알고 있었지만 남해도까지 텅 비어 있다는 사실에 크게 놀랐다.

　이순신은 첩입군 지역인 남해도 여러 고을의 식량과 군기 등이 왜군들에게 넘어가지 않도록 군관 송한련(후에 〈옥포파왜병장〉을 행재소에 가져가는 군관)에게 불태울 것을 지시했는데, "송한련 일행이 돌아와서 하는 말이 '이미 무기 등 온갖 물자도 모두 흩어져 남은 것이 없다'고 했다."(1592년 5월 2일자 난중일기)라고 하였는데, 이는 현지 백성들이 모두 가져갔기 때문이다.

이러한 소동으로 원균의 함대는 판옥선 4척, 협선 4척의 초라한 모습에 안정된 후방 고을이 없는 외로운 함대로 전락했다.

「그러나 대개 흉측한 적들이 세력을 떨쳐 패를 나누어 도적질하며 한 패는 내지로 향하여 전부 쳐부수고는 길게 달려가고, 또 한 패는 연해안을 따라 남김없이 쳐서 함락시키는데도 불구하고 육해군 모든 장수들이 하나도 막아서 싸우지 못하여 이미 적의 소굴로 되어버렸으며, 바닷가 진영으로서 남은 곳이라고는 오직 이(경상) 우수영과 남해, 평산포 등 네 진(鎭)뿐이었습니다.

그런데 지금 들으니 이 우수영 역시 함락되었고, 남해 섬 전체도 이미 무인지경이 되었다고 하는데, 소위 (경상)우수영은 신이 지키는 진(鎭)과 같은 바다로 서로 연이어 있고, 남해는 북소리나 나팔소리를 서로 들을 수 있고 앉아 있는 사람의 수까지 똑똑히 셀 수 있는 형편이므로, 본 도(전라좌도)가 왜적에게 침범당할 걱정이 조석(朝夕)으로 박두하였으니 지극히 한심합니다.」 -〈부원경상도장(二)〉(92. 4. 30)-

경상 우수영 기지들의 형편이 이렇게 되자 전라좌수영 기지들은 최전방 기지가 되었다. 그래서 전라좌수영 수뇌진은 '앉아서 죽느냐' 아니면 '나아가 싸우다가 죽느냐'를 결정해야 했다.

「본 도의 내지와 연해안 각 고을과 변두리를 방비하기 위하여 새로 뽑은 조방군(助防軍) 등 정예의 강한 군사들은 모두 육전으로 나갔고, 변두리 작은 진지에는 병기를 가진 자가 매우 적으며, 수군들로는 단지 맨주먹의 군사들뿐이어서 그 세력이 심히 약하지만 달리 왜적을 막아낼 계책이 없는 실정입니다.

 수군 중위장 순천 부사 권준(權俊)은 관찰사의 명령으로 바다에서 떠나 전주로 달려가서 그곳에서 사변에 대비하고 있습니다. 그런데다가 장기간 임지에 있던 자들도 한번 왜적이 쳐들어온다는 소문만 들으면 가솔을 이끌고 짐을 꾸려 가지고 피난 가는 바람에 피난행렬이 길 위에 줄을 지었는데, 혹은 밤을 타서 도망하고, 혹은 틈을 엿보아 이사를 갑니다. 본영의 파수병들과 본고장 백성들 중에도 역시 이와 같이 하는 자들이 있으므로, 신은 그 길목을 지키면서 도망가는 자들을 붙잡을 장수를 보냈는데, 도망가는 자 두 명을 잡아와서 우선 목을 베어 군중(軍中)에 효시함으로써 군사들의 마음을 진정시켰습니다.」
　　　　　　　　　　　－〈부원경상도장(二)(92. 4. 30)－

'천리 밖의 뜻밖의 걱정'(4월 26일과 4월 27일자 조정에서 내려온 유서 참조)이 생겼기 때문에 출동이 며칠 늦어졌다.

「흉악한 적도들이 벌써 조령을 넘어 곧 서울을 침범하게 되자 본도 겸관찰사(李洸)가 홀로 그 의로움을 떨쳐 많은 군대를 거느리고 곧 서울로 향하여 전하를 보위하는 일에 힘쓸 계획을 하고 있다고 하였습니다.

 신은 이 말을 듣고 흘러내리는 눈물을 감당하지 못하여 칼을 어루만지고 탄식하면서 또 여러 장수들을 거느리고 서울로 달려가서 먼저 내지로 쳐들어간 왜적들부터 꺾어버리고 싶었으나, 변경을 지키는 신하의 몸으로 멋대로 할 수도 없는지라 그저 답답해하면서 분을 참고 스스로 억누르며 엎드려 조정의 지휘를 기다리고 있습니다.」　－〈부원경상도장(二)(92. 4. 30)－

전라감사 이광(李洸)의 한성 구원 작전에 대한 언급이다.

임진왜란은 개전 초에 막을 수 있었다는 이순신의 전략적 시각

「신의 어리석은 생각으로는, 지금 왜적의 세력이 왕성해진 것은 모두 적들과 바다에서 싸우지 않고 적들이 멋대로 뭍으로 올라가게 내버려 둔 때문입니다.

경상도의 바닷가 여러 고을들은 깊은 해자와 높은 성루로 튼튼한 곳이 많겠는데, 성을 지키던 비겁한 군사들이 왜적이 쳐들어온다는 소문만 듣고서도 간담이 떨려 모조리 도망칠 생각만 품었으므로, 적이 에워싸기만 하면 반드시 함락되어 온전한 성이라고는 하나도 없습니다.

지난날 부산·동래 연해안 여러 장수들이 만약 배와 노를 잘 정비하여 바다 가득히 진을 치고 있다가 왜적의 배들을 들이칠 위세를 보이면서 정세와 힘을 잘 살피고 헤아려서 적절히 병법대로 나아가고 물러남으로써 적들이 뭍으로 기어오르지 못하게 했더라면, 나라를 욕되게 하는 우환이 이렇게까지 되지는 않았을 것입니다.」　－〈부원경상도장(二)(92. 4. 30)－

'부산·동래 연해안 여러 장수들이 배와 노를 잘 정비하여… 병법대로 나아감으로써 적들이 뭍으로 기어오르지 못하게…' 라는 대목은 임진왜란을 부산포 정도에서 초기에 막을 수 있었다는 전략적 시각이다.

> 「생각이 이에 미치니 감정이 더욱 북받쳐서, 원컨대 한번 죽을 작정을 하고 곧바로 왜적의 소굴을 짓이겨서 요망한 기운들을 쓸어버리고 나라의 부끄러움을 만분의 하나라도 씻고자 합니다. 성공과 실패, 잘되고 못되는 것이야 신으로서 미리 헤아릴 수 있는 바가 아니옵니다(至如成敗利鈍, 非臣之所能逆料).」
> ─〈부원경상도장(二)(92. 4. 30)─

'성공과 실패… 미리 헤아릴 수 없다'고 한 대목에서 '모든 것을 하늘에 맡긴다'는 결사전의 각오를 읽을 수 있다.

그런데 이같이 소중한 내용이 담긴 4월 30일자 충무공의 장계는 중도에서 실종되고 말았다.

6. 단독 출항을 감행

다음은 5월 4일 여수항을 떠나면서 올려 보낸 장계이다. 만약 이순신이 첫 출동에서 전사했었다면 마지막이 될 뻔했던 장계다.

경상도로 구원 나가는 장계(3)

「삼가 구원병 나가는 일로 아뢰나이다.

전에 경상도우수사 원균과 함께 힘을 합쳐서 왜적의 배들을 쳐부수라는 전하의 분부를 받고, 소속 수군의 여러 장수들은 지난 4월 29일 본영 앞 바다로 모여서 30일에 출발할 계획이었습니다.

그러나 겸관찰사 이광 역시 좌수영의 수군 병력이 외롭고 약한 것을 염려하여 본도 우수사에게 수군을 거느리고 신의 뒤를 따르도록 지시하였다고 하며, 또 우수사 이억기도 공문을 보내어 '이 달 30일에 배를 출발하겠다'고 하기에, 그들이 도착하기를 기다려서 군대의 위세를 성대하게 갖추어 일제히 떠나겠다는 뜻은 이미 급보한 바 있습니다.

내지로 향해 올라간 왜적들이 장차 서울로 접근하려 하므로, 신 이하 여러 장수들 가운데 분해서 떨쳐 일어나지 않는 사람이 없습니다. 칼날을 무릅쓰고 나아가서 죽기 아니면 살기로 왜적들을 맞아 그 돌아갈 길을 끊어놓고 그 배들을 쳐부순다면, 왜적들은 뒤가 염려되어 곧바로 되돌아올 수도 있을 것이기에, 오늘 5월 초 4일 첫 닭이 울 때 곧바로 경상도로 향하여 배를 출발하면서, 한편으로 우수사 이억기에게 속히 달려오라고 급보를 띄웠습니다.」

—〈부원경상도장(赴援慶尙道狀)(三)(92. 5. 4.)—

이억기 함대가 4월 30일 출발한다고 했기 때문에 5월 3일까지 기다렸지만, 더 이상 기다릴 수는 없었다. 이에 좌수영 함대는 단독으로 출항한다.(선조가 한성을 비운 것은 4월 30일, 이순신은 그 소식을 5월 8일 적진포해전이 끝난 후 들었다. 한편 이억기 함대는 6월 3일 당포에서 이순신 함대와 합류한다.)

4월 27일과 4월 30일, 그리고 5월 3일의 장계는 중도에서 실종되었고, 그 결과 원균을 두둔했던 김응남과 이덕열은 선조의 어전회의에서 아래와 같은 모함성 주장을 하게 된다.

「김응남(金應南: 좌의정): "원균이 처음에 사람을 보내어 순신(舜臣)을 불러도 순신이 오지 않았으므로 원균이 통곡했다고 합니다. 원균이 순신에게 군사를 청했는데 성공은 도리어 순신에게 있었기 때문에 그 일로 두 장수 사이가 서로 막혀졌다고 합니다."」 　　　　　　　　　　　　－〈선조실록〉(1596. 6. 26.)－

「이덕열(李德悅: 좌승지): "순신은 열댓 번 부른 연후에 비로소 나가 적선 60척을 깨뜨리고 먼저 자기 공로를 보고했다고 하옵니다."」 　　　　　　　　　　　　－〈선조실록〉(1596. 11. 7)－

이 같은 모함이 계속되는 가운데 마침내 정유년(1597) 2월 이순신은 붙잡혀가서 하옥되고 원균이 통제사에 임명된다. 그리고 이 어전회의 내용들은 〈원균행장록〉에 인용되었고, 오늘날에 와서는 〈선조실록〉에 기록되어 있는 이와 같은 내용들을 학자들과 작가들이 인용해서 원균을 두둔하고 있다. 아래는 2004년에 간행된 이순신을 모함하는 어느 소설(김탁환 저, 「불멸의 이순신」)에서 인용한 것이다.

「율포 만호 이영남이 부드득 이를 갈며 좌수영에 도착한 것은 군중회의가 시작되려는 순간이었다. 이영남은 경상우수영 깃발을 앞세우고 들어와서 원균이 보낸 서찰을 전한 다음 뜰 가운데 옴나위없이 서 있었다.
　닷새 전, 이영남은 무릎을 꿇고 읍소하면서 구원병을 청했다.

이순신은 바쁜 일을 핑계로 하여 한나절이나 버려두었다가 냉정하게 거절했다. 벌써 네 번째였다.
"아직 어명이 내리지 않았느니라. 사사로이 군사를 움직일 수 없으니 돌아가라."
그때 이영남은 다짐하고 또 다짐했다.
'다시는 좌수영에 발을 들이지 않으리라. 차라리 마지막 한 사람까지 왜군과 싸우다가 죽는 편이 낫지.'
그러나 전황은 날이 갈수록 악화되었고, 이영남은 결국 다섯 번째로 좌수영을 찾을 수밖에 없었다.」

위 소설에서와 같은 오류를 범하지 않기 위해서는 〈선조실록〉에 기록된 어전회의를 참조하기 전에 우선 실종된 세 통의 충무공 장계를 추가해서 다시 살펴보아야 한다.

7. 개전 전후의 군영 經·營 일기

이번에는 임진왜란 발발 전후의 〈난중일기〉 쪽을 보자.
옥포해전에서부터 부산포해전까지 정독을 하고 나면 임진왜란 발발 전부터 제 1차 출동이 있기까지의 난중일기와 장계를 보다 깊이 해독할 수 있다.

(1592년)1월 1일. 맑다. 새벽에 아우 여필(汝弼)과 조카 봉(奉), 아들 회(薈)가 찾아와서 함께 이야기하였다. 다만 어머님을 떠나서 두 번이나 남도(南道)에서 과세하니 간절한 회포를 이길

길이 없다. 전라병사의 군관 이경신(李敬信)이 병사(兵使)의 편지와 설 선물, 그리고 장편전(장전과 편전) 등 여러 가지 물건을 가지고 왔다.

'여필'은 우신(禹臣: 넷째)의 자(字)이다. 당시 아산 이순신의 집에는 노모와 부인이 있었는데, 이순신은 2년 동안 집에 가지 못했던 것 같다. 4형제 중 살아있는 순신과 우신, 이순신의 장남 회(薈), 봉(奉: 둘째 형 요신의 장남)이 정초에 자리를 함께 했다.

조정은 왜란을 우려해서 3도의 감사와 수사, 병마사를 교체했는데 전라감사 이광(李洸)과 병마사 최원(崔遠), 그리고 이순신이 함께 발령을 받았다.

설날이 되자 최원 병마사는 설 선물과 함께 장편전(장전과 편전)의 견본과 기타 무기류 견본들을 보내왔다. 수사와 병마사가 서로 견본을 주고받으면서 격물·치치적 이치 탐구를 했다.

1월 3일. 동헌에 나가 별방군(別方軍: 상비군이 아닌 특별편성 부대)을 점고하고, 각 고을(5관: 순천·광양·보성·흥양·낙안 관내 다섯 고을)과 각 포구 기지(5진포: 방답·사도·발포·녹도·여도 다섯 해안기지)에 공문을 적어 보냈다.

이순신은 이렇게 공문을 보낸 후 회신을 받았고, 추후 현지를 순방했을 때 지시의 이행 여부를 면밀히 확인했다.

1월 7일. 아침에는 맑더니 늦게 쯤 눈비가 종일 내렸다. 조카 봉이 아산으로 갔다. 전문(箋文)을 받들고 갈 남원 유생이 들어왔다.

조카 봉(奉)은 이날 아산으로 떠났다. 전문(箋文)은 나라에 길흉이 있을 때 임금에게 올리는 표문(表文)이다. 새해를 맞아 하례(賀禮)의 글을 올린 것이다. 전문과 함께 신년하례 선물 등을 보내는 것이 당시의 관례였다.

1월 8일. 객사(客舍) 동헌(東軒)에 나가 공무를 보았다.

객사동헌은 오늘날의 진남관이고, 진남관에는 임금을 상징하는 전패(殿牌)를 모셔두었다. 이곳에서 망궐례(望闕禮: 초하루와 보름에 진남관에서 대궐을 향해 예를 올리는 행사)도 올렸다.

진남관

1월 9일. 맑다. 아침을 일찍 먹은 뒤 객사동헌으로 나가 전문을 봉하여 올려 보냈다.

진남관 동헌에서 임금을 상징하는 전패에 절한 후 남원 유생이 전문을 가지고 올라갔다.

1월 10일. 종일 비. 비. 방답 첨사(李純信)가 들어왔다.

방답 첨사로 부임한 이순신이 신임 인사차 왔다.

1월 11일. 가랑비가 종일 왔다. 늦게야 동헌에 나가 공무를 보았다. 군관 이봉수(李鳳壽)가 선생원(先生院: 이천군 율촌면) 채석장에 가보고 돌아와서 보고하기를, 벌써 큰 돌 17개에 구멍을 뚫었다고 하였다. 서문 밖 해자가 태반쯤 무너졌다.

1월 12일. 궂은비가 개지 않았다. 식후에 동헌에 나갔다. 본영과 각 포구 기지의 진무(鎭撫: 실무책임자)들이 활쏘기를 하였다.

전라좌수영 본영(옛 그림)
서문 밖에는 연등천이 흐르고 있는데, 해자는 연등천일까?

새해를 맞아 본영과 각 기지의 진무(鎭撫: 오늘날의 선임하사 격)들을 모아 진남관 전패에 새해인사를 올리고 서로 상견례도 했다. 또 오후에는 활쏘기 시합을 한 후 저녁에 잔치를 연 듯하다.

1월 15일. 흐리다. 비는 오지 않았다. 망궐례를 행하였다.

1월 16일. 동헌에 나가 공무를 보았다. 각 고을 벼슬아치(品官: 고을원이나 군관 등)와 6방의 아전(色吏)들이 인사차 왔다. 방답의 병선 담당 군관과 색리들이 병선을 수선하지 않았기로 곤장을 때렸다. 우후(虞侯)와 가수(假守: 방답첨사 이순신이 부임해 오기 이전에 책임을 맡았던 임시관리)들이 점고를 하지 않아 이 모양이 되었으니 몹시 해괴하다. 제 한 몸 살찌울 생각만 하고 이런 일은 돌보지 않으니, 다른 날의 일들도 역시 짐작하겠다.
성 밑에 사는 지방 병사 박몽세(朴夢世)가 선생원 채석장에 석수(石手)로 있으면서 돌을 뜰 때 이웃 사방의 개들에게 피해가 미쳤기에 곤장 80대를 때렸다.

각 고을의 관리와 아전들의 신년인사를 받았다. 방답진의 병선 담당자들은 이순신 첨사가 부임하기 전 나태했다고 해서 곤장을 맞았다. 이순신은 관기(官氣)와 군기(軍氣)를 바로 세우고자 經·營 관리를 엄격히 했고 병사들이 민폐 끼치는 것을 크게 경계했다.

1월 17일. 맑다. 춥기가 한겨울 같다. 아침에 순찰사(전라감사)와 남원 고을의 아전에게 편지를 보냈다. 저녁에 쇠사슬 박을 구멍 뚫은 돌을 실어오는 일로 배 4척을 선생원의 채석장으로 보냈는데, 군관 김효성(金孝誠)이 거느리고 갔다.

1월 18일. 맑다. 동헌에 나가 공무를 보았다. 여도 기지의 천자(天字) 배가 돌아갔다. 활쏘기 대회에서 우등한 명단을 전라 감영으로 보냈다.

1월 12일에 있은 활쏘기 대회에서 우수한 성적을 낸 이들의 명단을 감영에 상신한 내용이다. 이러한 관리자적인 모습은 임진왜란 7년 동안 이어졌다.

1월 19일. 맑다. 동헌에서 공무를 본 후 각 군대를 점고했다.

본영 소속의 각 부대들은 물론 관내 다섯 고을과 다섯 포구기지의 병력을 서면으로 점고했다.

1월 23일. 맑다. 둘째형(堯臣)의 제삿날이라 공무를 보지 않았다. 사복시(司僕寺)에서 받아와 기르던 말을 올려 보냈다.

사복시(司僕寺)는 대궐에서 말을 관리하는 곳인데, 1월 21일에 온 감목관이 말을 몰고 갔다. 좌수영 관내 섬에는 사복시에서 받아와 기르던 말이 많았다.

1월 24일. 맑다. 큰형(羲臣)의 제삿날이어서 공무를 보지 않았다. 순찰사(李洸)의 답장을 보니, 고부(古阜) 군수 이숭고(李崇古)를 유임시켜 달라는 장계를 올린 일로 심한 물의를 일으킨 일 때문에 사임장을 제출했다고 하였다.

2월 1일. 새벽에 망궐례를 행하였다. 안개, 비가 잠깐 뿌리다가 늦게는 맑았다. 선창으로 나가 쓸 만한 판자를 고르는데 때마침 방천에 피라미 떼가 구름처럼 몰려왔기로 그물을 쳐서 2,000여 마리를 잡았다. 기분이 상쾌했다. 그대로 전선 위에 앉아 술을 마시며 우후 이몽구(李夢龜)와 함께 새봄의 경치를 바라보았다.

쓸 만한 판자를 고르려 했던 것은 한 두 명의 목수를 데리고 무엇인가를 제작하기 위해서였던 것 같다. 다른 장수들 같았으면 사람을 시켰을 것이고, 또 분부를 받은 사람은 "사또께서 구해 오랍신다!"고 하며 다니기 십상이었을 것이다.

이순신이 지도와 진법을 잘 그린다는 사실을 당시 조정에서도 익히 알고 있었다고 전해진다. 그러고 보면 이순신은 평소 무엇인가를 만들고 설계도면 같은 것을 많이 그려왔던 것 같다.

사람을 시키지 않고 직접 선창으로 나간 것을 보면 역시 격물·치지의 삶이 생활화된 현장 중시의 지휘관이라 할 수 있다. 피라미를 잡는 것까지는 이해가 가지만 잡은 것을 헤아려 보기까지 한 이유는 무엇일까? 선창에서 일하고 있던 이들에게 술안주 감으로 몇 마리씩 공평하게 나누어 주려고 따져본 것은 아닐까?

이몽구도 술상을 받았고 모두들 피라미 안주와 술상을 받고서는 즐거워했다. 이때가 이순신이 부임한 지 1년이 되던 때였다.

그동안 전쟁 준비에 여념이 없었는데, 피라미 덕분에 모두들 잠시 한숨 돌리고 있는 모습이다.

2월 2일. 맑다. 동헌에 나가 공무를 보았다. 쇠사슬을 걸어 매는 데 쓸 크고 작은 돌 80여 개를 실어 왔다. 활 열순(1巡: 5발)을 쏘았다.

2월 3일. 맑다. 새벽에 우후(李夢龜)가 각 포구에 감시차 배를 타고 떠났다. 공무를 마친 후 활을 쏘았다. 탐라(제주도) 사람이 아들 딸 여섯 명을 데리고 도망 나와 금오도(金鰲島)에 정박해 있다가 방답의 순시선에 붙잡혔다는 보고가 올라왔기에, 경위를 따져보고 수감시켜 순천부에 올려 보내도록 했다.

당시에는 순시선(巡視船) 제도가 있었는데, 제주도 사람들이 순시선에 붙잡혔다. 민간인 죄인을 순천부에 올려 보낸 이유는, 일반행정은 순천부에서 관할했기 때문이다. 또 군사와 행정이 이원화되어 있었음도 확인할 수 있는데, 군사체계는 좌수영이 총괄하고 일반행정은 순천부가 돌산도의 방답 지역까지 관할하고 있었다.

2월 4일. 맑다. 동헌에 나가 공무를 본 후 북봉(北峯)의 봉화대 쌓은 곳으로 올라가 보니 축대 자리가 아주 좋아서 무너질 리가 만무할 것 같았다. 이봉수가 부지런히 일했음을 알 수 있었다. 하루 종일 관망하다가 해질 무렵에 내려와서 해자 구덩이를 돌아보았다.

전쟁에 대비한 격물·치지적 현장주의 군영 經·營에 임하고 있다.

2월 5일. 맑다. 동헌에 나가 공무를 마친 뒤 활 18순을 쏘았다.

2월 6일. 맑다. 종일토록 바람이 세게 불었다. 동헌에 나가 공무를 보았다. 순찰사의 편지 두 통이 왔다.

2월 7일. 맑으나 바람이 세게 불었다. 동헌에 나가 공무를 보았다. 발포(鉢浦) 만호가 부임했다는 공문이 왔다.

그동안 발포 만호의 자리는 공석이었는데, 부임해 온 신임자가 누구인지는 기록되어 있지 않다.

2월 8일. 맑으나 또 바람이 세차게 불었다. 이날 거북선에 쓸 돛베(帆布) 29필을 받았다. 정오에 활을 쏘았다. 조이립(趙而立)과 변존서(卞存緖)가 겨뤘으나, 조이립이 졌다. 우후가 방답으로부터 돌아와서 방답첨사가 방비에 진력하더라고 극찬하여 말했다. 동헌 뜰에 돌기둥 화대(火臺)를 세웠다.

돛베 29필을 전라감영으로부터 지원받은 것 같다. 당시의 법은 각 고을과 기지의 군대, 병참, 전선 등은 소속 고을의 백성들이 책임지고 조달하고, 그것으로 자신들의 해안지역을 지키고 있다가 수사의 명령이 있으면 한 곳에 집결하도록 되어 있었다. 전투가 벌어지면 논공행상은 소속 후방고을로 돌아가는 체제였다.

진남관 뜰에 세워진 돌기둥 화대(火臺)

제6부 분실된 개전 초 충무공의 장계 129

이순신은 당초에 3척의 거북선을 만들게 했는데 '본영 소속 거북선', '방답 소속 거북선', '순천 소속 거북선'이라는 글귀가 장계에 기록되어 있는 것을 보면, 거북선을 건조한 장소는 여수 조선소(船所)에서 하되 경비, 자재, 조선공의 동원은 세 지역에서 공동으로 부담한 것으로 보인다. 전라감영에도 거북선의 건조계획을 보고했을 것이고, 이에 지원을 받았을 것이다.

2월 9일. 맑다. 새벽에 쇠사슬 꿰일 긴 나무를 베어오는 일로 이원룡(李元龍)에게 군사를 인솔시켜 돌산도로 보냈다.

2월 10일. 안개비가 오다가 개었다 흐렸다 하였다. 동헌에 나가 공무를 보았다. 김인문(金仁問)이 감영에서 돌아왔다. 순찰사의 편지를 보니, 통역관(譯官)들이 뇌물을 많이 받고 중국에 무고하여 군사를 청하는 짓까지 했다고 한다. 그뿐만 아니라 중국에서는 우리가 일본과 함께 딴 뜻이 있는 것으로 의심하게까지 했으니, 그 흉악스러움은 이루 말할 수 없다. 통역관들이 이미 잡혔다고는 하나 해괴하고 통분함을 이길 길이 없다.

역관(譯官)들이 '조선과 일본이 힘을 합해 명나라를 공격하려 한다'고 명나라에 헛소문을 퍼뜨렸던 것 같다.

2월 11일. 맑다. 식후에 배 위에 올라 새로 뽑은 군사들을 점고하였다.

2월 12일. 맑고 바람도 잤다. 식후에 동헌에 나가 공무를 보고 해운대(海雲臺)로 옮겨 앉아 활을 쏘았다. 침렵치(沈獵雉: 무사들의 놀이인 듯)를 구경하니 무척 조용히 한다. 군관들도 모두 일어나 춤을 추고, 조이립은 시를 읊었다. 저녁에 돌아왔다.

노산 이은상에 의하면, 해운대는 여수시 동북쪽에 위치한 조그마한 반도로 해안 절벽에 '海雲臺(해운대)'라고 새긴 이순신의 필적이 있어서 많은 사람들이 산책하던 곳이었다고 한다. 그런데 여수 외항을 매립, 축조할 때 이 해운대 전체를 헐어서 그 석재를 축항에 사용했기 때문에 지금은 그 형적조차 없어졌다. 안타까운 일이다.

2월 13일. 맑다. 우수사(李億祺)의 군관이 왔기로 살대(箭竹) 큰 것과 중간 것 100개와 쇠 50근을 보냈다.

견본용 화살대와 대포 제작용 쇠를 보낸 것 같다. 이순신과 이억기가 격물·치지적인 공동연구에 임하고 있음을 알 수 있다.

2월 14일. 맑다. 아산(어머님께) 문안차 나장(羅將: 관아의 군관) 두 명을 보냈다.

2월 15일. 비바람이 몹시 불었다. 석수들이 새로 쌓은 해자 구덩이가 많이 무너졌으므로 벌을 주고 다시 쌓게 하였다.

2월 16일. 맑다. 동헌에서 공무를 본 후 활 6순을 쏘고 신구번(新舊番: 근무를 끝내고 교대하는 신·구번) 군사들을 점고하였다.

2월 19일. 맑다. 순시를 떠나 백야곶(白也串: 여천군 화양면) 감목관이 있는 곳에 이르니 순천 부사(權俊)가 자기 아우를 데리고 와서 기다렸다. 기생도 왔다.

비가 온 뒤여서 산에 꽃이 활짝 피어 뛰어난 경치는 이루 형언키 어려웠다. 저물어서야 이목구미(梨木龜尾: 여천군 화양면 이목리)로 와서 배를 탔다. 여도(呂島: 고흥군 점암면 여호리)에 이르니 흥양 현감(裵興立)과 여도 권관(黃玉千)이 나와서 맞았다. 방비를 검열하였다. 흥양 현감은 내일 제사가 있다고 먼저 갔다.

봄이 되자 순천부사와 이순신은 봄바람도 쐴 겸 관내 순시(2. 19~2. 28)에 나섰다.

2월 20일. 맑다. 아침에 온갖 방비와 전선을 점고해 보니 모두 새로 만들었고, 군기(대포 등)도 어느 정도 갖추어졌다. 늦게 (여도呂島를) 떠나 흥양에 이르니, 좌우의 산들에 꽃이 피었고, 들의 방초(芳草)들이 마치 그림과 같았다.

흥양(고흥) 고을의 동헌

온갖 방비와 전선 등을 모두 새로 만들었다는 사실은 전라좌수영 관내 기지들도 이순신의 부임이 없었다면 아마 이렇다 할 준비 없이 왜란을 맞을 뻔하였음을 암시해 준다.

이순신은 주변의 경치를 문학적으로 묘사해 두었는데, 흥양은 현재는 고흥(高興)으로 불리지만, 옛날부터 신선들이 사는 곳으로 알려진 중국의 지명 영주(瀛洲)로 불려왔을 정도로, 그 경치가 아름다운 고장이다. 이곳에는 옛 읍성과 관아의 유적들이 남아 있다.

2월 21. 맑다. 공무(검열)를 마친 뒤 주인(흥양 현감)이 자리를 마련하여 활을 쏘았다. 정걸(丁傑) 조방장도 와서 보았다. 황숙도(黃叔度: 능성 현감)도 와서 같이 술을 마셨다. 배수립(裵秀立)도 나와 같이 술잔을 나누며 즐기다가 밤이 깊어서야 파했다. 신홍헌(申弘憲)을 시켜서 술을 가지고 전날 심부름하던 삼반(三班)의 하인들에게 갈라 먹이도록 하였다.

정걸(丁傑)은 화약무기와 전선 건조에 조예가 깊은 인물로 고흥반도 조방장으로 있으면서 가르치기도 하고 스스로 연구도 많이 한 듯하다.

2월 22일. 맑다. 아침에 공무를 마친 뒤 녹도(鹿島)로 갔다. 황숙도(능성현감)도 동행하였다. 아침에 먼저 흥양 조선소에 이르러 배와 무기들을 직접 점검하고(본영의 군관들도 다수 수행하고 있은 듯) 그 길로 녹도로 가서 바로 새로 쌓은 성의 문루에 올라보니 경치의 아름다움이 고을 안에서도 으뜸이었다. 그리고 녹도 만호(鄭運)의 애쓴 정성이 미치지 않은 곳이 없었다. 흥양 현감과 능성 현감, 그리고 만호(萬戶)들과 함께 취하도록 마시고 또 겸하여 대포 쏘는 것도 보았다. 촛불을 밝혀야 할 때쯤 되어서야 파했다.

10개의 단위기지 순시를 하면서 준비상황을 격물·치지 정신으로 면밀히 따져보고 있다. 녹도 기지의 준비상태가 좋았으므로 대포사격 시범도 있었다. 모두가 그 포성에 새삼 놀랐고 기뻐서 늦게까지 축하연을 벌였다. 구경이 120mm인 천자대포의 포성은 현대의 포병장교가 들어도 깜짝 놀랄 정도로 그 소리가 크다. 당시는 흑색 화약을 사용했기 때문에 불꽃이 1m 이상 솟구쳤고 포연이 그 주변을 뒤덮었다.

이순신은 임진왜란 12년 전(1580년~1581년, 32세 때)에 발포 만호로 18개월 동안 근무한 적이 있다. 그로부터 9년 후(1592년), 이순신은 유성룡의 천거로 전라좌수사로 발탁됐는데, 이순신의 발탁은 그가 화약무기에 밝았던 점도 많이 참작되었던 것 같다.

녹도 만호 정운(鄭運)도 유성룡의 천거로 같은 시점에 부임하였는데, 두 장수는 화약무기 준비를 서둘렀다. 그 후 1년 만에 대포의 시범사격이 있게 된 것이기에 두 사람은 물론 고흥반도의 해군 수뇌진의 감회도 매우 컸을 것이다. 그래서 늦게까지 취하도록 마셨다.

정운 장군이 임진왜란 해전 때 항상 선봉에 설 수 있었던 것은 평소 충실한 준비와 절차탁마(切磋琢磨)하는 치밀함이 있었기 때문이다. 반면에 부산성과 동래성, 탄금대 전투에서는 조선제 대포가 활용되지 않았다.

유성룡의 「징비록」을 보면, 평양성전투 때 '현자포를 몇 발 쏘았으나 준비된 것이 없어 더 쏘지 못했다'고 하고 있다. 이 모두가 초동 단계에서부터 대응을 잘못한 역사이다.

2월 23일. 흐리다. 늦게 출발하여 발포에 이르자 역풍이 크게 불어 배가 갈 수가 없었다. 간신히 성 머리에 대었고 배에서 내려서는 말을 탔다. 비가 몹시 쏟아져 일행 상하가 모두 꽃비에 젖은 채 발포로 들어서니 해는 이미 저물었다.

발포에 대한 기록은 이것이 전부이다. 이순신은 옛날 발포 만호로 근무한 적이 있으므로 특별한 감회가 있을 법했지만, 그에 대한 더 이상의 언급은 없다.

2월 24일. 가는 비가 온 산에 내려 지척을 분간키 어려웠다. 비를 맞으며 길을 떠나 마북산 밑 사량(沙梁)에 이르러 배를 타고 노질을 재촉하여 사도(蛇渡)에 이르니 흥양 현감이 벌써 와 있었다. 전선을 점고하고 나니 날이 저물므로 거기서 잤다.

2월 25일. 흐리다. 여러 가지 전쟁 대비에 결함이 많으므로 군관과 담당 아전(色吏)들을 벌주고, 첨사(金浣)는 잡아들였으며, 교수(敎授: 첨사 아래의 벼슬)는 내보냈다(파직시켰다).
방비가 다섯 포구기지 중 하등이건만, 순찰사가 조정에 표창하는 장계를 올렸기에 죄상을 검사할 수 없었으니, 참으로 기가 막혀 웃을 노릇이다. 역풍이 크게 불어 배가 떠날 수 없어 눌러 유숙하였다.

사도 첨사는 상장(賞狀)만 믿고 어정쩡하게 지내오다가 점고를 받고 혼쭐이 났다. 상벌(賞罰)에 신필(信必)이 없었던 것이 당시의 시대 상황이다. 그 후 자성을 했는지 사도 힘대는 늘 선봉에 섰다.

2월 26일. 이른 아침 출발해서 개이도(介伊島: 싸리섬)에 이르니 여도 배와 방답 배가 마중 나와 기다렸다. 날이 저물어서야 방답에 이르러 공사(公私)의 예를 마친 뒤에 무기를 점고했는데 장편전(장전과 편전)은 하나도 쓸 만한 것이 없어 참으로 딱했다. 그러나 병선은 다소 완전하니 반가웠다.

2월 27일. 흐리다. 아침에 점고를 마친 뒤 북봉(北峯)에 올라 형세를 살펴보니 외따로 떨어진 외롭고 위태한 섬이다. 사방으로 적을 받을 수 있겠고, 성곽과 해자 역시 지극히 엉성하니 참으로 걱정스러웠다. 첨사(李純信)가 애는 썼으나 미처 시정하지 못했으니 어찌하랴.
느지막이 배를 타고 경도(京島)에 이르니 여필(汝弼)과 조이립(趙而立), 군관, 우후들이 술을 싣고 마중을 나와 함께 즐기다가 해가 진 뒤에야 관청으로 돌아왔다.

이순신은 재래식 무기, 화약무기, 병선 건조 등 전 분야를 훤히 꿰뚫고 있었을 정도로 격물·치지에 조예가 깊었다. 그래서 이 분야에 대한 방답 기지의 문제점들을 시정토록 했다.

격물·치지의 정신으로 돌산도의 지형적 이치를 살피고 그 소감을 적어 두었다. 관내 기지들은 서로 도울 수 있도록 인접해 있었지만 방답기지만은 따로 떨어져 있었고, 성곽의 구조도 방어에 적합하지 않았다.(오늘날 현장답사를 해 보아도 방어하기에 어려운 모습임을 확인할 수 있다.)

이순신은 방답기지의 취약점을 보완하기 위하여 거북선을 보유하게 했고, 그 거북선은 맡은 바 임무를 충실히 수행했다. 그래서 원균이 칠천량에서 패전하기 전까지 방답기지는 안전했다.

또 7년 후인 1598년 노량해전에서 충무공이 피탄, 전몰되었을 때 방답첨사 이순신은 위기상황을 무난히 수습했고, 이를 본 진린 도독은 방답첨사 이순신을 삼도수군통제사로 추천한다.

2월 28일. 흐리되 비는 오지 않았다. 동헌에 나가 공무를 마친 뒤에 활을 쏘았다.

2월 29일. 맑으나 바람이 세게 불었다. 동헌에서 공무를 보았다. 순찰사의 공문이 왔는데 중위장(中衛將)을 순천(權俊)으로 정했다고 한다. 한심한 일이다.

권준(權俊)은 전라좌수영에서 제 2인자 격인데, 그를 전라 육군의 중위장으로 정했기에 개탄한 것이다.

3월 1일. 망궐례를 행하였다. 식후에 별방군과 정규 군병을 점고하고, 하번군(下番軍: 근무를 마치고 귀향하는 군대)을 점고하고 내보냈다. 공무를 마친 후 활 10순을 쏘았다.

공무를 마친 후 활을 쏜다면 전라좌수영 수뇌부가 장소를 활터로 옮긴 후에도 계속 상황을 관리·지휘할 수 있다.

임진왜란 발발 소식을 접한 조정이 군사를 소집했을 때, 그 수는 300명 정도였다. 한성에서도 난리가 터지기 전에 이러한 점고가 있었다면 소집된 군사의 수가 300명에 불과하지는 않았을 것이다.

3월 2일. 흐리고 바람이 불었다. 국기일(중종 장경(章敬)왕후 윤씨(尹氏)의 제삿날)이라 공무를 보지 않았다. 승군(僧軍) 100명이 돌을 주웠다.

3월 3일. 비. 저녁 내내 비가 왔다. 오늘은 명절(3월3진 날)이건만 비가 이렇게 와서 답청(踏靑)도 할 수 없었다. 조이립, 우후, 군관들과 함께 이야기하며 동헌에서 술을 나누어 마셨다.

3월 4일. 맑다. 아침에 조이립을 전송하고 객사 대청에 나가 공무를 마친 뒤 서문 밖 해자 구덩이와 성벽 더 쌓은 데를 순시하였다. 승군들의 돌 줍는 것이 성실치 못하므로 우두머리를 잡아다 매를 때렸다.
아산(어머님께)에 문안 갔던 나장(羅將)이 돌아왔다. 어머님이 평안하시다는 소식을 들으니 다행, 다행이다.

3월 5일. 맑다. 동헌에 나가 공무를 보았다. 군관들은 활을 쏘았다. 저녁에 서울에 갔던 진무가 돌아왔는데 좌의정(유성룡)이 〈증손전수방략〉(增損戰守方略: 전투력을 늘이고 줄이며 나아가 싸우는 것과 지키는 것에 대한 비결)이란 책자를 보내왔다. 그것을 본즉, 해전과 육전에서 불(화약무기 등)로 공격하는 전술 등에 관한 것을 낱낱이 말했는데, 참으로 만고에 기이한 전술이다.

이순신 같은 군사 전문가가 극찬을 한 것을 보면 〈증손전수방략(增損戰守方略)〉이란 책은 명나라의 최신 군서(軍書)인 듯하다. 이순신이 유성룡에게 구해 달라고 요청했을 수도 있는데, 아무튼 격물·치지의 자세이며, 화약무기를 활용한 전술 소프트웨어 개발사의 한 단면이다.

3월 6일. 맑다. 아침 먹은 뒤 나가 앉아 무기를 검열해 보니 칼, 갑옷, 투구, 전통, 환도 등도 깨지고 헐어서 볼품없이 된 것이 많으므로 아전과 궁장(활 만드는 기술자), 감고(監考: 검열관)들을 처벌하였다.

전날 유성룡으로부터 전해 받은 〈증손전수방략〉을 밤새 읽고 자극을 받았던 것 같다. 이튿날에는 하루 종일 재래식 무기와 장비들을 면밀히 검사했다.

3월 12일. 맑다. 식후에 배 위로 나가서 경강(京江)의 배를 점고하고, 배를 타고 소포(召浦: 여수시 동쪽)로 나가다가 때마침 동풍이 몹시 불고 또 격군도 없어서 다시 돌아와 곧장 동헌으로 와서 공무를 보고 활 10순을 쏘았다.

본영 주변의 초소와 기지들을 점검했다.

3월 13일. 아침에는 흐렸다. 순찰사에게서 편지가 왔다.

3월 14일. 종일 큰 비가 왔다. 이른 아침 순찰사를 만날 일로 순천으로 갔다(전라감사 겸 순찰사 이광이 현지 순시 겸 봄나들이 차 전주 감영에서 순천까지 내려왔다). 비가 몹시 쏟아져 길을 분간할 수 없었다. 간신히 선생원에 이르러 말에게 먹이를 먹이고 해농창평(海農倉坪: 승주군 해룡면)에 이르니 길에 물이 석 자나 고여서 겨우 고을에 도착했다. 저녁에 순찰사와 만나 막혔던 정회를 이야기하였다.

이광은 이순신과 같은 덕수 이씨 종친이다. 이순신은 이광의 추천으로 45세 때(1589) 전라도 조방장을 지냈으며, 전라좌수사로 부임한 후에도 이광과는 매우 협조적이었다. 이들은 평소 전쟁 대비를 위해 많은 논의를 가졌으며, 이 같은 점은 타도에서는 쉽게 찾아볼 수 없는 현상이었다.

두 사람 간의 의논은 왜란 초에 반격작전을 펼치는 데 큰 힘이 되었다. 이광은 그 후 용인전투에서 임금을 호위할 군사(勤王軍)를 지휘한 책임자로서 패했기 때문에 귀양을 갔고, 그 후 평생을 초야에 묻혀 살았다.

이광은 문신(文臣)이었다. 때문에 전란을 앞둔 시점에서 그에 대한 조정의 인사는 '문신에게 근왕군 5만 명의 군사령관직을 맡긴 격' 이었으므로 잘못된 것이다. 이에 대한 책임은 무신(武臣)이 할 일을 문신에게 맡긴 당시의 시대 상황에 있다고 할 것이다.

3월 15일. 흐린 채 가랑비가 오더니 저녁에야 개었다. 다락(층루) 위에 앉아서 군관들을 시켜 편을 갈라 활을 쏘게 하였다.

3월 16일. 맑다. 순천원(權俊)이 환선정(喚仙亭)에 술자리를 베풀었다. 또 겸하여 활도 쏘았다.

3월 17일. 맑다. 새벽에 순찰사에게 작별을 고하고 선생원(先生院)에 이르러 말에게 먹이를 먹인 후 본영으로 돌아왔다.

3월 20일. 비가 크게 쏟아졌다. 늦게야 동헌에 나가 공무를 보고, 각 관방의 회계를 밝혔다. 순천 관내를 수색 검토하는 일 (병역을 기피하기 위하여 숨어 있는 병역 의무자를 색출하고 호구조사를 하는 것)이 제 기한에 미치지 못했기로 대장(代將: 순천부사 권준을 보좌하는 장수인 듯)과 색리(아전)와 도훈도(都訓導: 훈련총책) 등에게 죄를 주었다.

사도첨사(金浣)가 만나기로 약속하는 공문을 보내왔는데, 수색 검사하는 일을 자기 혼자서 했다고 하며, 또 반나절 동안에 나로도(羅老島: 고흥군 봉래면 고흥반도 끝) 내외의 크고 작은 섬들을 다 조사하고 그 날로 돌아왔다고 하니, 너무 엉뚱한 거짓말이다. 그 사실을 조사하는 일로 흥양과 사도(蛇渡)에 공문을 보냈다. 몸이 몹시 불편하여 일찍 돌아왔다.

부사 권준이 육군 중위장으로 전출되어 간 후 그를 대리한 순천의 대장(代將)은 이순신 수사와 권준 부사가 평소 친분이 두텁다는 점을 고려해서 다소 마음을 느긋하게 가지고 있었던 듯하다. 그러나 막상 호구조사를 한 내용을 전라좌수영에 가서 보고하는 과정에서 지적을 받고 곤장을 맞은 것 같다.

사도 첨사(金浣)의 호구조사가 부실하게 진행되었음을 알고 이를 따지고 있다. 한성에서도 이순신처럼 호구조사를 철저히 했다면 동원령 때 겨우 노약자 300명만 나오지는 않았을 것이다.

3월 21일. 몸이 불편하여 아침 내내 누워 앓다가(공무에 지쳐 몸살을 앓은 듯) 늦게야 동헌에 나가 공무를 보았다.

3월 22일. 맑다. 성(城)의 북봉 밑에 도랑을 파내는 일로 우후와 군관 열 사람을 갈라 보냈다.

3월 23일. 아침에 흐리고 저녁에는 맑다. 식후에 동헌에서 공무를 보았다. 보성 고을에서 보내와야 할 판자를 아직도 납품해 오지 않기에 아전에게 다시 공문을 띄워 독촉하였다.
 순천에서 사환으로 올라온 소국진(蘇國進)에게 곤장 80을 때렸다. 순찰사가 편지를 보내어 하는 말이, "발포의 권관이 군사를 거느릴 만한 재목이 못 되기로 초치하겠다"고 하기에, 아직 갈지 말고 그대로 유임케 하여 방비에 종사케 해달라고 답장을 보냈다.

 전라감영에서는 발포의 권관(權管)이 자질에 문제가 있다고 판단하고 있었다. 그가 누구였는지는 이번에도 이름을 밝히지 않았고 그가 부임 인사차 다녀갔다는 기록도 없다. 이순신은 그대로 유임을 건의하면서 잘해 주기를 바랐다. 그러나 전라감영에서는 4월 18일자로 파직시켰고, 대신에 나대용이 발포 가장(假將)으로 파견되었다.
 〈옥포파왜병장〉과 〈당포파왜병장〉을 보면, 나대용이 발포 가장으로 참전한다. 〈견내량파왜병장〉에 가서 '유격장 발포만호 황정록은 층루선 1척을 깨뜨리고…' 라는 기록이 있는 것으로 보아, 이 무렵에는 황정록이 발포만호로 부임해 와서 발포진이 정상화된 듯하다.
 소급해서 정리해 보면, 발포만호의 자리가 공석이 될 때부터 본영의 군관이 파견되어 군영 經·營을 했는데(직할 經·營 체제), 그러는 중에 신임 만호가 2월 7일 부임했다. 그러나 전라감영에서는 신임 만호가 군사를 거느릴 만한 재목이 못된다고 판단, 그를 갈아치우겠다는 공문을 3월 23일자로 보내왔다.

 3월 24일. 국기일(세종대왕의 제삿날)이어서 공무를 보지 않았다. 우후가 수색(호구조사)하고 무사히 돌아왔다.
 순찰사와 도사(都事: 전라감영의 사무국장 격)의 답장을 군관 송희립이 함께 가지고 왔는데, 순찰사의 편지 가운데는 "영남관찰사(金睟)의 공문에서 말하기를, 도주(島主: 대마도주)가 보낸 공문에는 '진작 배 1척을 내보냈는데 만일 귀국에 도달하지 않았다면 반드시 바람에 깨어졌을 것이다'고 했다는 것이다. 그 말이 극히 음흉하였다. (대마도는) 동래에서 서로 바라보는 바다여서 그럴 리가 만무한데도 말을 이렇게 꾸며대니, 그 간사함을 헤아리기 어렵다"고 하였다.

경상감사 김수도 왜란에 대비해 나름대로 해상경계에 신경을 쓰고 있었음을 짐작할 수 있다.

아무튼 작은 배 1척이 실종된 사건이 전라감사에게까지 전달되고, 이 소식은 다시 전라좌수사에게까지 하달되는 행정의 짜임새를 엿볼 수 있다. 그런데 정작 전쟁이 터지자 부산 지역 부대들에서의 대비는 왜 그토록 허술했던 것일까? 김수도 이광과 같은 문신이다. 군사학의 이치를 알지 못했기에 전쟁 준비를 착실히 하지 못한 채 공문서만 주고받았던 것은 아닐까? 그렇다면 '시문놀이식 공문 주고받기'에 불과하다.

3월 25일. 맑으나 큰 바람이 불었다. 동헌에 나가 공무를 마친 후 활 열 순을 쏘았다. 경상병마사(조대곤)가 평산포에 도착하지 않고 바로 남해고을로 갔다고 한다. 나는 서로 만나보지 못한 것이 유감스럽다는 뜻의 답장을 보냈다. 새로 쌓은 성을 돌아가며 살펴보니 남쪽이 아홉 발 쯤이나 허물어져 있었다.

평산포는 여수와 지척의 거리에 있었고 첩입군(疊入軍: 접경지역으로 경상·전라도의 공동 작전관할 지역) 지역이었다. 그래서 이순신은 조대곤(曹大坤)을 만나 화약무기, 병선과 병력의 동원, 합동작전 등에 대한 사안들을 깊이 논의하고 싶어했다. 이순신은 그렇게 되지 못한 것을 '유감스럽다'고 표현했다.

3월 26일. 맑다. 우후와 송희립 군관이 남해로 갔다. 늦게 동헌에 나가 공무를 마친 후에 활 열다섯 순을 쏘았다.

경상병마사와 만나 의논하고 싶었지만 그렇게 하지 못했기 때문에 우후(虞侯)와 직속 군관을 보내서 대신 의논하게 했다. 조대곤 병마사가 우후와 송희립의 말에 얼마나 귀를 기울였을까? 조대곤은 왜란이 터지자 무능함을 드러냈고 결국 파직된다.

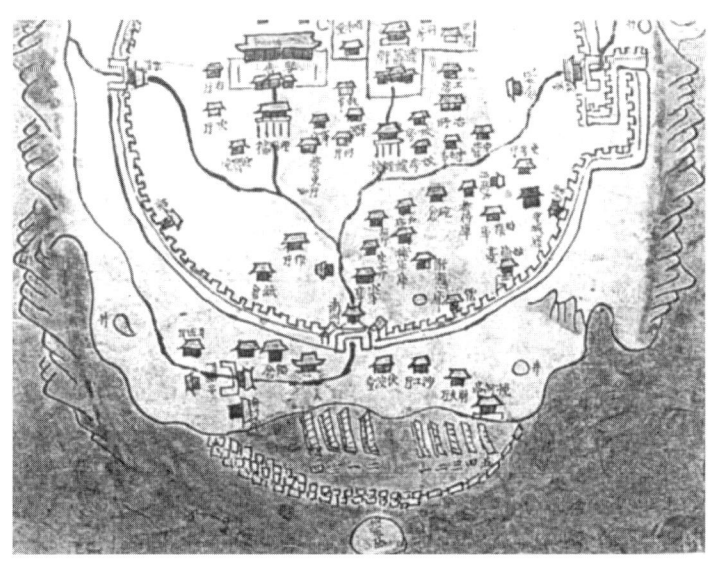

좌수영도. 왼쪽에 있는 방파제는 고정된 시설로 보이며, 오른쪽의 방파제는 판자와 쇠사슬, 그리고 석재 등으로 만든 이동식 방파제로서 5관 5진의 병선들이 집결했을 때면 넓게 펴지지 않았을까.

3월 27일. 맑고 바람조차 없었다. 아침을 일찍 먹은 뒤 배를 타고 소포(召浦: 여수 동쪽에 위치한 포구)로 가서 쇠사슬 걸어 매는 것을 감독하며 종일토록 기둥나무 세우는 것을 보았다. 그리고 거북선에서 대포 쏘는 것을 시험했다(대포 사격에 대한 격물·치지).

좌수영도(전라좌수영 옛 지도)에서 포구의 방파제 우측의 것은 뗏목형으로 보이는데, 각 기지 병선들이 모이면 더욱 넓게 둘러칠 수 있는 이동식 방파제가 아니었을까 추측된다. 이 같은 이동식 방파제를 만드는 데에 쇠사슬과 구멍을 뚫은 큰 돌이 필요했던 것 같다.

방파제는 장군도(將軍島) 가까이까지 이르고 있었기 때문에 오늘날에 와서도 그 크기를 짐작해 볼 수 있다.

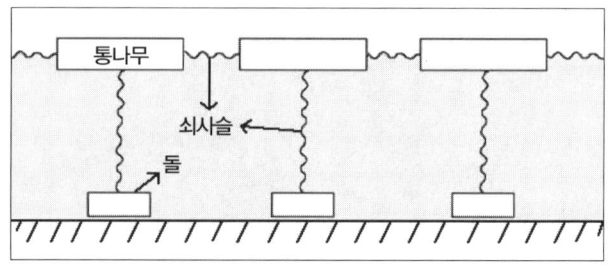

이동식 방파제의 상상도

3월 28일. 맑다. 동헌에서 공무를 보았다. 활 10순(巡: 巡이라 함은 한 바퀴란 뜻이다. 각 사람이 화살 5대씩 쏘기를 마치면 그것을 '한 바퀴(一巡)' 라 한다)을 쏘았는데, 5순은 모조리 맞고(1순은 5발이므로 25발이 모두 명중했다), 2순은 4번 맞고(8발 명중), 3순은 3번(9발) 맞았다.

따라서 5×5=25, 4×2=8, 3×3=9로 총 50발 중 42발을 명중시

켰으므로 이순신의 활솜씨는 84% 대의 명중률이다. 이순신 수사가 활을 쏘게 되면 다른 군관들과 관리들도 나와서 함께 쏘았고, 각자 결과를 기록해 가면서 궁도(弓道)와 인품을 연마해 갔다.

4월 1일. 흐리다. 새벽에 망궐례를 행하였다. 공무를 본 뒤에 활 15순을 쏘았다. 별조방(別助防)을 점고했다.

4월 2일. 맑다. 식후에 몸이 몹시 불편하더니 차츰 더 아파 종일토록, 또 밤새도록 신음하였다.

과로로 인해 몸살이 난 듯하다. 몸살이 날 만도 했다.

4월 3일. 맑다. 기운이 어지럽고 밤새도록 끙끙 앓았다.

4월 4일. 맑다. 아침엔 통증이 좀 가라앉기 시작한 것 같다.

4월 5일. 맑더니 늦게는 비가 조금 왔다. 동헌에 나가 공무를 보았다.

4월 6일. 맑다. 진해루에 나가 공무를 본 뒤 군관들에게 활을 쏘게 하였다. 떠나갈 여필(汝弼)을 위해 전별연을 베풀어 주었다.

아우와의 이별을 아쉬워하며 전별연을 베풀어 주고 석별의 정을 나누었다.

4월 7일. 국기일(중종 문정(文定)왕후 윤씨의 제삿날)이어서 공무를 보지 않았다. 오전 10시경에 비변사에서 비밀공문이 왔는데, 영남관찰사(金睟)와 우병마사의 장계에 의거한 공문이었다.

대마도주 종의지(宗義智)가 보낸 '실종된 배 1척 사건'과 관련된 것인 듯하다.

4월 8일. 흐리되 비는 오지 않았다. 아침에 어머님께 보내는 물건을 봉했다. 늦게 여필이 떠나가고 홀로 객창에 앉았노라니 온갖 회포가 끝이 없다.

아우가 떠나가자 마음이 몹시 허전했다. 여필 아우는 그 후 병사(病死)했는지, 이순신이 훗날 백의종군 길에 아산 집에 들렀을 때 마중나온 사람들 명단에도 들어 있지 않았다. 모친상 때에도 여필은 없었다.

4월 9일. 아침에 흐리더니 늦게는 맑아졌다. 동헌에 나가 공무를 보았다. 방응원(方應元)이 도방(到防)에 대한 공문서를 작성해 보냈다. 군관들이 활을 쏘았다. 광양 현감이 수색 검토의 일로 배를 타고 왔다가 어두워서 돌아갔다.

4월 10일. 맑다. 식후에 동헌에 나가 공무를 보았다. 활 10순을 쏘았다.

4월 11일. 순찰사(전라감사 李洸)의 편지와 별록(別錄: 거북선 관계를 설명하는 목록인 듯)을 전라감영의 군관 남한(南僩)이 가져왔다. 이날 비로소 돛(帆布)을 만들었다.

다음날 진수식을 올릴 거북선의 돛인 것으로 보인다.

4월 12일. 맑다. 식후에 배를 타고 거북선에서 현자·지자 대포를 쏘아보았다. 전라감영 군관 남공(南公: 南側)도 살펴보고 갔다(남한은 거북선의 시운전 상황을 격물·치지의 자세로 보고 갔다). 정오에 동헌으로 옮겨 앉아 활 10순을 쏘았다. 관아로 나가며 노대석(路臺石: 돌계단)을 살펴보았다.

4월 13일. 맑다. 동헌에서 공무를 본 후 활 15순을 쏘았다.

이날 오후 4시경, 왜군의 선봉대가 부산포에 도착했다. 나라의 상황은 급박하게 돌아가고 있었다.

4월 14일. 맑다. 동헌에서 공무를 본 후 활 열 순을 쏘았다.

4월 15일. 맑다. 국기일(성종 왕후의 제삿날)이어서 공무를 보지 않았다. 순찰사에게 보내는 답장과 공문(거북선 관계를 적은 별도의 보고서인 듯)을 적어서 즉시 역졸을 시켜 달려 보냈다(일반적인 공무는 휴무였으나 거북선 관계 보고는 사안이 급했다).
해질 무렵에 영남우수사(元均)의 통첩이 전해졌는데, '왜선 90여 척이 부산 앞 절영도(影島)에 닿았다'고 하였다. 같은 시각에 또 수사(원균)의 공문이 왔는데, '왜선 350여 척이 부산포 건너편에 와 닿았다고 한다'고 하였다. 즉시 장계를 띄우고 순찰사, 병마사, 우수사(李億祺)에게도 공문을 보냈다. 영남관찰사(金晬)의 공문도 왔는데 역시 같은 사연이었다.

드디어 올 것이 오고야 말았다. 도처에서 파발이 달려왔고, 비상 소집으로 모여드는 군사들의 얼굴빛은 사색에 가까웠다.

4월 16일. 오후 10시 경에 영남우수사(元均)의 공문이 왔는데, 큰 부산진이 벌써 함락되었다고 한다. 분하고 원통함을 이길 길 없었다. 즉시 장계를 띄우고 3도에도 공문을 보냈다.

4월 17일. 날이 궂고 비가 오더니 늦게는 맑아졌다. 영남우병사(金誠一)가 공문을 보냈는데 '왜적이 부산을 함락시킨 뒤에 그냥 눌러 앉아 있고 물러가려 하지 않는다' 고 하였다. 늦게 활 5순을 쏘았다. 잉번수군(仍番水軍: 고정배치군)과 분부수군(奔赴水軍: 도우러 다니는 군)들을 연달아 방비처로 오게 했다.

각 군대가 평소 훈련받은 대로 배정된 방어처로 집결되고 있다. 활을 쏘았다고 했는데, 이순신 혼자서가 아니라 좌수영 수뇌진과 함께 했을 것이다. 모두들 전의를 불태우면서 달려오는 전령들의 정보도 분석했을 것이고, 수뇌진들은 각기 자리를 지키면서 군영 經·營과 일반 經·營을 확고히 하였다.

4월 18일. 아침엔 흐렸다. 이른 아침 동헌에 나가 공무를 보았다. 순찰사(李洸)의 공문이 왔는데 '발포권관은 이미 파직되어 갔으니 가장(假將)을 곧 정해 보내라' 고 하기에 나대용을 이 날로 정해 보냈다.
오후 2시경에 영남우수사의 공문이 왔는데 '동래도 함락되었고 양산(趙英珪)·울산(李彦諴) 두 군수도 조방장으로서 입성했다가 모두 패했다'고 하였다. 통분함을 이루 다 말할 수 없었다. 병사(경상좌병사 李珏)와 수사(경상좌수사 朴泓)들이 군사를 이끌고 동래 뒤쪽까지 이르렀다가 곧바로 회군하였다고 하니 더욱 원통하다.

저녁에 순천 군사를 거느린 병방(兵房)이 석보창(石堡倉: 여천군 쌍봉면 봉계리 석창)에 머물러 있으면서 군사들을 거느리고 오지 않으므로 붙잡아 가두었다.

발포 권관이 파직되고 나대용이 가장(假將)으로 갔다.

동래성마저 허무하게 무너졌다. 4월 15일에 있은 동래성 함락 소식이 이렇게 빨리 도달한 것은 공문을 육로가 아닌 해로를 통해서 동남풍에 돛을 높이 세우고 달려왔기 때문이다. 양산군수와 울산군수도 200~300명 정도의 관아 상비군 일부를 이끌고 동래성으로 갔다. 하지만 병력 부족과 화약무기 부재로 무기력하게 물러갔다. 그러나 전라좌수영은 이런 상황에서도 여전히 군율이 엄격하게 지켜지고 있다.

4월 19일. 맑다. 품방(品防)에 해자를 파고 쇠사슬 구멍을 뚫는 일로 군관을 정해 보내고 나도 일찍이 아침을 먹은 뒤에 동문 위로 올라가 품방 사역(使役)을 직접 독려하였다. 오후에는 상격대(上隔臺)를 순시하였다. 이날 분부군(奔赴軍) 700명이 사역 점고를 받았다.

'동문 위로 올라가 품방(品防)의 사역을 독려했다'고 하였는데, 본서 143면과 150면의 그림에서 동문(東門)을 보면, 품방은 성벽 밖으로 나온 한자 '品(품)' 자 모양의 돌출형 성벽이 아닌가 싶다. 다음은 수원 화성의 돌출형 성벽인데 옹기 항아리 모양을 닮았다고 해서 옹성(甕城)이라고 한다.

'상격대를 순시했다' 고 하였는데, 상격대는 일종의 포류(砲類)로 여겨진다.

4월 20일. 맑다. 동헌에 나가 공무를 보았다.
영남관찰사(金眸)의 공문에, '적의 세력이 강성하여 그 칼날 앞을 아무도 당해낼 수가 없으니, 저들은 승리한 기세를 타고 마구 달리는 모양이 마치 무인지경에 들어온 것 같다고 한다. 그래서 전선을 정비해 가지고 와서 후원해 줄 것을 조정에 장계로 요청했다' 고 하였다.

'마치 무인지경에 들어온 것 같다' 고 하였는데, 고니시, 가토, 구로다의 6만 군은 낙동강을 따라 북상했고, 조선군은 고작 수백 명 단위로 작은 성들을 지키고 있었기에 싸워 보지도 못하고 도망간 것이다.

4월 21일. 맑다. 성두군(城頭軍: 성 위의 궁수들)을 벌려 세울 일로 과녁터에 앉아서 명령을 내렸다. 오후에 순천부사(權俊)가 달려와서 약속을 듣고 갔다.

궁수들을 계속 소집했고 각자의 책임구역에 배치했다. 권준 부사는 이광 감사를 따라 육군의 중위장으로 참전하게 되었기 때문에 작별인사차 다녀갔다.

여수와 순천은 80리 거리다. 급박하게 돌아가는 상황에서 두 사람간의 만남은 마지막이 될 수도 있었기 때문에 권준은 80리 길을 달려왔다.

4월 22일. 새벽에 군관들을 탐망과 부정한 일들을 적발할 일로 내어보냈다. 배응록(裵應祿)은 절갑도(고흥군 금산면 거금도)로 갔고, 송일성(宋日成)은 금오도(돌산도 남쪽에 있는 섬)로 갔다. 그리고 이경복(李景福), 송한련(宋漢連), 김인문(金仁問) 등은 돌산도의 적대목(敵臺木) 실어내리는 일로 각각 군인 50명씩을 데리고 가게 하고 남은 군인들은 품방에서 사역시켰다.

도서지역에까지 군관들을 보내서 군영 經·營을 챙기고 있다.
4월 23일~4월 30일 기간에는 〈난중일기〉가 없다. 장계 초본에 그 기간의 기록을 보면 당초부터 쓰지 않았을 수도 있다.

5월 1일. 수군들이 일제히 본영 앞바다에 모였다. 이날 흐리고 비는 오지 않고 남풍만 몹시 불었다. 진해루에 앉아서 방답첨사(李純信), 흥양 현령(裵興立), 녹도 만호(鄭運)들을 불러들이니 모두 격분하며 제 한 몸은 잊어버리는지라, 과연 의사(義士)들이라 할 만하였다.

5월 2일. 맑다. 송한련이 남해로부터 돌아와서 말하기를 "남해현령(奇孝謹), 미조항 첨사(金勝龍), 상주포, 곡포, 평산포 만호(金軸)들이 왜적의 소문을 듣고는 벌써 도망해 버렸고 무기 등 온갖 물자도 죄다 흩어져버리고 남은 것이 없더라"고 하였다. 참으로 놀랄 일이다.

정오에 배를 타고 바다로 나가 진을 치고 여러 장수들과 함께 약속하니, 모두 즐거이 나갈 뜻을 품는데 낙안 군수(申浩)는 회피하려는 뜻을 가진 듯하여 한탄스러웠다. 그러나 군법이 있는데 설사 회피하려고 한들 될 일인가. 저녁에 방답의 첩입선(疊入船) 3척이 앞바다로 들어와 대었다. 그리고 군호(軍號: 현대적 용어로는 암구호라 함)를 '용호(龍虎)'라 하고 복병은 '산수(山水)'로 정했다.

이순신은 첩입군 지역인 남해도에 군관 송한련을 보내서 초토화 작전을 펴게 하려고 했지만 이미 초토화 되어 있었다.

낙안군수 신호는 출동에 반대하고 있었던 것 같다. 이미 "출동하라"는 어명이 내려와 있었고 전라군 총사령관인 이광 감사는 해군에게 "경상도로 출동하라"고 명령하면서 스스로는 6천 군을 이끌고 한성 구원에 나서고 있던 상황이다. 따라서 신호는 참수형을 받을 만큼 위험한 처지에 있었다.

그러나 옥포해전의 장계를 보면 신호가 으뜸 공을 세웠는데, 이순신이 그에게 특별한 관심을 가지고 설득해서 큰 공을 세우도록 배려했던 것 같다. 신호 장군은 그 후로도 많은 공을 세웠고, 정유재란 때 남원성 전투에서 최후를 맞는다.

잠시 견해가 달라서 문제가 일어날 뻔하였던 일을 이순신은 세심한 배려로 수습했다. 이 역시 이순신 經·營의 한 단면이다.

방답 소속의 첩입선들이 들어왔는데 이들은 작전 반경을 넓혀서 남해도 일대까지 수색하고 돌아온 것 같다. 또 다른 왜군들이 여수로 몰려오고 있을지도 모르는 상황이었기 때문이다.

5월 3일. 가랑비가 아침 내내 내렸다. 중위장(방답첨사 李純信)을 불러서 내일 새벽에 떠날 것을 약속하고 즉시 장계를 썼다. 이날 여도 수군 황옥천(黃玉千)이 자기 집으로 도망간 것을 잡아와서 목을 베어 군중에 높이 매달았다.

〈난중일기〉 2월 19일자를 보면, 황옥천은 여도 권관인데 왜란 소식을 듣고 자기 집으로 도망갔기에 급히 김인영을 후임으로 임명하여 황옥천을 잡아오게 해서 파직시켰다. 그래서 '권관이 아닌 수군 황옥천'이라고 기록했다. 그리고 수감해 두었다가 이날 목을 베었는데, 출동을 앞두고 군기를 다잡는 효과가 있었다.

5월 4일. 맑다. 새벽녘에 출발하여 바로 미조항 앞바다에 이르러 다시 약속하였다. 개이도(介伊島: 싸리섬)를 거쳐 평산포, 상주포, 미조항을 지나갔다.

남해도 앞을 돌아 소비포(所非浦)에서 밤을 지내고 새벽 일찍 기동해서 당포로 향했다.

제7부. 임진왜란은 부산에서 막을 수 있었다

임진왜란은 부산에서 막을 수 있었던 전쟁이다. 그러나 적의 상륙을 너무 쉽게 허용했고 성을 단 하루도 지켜내지 못했다.

왜 그랬을까?

'조선군이 분전했지만 왜군들이 월등한 무기와 많은 수의 병력으로 압도했기 때문에 부산을 시수히지 못했다'는 이야기기 정설처럼 전해져 오고 있다. 그렇지만 개전 초의 여러 전사 기록들을 분석해 보면 무엇이 문제였는지 명확히 조명해 낼 수 있다.

1. 왜란의 징후와 대응

왜란의 징후는 전란이 터지기 몇 년 전부터 감지되고 있었다. 대마도주는 히데요시의 국서를 세 차례에 걸쳐 조선 조정에 전달했고, "히데요시는 반드시 조선을 칠 것이다!"라고 공공연하게 떠들고 다녔다.

명 나라도 왜란의 가능성을 예견했으며, 조선 조정은 왜란에 대비 각 도의 관찰사와 병마사, 수사들을 새로 임명했다.

전라감사 이광, 경상감사 김수, 전라좌수사 이순신, 전라우수사 이억기, 경상우수사 원균, 부산성 첨절도사 정발(鄭撥) 등은 조정이 적임자라고 판단해서 급파한 인물들이다.

그러나 개전 이틀 동안의 전사(戰史)를 살펴보면, 조선의 수륙군은 적의 상륙을 저지하기 위해 단 한 차례의 대응도 하지 않았다.

상륙전은 어느 시대를 막론하고 공격군에게는 부담스럽고 위험한 작전이다. 당시 왜군들에게도 예외가 아니었다. 그럼에도 불구하고 조선군은 왜군의 상륙을 너무 쉽게 허용했고, 그 결과 8도 360여 관청의 군영 經·營과 행정 經·營이 도미노 현상으로 무너지는 결과를 자초했다.

군사학의 이치를 모르는 조정의 문신들은 그렇다 치더라도, 유비무환으로 대비해야 할 최일선의 군 관계 지휘관들에 대한 기록에도 그들이 이 분야에 대해 어떻게 준비했었다는 기록을 찾아보기 어렵다.

부산 지역의 장수들과는 대조적으로 이순신은 전란에 대비해 왔는데, 〈난중일기〉를 통해서 다른 지역에서는 어떤 문제 때문에 전란의 화를 자초했는지를 유추해 낼 수 있다.

진관제(鎭管制)의 복원을 건의한 유성룡

〈징비록〉을 통해 당시 군사제도상의 문제점에 대해 살펴보자.

「이때 왜적이 쳐들어온다는 소리가 날로 심하게 전해지자 임금께서는 비변사에 명하여 장수감이 될 만한 사람을 추천하라고 하였다. 나는 이순신을 추천하여 정읍 현감으로부터 수사로 뛰어 임명되니, 사람들은 그의 갑작스런 승진에 의심의 눈길을 보내기도 했다.

당시 조정에 있던 무장 가운데서는 오직 신립(申砬)과 이일(李鎰)이 가장 유명하였다. 경상우병사 조대곤(曹大坤)은 나이도 늙고 용맹도 없었으므로 여러 사람들은 그가 군사의 전권을 감당하지 못할 것이라고 염려하였다. 나(유성룡)는 경연(經筵)에서 임금에게 아뢰어 이일과 조대곤의 자리를 서로 바꿀 것을 청하니, 병조판서 홍여순(洪汝淳)이 반대하면서 말하기를 "명장(名將)은 마땅히 서울에 남아 있어야 합니다. 이일을 지방으로 보내서는 안 됩니다"고 하였다.」   －〈징비록〉－

군사학의 이치를 모르는 문신들은 순서를 뛰어넘은 이순신의 승진을 의아하게 여겼다. 홍여순은 '명장은 서울에 남아 있어야 한다'고 하면서 이일을 지방으로 보내는 것을 반대했다.

「나는 다시 주장했다. "군사를 준비하여 적을 막는 일은 더욱 갑자기 할 수 없는 일입니다. 일단 변란이 일어나면 어차피 이 일을 파견하지 않을 수 없을 것입니다. 이왕 보낼 바에는 차라리 하루라도 일찍 보내어 미리 군사를 정비하고 변고를 대비하게 하는 것이 좋을 것입니다. 그렇지 않고 갑작스럽게 다른 고을에 있던 장수를 급히 내려 보낸다면 그 도(道)의 형세를 알지 못할 것이고, 또 그 군사들의 용감함과 비겁함도 알지 못할 것입니다. 이는 병가(兵家)에서 피하는 일인바, 이렇게 하다가는 후에 반드시 후회하게 될 것입니다."

그러나 임금께서는 아무런 대답도 하지 않으셨다.」

-〈징비록〉-

선조도 유성룡의 조언을 받아들이지 않았다. 유성룡이 우려한 대로, 신립의 군사들은 병졸에서부터 장수에 이르기까지 모두 오합지졸의 집단이었고, 그래서 허무하게 패전하고 말았다.

「나는 또 비변사에 나와서 여러 사람들과 의논하여 조종(祖宗) 때에 마련한 진관(鎭管)의 법(法)을 시행하자고 제청하였다. 그 내용은 대략 이러하였다.

"우리나라의 건국 초기에는 각 도의 병력은 모두 진관에 각각 소속되어 있어 변란이 생기면 진관에서는 산하 고을들을 통솔하고 차례차례 정비하여 주장(主將)의 지휘를 기다렸습니다. 경상도를 예로 들면 김해·대구·상주·경주·안동·진주가 곧 여섯 진관으로 되어 있어서 설령 적의 공격을 받아 한 진(鎭)이 패하여 무너진다고 하더라도 다른 진이 굳게 지킴으로써 한꺼번에 다 무너지는 폐단을 방지했던 것입니다.

지난 을묘년(1555년)에 왜변이 있은 뒤에 김수문(金秀文)이 전라도에서 군의 편제를 새로 고쳐서 처음으로 분군법(分軍法)을 도입하였습니다. 도내의 여러 고을에 소속된 군사들을 순변사·조방장·도원수 및 본도의 병사·수사에게 나누어 소속시키면서 이를 '제승방략(制勝方略)'이라고 하였는데, 여러 도에서도 모두 이를 본받아 군사를 정비하였던 것입니다.

그래서 지금은 진관(鎭管)이란 말만 남아 있을 뿐이고 실제로는 서로 연락조차 잘 이루어지고 있지 않습니다. 그래서 만약 일단 급한 일이 벌어진다면 반드시 멀고 가까운 곳의 군사들이 한꺼번에 움직이게 되므로 군사들이 들판에 모여서 지휘관이 오기를 기다리게 되는 실정입니다. 그러나 장수는 제때 오지 않고 적의 공격이라도 받게 된다면 군사들은 놀라 흩어지고 결국 패하게 됩니다.

대중이 한번 무너지면(개인 經·營, 가문 經·營, 향리 經·營, 농업 經·營, 어업 經·營, 상공인 經·營 등이 무너지면) 다시 수습하기가 어려운 것인데, 이렇게 된 후에는 비록 장수가 오더라도 누구와 함께 싸움을 하겠습니까? 그러므로 바라건대 조종(祖宗) 때 마련한 진관제도를 다시 정비하여 시행하는 것이 좋을 것 같습니다. 이렇게 한다면 평상시에 훈련하기 쉽고 사변이 있을 때에는 순조롭게 군사를 모을 수 있을 것이며, 또 전후로 서로 호응하게 되고 안팎이 서로 의지하게 되어 갑자기 무너져서 어찌할 수 없는 지경에까지는 이르지 않을 것이니, 사변에 대처하는 데 편리할 것입니다."

이런 내용으로 각 도에 지시가 내려갔더니, 경상감사 김수(金睟)가 "제승방략은 이미 오래 전부터 써왔기 때문에 지금에 와서 갑자기 변경할 수 없습니다"고 하였으므로 결국 나의 주장은 폐기되고 말았다.」
　　　　　　　　　　　　　　　　　　　　-〈징비록〉-

당시 이일과 신립은 서울에서 한성판윤 등 한가한 행정직을 맡아 병졸 한 두 명을 거느리고 있었다. 이들을 이렇게 초라하게 대우했던 것은 무장들의 세력 확대를 견제하고자 하는 목적도 있었다. 무장에 대한 푸대접은 조선조 중기에 와서 특히 심화되었고 결과적으로는 임진·정유·정묘·병자호란의 화를 초래하게 된다.

조정에서는 왜적이 쳐들어오면 그들에게 군사를 주어 방어전을 펴게 한다는 전략적 개념을 가지고 있었다. 유성룡은 이러한 개념을 바꾸어 조대곤 대신에 이일을 경상우병사로 삼고 나아가서 진관제도를 회복하자고 건의했다. 그러나 현지에서는 김수 등이 반대를 했고, 선조도 이를 받아들이지 않았다. 김수 감사는 제승방략이라도 제대로 실천될 수 있도록 힘을 썼어야 했다. 하지만 그렇게 하지 않았고 그 결과 왜란이 일어나자 경상도의 여러 고을들은 서로 잘 연결되지 않아 뿔뿔이 점령되고 말았다.

아래는 오인환 저 〈조선왕조에서 배우는 위기관리의 리더쉽〉에서 인용한 것이다.

「원래 조선의 방어전략은 태조·세종 때에 시작되어 세조 때 본궤도에 오른 진관체제(鎭管體制)였다.

도의 감영에 주진(主鎭)을 두고 주요 읍성에 거진(巨鎭)을 두며, 그 밑에 제진(諸鎭)을 두어 유사시에 주진이나 거진의 무장이 작전을 지휘하는 자전자수(自戰自守)의 지역방어 개념이었다. 북방 여진족의 침략이 잦자 이에 대비한다는 것이 당초의 취지였다. 당시 함경도에는 여진족과의 생존경쟁이 바로 전투였기 때문에 싸우는 것이 생활화되어 있는 토병(土兵: 지방 병사)의 전투력이 매우 강해 이 체제의 운영이 가능했다.

그런데 왜구의 노략질에 대비하여 일반 농어민 위주의 경상도, 전라도, 충청도 등 하삼도(下三道) 지방에 이 진관체제를 확대하면서 문제가 생겼다. 농민군은 전투력이 약해서 왜구의 병력이 많으면 무너지기 일쑤이고, 한 진(鎭)이 무너지면 같은 규모의 진들이 잇달아 유린되어 피해가 가중되고 있었다. 왜구가 도처에 출몰해 진관체제가 탄력성 있게 대처하기가 어려웠다.

그래서 진관체제를 수정한 것이 제승방략(制勝方略) 체제였다. 전략 수정자는 상주에서 패전했던 이일(李鎰)이었다. 유사시 여러 곳의 병력을 일정 지역에 집결시키면 서울에서 무장을 내려 보내 지휘하게 한다는 것이다. 이것은 병력에 한계가 있는 지역방위의 약점을 극복하고 상대적으로 규모가 큰 병력을 동원할 수 있는 이점이 있었다.

그러나 제승방략은 실시해 보니 문제가 따랐다. 지휘관과 병사들이 분리되어 있는 것이 문제였다. 서로 모르는 사람들이 만나 하루아침에 생사를 같이 하는 전투를 하다 보니 호흡을 잘 맞추기가 어려웠다. 지휘관이 평소 병사를 직접 통솔하고 훈련을 시킬 수 있을 때 비로소 일사불란한 지휘체계를 세울 수 있는 것이다.

또 임진왜란을 통해 제승방략은 수백 명에서 수천 명 규모의 왜구를 토벌하는 데는 그런대로 효율적인 전략일지 모르나 수만 명 이상의 적침에는 무력한 것임이 드러났다.」

-〈조선왕조에서 배우는 위기관리의 리더쉽〉

'진관제 + 제승방략 + 첩입군제' 방식을 혼용한 이순신

1592년 3월 25일자 〈난중일기〉를 보면, 이순신은 경상감사 조대곤(曺大坤)이 여수항과는 지척인 남해도 평산포 근방까지 왔다가 자신을 만나지 않고 곧장 남해로 간 것을 서운해 하는 기록이 있다. 그래서 3월 26일 우후 이몽구 등을 남해까지 보냈는데, 전란에 대비하여 '첩입군 제도'를 활용, 정보를 교환하고자 했기 때문이다.

그러나 〈난중일기〉에서 조대곤에 대한 기록은 더 이상 볼 수 없는데, 조대곤 쪽에서 별 관심을 보이지 않았기 때문으로 보인다.

전쟁이 터지자 조대곤의 후임자인 김성일이 이순신에게 공문을 보내왔다. 공문을 보내온 것은 '제승방략', '진관제도', '첩입군제도' 등 어떤 제도에 근거한 것이었을 것이다. 그렇다면 조대곤은 그 이전에 이순신의 만나자는 제의에 응했어야 했다. 그랬다면 그가 내린 청야작전은 예방되었을 것이며, 원균 함대도 끼니 걱정을 하는 함대로 전락하지는 않았을 것이다.

더 나아가서 그가 관할하는 서부 경남(낙동강 이서 지역) 지역의 고을들도 화약무기를 상당한 수준으로 준비할 수 있지 않았을까? 앞에서 소개한 바 있는 다음의 장계는 이런 예상을 가능하게 해준다.

유황(硫黃)을 줍시사고 청하는 장계

「삼가 나누어 받고자 하는 일로 아뢰나이다.

본영과 각 포구에 있는 화약이 원래부터 넉넉하지 못한 것을 전선에 갈라 싣고 다섯 번이나 영남 바다로 출정하여 거의 다 쏘아버렸습니다.

더구나 본도 순찰사, 방어사(防禦使), 소모사(召募使), 소모관(召募官), 여러 의병장과 경상도 순찰사, 수사들의 요구가 많았으므로 남은 것이 심히 적은데, 옮겨 받을 데도 없고 또 보충할 길도 없어 백방으로 생각해 봐도 달리 방책이 없어서 형편에 따라 구워 썼는데, 신의 군관 훈련주부 이봉수(李鳳壽)가 그 묘법을 알아서 석 달 동안에 염초(焰硝) 1천 근을 구워내어 본영과 각 포구에 차례로 나누어주었으나, 석유황(石硫黃)만은 달리 나올 곳이 없으므로 감히 1백여 근쯤 내려 보내주실 것을 청하나이다.」　　　　　ㅡ〈청사유황장(請賜硫黃狀)(93. 1. 26.)〉ㅡ

'경상도 순찰사와 수사들의 요구도 많아서'라고 했다. 이순신이 제승방략이나 진관제도를 초월해서 화약의 확산을 위해 최선을 다했음을 알게 해준다. 아무튼 〈난중일기〉와 〈임진장초〉를 읽어보면 전라도의 수·륙군과 전라감영의 차원에서는 두 제도를 최대한 종합해서 활용했고, 그 중심에는 이순신이 있었다.

유성룡은 김수 경상감사가 진관제도로의 회복을 반대했다고 밝혀 두었다. 김수의 입장은 '경상도 쪽은 제승방략에만 의존하겠다'는 것인데, 말하자면 경상감사인 김수 자신이 Top Down(상명하달) 방식의 군사령관직을 계속 유지하겠다는 뜻이다.

진관제도 하에서라면 김해·대구·상주·경주·안동·진주 등이 전쟁 대비와 군령체계에서 자율성이 높아지므로 대비책이 다양화되었겠고, 그랬다면 경상도의 어떤 고을에서는 상당한 수준의 화약무기를 준비한 곳도 있었을 것이며, 개전 초의 전황은 상당히 달라질 수도 있었을 것이다.

2. 정발 장군의 명예회복 과정의 자초지종

부산성이 함락된 것은 4월 14일 오전. 접전 시간은 불과 3시간 정도였다. 때문에 '부산성이 함락되었다'는 소식을 접한 조정에서는 "정발(鄭撥)이 적과 내통한 것이 아닌가?" 하고 의심도 하고, 심지어 "정발이 왜장이 되었다!"는 소문까지 나돌았다.

그로부터 10여 년 후, 정발의 늙은 종이 "정발 장군은 용감히 싸우다 전사했다"고 증언하면서 정발에 대한 조정의 오해는 풀렸다. 그러나 오늘에 와서 이순신의 기록들을 해독해 보면 주성인 부산성이 그렇게 짧은 시간에 무너질 수밖에 없었던 것은 화약무기류에 대한 준비가 부실했기 때문으로 보인다.

부산성이 무너진 다음 날, 동래성도 2시간 만에 함락되었다.

부산성과 동래성은 조선이 자랑하는 거성들이다. 큰 성 두 개가 순식간에 무너지자 인근의 작은 성들은 저절로 무너졌다.

이순신은 이 사실을 '분하고 원통하다'고 표현했는데, 호미로 막을 수 있었던 일을 가래로도 막을 수 없게 된 것을 통분해 한 것이다. 결국 이 성들을 지켜내지 못한 결과 통한의 7년사가 시작되었다. 부산성과 동래성 전투에 대한 일본측 기록을 살펴보자.

「왜군의 종군 중이었던 천령이라는 사람은 서정일기(西征日記)에서 '묘시(5시~7시경)에 부산성을 포위하여 진시(7시~9시경)에 함락시켰는데 성안의 군사들은 모두 목을 바쳤다'고 하였고, 동래전투에 대해서도 '묘시에 부산을 떠나 진시에 동래성을 함락하여 같은 시각에 공략하니 머리가 3천여 개이고 포로가 5백여 명'이라고 하였다.

이 말대로 한다면, 부산성은 3시간 이내에, 동래성은 2시간 이내에 모두 함락되어버린 것이 되는데, 적의 공략이 상당히 단시간 안에 끝마쳐졌다는 것이다.」

-국방부전사편찬위원회 발행〈임진란전사〉

　이렇게 정리해 보면, 개전 초 패전의 책임은 외골수로 제승방략을 선호한 김수 감사에게도 돌아간다. 아래는 〈징비록〉에서다.

　「이날(4월 13일) 왜적의 배가 바다를 덮어 오는데, 배 머리와 꼬리가 서로 잇닿아서 대마도로부터 부산포에까지 이르게 되니 그 끝이 보이지 않았다. 마침 절영도(絕影島)로 사냥을 나갔던 부산 첨사 정발이 왜적의 침략을 보고받자 허겁지겁 성으로 돌아왔으나 왜적이 이미 육지로 올라와서 사방으로 모여드니 잠깐 사이에 성이 함락되고 말았다.
　경상좌병사 이각(李珏)은 이 소식을 듣고 병영(兵營)으로부터 동래성으로 들어왔는데, 부산성이 함락되자 이각은 겁을 내어 어찌할 줄 몰라 하며, 말로는 성 밖에 나가 있으면서 적을 견제하려 한다고 핑계대고는 성을 나와 소산역으로 물러가서 진을 쳤다. 그때 송상현은 자기와 함께 성을 지키자고 했으나, 이각은 그 뜻을 따르지 않고 도망가 버렸다.
　이튿날(4월 15일) 왜적이 동래성을 포위하니 동래 부사 송상현이 남쪽 성 문루에 올라 반나절을 버티며 지휘하던 노력도 헛되이 성은 함락되고 말았다. 왜적이 들어왔음에도 불구하고 송상현은 자리에 앉은 채 한 치도 움직이지 않고 싸움을 독려하였으나, 결국 성이 함락되어 왜적의 칼에 찔려 죽었다.
　동래가 무너지자 주변 고을들은 힘없이 무너지기 시작하였다. 동래에 머물고 있던 밀양 부사 박진(朴晉)은 급히 돌아가 작원(鵲院)의 좁은 길을 막고 방어하려고 했다. 그러나 양산을 함락시키고 작원으로 몰려온 적들은 길목을 지키고 있는 우리 군사를 피해 산 뒤쪽 높은 곳으로 올라갔다가 한꺼번에 밀고 내려왔다. 졸지에 기습을 당한 우리 군사들은 순식간에 흩어져 달아나고 말았다. 박진은 다시 밀양성으로 도망쳐 병기고와 창고를 불사른 다음 성을 버리고 달아났다.

순찰사 김수는 처음에 진주성에 있다가 왜변의 소식을 듣고 말을 달려 동래성으로 향하다가 중도에 이르러 적병이 이미 가까이 왔다는 말을 듣고는 더 앞으로 나아가지 못하고 말머리를 돌려 경상우도로 달려왔으나 어떻게 할 바를 알지 못하고 다만 여러 고을에 격문을 보내 백성들을 타일러 적을 피하라고만 하였다. 이로 말미암아 도내는 모두 텅 비어서 더욱 어찌할 수가 없게 되었다.」
―〈징비록〉―

김수 감사가 각 고을의 수령들에게 격문을 보내어 피난가라고 했기 때문에 남해도의 평산포·곡포 등도 텅 빈 고을이 되고 말았다.

「처음에 왜적들은 다대포·김해·밀양을 잇달아 함락시키고 거침없이 전진하였다.

왜적들은 세 길로 나누어 왔는데, 한 길은 성주의 무계에서 낙동강을 건너 선산·개녕·김산을 거쳐 충청도의 영동·청주로 나와서 경기지방을 향해 왔고, 한 길은 경상좌도를 거쳐 좌병영 울산과 경주를 함락시키고, 영천·신녕·의흥·군위·비안을 거쳐 용궁의 하풍진을 건너서 문경을 향해 왔으며, 한 길은 영산·창녕·현풍·대구·안동을 거쳐 상주를 향해 와서 좌로에서 끊어지지 않았으며, 총소리가 하늘을 진동시켰다.

4월 17일 이른 아침에 변경에서 들어오는 급보가 서울에 이르니 대신과 비변사의 여러 당상관들이 빈청에 모여 임금에게 뵙기를 청했으나 허락하지 않으므로, 글을 올려 주청하여 이일을 순변사로 삼아 중로(中路)로 내려 보내고….」 -〈징비록〉-

왜군의 부산포 도착은 4월 13일 오후이다. 즉시 봉화가 올랐다면 그날 저녁에는 한성 남산의 봉화대에도 봉홧불이 올랐을 것이다. 그런데 '4월 17일 이른 아침에 경보가 왔다'고 한 것을 보면 봉화대 조직도 잠을 자고 있었다.

군사학의 이치에 맹(盲)한 김수 감사

당시 왜군들은 김해 이상을 넘어오지 않았는데도 김수 감사가 격문을 보내서 피난을 떠나게 함으로써 남해안의 후방 기지들은 텅 비게 되었다. 이렇게 되자 반격을 위한 병력의 소집과 군수물자 조달이 불가능해졌고, 경상도 일대가 조기에 무너지게 되었다.

「영남우수사(원균)의 공문이 왔는데 '동래도 함락되었고 양산(趙英珪)·울산(李彦誠) 두 군수도 조방장으로서 입성했다가 모두 패했다'고 하였다. 통분함을 이루 다 말할 수 없었다. 병사(경상좌병사 李珏)와 수사(경상좌수사 朴泓)들이 군사를 이끌고 동래 뒤쪽에까지 이르렀다가 곧바로 회군하였다니 더욱 원통하다.」　　　　　　　　　　　-〈난중일기〉(1592. 4. 18.)-

부산성과 동래성이 너무 빨리 함락된 탓으로 구원차 달려온 부대들은 입성도 못 하고 되돌아갔다. 게다가 경상도 쪽 기지부대들이 왜적과의 접전을 피해 사분오열(四分五裂)되어 흩어졌다.

왜란을 예감했던 정발과 그 가족들

다음은 정발(鄭撥) 장군이 부산 성주(僉節度使)로 발령을 받고 가족과 헤어질 때의 모습을 기록한 자료이다.

> 「정발이 훈련부정(副正, 종3품)을 거쳐서 사복시로 있을 때 조정에서는 일본군에 대한 경비를 강화하기 위하여 그의 벼슬을 절충장군(折衝將軍: 정3품, 당상관)으로 올리고 부산 첨절도사(僉節度使)로 내려 보내게 되었다. 그는 임지로 출발하기에 앞서 그의 노모에게 아뢰기를 "생각하옵건대, 충효는 양전(兩全)할 수 없을 것 같습니다. 이제 이 소자는 왕가(王家)의 위급을 위하여 떠나려 하오니, 원하옵건대 어머님께서는 자애하시옵고 조금도 염려하지 마옵소서."라고 하였다.
> 노부인은 그 아들의 등을 어루만지면서 "네가 이미 나라에 바친 몸이 되었으니 어찌 사사로운 일을 돌아볼 수 있을 것이며, 네가 충신이 된다면야 내 어찌 한이 있겠느냐"고 하면서 눈물지었다. 그러자 그는 다시 옆에 있던 그의 부인을 향하여 말하기를 "늙으신 어머님을 잘 효양해 주시오." 하고 신신 당부하였다.」 ―〈우암 송시열(1607-1689) 문집〉―

정발은 왜란에 대비해 발탁되었고, 임지로 떠날 때에는 비장한 각오로 출발했다. 다음은 전쟁 발발 11일 전의 상황이다.

> 「그의 아들 혼은 이때 겨우 열네 살이었는데, 그의 아버지를 만나보려고 부산까지 내려갔다. 그러나 그의 아버지는 하루만

체류하게 한 다음 이별주를 나누고 곧 돌려보내려 하여 그에게 말했다. "국사가 위급하게 되었으니 너는 이곳에서 빨리 떠나거라. 만일에 더욱 지체한다면 돌아가는 도중에 벌써 병화(兵禍)를 입게 될 것이다."

그러자 혼이 대답하기를 "사세가 이러하다면 소자만이 어찌 떠날 수 있겠습니까"라고 하니, 그가 말하기를 "부자가 동시에 같이 죽은들(同死) 나라를 위하여 무슨 이익이 될 것이냐. 너는 이 길로 돌아가서 너의 조모님과 어머니를 효양토록 하라"고 하였으나, 혼은 울면서 계속 간청하였다.」

-〈우암 송시열 문집〉-

왜란에 대한 정발의 걱정이 매우 컸음을 알 수 있다. 그렇게까지 심각하게 생각했으면서 왜 성을 지켜내지 못했을까?

부산성의 정발과 동래성의 송상현이 향후 닥쳐올 전쟁을 그토록 두려워했다면 성곽도 높이고, 해자도 깊이 파고, 조선식 대포와 질려탄 등 투척용 화약무기들도 준비했어야 했다.(이순신 쪽은 이같은 준비를 했고 이를 기록해 둔 것이 〈난중일기〉와 장계이다).

만약 그렇게 했다면 적어도 10일 이상은 버틸 수 있었을 것이다. 3천의 병력으로 3만의 왜군을 물리친 진주대첩과 행주대첩이 이러한 사실을 단적으로 증명해 주고 있다.

흔히 우리는 16만의 왜군들이 한꺼번에 몰려온 것으로 알고 있다. 그러나 고니시의 선봉군 1만6천은 4월 13일, 가토의 1만8천 명은 4월 20일이 되어서야 부산에 상륙했다. 나머지 병력은 고니시와 가토군이 타고 온 수송선단이 되돌아가서 4월 말에서 5월 말까지 실어온 것이다.

그 무렵 스페인의 무적함대 병력이 1만3천 명, 무적함대와 싸운 영국 엘리자베스 여왕 함대의 병력은 9천 명 정도였다.

2차 대전 때 노르망디에 상륙한 연합군의 병력은 총 16만 5천 명이다. 이 병력을 수송하는 데는 약 5천 척의 군함이 동원되었다. 16만 명이 바다를 건너와서 상륙하는 것은 결코 쉬운 일이 아니다.

이순신이 4월 15일 원균 수사로부터 전해들은 왜선의 숫자는 500척이다. 이순신은 일찍부터 왜군 측에 대한 정보를 수집해 왔으며 왜선에 대해서도 잘 알고 있었다. 그래서 왜군 선봉부대의 병력은 많아야 5만 명 정도로 추산하고 있었다.

부산성과 동래성이 왜군들을 부산에 묶어 두었었다면 이일과 신립은 문경새재에 튼튼한 방어선을 구축할 수 있었을 것이다. 또 대구를 중심으로 또 다른 저지선을 확보할 수 있었을 것이며, 조정은 한성에 앉아 8도의 군병을 총동원할 수 있었을 것이다.

왜군들이 경상도 지역에 묶여 있는 동안 전라 좌·우수영 함대가 부산포에 정박해 있는 왜군 수송선단과 전투선단을 격파했다면(그 무렵은 아직 방파제가 빈약했을 것이므로 모조리 불태울 수 있었다) 임진왜란은 5월 중에 끝날 수 있었을 것이다.

그리고 이미 상륙한 왜군들은 조선 8도에서 동원한 병력으로도 충분히 제압할 수 있었을 것이며, 재차 상륙을 시도하는 왜군들은 조선 함대가 지키는 해상에서 차례로 섬멸되었을 것이다.

칭송받고 있는 정발 장군

정발이 전사한 것은 1592년이고, 송시열이 추모의 글을 쓴 것은

1668년이다. 이 추모의 글을 근거로 영조 때 그려진 것이 '부산성 순절도'이다. 그리고 이 순절도를 찬미한 것이 아래의 글이다.

「오호라, 임진지변(壬辰之變)에 부산첨사인 정충장공은 일편의 외로운 진(鎭)으로써 바다를 덮고 처음 쳐들어오는 왜적을 맞이하여 검은 옷을 입고 성에 오른 다음 충절로 왜적을 수없이 쏘아 죽였으므로 하루 사이에 왜적의 시체가 산과 같은 것이 무릇 세 곳이나 되었도다.

만약에 공(公)이 10일간만 더 시간을 가질 수 있었더라면 족히 왜의 군세를 막아서 남쪽 지방을 지켜냈을 것이며, 하늘은 우리의 팔도를 짓밟으려는 돼지를 막는 장사(長蛇) 구실을 그로써 할 수 있게 하였을 터인데, 공이 곧 그 다음 날 적탄에 맞았으매 이는 인력으로는 어찌 할 수 없었던 것이로다.

그림을 본다면 마땅히 천년토록 지사(志士)를 위하여 눈물짓도록 하는바, 희첩(姬妾)이 같은 날에 목숨 바친 것을 생각한다면 공이 평일부터 그 충용(忠勇)이 일가(一家: 정발의 가문)를 감동케 한 것을 알 수 있도다.

임진이 지난 지 오래 되었지만 어찌 나라 사정이 부진했던 그 당시의 왜적들을 잊을 수 있으며 이 땅을 그냥 내버려둘 수 있으랴. 공의 뒤를 이어서 성을 지키는 자는 모두 공의 충용으로써 스승을 삼고 지나간 날을 본받는다면 다시는 임진과 같이 되지는 않을 것이다. 이 충절도를 길이 전한다면 훗날의 증거가 아니 된다고 누가 말하겠는가. 잘 간수하여 뒷날 충용지사(忠勇之士)가 나오기를 기대하노라.」

'10일간만 더 시간을 가질 수 있었더라면'이라고 했는데, 정발 자신이 목책으로라도 성곽을 높이고 화약무기들을 준비해서 10일 이상 시간을 벌었어야 했다. 따라서 송시열의 글은 전혀 이치에 맞지 않는 말이다.

3. 해상방어를 외면한 박홍 경상좌수사

3월 24일자 〈난중일기〉에 기록된 경상감사 김수의 공문을 보면, 경상도에서도 엄격한 해안 감시를 하고 있었다. 그렇다면 박홍 경상좌수사도 해상경계를 철저히 했을까? 아니면 '말로만 때우는 철통같은 감시'였을까?

「불행하게도 좌수사 박홍(朴泓)은 겁이 나서 군사 한 명도 내보내지 않았으며, 우수사 원균은 조금 멀리 있다고 해도 소유하고 있는 병선이 많았고(경상우수영은 관할하고 있던 지역이 가장 넓었다. 때문에 보유 병선의 수도 가장 많았다), 또 적병이 1일 동안에 모두 온 것은 아니기 때문에 나가 싸워서 다행히 한 번이라도 막아냈다면 적은 반드시 뒤가 염려되어 육지 쪽으로 (쉽게) 들어오지 못했을 것이다.

그러나 한 번도 나아가 맞붙어 싸우지 않았다. 또 왜적이 상륙하자 좌병사 이각과 우병사 조대곤은 혹은 도망가고 혹은 교체되었기 때문에 왜적은 수백 리를 무인지경으로 달려 북상하였는데 어느 곳에서도 그 세(勢)를 늦추는 자가 없었으니 10일이 못 되어 상주에 이르렀고, 이일은 객장(客將: 평소 보직이 없어 거느린 병사가 없는 장수)이므로 군사가 없어서 서로 맞부딪침에 그 세를 당할 수가 없었으며, 신립도 충주에서 패함에 나라 일이 이로써 크게 어지러워졌으니, 오호 통제라….」 -〈징비록〉-

박홍 수사가 해안경계를 엄격히 하고 있었다면 판옥선 5척에 중간 배 10여 척은 경상좌수영에 상시 배치해 두고 있어야 했다. 이들 선단이 1차로 바다를 건너온 고니시의 선단 90척(선두 20척이 전투선, 나머지 70척이 수송선)을 화공으로 봉쇄했다면 고니시군은 쉽게 상륙하지 못했을 것이다. 또 수송선단을 호위했을 수십 척의 왜군 함대를 사정거리가 긴 화약무기로 견제했다면 왜군은 해상에서부터 큰 고비를 맞았을 것이다.

비록 옥포와 당포에서처럼 완승은 거두지 못했을지라도, 그러는 사이에 울산·기장·부산포·다대포·장림포 등지의 함대들을 집결시킬 수 있었을 것이므로 상당한 규모가 되었을 것이다.

왜군의 선봉 함대가 경상 좌·우수영 함대의 화공을 받았다면 많은 단위 함대들이 불타거나 대마도로 되돌아갔을 것이다. 혹 해상방어선을 뚫고 상륙했다손 치더라도 왜군의 전력은 크게 약화되어 부산성과 동래성에서는 이들을 충분히 막아낼 수 있었을 것이다. 해상에서 적의 상륙을 지연시키는 동안 인근의 조선 육군부대들이 성에 집결할 수 있었을 것이기 때문이다.

이러한 방어전략은 조선왕조 개국 이래 기본적인 전략이었고, 진관제도에서든 제승방략에서든, 이 같은 기본전략은 공통되었는데, 이순신은 이러한 기본전략을 지키지 않은 것을 통분해 했던 것이다.

왜군이 부산에 처음 상륙한 것은 4월 13일 오후 4시경. 500여 척의 왜선단은 그날 저녁 해상에 정박해 있었지만 조선군 쪽에서는 수륙군 어느 쪽도 야습을 시도하지 않았다.

왜군들은 대마도에서 10여 시간을 항해해 왔고, 항해 전후의 시간들을 감안하면 왜군들은 약 20시간을 바다와 육지에서 시달렸을 것이므로 모두 파김치가 되어 있었을 것이다. 때문에 야습을 했다면 정박해 있는 왜선단을 모두 불태웠을지도 모르는 일이다.

그러나 조선군은 그 기회를 놓쳤고, 심신이 지쳐 있던 왜군들이 푹 쉬고 이튿날 아침 쌩쌩한 힘으로 공격해 올 수 있도록 방치했다.

개전 초에 왜군들이 동원한 선박은 약 500척이다. 500여 척 가운데 100여 척만 불태웠어도 그 후의 전황은 많이 달라졌을 것이다.

다음은 1592년 4월 30일자 충무공의 장계이다. 침략군이 가장 취약한 때가 상륙할 시점인데 어째서 방치했느냐고 지적했다.

「지난날 부산·동래 연해안 여러 장수들이 만약 배와 노를 잘 정비하여 바다 가득히 진을 치고 있다가 왜적의 배들을 들이칠 위세를 보이면서 정세와 힘을 잘 살피고 헤아려서 적절히 병법대로 나아가고 물러남으로써 적들이 뭍으로 기어오르지 못하게 했더라면, 나라를 욕되게 하는 우환이 이렇게까지 되지는 않았을 것입니다.

생각이 이에 미치니 감개가 더욱 간절하여 원컨대 한번 죽을 작정을 하고 곧바로 왜적의 소굴을 짓이겨서 요망한 기운들을 쓸어버리고 나라의 부끄러움을 만분의 하나라도 씻고자 합니다.」 ―〈부원경상도장(赴援慶尙道狀)(二)〉(92. 4. 30.)―

그 무렵(1588년) 스페인 무적함대와 영국 함대 간의 해전에서 영국이 예상을 뒤집고 무적함대를 무찌를 수 있었던 것은 영국 함대가 스페인 함대의 상륙을 저지시켰기 때문이다. 영국은 이 해전에서의 승리로 '해가 지지 않는 대영제국의 시대'를 열었다.

제7부 임진왜란은 부산에서 막을 수 있었다   175

일본 교통박물관 소장의 옛 그림인데 '조선으로 향하는 가토 교마사의 군선'이다. 가토가 만약 그냥 뒤돌아가지 않았다면, 조선 수군의 화약무기 공격으로 군선이 장막과 짓발에 불이 붙어, 불에 타서 죽고 물에 잠겼을 것이다.

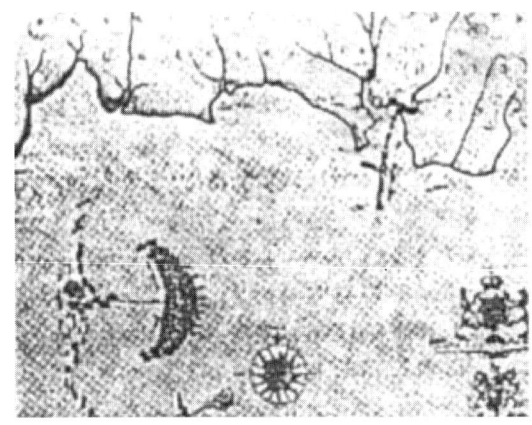

왼쪽이 영국 함대. 영국은 도바 해협에서 밤에 스페인 함대 뒤(서쪽)로 돌아가 함대를 학익진처럼 벌려 세우고 스페인 함대의 상륙을 저지하면서 편서풍과 조류를 이용하여 동쪽으로 밀어냈다.

동쪽으로 밀려난 스페인 함대는 영국 북단을 돌아서 귀항했는데, 이와 같은 항해 과정에서 동사자와 아사자가 속출했다. 그 결과 무적함대는 병력의 3분의 2를 잃고 패퇴했다.

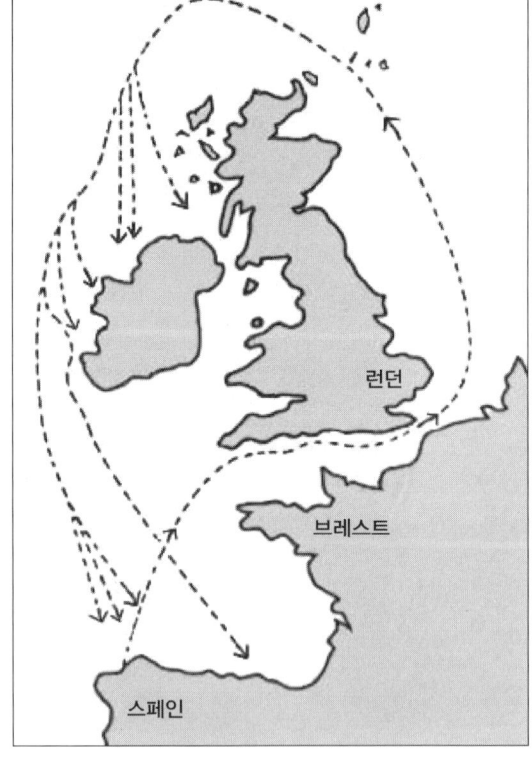

4. 經·營者로서 재조명하는 동래부사 송상현

　동래부사 송상현(宋象賢)은 단순한 문신도, 무장도, 초야에 묻혀 사는 선비도 아니었고, 왜란을 앞두고 군국 經·營者로 제수된 CEO였다.

　오늘날 전해지는 동래성 공방전에 대한 기록은 이렇다 할 것이 없다. 당사자인 송상현 부사도 죽었고 그 후 7년간은 왜군 치하에 있었기 때문에 관련 기록이 남아 있기도 어려웠을 것이다.

　하지만 그것보다도 2시간 만에 성이 무너졌고, 그마저도 지키는 군사가 없는 성문으로 왜적이 걸어 들어왔을 정도로 병력과 방비가 갖추어지지 않았던 상황이었기 때문에 특별히 기록해 둘 만한 것도 없었을 것이라는 점이 더 큰 이유가 아니었을까?

깨어진 가치관과 신뢰관계

「임금: "정발(鄭撥)과 송상현(宋象賢)은 정말로 죽었는가?"
　김수(金睟: 전 경상감사): 어떤 사람들은 정발과 송상현이 죽지 않았다고도 하지만 죽은 것이 틀림없습니다. 떠도는 말 가운데는 심지어 송상현이 적의 장수가 되었다고까지 하지만 전혀 그렇지 않습니다. 그가 포위당했을 때 홍윤관(洪允寬)이 성 밖으로 나가기를 권하자 상현은 말하기를 '지금 성을 나가더라도 이제 어디로 가겠느냐?' 라고 하고는 팔짱을 끼고 남문에 앉아 있었습니다. 적이 들어와서 그를 죽이고 곧 그의 머리를 잘라서 대마도로 보냈다고 합니다."」

-〈선조실록〉(1592. 11. 25.)-

송상현이 죽을 각오로 성을 지켰고 끝내 적에게 죽임을 당했다는 이유로 그는 오늘날까지 충신으로 칭송되어 왔다.

장수가 죽음을 무릅쓰고 전장을 지키는 것은 당연한 일이다. 그러나 장수에게는 죽음으로써 최후를 맞는 것보다 더 중요한 책임과 사명이 있다. 그것은 나라의 안위가 위태로움에 처해지지 않도록 사전에 대비해야 한다는 것이다.

수신(修身)과 제가(齊家)는 물론 치국(治國: 組織 經·營), 평천하(平天下: 국가사회의 안녕을 위한 經·營)를 위한 유비무환적 經·營 능력이 요구되는 것이다. 그런데 다음의 기록들을 보면 송상현은 이 같은 자질과 안목을 갖추지 못한 것 같다.

「이양녀는 송상현의 소실이었으며 같이 동래에 따라와 있었는데, 적의 침공을 알게 되니 송상현은 그를 강요하여 서울로 가게 하였다. 떠난 지 하루 만에 부산성이 이미 떨어졌다는 소문을 듣고 통곡하여 말하기를, "첩은 차라리 남편 있는 곳에서 같이 죽고 싶소." 하고는 곧 동래로 돌아오니 성이 이미 함락된 뒤인지라 가엾게도 노비 만개, 금춘과 같이 적에게 포로가 되어 바다를 건너가게 되었다.

본시 그의 용모는 그다지 아름답지는 못하였으나 젊고 정순하니 여러 적장들이 서로 범하고자 다투거늘 양녀는 한사코 이를 거절하였다. 그의 절개가 금석(金石)과 같이 굳은지라 후에는 도리어 찬탄하여 가로되, "이는 참으로 절부로다!" 하고 감히 무례한 짓을 하지 못하고 극진히 대접하였다.

그는 항상 남편 송상현의 오색비단으로 만든 갓끈을 몸에 지니고 있었는데 먼저 돌아오게 된 하녀 금춘에게 갓끈을 주면서 부탁하기를, "공의 부인이 만약 살아계시면 이것으로써 신표로 하라고 전해 다오." 하였다. 뒤에 그가 다시 환도하게 되어 목부인(木夫人)과 서로 만난 다음 같이 통곡하니 듣는 자들도 같이 슬퍼하였다.」   -〈재조번방지(再造藩邦志)〉-

대체로 내용이 사실적인데, 그럴 수밖에 없는 것은 당사자들이 전란 후 할머니가 될 때까지 살면서 전했기 때문이다.

이양녀가 피난을 떠난 다음날 부산성 함락 소식을 들었다고 하므로 그녀는 왜군이 부산포에 도착한 날 피난 간 것이다.

그 광경을 본 동래성 백성들은 심한 배신감과 절망감을 느꼈고, 뿔뿔이 성을 빠져나와 산속으로 숨었던 것은 아닐까.

조선시대에는 고을 수령과 지방 토호세력 간의 유착을 막기 위하여 타도 출신자들을 지방의 고위 관직에 봉했다. 경상도의 고위 관료들 역시 모두 타도에서 부임해 왔는데, 송상현과 이각처럼 이들이 난리가 났을 때 보여준 행동들은 백성들의 원성과 실망을 사기에 충분한 것이었다.

신여노의 충성스런 죽음(忠死)

「신여노는 송상현의 종으로서 한성에서 동래에 따라와 있었다. 적이 침공한다는 소문을 들은 송상현은 여노에게 노모가 있는 것을 알고 혹시 적에게 피살될까 염려하여 그를 집에 돌려보냈는데, 여노는 집에 가는 도중에 부산이 함락된 것을 알게 되어 사람들에게 말하기를 "내가 송공(宋公)의 후원을 받았거늘 이제 난리를 당하여 어찌 감히 죽음을 피할 수 있겠는가!" 하고 드디어 동래로 돌아와서 주인 송상현과 같이 싸워 같이 죽었다.」
-〈재조번방지(再造藩邦志)〉-

신여노가 죽게 되면 신여노가 그의 노모에게 불효를 범하게 될 것을 염려했기에 송상현이 피난을 보냈다는 내용이다. 이 소문을 들었을 동래성의 백성들은 어떤 심경이었을까?

송상현은 자기 집 일이라면 종의 효심까지 챙겨주면서도 동래 백성들의 효심은 아랑곳하지 않았던 것이 되고, 또 동래부사라는 높은 관직에 있는 사람으로서 백성들의 가정 經·營이나 국가 經·營에는 관심이 없고 자기 집안의 經·營만 챙긴 것이 된다. 지도층의 이 같은 가치관은 당시의 시대상이었다.

백성들은 왜란을 걱정해 왔고, 막상 왜란이 닥치자 송부사의 일거수 일투족을 주시해 왔다. 그런데 송부사가 보여준 첫 번째 행동은 자신의 애첩과 하인을 빼돌려 피난시키는 것이었다. 며칠 후 이각 병마사도 그의 애첩을 피난시켰는데, 이러한 빼돌리기는 동래성 관아에서 먼저 일어나고 있었고, 선조의 피난도 이와 같은 맥락이었다.

다음은 동양권에서 중시해온 장수들이 지켜야 할 가치관인데, 오늘날에도 동양권 CEO들이 지켜야 할 덕목이다.

「 "장수된 자는 부하와 백성들의 어버이로서 약속하지 않아도 마음이 통해야 하고, 의논하지 않아도 믿음이 있어야 하며, 일심으로 죽어도 발길을 돌리는 법이 없어야 하는 것이 군자로서의 백성들이 기대하는 가치관이다."」

그런데 동래성에서는 난리가 나자마자 이와 같은 가치관과 신뢰관이 무너지고 말았다. 이렇게 무너지자 구심점을 잃은 백성들은 관아로 모여들기보다는 피난을 떠나기에 바빴다.

선조 임금과 조선의 지도층들이 자신의 가족들을 먼저 피난시킨 사건은 조정이 한성을 버리고 피난길에 오르기 직전에도 일어났다. 선조의 피난길에 수많은 백성들이 통곡하며 돌을 던진 사건도 이 같은 가치관과 신뢰관계가 무너졌기 때문에 일어난 것이다.

'죽기는 쉽고 길을 빌려주기는 어렵다'

4월 15일 아침이 되자 고니시군은 동래성을 에워싼 후 성문 앞에다 '싸울 테면 싸우고, 싸우지 않으려면 길을 비켜라.'(戰則戰矣, 不戰則假道.)라고 쓴 팻말을 세웠다.

송상현은 여기에 답하여 다음과 같은 글귀를 내걸었다.

'죽기는 쉬우나 길을 빌려주기는 어렵다.'(戰死易, 假道難.)

충렬사 앞에 있는 조형물. 화약무기는 준비하지 않고 이 같은 명분론으로 대응했기 때문에 결과적으로는 공리공론의 시문놀이가 되었고, 그 대가는 너무나 컸다.

이 말은 오늘날 역사 교과서에서 송상현의 충절을 기리는 글귀로 인용되기도 한다. 그러나 송상현은 '성(城)의 기능은, 적은 적이 침입해오면 쫓아버리고, 큰 적이 왔을 때에는 시간을 벌어주어야 한다'는 상식을 등한히 하였다. 시간을 벌어주는 작전은 펴보지도 못하고 위와 같은 말을 남겼으니, 군사학 분야에는 완전히 문외한이었던 셈이다.

명나라의 심유경은 평양성에서 "조선을 대동강을 경계로 양분하자!"는 고니시의 제의를 받자, "그것 참 흥미 있소. 그러나 천자(天子)님의 뜻을 알아보아야 하지 않겠소?"라고 대답했다. 그리고는 50일간의 휴전을 얻어냈고, 그 길로 요동으로 돌아가 이여송으로 하여금 방심하고 있던 고니시군을 기습하게 했다. 이 일을 계기로 이여송의 명군은 이틀 만에 평양성을 탈환하게 된다.

심유경의 이 같은 계교가 없었다면 이여송의 3만5천군은 고니시군의 기습을 받아 패주했을 가능성이 크다. 이 가능성을 짐작하게 해주는 것이 그로부터 1개월 후에 있은 벽제관 전투이다.

송상현 부사는 동래성이 곧 무너질 것을 알고도 명분론에 사로잡혀서 '…길을 빌려주기는 어렵다'는 팻말을 내걸었다. 이에 왜군들은 공격을 시작했고, 그 결과 일방적으로 도륙 당했다.

송 부사는 그 이전 일본과의 외교를 통해서 왜군 측과는 구면이었을 것이다. 부산성이 3시간 만에 무너졌다는 점을 감안했다면 '경상감사의 뜻을 물어봐야겠다.'는 등의 핑계를 대서라도 어떻게든 시간을 벌었어야 했다.

송상현은 죽기 전에 다음과 같은 시를 남겼다.

포위되어 외로운 성에 달무리 지고	孤城月暈
아군 부대의 구원 소식 없구나	大鎭不救

군신간의 의리는 중해도   君臣義重
부자간의 사랑은 가벼운 것이라네   父子恩輕

 송상현 부사가 자신의 충의지심을 읊은 시로서 오늘날에도 많이 회자되고 있다. 문학적으로는 어떤지 몰라도, 당시의 상황을 군사학적 이치로 따져보면 그 평가는 전혀 달라지게 된다.
 동래성은 동래부의 주성(主城)이다. 그렇기 때문에 동래부 관내 수륙군 기지들은 동래성을 지켜야 할 의무가 있었다. 그래서 이각 병마사와 양산군수 조영규 등은 상비군을 거느리고 달려왔다.
 그들은 동래성으로 달려오면서 현지 부대장격인 군관에게 "밭이나 산으로 일하러 나간 백성들을 소집하여 기지의 병영을 굳게 지키면서 다음 명령이 하달될 때까지 기다리라"고 했을 것이다.
 이러한 대응이 갖추어지려면 5일은 족히 걸릴 것이며, 동래성으로 구원차 왔다면 다시 또 5일은 소요되었을 것이다. 때문에 동래성은 외부의 구원 없이도 보름 정도는 버틸 수 있어야 했다. 만약 동래성에 화약무기가 준비되어 있었더라면 가능했을 것이다.
 동래성은 임진왜란 전 일본의 사신들로부터 "히데요시가 명나라를 치러 간다는 명분으로 조선을 침입할 것"이라는 소식을 여러 차례 듣고 있었다. 그리고 그 진위를 알아보기 위해 일본으로 건너간 홍윤길과 김성일 등 통신사 일행의 뒷바라지도 했다.
 통신사 일행의 숫자는 100~200명은 되었을 것이고, 그들 중 대부분은 동래성 소속 6방의 관리와 관노들이었다.

  조정의 6조와 지방 관아인 6방의 관장업무
  이조 – 관리의 선발과 임명, 표창 등
  호조 – 인구 및 국가 재정의 일 등

예조 – 국내외 행사에 관계된 의식, 예의, 교육, 과거법의
　　　실시 등
병조 – 군사문제
형조 – 법률, 송사, 형벌 및 노예 등
공조 – 토목사업 및 기술사업 등

　조선의 인사조직이 문·무(文武)로 나뉘어진 것은 과거시험에서부터이다. 그러나 관직에 나가면 경국대전 등 각종 법규와 6방 조직을 거느리고, 군국과 경국제민 經·營에 충실해야 한다.
　송상현 부사는 이 같은 조직을 동원해서 병력과 군량, 무기를 점고하고 유사시에는 구원군이 도착할 때까지 보름 정도는 버틸 수 있는 동원훈련을 틈틈이 실시했어야 한다.
　전쟁이 터지면 인근 백성들도 성안으로 들어오도록 하는 것이 초기의 대응방식이다. 부산진성은 경황이 없어서 3천여 명으로 싸웠다지만, 동래성은 더 큰 성이고 오늘날 부산광역시에 해당하는 지역이 동래부 관내이며, 시간적 여유도 더 있었다. 하지만 싸움에 나선 군·민의 숫자는 부산성과 비슷하다. 송상현의 첩실의 피난행각도 동래성의 수비병력을 왜소하게 만든 원인이 된 듯하다.
　그해 10월, 김시민(金時敏) 장군은 진주성에서 3천의 병력으로 3만의 왜군을 물리쳤다. 이 사실로 보면, 동래성 전투 때 3천5백의 병력은 결코 2시간 만에 무너질 만한 수준은 아니었을 것이다. 때문에 송상현이 '아군 부대의 구원 소식이 없다'고 읊조린 시는 무사안일에 젖었던 자신의 잘못으로 야기된 사태의 책임을 무책임하게 남에게 돌리고 있는 시문놀이가 아닌가. 이런 시문놀이의 결과 동래성 함락 후 목 베인 수급이 3천여 개, 포로가 5백여 명이나 되었다고 한다.

"이웃나라의 도의가 도대체 이런 것이더냐?"

송상현은 백성들을 유린한 왜군들에게 "이웃나라의 도의(道義)가 도대체 이런 것이더냐? 우리가 그대들에게 잘못한 것이 없었거늘 그대들이 이같이 하는 것이 과연 도리(道理)에 합당하단 말이냐?" 하고 꾸짖었다고 한다.

총칼이 오가는 전쟁터에서 이러한 호령이 무슨 도움이 되었을까. '도리에 합당'이라고 했는데 '이치탐구의 두 가지 패러다임'(자료 3)을 보면 도리는 B쪽(理判)이다.

송상현이 화약무기의 준비를 소홀히 한 것은 A쪽(事判)을 다하지 못했기 때문이다. 그러므로 그의 호령은 부질없는 호령으로 끝났다. 아울러 국방을 담당한 최전방의 수장으로서 호미로 막을 수 있는 전란을 가래로도 막기 어렵게 만들었으니 나라와 백성들에게 도리(B쪽의 도리, 공직자의 가치관)를 다하지 못한 것이 된다.

송상현이 주장한 도리론은 유교적인 가치관이다. 하지만 전쟁터에서는 유교를 숭상하는 국가간에도 도리론을 따지지 않는다. 오직 군사학(병법)으로 대결할 뿐이다.

하물며 히데요시의 왜국은 유교국가도 아니었고 오로지 군사학의 이치만을 숭상한 무사의 나라였다. 이같은 왜국의 선봉장에게 유학의 이치론으로 나무랐으니 무슨 소용이 있었겠는가. 결국 공허한 시문놀이로 끝나고 말았다.

이렇게 정리해 보면, 송상현 부사는 격물·치지를 제대로 이행하지 못한 經·營 자였음을 알 수 있다. 그리고 이 같은 현상은 당시의 시대상이기도 했다.

5. '춘추필법'과 비석문의 필법

공자는 자기가 태어난 노(魯) 나라의 역사를 자신의 유학사상을 경(經)으로 삼아 역사(史)를 정리했다. 그리고 그 책의 이름을 〈춘추(春秋)〉라고 했다. 조선왕조 시대에 와서는 공자의 유학사상을 經으로 삼고, 왕조의 역사를 史로 해서 쓴 것이 〈조선왕조실록〉이며, 이러한 집필을 담당한 곳이 춘추관이다.

선비들의 일대기도 춘추필법으로 쓰여진 것이 많다. 〈난중일기〉와 〈징비록〉도 經·史의 춘추필법으로 쓰여진 부분이 많다.

춘추필법으로 쓰여진 문집들은 엄격하고 자기 비판적이다. 이렇게 쓰여진 문집들을 經·史學으로 해독해 보면 어떤 경전의 글귀가 經으로 삼아져서 어떠한 생애의 史를 낳았는지 알 수 있다.

한편, 조선 시대의 비석문이나 제문 등은 고인(故人)을 위로하는 성격의 글이므로 춘추필법이 적용되지 않는다. 비석문은 고인의 넋을 위로하기 위하여 생전의 업적을 칭송하고 두둔하는 시각이므로, 글을 쓴 사람은 주로 후손이나 문중의 사람, 혹은 지연과 학연으로 연계된 사람들이었다. 이러한 칭송형 필법은 예나 지금이나 후손들의 효행과 미풍양속으로 받아들여지고 있다.

그러나 제대로 된 역사(正史)를 공부하기 위해서는 이 같은 칭송형 기록들을 먼저 A쪽(사실적 판단: 事判)과 B쪽(도리적 판단: 理判) 영역으로 구분하고, A쪽은 과학과 논리로, B쪽은 經·史의 춘추필법으로 걸러서 볼 필요가 있다.

다음은 우암 송시열(1607-1689)이 송상현의 넋을 위로하기 위해 쓴 비문이다.

「자(字)는 덕구(德求), 호(號)는 천곡(泉谷)이며 현감 복흥(復興)의 아들로서 명종 6년 정월 8일(1551년)에 출생하여 선조 9년에 문과에 급제하였다. 승문원 정자(正字)에 이어 박사(博士)가 되고 이어서 승정원 주서(注書) 겸 춘추관 선전관이 되었다가 나아가서 경성판관(鏡城判官)이 되었고 사헌부에 들어가서 지평(持平)이 되고… 선조 24년 동래부사가 되었다. 익년 4월 15일 동래전투에 중과부적으로 패사(敗死)하였으므로 조정에서는 이조판서를 추증했다. 충렬공(忠烈公)의 시호를 내렸고 충장공(忠壯公) 정발과 같이 충렬사에 모셨다.」

-천곡송공신도비(泉谷宋公神道碑)-

그가 '문과에 급제' 했다는 기록은 있지만 무(武)에 대해서는 언급한 기록이 없다. 송상현 부사 당시에도, 그리고 송시열이 비문을 쓸 때에도, 무(武)에 대해서는 관심이 없었던 것 같다. 조정에서는 무사의 나라인 왜국으로부터 대대적인 침공을 앞두고 있었음에도 불구하고 최 일선인 동래 성주에 대한 인재등용을 함에 있어서 시문과 붓글씨에 능한 선비를 뽑았다.

전쟁이 끝나고 10년이 지날 무렵 송상현의 늙은 종이 송 부사가 죽임을 당할 때의 광경을 얘기했고, 이를 근거로 송씨 문중에서는 명예회복을 위한 상소문을 올렸다. 이에 조정에서는 그간의 오해를 풀고 송상현에게 이조판서를 추증했다.

그 후 긴 세월이 흘렀고, 송시열은 같은 송씨 가문의 선배인 송상현의 넋을 위로하는 비문을 썼다. 그리고 이 비문에 근거해서 동래성 순절도가 그려졌던 것이다.

춘추필법으로 조명하는 '동래성순절도의 해설문'

숙종 35년 동래부사 권이진(權以鎭: 송시열의 외손)은 송시열이 쓴 비문과 동래성순절도를 보고 다음과 같은 해설문(〈象村集〉)을 남겼다.

「성(城) 중앙에 높고 큰 집은 객관(客館)이며, 붉은 옷에 모자를 쓰고 뜰에서 북향(北向)하고 왜적이 머리 숙이고 있는 것은 송사군(宋使君: 송상현)이 조용히 의(義)에 임하는 것이로다. 사군(使君) 뒤에 서있는 사람은 장차 죽으려는 하인인 신여노이며, 아름다운 소녀가 관아의 담을 타고 넘어서 사군 옆으로 가려다가 왜적에게 붙들리는 것은 김섬이니, 비록 기녀(妓女)라 할지라도 또한 열녀가 아닐 수 없도다.

김섬은 함흥기생으로서 재모가 있고 13세 때에 상현의 첩이 되었는데, 이 전투가 치열할 때에 송상현이 조의(朝衣)를 가져오라고 급히 명령하니 그가 의(義)에 순(殉)할 뜻임을 미리 알아차리고 금춘이라는 비녀(婢女)와 같이 집을 나와 담을 넘어 송상현 옆으로 찾아가려다가 불행하게도 적에게 사로잡히고 말았는데, 수일간 입에서 욕하기를 멈추지 않다가 드디어 피살되고 말았다.」　　　　　　　　　　 -〈상촌집(象村集)〉-

'동래성순절도'에는 송상현의 종 신여노, 기녀 김섬 등이 주요 인물로 등장하고 있다. 김섬은 송상현의 또 다른 소실일까?

그런데 그토록 긴박했던 상황에서 군사적으로 누가 어떻게 싸웠다는 기록은 없고, 관복을 가져오라는 명령에 왜 남자들이 나서지 않고 김섬 등 여인들만 등장하고 있는지 의문이다.

「뉘 집 지붕 위에 올라가서 기와를 던져 왜적을 죽이자 두 여인이 도와서 지붕에서 뛰어 건네게 하고, 혹은 기와를 집어 주니, 장부는 곧 김상이고 여인은 누구의 첩이며 딸인지 이름을 알 바 없도다.

씩씩한 조공(趙公)은 바로 조영규(趙英珪) 양산 군수로서 충의 지심으로 같이 죽었으며, 활을 잡고 왜적을 쏘아 그 팔을 쪼개었으니 그 발랄한 기운이 살아 있고, 일신(一身)이 모두 의(義)로서 혹은 시가(市街)에서 싸우고 또 혹은 길에서 막아 힘을 다하여 적을 죽이면서 분투하던 끝에 죽었나니, 이 두 사람은 비장(裨將) 2명이고 이원(吏員) 1명으로 그 이름은 김희수와 송봉수, 그리고 송백이더라.」　　　　　　－〈상촌집(象村集)〉－

일반 백성들이 왜적에 대항해 싸운 사례이다. 송상현이 미리부터 화약무기를 준비하고 훈련시켰다면 그들 백성들의 전공은 더욱 빛났을 것이다. 그러나 준비를 하지 않았기 때문에 일본도에 기왓장으로 대항하는 안타까운 전사(戰史)를 남겼다.

기왓장을 던지는 그림들로 미루어 보아 성내에서 일방적인 도륙전, 약탈전, 겁탈전이 벌어지고 있었음을 짐작할 수 있다. 아무튼 2시간여에 걸친 항전의 대가는 전사 3천여 명, 포로 5백여 명이었는데 동래성 자체적으로도 엄청난 피해였다.

양산군수는 기지대장으로 소수의 병력을 이끌고 달려와서 항전하다가 전사한 유일한 장수였다.

「북문 밖에는 어찌할 바를 몰라 하며 황망히 도망가고 있는데, 슬프도다. 그 사람은 이각(李珏) 병마사이다. 평소에 높이 앉아 녹을 먹었거늘 어찌하여 국가의 유사시에는 도망치기만 했는가. 나라에 국법이 있다면 마땅히 잡아서 엄하게 다스려야 할 것이요, 지금도 사람들이 부끄럽게 여기는도다.」

－〈상촌집(象村集)〉－

〈징비록〉에는 이각이 이 길로 도망쳐서 울산에 있는 자신의 본영으로 돌아가 첩실을 피난시킨 후 자기도 도망쳤다고 했다.

그런데 송상현은 그보다 앞서 첩실을 피난시켰다.

「역사를 읽는 사람들이여, 충신열사의 사적(史蹟)에 이르러 그 사람의 뼈가 썩고 그 사실이 희미해진다면 애정(愛情)이 있다 할 수 없도다. 친의(親誼)가 나에게 있기에 내 눈물이 한없이 흐르고 어찌할 바를 모르는 것은 참으로 그 정신에 동조하고 나의 마음을 울리는 까닭이로다. 하물며 사군(使君)이 이 성을 사수하여 쓰러졌음에 강개와 비분이 더욱 간절함에 있어서이랴.」

－〈상촌집(象村集)〉－

권이진이 자신의 심경을 적었다. 송 부사는 전사했고 그 후 오랜 세월이 흘렀다. 후대의 부사로서 칭송의 글을 쓴 것이다.

'역사를 읽는 사람들이여'라고 했는데, 조선 시대의 역사를 읽는 왕도적 방법론이 經·史學이다. 이순신이 經·史學으로 기록해 둔 자료들을 보면, 이순신이 으뜸의 經으로 삼은 것은 격물·치지 사상임을 알 수 있다. 그런데 송상현 부사의 기록에는 이 같은 사상이 보이지 않는다.

'친의(親誼)가 나에게 있기에'는, 권이진 부사가 송상현 문중의 외손이자 동래부사 벼슬을 하고 있는 후배로서의 친의를 말한다. 송시열은 권이진의 외조부이다. 우암 송시열은 송상현을 칭송하는 글을 남겼고, 그 글을 바탕으로 '동래성순절도'가 그려졌다.

「선조 38년(1605) 동래부사 윤훤(尹暄)이 묘(廟)를 세워 송공을 제사지냈고, 효종 9년(1658)에 부사 민정중(閔鼎重)이 고로(故老)들에게 물어 사실을 정리하고 외조부인 송문정공(송시열)에게도 글을 받아 그 사실을 정리했도다. 현종 11년(1670)에 동래부사 정철(鄭哲)이 비석을 세워 그 글들을 싣고 동래성 순절도 그림을 그리게 하여 제사지냈도다.

묘(廟)가 어찌 부족하리오만 또 비석을 세웠고, 비석이 어찌 부족하랴만 또 그림을 그리게 하였으니, 장차 같이 서로 감동케 하려는 이치(理致)와 이러한 마음으로써 하노니, 사람이 뉘라서 이런 마음이 없고 이런 마음이 있는 자 뉘라서 이런 이치를 모를손가. 어찌하여 이 그림을 보고 충군사장(忠君死長: 君長에게 죽음으로 충성을 다하는것)의 마음이 생기지 않을손가.」

―〈상촌집(象村集)〉―

'감동케 하는 이치', '이런 이치를 모를 손가'에서 '이치'는 격물·치지의 이치를 말한다. 그러나 經·史學 적으로 이치 탐구에 나서 보면 송상현 부사가 군사학 분야인 화약무기의 이치와 병법의 초보적인 이치조차 몰랐기 때문에 2시간 만에 성을 내주었고, 그 때문에 조정에서는 송상현이 왜적에게 항복하고 왜장이 되지 않았나 하고 의심했을 정도이다.

송상현 부사는 화약무기를 활용해서 왜적을 막는 이치를 몰랐음에도 불구하고 권이진 부사가 송상현을 칭송한 것은 권이진 스스로

가 격물·치지가 'A+B'임을 몰랐던 것으로 이해된다. 유학을 국교로 한 조선왕국 고급 관료의 격물·치지에 대한 이해가 이와 같았다.

권이진의 글이 통상적인 추모의 글이었다면 반론이 없겠지만, 권이진은 격물·치지를 經으로 삼고, 송상현의 동래성 전투를 史로 조명했기 때문에, 송 부사를 춘추필법으로 칭송한 격이 되고 말았다.

6. 이각 병마사에 대한 재조명

아래는 〈징비록〉에서 인용한 것이다.

「경상좌수사 박홍(朴泓)은 왜적의 형세가 대단한 것을 보고는 감히 군사를 내어 싸우지도 못하고 성을 버리고 도망하였다. 왜적은 군사를 나누어 서평포·다대포를 함락시켰다. 이때 다대포 첨사 윤흥신(尹興信)은 적을 막아 힘써 싸우다가 죽었다.
경상좌병사 이각은 이 소식을 듣고 병영(兵營)으로부터 동래성으로 들어왔는데, 부산성이 함락되자 겁을 내어 어찌할 줄 몰라 하며, 말로는 성 밖에 나가 있으면서 적을 견제하려고 한다는 핑계를 대고 성을 나와 소산역으로 물러가서 진을 쳤다. 그때 송상현은 자기와 함께 성을 지키자고 했으나, 이각은 그 뜻을 따르지 않았다.」 －〈징비록〉－

이각은 울산 병영에서 상비병 400명을 이끌고 동래성으로 달려왔다. 그러나 조총으로 무장한 왜군에게 부산성이 무너지자 동래성도 그렇게 무너질 것으로 알고 동래성을 빠져나왔다.

송상현이 성을 지키자고 했으나 400명으로는 큰 도움이 되지 않을 것으로 보았고, 동래성이 무너지면 경상우병영도 무너지기 때문에 소산역으로 나와서 달리 방도를 찾고자 했던 것이다.

그 와중에 동래성이 무너졌다는 소식을 들었으므로 주성(主城)을 버리고 도망간 죄를 지게 된 것이 두려웠다. 그때 왜군의 다른 부대(가토군)가 서생포에 상륙했다는 급보가 들어왔고, 이각은 자신의 울산성이 위험에 처했음을 깨달았다.

「4월 15일에 왜적이 동래성을 포위하니 동래 부사 송상현이 남쪽 성 문루에 올라 반나절을 버티며 지휘하던 송상현의 노력도 헛되이 성은 함락되고 말았다. 왜적이 들어왔음에도 불구하고 송상현은 자리에 앉은 채 한 치도 움직이지 않고 싸움을 독려하였으나, 결국 성이 함락되어 왜적의 칼에 찔려 죽었다. 왜적들 또한 그의 태도를 가상히 여겨서 시신을 관에 넣어 성 밖에 묻어주고 말뚝을 세워 표시해 두었다.

동래가 무너지자 주변 고을들은 힘없이 무너지기 시작하였다. 동래에 머물고 있던 밀양 부사 박진(朴晉)은 급히 돌아가 작원(鵲院)의 좁은 길을 막고 방어하려고 했다. 그러나 양산을 함락시키고 작원으로 몰려온 적들은 길목을 지키고 있는 우리 군사를 피해 산 뒤쪽 높은 곳으로 올라갔다가 한꺼번에 밀고 내려왔다. 졸지에 기습을 당한 우리 군사들은 순식간에 흩어져 달아나고 말았다. 박진은 다시 밀양성으로 도망쳐 병기 창고를 불사른 다음 성을 버리고 달아났다.

한편 다시 병영으로 돌아온 이각(李珏)은 먼저 자기 첩부터 피난시켰다. 그러자 성안 인심이 흉흉해질 수밖에 없었다. 백성과 병사들이 어쩔 줄 몰라 하며 당황하고 있는 사이 이각 또한 새벽을 틈타 도망쳤고 군사들 또한 그대로 흩어지고 말았다.」
-〈징비록〉-

'먼저 자기 첩부터 피난시켰다' 고 하면서 울산성이 무너진 책임을 이각에게 돌리고 있다. 일리 있는 책임론이다. 하지만 더 큰 원인은 가토의 2만군이 울산으로 다가오고 있었기 때문이다.

「김해부사 서예원(徐禮元)은 성문을 굳게 닫고 지키고 있었는데, 적들은 성 밖의 보리를 베어서 참호를 메우니 잠깐 동안에 그 높이가 성과 가지런하게 되었고, 그것을 타고 성을 넘어 달려들었다. 그러자 초계 군수 이모(李某)가 먼저 도망하고, 서예원이 뒤를 이어 도망치니 성은 함락되고 말았다.」 -〈징비록〉-

김해를 공격한 왜군은 제 3진인 구로다 나가마사(黑田長政) 군이었다.

「순찰사 김수는 처음에 진주성에 있다가 왜변의 소식을 듣고 말을 달려 동래성으로 향하다가 중도에 이르러 적병이 이미 가까이 왔다는 말을 듣고는 앞으로 더 나아가지 못하고 말머리를 돌려 경상우도로 달려왔으나 어떻게 해야 할지를 알지 못했고, 다만 여러 고을에 격문을 보내어 백성들을 타일러 적을 피하라고만 하였다. 이로 말미암아 도내는 모두 텅 비어서 더욱 어찌 할 방도가 없었다.」
-〈징비록〉-

김수는 군사학에 맹(盲)한 문신이었다. 왜란에 대비해서 수시로 방위태세를 점검하고 동원훈련을 주도했어야 했다. 하지만 평소에 진주의 기생들과 시문놀이만 즐겼는지, 전란이 터지자 어쩔 줄 모르고 머리를 산발한 채 도망다녔다.

> 「경상병마사로서 동래에서 그 소식을 듣고 장졸 400여 명과 달려왔으나 적의 세력이 대단함을 보고 군사를 모은다는 핑계로 동래성을 나간 후 자기 병영으로 돌아가서 먼저 소첩을 피난 보내고 다시 도망쳤다. 이해 5월에 임진강변에서 도원수 김명원에게 체포되어 처형되었다.
>
> 그는 무예가 절륜했으며, 병영 본진에 있을 때에 바다자갈을 탄환처럼 쏘아대니 위세가 대단하였는데, 사람들은 그를 장수의 재목이라 하였으나 원래 탐욕스럽고 비겁하여 도처에서 도망가기를 예사로 하였다.」
>
> -국방부 전사편찬위원회 발행〈임진란전란사〉-

'군사를 모은다는 핑계로' 라고 하였는데, 역시 이각을 부정적으로만 묘사했다. 이각도 박홍처럼 의주에 있는 선조에게 달려가서 용서를 받고자 했지만, 김명원에게 체포되어 처형되었다.

그런데 김명원은 군사학의 이치를 몰라서 한강·임진강·대동강에서 싸워보지도 않고 도망을 간 인물이다. 따라서 이각의 처형은 '도망자가 도망자를 처형한 이상한 사건' 이다.

'병영 본진에 있을 때 바다자갈을 탄환처럼 쏘았다' 고 했는데, 그의 경력으로 보아 병영은 울산의 경상좌도 병영이고, 바다 자갈(海磨石)을 쏜 것은 산탄이다. 울산 본영에는 화약무기가 어느 정도 갖춰져 있었던 것 같다. 하지만 급보를 받고 동래성으로 달려가면서 무거운 대포는 가져가지 못했고, 동래성에 대포가 없는 것을 알고는 크게 낙담하여 동래성을 빠져나온 것은 아니었을까.

아무튼 화약무기와 관련하여 이각은 송상현, 정발, 김수 등과 의논을 했어야 했다. 하지만 과연 그렇게 했었는지 의문이다. 그렇게 의논을 해도 해결책을 찾지 못했다면 비변사와 군기시, 그리고 전라감사나 전라좌수사 이순신과도 의논을 했어야 했다.

이순신 관내의 작고 가난한 시골 기지들인 사도·여도·녹도진에서도 이순신 부임 후 1년 만에 조선식 화약무기를 거의 완벽한 수준으로 준비한 역사가 있다. 때문에 예산부족이나 기술부족은 이유가 되지 못한다.

7. 정발 장군도 화약무기를 사용했다?

2005년 1월 15일에 출판된 〈거북선, 신화에서 역사로〉에는 아래와 같은 내용이 수록되어 있다.

스페인 신부의 기록으로 보는 임진왜란 첫 전투

「왜장 고니시(小西行長)는 모두 643척의 크고 작은 배에 1만 명의 전투원을 태운 뒤 쓰시마 섬을 출발했다. 특히 부산진성이라고 불리는 요새는 일본인들이 싸워야 할 첫 관문이었는데, 6백여 명의 병사가 성을 지키고 있었다. 또한 주변 마을에서 동원된 평민들도 있었다.

길에는 적의 침입을 막기 위해 진지 앞에 끝이 뾰족한 쇠들을 뿌려 놓았다. 성 안에는 구리로 만든 작은 포들이 2천 개나 배치되었다. 그 중 어떤 것들은 작은 포환을 발사하기도 하고, 또 크기가 두 뼘 정도나 되는 긴 화살촉을 발사할 수 있는 것도 있었다. 꼬라이(조선) 병사들은 모두가 매우 견고한 가죽으로 만든 가슴받이를 몸에 두르고 완전 무장을 하고 있었다. 그 머리에는 화살을 막기 위해 철모를 쓰고 있었는데, 그들 가운데 활을 쏘는 병사들이 가장 많았고, 미늘창을 쓰는 병사들도 꽤 되었다.

음력 4월 12일, 고니시는 성 밖 모든 마을을 불태우라고 명령했다. 그런 다음 성 안의 꼬라이 대장에게 항복할 것을 권하면서 항복하면 목숨만은 살려주겠다는 내용의 편지를 보냈다. 편지를 받은 꼬라이 대장은 이를 비웃으며, 국왕에게 보고하여 허락을 한다면 항복하겠노라고 회답하였다. 꼬라이 병사들은 훌륭한 무사들로서 왕에 대한 충절이 넘쳐흘러 최후의 한 사람까지 용감히 싸웠다. 수비대장이 앞장서서 처음으로 전사하였으며, 살아남은 자가 하나도 없었다.」

—스페인 신부 루이스 데 구스만, 〈선교사 일기(1601년)〉—

'작은 포들이 2천 개나 배치'는 승자총통 같고, '크기가 두 뼘 정도나 되는 긴 화살촉'은 대장군전 등의 화살촉 같다. 그러나 화약·발사물·훈련 등이 부족한 상황에서 고니시 군의 군세가 너무나 대단했기에 전의를 잃었고, 그래서 다소 준비된 화약무기들도 제대로 활용할 수 없었거나 아니면 2천 개의 승자총통은 100년 전의 것으로 병기고에 보관만 되어 온 것일 수도 있다.

'꼬라이 병사들은 모두가 견고한 가죽… 철모를 쓰고'라고 하였는데, 일본에 있으면서 노획한 갑옷과 투구 등을 보고 조선의 모든 병사들도 그 같은 것을 사용했을 것으로 짐작해서 기록한 것 같다. 그 아래 기록들도 들은 것을 나름으로 짐작해서 기록했을 가능성이 있다.

당시 선교사들은 일기를 작성하고 귀국 후 교황청에 제출하거나 여행기 등의 단행본으로 냈는데, 소설처럼 꾸며서 쓴 것이 많았다. 꾸며서 쓴 것 중 대표적인 것이 〈갈리버 여행기〉이고, 마르코폴로의 〈동방견문록〉도 꾸며서 쓴 것이라는 의심을 받고 있다.

8. 100년 만에 들어보는 經·史의 史學 특강

다음은 2000년 10월 25일 EBS TV 〈철학 에세이〉라는 프로에서 '역사의 옹호'라는 주제로 용인대학 이동철 교수가 한 특강에서 설명한 經·史의 춘추필법이다.

1910년부터 經·史의 史學이 실종되어 왔기에 근 100여년 만에 들어보는 강의가 되었다.

「오늘은 철학과 역사의 관계를 생각해 보겠습니다. 옛날에는 철학을 經學, 역사를 史學이라고 했습니다. 그래서 '經과 史는 일체', '철학과 역사는 하나'라고도 했습니다. 역사를 동양권, 특히 유교권에서는 대단히 중요시해 왔습니다. 여러분도 춘추필법이라는 말을 많이 들어보셨을 겁니다. 쉽게 생각해서 정론(正論) 집필이라고 보면 되겠습니다.」 -〈철학에세이〉-

'經과 史는 일체'는 동양학적인 인식이며, 經과 史 어느 쪽이든 經·史學으로 접근해야 한다. 그래서 동양권에서는 '經을 모르고서는

史를 논하지 말고, 史를 모르고는 經을 논하지 말라'고 해왔다. 〈자료 4〉는 經 쪽은 〈大學〉 8조목이고, 史 쪽은 민족사적인 史書들이다.

'철학과 역사는 하나'라고 하였는데, '철학(哲學)'은 일본에서 서양의 Philosopy(예: 데카르트의 실증과 논리주의, 〈자료3〉에서 A쪽)를 수입해 왔으나 해당하는 학문이 없었기 때문에 만들어낸 신조어이다. '역사학(歷史學)'은 일본에서 데카르트의 논리와 실증주의 학풍의 History학을 수입해 왔으나, 동양의 '史學'과는 다르기에 '歷史學'이라는 신조어를 만들어 신식학교에서 가르쳐 왔다.

그래서 이동철 교수는 '經과 史는 일체'라는 동양학을 서양적인 학문으로 표현하다 보니 'Philosopy(철학)와 History(역사학)은 하나'라고 표현한 것인데, '經≠Philosopy, 史≠History'이기에 이와 같은 표현은 결코 올바른 것이라 할 수 없다.

「공자는 〈춘추(春秋)〉라는 역사서를 썼는데, 그 가운데서 '좌씨전'(左氏傳: 왕 앞에 있는 좌·우 史官 중 좌측 사관이 쓴 것)을 보면 제(齊)나라에서 최저(崔杼)라는 사람은 자기 부인과 왕이 간통을 하자 쿠데타를 일으켜 왕을 죽였습니다. 그러자 태사(太史)라는 으뜸 사관이 최저의 쿠데타와 왕 시해 사건을 그대로 역사에 기록했고, 이에 화가 난 최저는 태사를 죽였습니다. 그러나 태사의 동생이 세습에 의해 태사직을 승계해서 똑같이 기록하자 그 역시 죽였습니다. 셋째 동생까지도 이 같은 과정을 밟아 죽임을 당했고, 넷째 역시 똑같이 기록을 하자 최저는 하는 수 없이 넷째는 살려두었습니다. 그때 남사씨(南史氏)라는 지방의 사관이 셋째마저 죽임을 당했다는 소문을 듣고 자신이 바로 쓰기를 잇고자 상경했으나 넷째에 의해 바로 쓰이고 있음을 알고는 다시 고향으로 내려갔습니다(「좌전」 襄公 25년. 기원전 548년).」　　　　　　　　　　　　　　　－〈철학에세이〉－

'공자는 〈춘추〉라는 역사서를 썼는데'라고 하였으나, '역사서(History)'가 아닌 '史書'가 올바른 표현이다. '太史'의 형제들이 쓴 것도 역사서가 아닌 史가 올바른 표현이다.

「진(晉) 나라에서도 조천(趙穿)이라는 사람이 쿠데타를 일으켜 왕을 죽였습니다. 쿠데타가 있기 전 진 나라의 정경(正卿)이던 조순(趙盾)이 왕의 미움을 받아 망명길에 올랐는데, 도중에 쿠데타 소식을 듣고 바로 되돌아 왔습니다. 그러나 반란군을 진압하지는 않았는데, 이를 본 태사(太史)는 '조순이 왕을 죽였다'고 썼습니다. 이에 조순이 태사에게 항의하자 태사는 이렇게 말했습니다. "당신은 정경(正卿)이면서 국경을 넘어가기 전에 반란이 일어났는데도 반란을 진압하지 않았으니 결국은 당신이 죽인 것이나 마찬가지요."(「좌전」 宣公 2년. 기원전 607년).
　한(漢) 나라의 사마천은 타인의 잘못에 대한 간접적인 책임을 추궁당하여 허리가 잘리는 형벌과 궁형(거세를 당하는 것)을 당하는 것 중 하나를 선택하게 되었습니다. 사마천은 궁형을 선택했고 그 후 부친이 기록해 둔 역사를 춘추필법으로 정리한 것이 사마천의 「史記」(사기)입니다.」　　　－〈철학에세이〉－

사마천의 〈史記〉도 經·史의 史學이며, 서양 논리·실증주의의 역사학(History학)이 아니다.

「동양에서는 이렇게 목숨과 일생, 가문을 걸고 역사 지키기에 소명을 다하는 사관(史官) 제도가 발전돼 있었습니다. 오늘날도 신문사마다 정론(正論) 집필을 한다고는 하지만 정론이란 생명을 내놓고 하는 것이므로 쉽지 않은 일입니다. 공자는 노(魯) 나라의 역사서인 〈춘추〉를 정리하면서 어떻게 하면 바르게 사느냐를 보여주었습니다. 공자는 〈춘추〉를 집필하면서 공언(空言: 經·史의 원리가 아닌 經 쪽의 이론만 막연히 설명하는 것)의 방식이 아니라 어떤 일(史)이 일어났을 때 어떤 가치관(經)으로 평가를 해서 어떻게 하면 나라를 바로 잡고, 올바른 사회를 만드는가 하는 經·史의 춘추필법을 사용했습니다.」

-〈철학에세이〉-

조선왕조시대 왕조실록을 관리하는 곳을 춘추관이라고 했고, 오늘날 청와대 언론인관의 명칭도 춘추관이다.

한국일보사의 사시   연세춘추

하지만 지난 100년 가까이 經·史의 史學은 실종되어 왔고, 100년 만에 들어보는 특강에서도 역사학(History학)과 史學이 혼돈되어 있는 시대상이기에 춘추필법을 제대로 아는 사람을 만나기란 쉽지 않을 것이다.

「예컨대 이순신, 안중근, 윤봉길을 두고 칭송(평가)할 때, 우리가 어떠한 가치의 기준을 제시해서 평가하는 것과 같은 원리입니다. 經·史의 춘추필법으로 쓰여진 대표적인 것으로는 「자치통감」도 있고 「조선왕조실록」도 그러합니다. 왕의 말과 행동을 좌·우 사관이 모두 기록하는데, 왕도 자기 때는 물론 선대왕의 기록도 볼 수가 없었습니다. 이렇게 했던 것은 임금의 정치를 바로 세우고 사회 전체의 질서와 도덕을 바로 잡는 데 있었습니다 ….」
－〈철학에세이〉－

옛날 할아버지가 손자의 종아리를 때리기 전에 "공자께서는 … 라고 말씀(經)을 하셨고, 퇴계·율곡 선생은 이렇게 저렇게 실천(營·史)하셨는데, 네 놈은 그렇게 하지 못했으니 종아리를 걷어라"고 한 것도 經·史의 춘추필법이다.

'예컨대 이순신… 을 두고 평가할 때' 라고 하였는데, 이 책에서는 經 쪽은 격물·치지를 經으로 삼고 史 쪽은 〈난중일기〉, 〈임진장초〉, 〈징비록〉, 〈선조실록〉으로 해서 탐방해 가는데, ①거의 100년간 실종되어 온 經·史의 춘추필법을 체험해보는 기회가 되고, ②임진왜란사 전반을 經·史의 춘추필법으로 조명하는 기회가 된다.

제8부. 임진왜란은 한강에서 막을 수 있었다

부산·동래성 등 개전 초의 패전은 경상감사, 병마사, 수사 등이 주관했으므로 1차적인 책임은 그들에게 있다.

그러나 한강, 임진강, 대동강 전투는 선조 임금과 조정이 직접 지휘한 전투였다. 그러나 작전을 지휘한 인물들 모두가 군사학의 이치에 맹(盲)한 문신들이었기 때문에 조선군은 패전을 반복했고, 조정은 의주로 쫓겨 갔다. 국난은 그 후 7년이 지나서야 수습됐는데, 그 동안 조선 인구는 반이나 줄어들어 있었다.

1. 개전 초 조정의 대응전략

〈선조실록〉을 통해 조정의 개전 초 대응전략을 살펴보도록 하는데, 1592년 4월 14일부터 4월 16일까지 3일간은 기록이 없다.

「(4월 17일) 포시(哺時: 저녁 때)에 변방의 급보가 서울에 도착하였다. 즉시 이일을 순변사로 임명하여 정예병사들을 거느리고 상주로 내려가서 적을 막도록 하였으나, 패하여 종사관 박지(朴篪), 윤섬(尹暹) 등은 모두 죽었고 이일은 혼자 말을 타고 도망쳐서 죽음을 면하였다.」 -〈선조실록〉(1592년 4월)-

「신립(申砬)을 삼도 순변사로 임명하였다.
임금이 직접 나와서 그를 전송하면서 보검(寶劍) 한 자루를 주며 말하기를, "이일(李鎰) 이하 그 누구든 명령을 듣지 않는 자는 경이 모두 다 처단하라."고 하였다. 중앙과 지방의 정예병들을 모두 동원하고, 자문감(紫門監: 궁궐 보수, 각종 기물 제작 등의 일을 맡았던 관청)의 무기(軍器)들을 있는 대로 전부 다 꺼냈는데, 도성 사람들은 모두 저자를 파하고 나와서 구경하였다.」 -〈선조실록〉(1592년 4월)-

조정에서는 왜란 소식을 봉화로써가 아니라 4월 17일 아침에 전해진 급보(박홍의 장계)를 통해서 알게 되었다. 그렇다면 봉홧불은 오르지 않았던 것일까? 봉화가 올랐다면 조정에서는 늦어도 4월 14일에는 알 수 있었을 것이고, 그랬다면 임금이 늦잠을 자면서까지 대신들의 면대(面對)를 거절하지는 않았을 것이다.

> 「4월 17일 이른 아침에 변방의 급보가 처음으로 조정에 이르렀는데 이는 곧 경상좌수사 박홍이 올린 장계였다.
> 대신들과 비변사 빈청에 모여서 임금에게 뵙기를 청하였으나 허락하지 않으므로(늦잠을 잔 듯) 곧 글을 올려 청하여 이일을 순변사로 삼아 가운데 길(中路)로 내려 보내고, 성응길(成應吉)을 좌방어사로….」 -〈징비록〉-

선조 임금이 지난 밤 연회를 즐기거나 붓글씨를 쓰다가 새벽 늦게야 침전에 들었던 것은 아닐까?

〈선조실록〉에는 4월 14, 15, 16일자가 공백으로 남아 있다. 그렇다면, 왜란에 대비해 왔다는 조정이 봉수대 하나 손질하지 않고 방치해놓고 있었다는 것이 된다.

아무튼, 4월 17일 변방의 급보가 도착하자 이일을 순변사로 삼았는데, 이일은 군병모집 관계로 한성에 머물다가 4월 23일 상주에 도착한다. 박지, 윤섬 등이 상주 근교에서 전사한 것은 4월 25일~4월 26일이다.

4월 17일, 혹은 4월 20일 경에 김응남은 병조판서에, 심충경은 병조참판에, 그리고 유성룡은 체찰사직을 맡았다. 이들 비상 전시 내각에 임명된 인물들은 군사학에 대하여 얼마나 격물·치지가 되어 있었을까?

신립이 도순변사가 된 것도 4월 20일 경이다.
이일과 신립이 거느린 군대는 병졸에서부터 사령관에 이르기까지 모두가 처음 보는 얼굴들이었던 것에 반해, 왜군들은 영주와 가신,

영주가 다스리는 영지의 백성이라는 관계로 평생 동안 생사를 함께 해온 조직이었다. 따라서 신립과 이일의 조선군과 왜군의 대결은 '조선의 오합지졸과 왜국의 정예병 간의 대결'이었던 셈이다.

「왜적이 상주에 이르렀다. 통역관 경응순(景應舜)을 보내어 문서를 가지고 가서 화의를 맺자고 청하도록 하였고, 붉은 깃발 하나를 신임 표시로 삼았다.
임금이 이덕형을 보내어 왜적에게 쳐들어온 이유를 따지게 하였는데, 덕형이 용인에 이르자 적들이 벌써 재(조령)를 넘었기 때문에 가지 못하고 되돌아왔다.」
―〈선조실록〉(1592. 4월)―

왜적이 상주에 도착한 때는 4월 26일이다. 역관 경응순은 고니시에게 가서 위와 같은 심부름을 했고, 그 후 고니시의 라이벌인 가토에게 붙잡혀 죽었다.

「신립이 충주에 이르자 여러 장수들은 모두 험준한 새재(鳥嶺)를 이용하여 적의 진격을 막자고 하였으나, 신립은 듣지 않고 들판에서 싸우려고 하였다.
4월 27일 단월역 앞에 진을 치고 있는데, 어떤 군사가 "왜적이 벌써 충주까지 들어왔다"고 하자, 신립은 그가 군사들을 놀라게 하려는 것이라고 여겨서 즉시 그의 목을 베어 효시하였다. 적은 군사를 매복시켰다가 우리 군사의 후방을 포위하고 나왔으므로 아군은 그만 대패하여 흩어졌다. 신립은 포위를 뚫고 달천 월탄(月灘: 달천) 가에 이르러 부하를 불러 말하기를 "전하를 만나뵐 면목이 없다"고 하고는 물에 빠져 죽었다. 그의 종사관 김여물(金汝岉)과 박안민(朴安民)도 함께 빠져 죽었다.」

-〈선조실록〉(1592. 4월)-

2. 신립 장군과 화약무기

「임진년 봄에 신립과 이일을 나누어 보내서 지방의 군비를 순시하도록 했다. 이일은 충청·전라도로 가고, 신립은 경기·황해도로 가서 모두 한 달이 지난 후에야 돌아왔는데 점검한 것은 활·화살·창·칼 같은 것뿐이었고, 군읍(郡邑)에서는 모두 문서의 형식만 갖추고는 법을 회피하려 들기만 하고 방어에 관한 별다른 좋은 계책은 없었다.

신립은 평소에도 성질이 잔인하고 사납다는 평판이 있었는데 가는 곳마다 사람을 죽여 자신의 위엄을 세우니, 수령들이 그를 두려워하여 백성을 동원해서 길을 닦게 하고 대접하기를 너무 지나치게 하니, 대신의 행차도 이것만은 못하였다.

임금께 복명(復命)한 후인 4월 초하루에 신립이 나의 집으로 찾아 왔기에 내가 그에게 물었다.

"멀지 않아 변고(變故)가 생기면 당신이 마땅히 이·일을 맡아야 할 터인데, 당신의 생각에는 오늘날 적의 형세로 보아 그 방비의 어렵고 쉬움이 어떻겠소?"

그러나 신립은 대단히 가볍게 여기면서 "그것은 걱정할 것이 없습니다."라고 하였다.

내가 "그렇지 않소. 그 전에는 왜적이 다만 칼과 창만 믿고 있었지만 지금은 조총과 같은 뛰어난 무기까지 있으니 결코 가벼이 볼 수는 없을 것이오."라고 하자, 신립은 말하기를 "비록 조총이 있다고 하더라도 어찌 쏠 때마다 다 맞힐 수가 있겠습니까?"라고 하였다.

내가 "나라가 태평한 지 이미 오래 되었으므로 사졸(士卒)들은 겁이 많고 나약해졌으니 과연 급변이 생긴다면 저들을 막아내기가 매우 어려울 것이오. 내 생각으로는 몇 해 뒤에 사람들이 어느 정도 군사 일에 익숙해진 다음이라면 난을 수습할 수 있을지 몰라도 지금으로서는 매우 걱정되오."라고 하였으나, 신립은 도무지 반성하고 깨닫는 점이 없이 가버렸다.」

－〈징비록〉－

신립의 조총에 대한 인식은 그렇다 치고, 적어도 신립은 조선식 화약무기에 대해서라도 연구했어야 했다. 그래서 조정에 주청해서 화약무기를 준비하게 하고, 왜란이 일어났을 때에는 이들 화약무기 부대를 인솔해서 문경새재나 탄금대 언덕에 진을 치고 행주산성에서처럼 싸웠어야 했다.

한성에는 화약이 2만 7천근이나 있었다

「또 상고해 보니, 우리나라에는 본래 화약이 없었는데 고려 말기에 중국 상인 이원(李元)의 배가 개성의 예성강에 닿아서 이원이 최무선(崔茂宣)의 집에서 묵었는데, 무선이 이원을 후하게 대접해 주었더니 그가 염초를 달여 만드는 방법을 가르쳐 주었기 때문에, 우리나라에 화약이 있게 된 것은 최무선으로부터 비롯된 것이다.

이 때에 왜적이 전라도의 진도를 침범하였으므로 정지(鄭地)가 배에 화포를 싣고 가서 왜적을 공격하여 크게 패퇴시켰다. 정지가 스스로 말하기를 "내가 평생에 적군을 만나 싸운 적은 많았으나 오늘과 같이 통쾌하게 적군을 물리친 일은 있어본 적이 없다"고 하였다.

이 때는 염초가 매우 귀해서 우리나라의 건국 초기에는 군기시에 보유한 화약이 다만 6근뿐이었으나, 뒤에 해마다 더 많이 준비하여 임진년의 사변이 있기 전에는 군기시의 창고에 화약 2만7천 근이 저장되어 있었다. 왜적이 서울에 들어오자 도성안의 백성들이 먼저 군기시의 화약과 또 다른 병기까지 불사르니 하루 저녁에 다 타서 잿더미가 되어버렸다.

계사년에 임금의 행차가 서울로 돌아온 후에 차츰 조치, 준비하여 화약이 1만여 근이나 있었는데, 훗날 울산 싸움에 이것을 가져다 쓰게 되어서 거의 없어졌다고 한다.」 -〈징비록〉-

고려시대는 화약무기를 사용해서 왜구를 퇴치했다. '화약 2만 7천근' 이 백성들에 의해 불탔다는데, 도무지 이해가 가지 않는다. 혹시 장부상의 숫자로만 있었던 것은 아닌지 모를 일이다.

이순신이 한산도에서 원균에게 통제사 자리를 인계할 때 넘겨준 화약이 4천근인데, 2만7천근이라면 대단히 많은 양이다. 신립과 이일 등은 왜란 전 조정에 건의해서 4천 근 정도의 화약이라도 준비해서 상주와 탄금대 전투에 임했어야 했다. 그리고 사용하고 남은 화약은 마포의 배편으로 임진강과 대동강 방어진으로 보냈어야 했다.

신성군은 인빈 김씨의 소생으로 세자 책봉을 앞두고 광해군과 경쟁한 인물이다. 신립이 이 보위 다툼에 얼마나 관여했는지는 알 수 없지만, 신성군의 장인이라는 점만으로도 무장 출신으로서는 당대

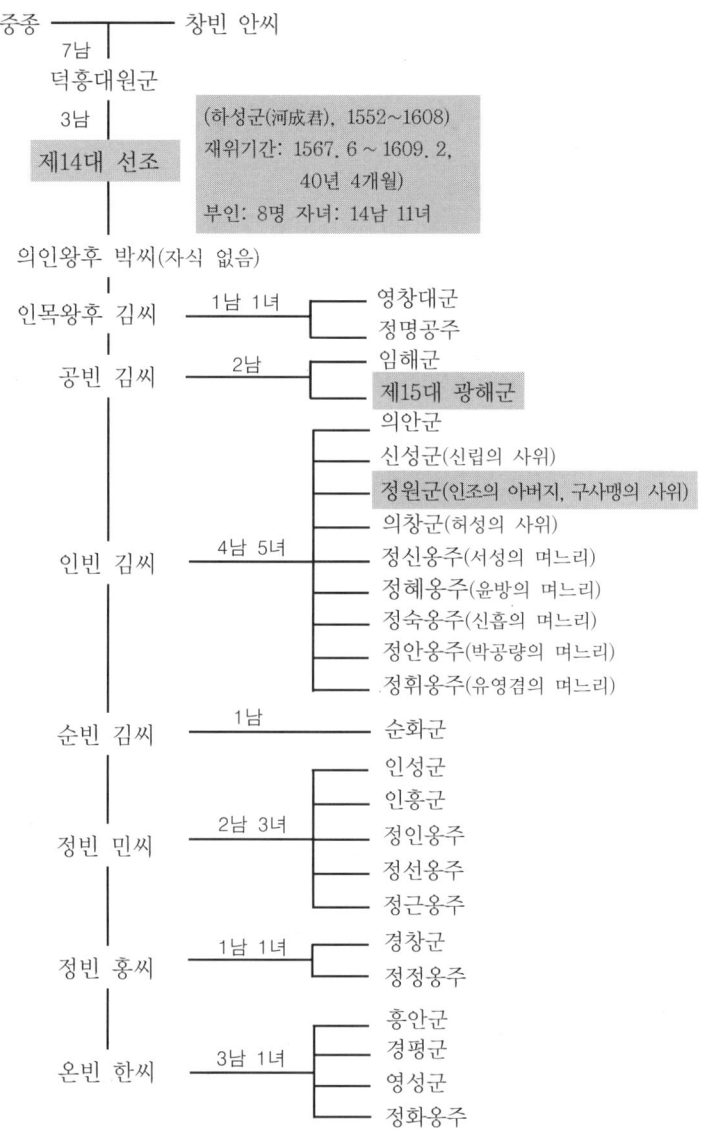

〈제14대 선조의 가계도〉

*정혜공주는 1596년에 윤두수의 손자며느리가 되었는데, 그 후 이순신을 비방하는 윤두수의 발언권이 강화된다.

최고의 실력자였다. 이 같은 실력자가 화약무기의 준비를 주청했다면 임진왜란은 개전 초에 막을 수 있었을 것이다.

3. 수전맹(水戰盲)들끼리 논의한 '한성 방어전'

「병조참의 심충겸(沈忠謙)이 건의하기를 "적세가 차츰 가까워 오고 도성은 외롭고 약하니 각 도의 군사들을 징발하여 성 밖에 나누어 주둔시킴으로써 도성 사수의 의지를 보이시기 바랍니다"고 하니, 상산군(商山君) 박충간(朴忠侃)이 아뢰기를 "지방의 군사들을 모두 징발하면 군현은 방비가 없어 자기 고장을 지킬 수 없습니다"고 하여 드디어 중지하였다.」
-〈선조실록〉(1592년 4월)-

심충겸은 병조참의의 직책이므로 선조는 그가 군사학의 이치에 밝은 것으로 알고 자문을 구했다. 그러나 심충겸과 박충간 모두 군사학의 이치에 맹(盲)한 문신들이었다.

한성에서 이일에게 군사를 주기 위해 소집령을 내렸을 때에도 모집된 인원은 300명 정도였다. 지방의 경우도 마찬가지였을 텐데 지방 군사를 모병해서 성 밖에 주둔시키는 것이 가능했겠는가. 아무튼 군사학의 이치를 모르는 임금과 문신들이 공리공론으로 한성의 방어 전략을 논의했다.

「좌의정 유성룡을 도체찰사(都體察使)에, 우의정 이양원(李陽元)을 경성도검찰사(京城都檢察使)에, 박충간을 도성검찰사(都城檢

察使)에, 이성중(李誠中)을 수어사(守禦使)에, 정윤복(丁允福)을 동서로호소사(東西路號召使)에 임명하였다.」

— 〈선조실록〉(1592년 4월) —

모두가 문신들이다. 특히 이양원과 박충간은 한성 방어의 책임을 맡았는데 이들도 한강의 해운(海運)과 수운(水運), 그리고 어민들의 저력을 몰랐기에 이 분야를 전략적으로 활용하지 못했다.

한강·임진강·예성강의 민족사적인 해운과 수운

한강, 임진강, 예성강, 강화도가 만나는 지역은 한반도의 수운과 해운의 중심지였다. 고구려 패망 후 당나라는 한반도를 차지하기 위해서 20만 대군을 매소성(연천)을 중심으로 주둔시켰다. 이에 신라는 당시의 해운과 수운력으로 임진강 입구를 봉쇄함으로써 당나라는 한반도를 포기하게 되었다.

육군사관학교 박물관에서는 '고구려·백제·신라 시대에는 이 지역을 차지하는 세력이 한반도를 지배했고, 임진강 양안에 있는 옛 고성의 유적이 55개나 된다' 는 놀라운 사실을 근년에 발표했다.

고려의 왕건은 이 지역의 해운세력이었고, 몽고와의 40년 항쟁도 이 지역의 해운세력이 강화도를 지켰기 때문에 가능했으며, 삼별초의 진도·제주도에서의 항쟁사도 이 지역 해군이 중심이었다.

그 후 중국을 통일한 원(元) 나라는 중국의 해군력을 바탕으로 삼별초를 멸망시켰다. 고려 말에 와서 국경이 북쪽으로 옮겨져서 적유령과 강남산맥으로 정해졌기 때문에 고려는 그 지역에 천리장성을 쌓으려고 했으며, 조선왕조 시대에는 국경선이 압록강과 두만강으로 북상(北上)했기 때문에 4군과 6진을 쌓았다.

임진왜란이 일어나자 조정에서는 임진강을 막아서려고 했지만 고구려의 옛 성들은 주춧돌만 남아 있었다. 그래서 평지에 진을 치고 있었는데 왜군과 한 차례 충돌하자 전군이 흩어지고 패주했다.

한편, 충무공의 장계를 가지고 올라간 군관들에게 중·소형 포작선(어선)의 활약상이 알려지자 서해안 포구와 도서지역에서는 소·중형 선박들을 동원한 수군형 의병이 일어났다.

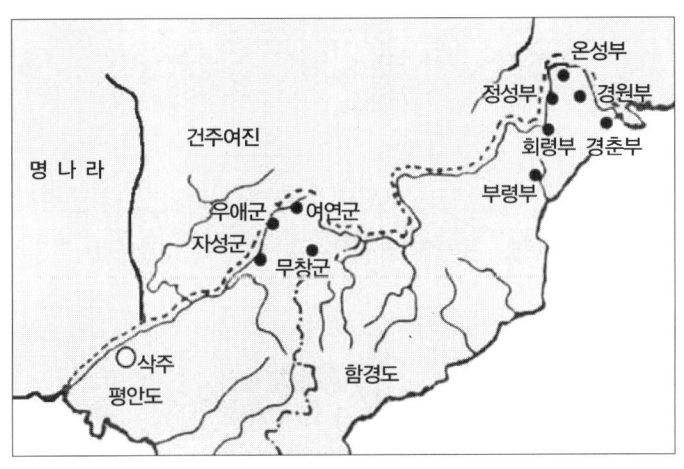

조선시대의 국경과 육진

조정에서는 그제야 강화도 일대에 어선·상선·화물선 600여 척이 피난 와 있음을 알았고, 이 선박들을 동원해서 의주의 조정과 남쪽 여러 도들 간의 내왕을 시작했다.

선조가 피난길에 올랐을 때 궁중 여인들과 어린이들은 마포나루에서 곧장 강화도로 보냈어야 했다. 하지만 시문놀이와 붓글씨 체질의 조정은 '해운과 수운에 맹(盲)'하여 의주까지의 멀고먼 육로를 공포에 질린 채 굶어가며, 절룩거리며, 울면서 갔다.

행주대첩 때는 이들 600여 척의 선단이 한강을 뒤덮고 있었기 때문에 왜군들은 육지 쪽으로만 공격을 했고, 그 결과는 왜군의 패배로 끝났다. 행주성 전투가 끝나자 권율의 군대는 이들 선단 편으로 파주로 이동했고, 왜군들로서는 파주의 가파른 산성(山城)에서 지키고 있는 권율 군의 화약무기가 두려워서 공격을 단념하고 만다.

이 같은 작전은 유성룡과 권율이 주도하였는데, 그 뒤에는 제갈량 같은 이순신이 전략과 전술의 구상은 물론 해군의 명사수와 화약무기들을 보내주었기에 가능했다.

동양권의 해운과 수운사

아래는 중국의 천년 전 무덤에서 출토된 소형 선박의 목각모형이다. 고구려, 백제, 고려에도 이와 같은 배가 있었다.

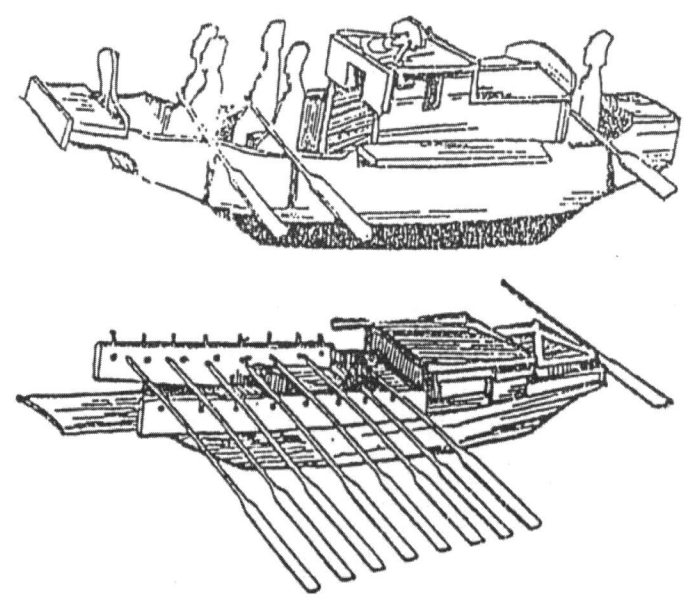

다음에서 보는 그림은 구한말 한강·임진강·대동강을 오르내리던 상선으로, 병선으로 치면 중형선(협선) 급이다. 이 상선들은 요동과 산동반도까지 활동무대로 삼았다. 여러 명의 노꾼이 있었으며, 강한 추진력으로 강물이 불어나거나 파도가 심해도 기일에 맞춰 목적지에 도착할 수 있었다. 이들 상선에 방패를 세우고 대포를 실으면 그대로 전투함이 된다.

대동강의 상선

조선시대의 대형 수송선

조선 조정은 임진왜란 전에 한강·임진강·예성강의 선단으로 한강을 막아설 구상을 했어야 했다.

4. 파천 직전에 일어난 사건들

「(4월 28일) 충주에서 패전했다는 보고가 올라오자 임금이 대신과 대간들을 불러들여 만나보고 파천(播遷: 왕의 피란)에 대한 논의를 처음 꺼내었다. 그러자 대신 이하 모두들 울면서 안 된다고 극력 말하였다.

김귀영(金貴榮: 중추부 영사): "종묘와 왕릉(園陵)이 모두 이곳에 있는데 이곳을 버리고 장차 어디로 간다는 말입니까? 응당 도성을 굳게 지키면서 외부의 응원군을 기다려야 합니다.

신잡(申礁: 우승지): 전하께서 만약 신의 말을 듣지 않으시고 끝내 도성을 버리고 떠나신다면 신의 집에는 80살 나는 노모가 계시므로 신은 종묘의 대문 밖에서 자결하려고 합니다. 감히 전하의 뒤를 따라가지 못하겠습니다.

박동현(朴東賢: 수찬): 전하께서 일단 도성 문을 나가시면 인심은 걷잡을 수 없게 될 것이고, 전하의 가마를 메고 가던 사람들도 길모퉁이에 가마를 내버리고 달아날 것입니다."

이렇게들 말하면서 목 놓아 통곡했다. 그러자 임금은 낯빛이 변하여 갑자기 내전으로 들어가 버렸다.」

－〈선조실록〉(1592. 4. 28.)－

김귀영, 신잡, 박동현 등은 핵심적인 조정 문신들이다. 그런데 이들의 주장은 선조가 한성에 눌러앉아 왜적의 포로가 되어 송상현 부사처럼 목 베임을 당하라는 것처럼 들린다.

> 「당시 대신 이하 모두가 매번 임금 곁에 들어올 때마다 도성을 버리고 떠나는 것이 부당하다고 건의하였으나 오직 영의정 이산해(李山海)만은 그저 울기만 하다가 밖으로 나가서 승지 신잡에게 말하기를, "옛날에도 피난한 사례가 있다"고 하였으므로, 모두들 웅성거리면서 이산해에게 죄를 덮어씌웠다. 사헌부와 사간원에서 연합하여 그를 파면시키자고 청했으나 임금은 오히려 승인하지 않았다.
> 이때는 이미 도성 안의 백성들이 모두 뿔뿔이 흩어져 달아났으므로 아무리 도성을 굳게 지키고 싶어도 그렇게 할 형편이 못되었다.」 　　　　　　　－〈선조실록〉(1592. 4. 28.)－

대신 이하 모두들 이렇다 할 대책도 없이 파천을 반대했다. 그렇다면 파천 반대론자들의 주장은 선조가 포로가 되고 조선왕국이 문을 닫아야 한다는 것인가?

사헌부와 사간원에서 이산해의 파직을 청했다는데, 때가 적절치 않았다. 또 이산해가 주장한 파천론이 당시로서는 최선의 방안이었음에도 불구하고 군사학의 이치를 모르는 대간들은 탄핵을 하는 데에만 열을 올리고 있는 모습이다.

조정이 이러한 논쟁에 빠져 있을 때 정작 한성 방어의 주병력이 되어야 할 한성의 백성들은 도성을 빠져나가고 있었다.

조정에서의 파천 논의는 대외비로 진행되었다. 그러나 조정 대신들이 퇴궐한 후 하인과 종들에게 은밀히 피난갈 준비를 서두르게 함으로써 이일의 상주 패전 소식은 물론 조정에서의 피난 논의도 그날로 온 장안에 퍼지고 말았다.

「사람들이 두려워하는 마음을 가지기 때문에 임금이 대신들에게 말하기를, "목성(歲星)이 비치는 나라를 치는 자는 반드시 그 재앙을 받는 법이다. 지금 목성이 연(燕) 분야에 있으니(*고대 천문학에서 중국의 전역을 9개 주로 나눌 때, 燕나라는 동북 지방을 나타내고, 조선은 燕나라 지역에 속했다) 적은 반드시 스스로 멸망하고 말 것이다."라고 하였다. 조금 뒤에 또 지시를 내려 안심시켰다.」 −〈선조실록〉(1592. 4. 28.)−

이와 같은 상황에서 선조는 점성술로 민심을 안정시키려 했다.

「임금이 선정전(宣政殿)에 나가서 징병체찰사(徵兵體察使) 이원익(李元翼)과 최흥원(崔興源)을 만나보았는데, 우부승지 신잡(申磼), 주서(注書: 승정원의 일기 담당자) 조존세(趙存世), 가주서(假注書) 김의원(金義元), 봉교(奉敎) 이광정(李光庭), 검열(檢閱) 김선여(金善餘) 등도 들어와 참가하였다.
임금이 이원익에게 말했다.
"경은 전에 안주(安州: 청청강 입구)를 다스릴 때 관서지방 백성들의 민심을 크게 얻었기 때문에 그들은 지금까지 경을 잊지 못한다고 한다. 경은 평안도로 가서 늙은이들을 타일러 인심을 수습하도록 하라. 적들이 깊숙이 쳐들어와 남쪽 여러 고을들이 날마다 함락되는데, 만약 적들이 경성 가까이 들이닥친다면 서쪽으로 옮겨가야 할 것이다. 이런 뜻을 경은 분명히 알아야 할 것이다."
원익이 절을 하며 "잘 알겠습니다."고 하였다.

제8부 임진왜란은 한강에서 막을 수 있었다 219

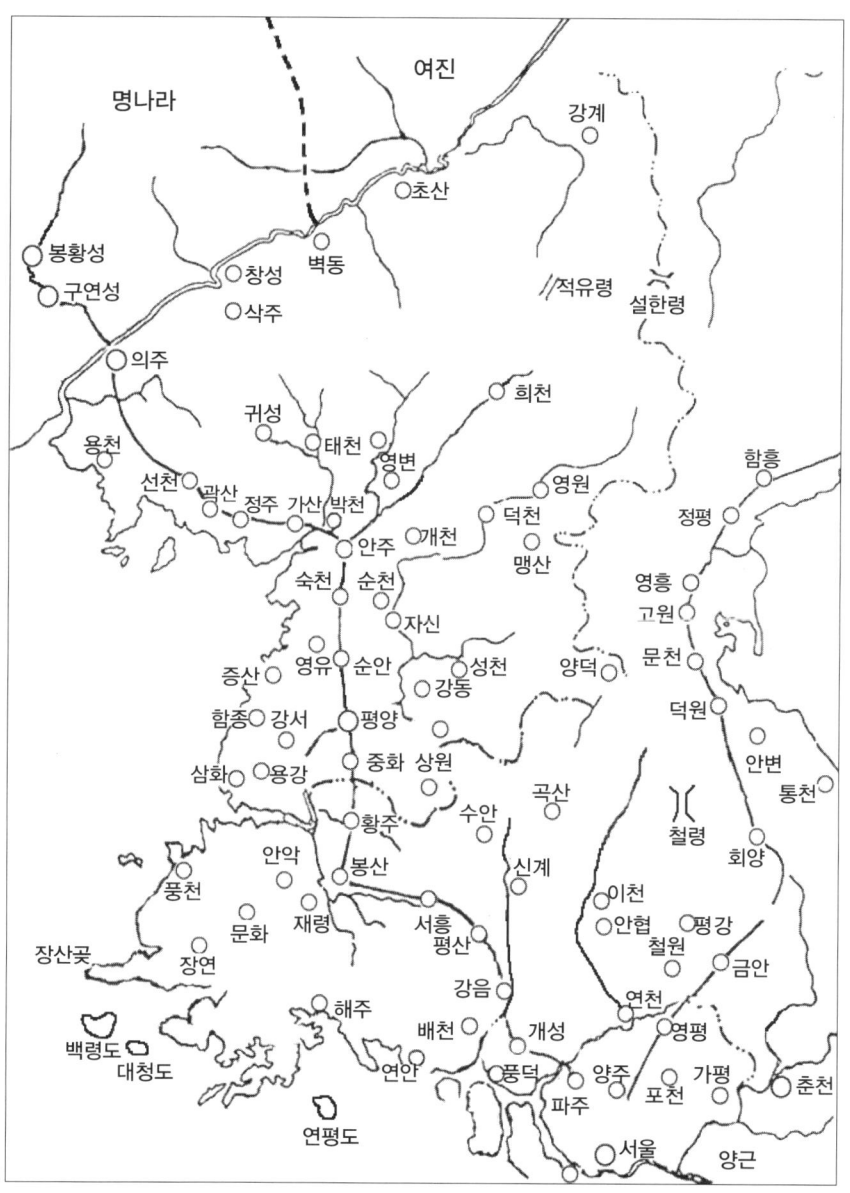

〈선조와 왕자들의 피난길〉

임금이 또 최흥원에게 말하였다.

"경은 해서(海西) 지방의 관찰사로 있었는데, 해서의 백성들이 지금까지 경을 흠모한다고 한다. 그런데 지금 인심이 흙 담 무너지듯 기왓장 흩어지듯(土崩瓦解) 해서 윗사람을 극진히 대하고 어른을 위해 목숨을 바치는 의리가 없어졌다. 경은 황해도로 가서 늙은이들을 불러 모아놓고 선왕들이 베풀어준 깊고 두터운 은혜에 대하여 잘 타일러줌으로써 그들의 마음을 단결시켜 놓은 다음 군사들을 모집하여 혹시라도 배반하지 않도록 단속하여 행차를 맞이하도록 하라."

최흥원이 지시를 받고 원익과 함께 하직인사를 한 다음 물러나와 그 날로 길을 떠났다.」   -〈선조실록〉(1592. 4. 28.)-

이원익과 최흥원은 임금의 피난을 위한 선발대로 이원익은 평안도로, 최흥원은 황해도로 출발했다.

「(4월 29일) 광해군을 세워 세자로 세웠다. 세자가 동궁(東宮)으로 나오니 백관들이 축하의 인사를 하였다. 김명원(金命元)을 기복(起復: 상중에 있는 사람을 임금의 명령으로 기용하는 것)하여 도원수로 삼고, 신각(申恪)을 부원수로 삼아 한강에 주둔하게 하고, 변언수를 유도대장(留都代將: 도성에 남아 지키는 장수)으로 삼았다.」   -〈선조실록〉(1592. 4. 29.)-

4월 20일경, 경성 도검찰사(京城 都檢察使)에 이양원이 임명되었고, 4월 29일 저녁 무렵에는 신립의 패전소식을 듣고 한강 방어를 맡을 수뇌진들이 임명되었다. 그러나 때늦은 인사였으므로 비록 제갈량이 있었다 한들 별 수 없었을 것이다. 세자 책봉을 놓고 그간 광해군과 신성군을 중심으로 당쟁이 있어 왔는데, 피난을 앞두고 광해군이 세자로 결정되었다.

「이때 파천(播遷) 문제에 대한 논의는 이미 결정되었다. 그러자 종실(宗室) 해풍군 기(耆) 등 수십 명이 대궐문을 두드리며 통곡하므로, 임금이 지시하기를 "마땅히 경들과 더불어 죽음을 각오하고 떠나지 않겠다."고 하자 그들은 물러갔다.」
-〈선조실록〉(1592. 4. 29.)

선조는 종친 대표들에게 지키지도 못할 거짓말을 했다.

「임금이 윤두수에게 행차를 호위하여 따르게 하고, 김귀영과 윤탁연(尹卓然)에게는 임해군 진(珒: 공빈 김씨 소생, 18세)을 모시게 하고, 한준(韓準)과 이기(李墍)에게는 순화군 보(珤: 순빈 김씨 소생, 12~14세)를 모시고 함경북도로 빨리 가라고 지시하였다.」
-〈선조실록〉(1592. 4. 29.)-

신립의 패전 소식을 듣고서 취한 긴급조치들이다.

「이날 밤에 호위하는 군사들이 전부 흩어져 가고 없어서 대궐 문(宮門)에 자물쇠를 잠그지 못하였고, 대궐의 물시계(禁漏)는 시간을 알리지 못하였다.」   -〈선조실록〉(1592. 4. 29.)-

대궐을 지키던 금위군(禁衛軍) 군사들이 임금보다 먼저 도망을 갔다. 금위군이 먼저 도망을 갔다는 것이 도저히 이해되지 않는 일이지만, 이 같은 의문에 답을 주는 것이 이일 장군의 장계이다.

조정을 마비시킨 이일의 장계

 한성에서는 신립의 종들로부터 패전의 소식을 듣고 모두가 경황이 없었다. 그 와중에 이일이 올려 보낸 장계에는 '적이 오늘내일 사이에 도성에 도달할 것'이라는 내용이 있었으므로, 이 장계를 본 조정은 발칵 뒤집히고 말았다.

「조금 후에 이일의 장계가 도착하였다. 그러나 궁중의 호위군사(衛士)들은 이미 모두 흩어져버렸고, 시간을 알리는 종소리(更漏)조차 울리지 않아서 시간도 알 수 없었다. 가까스로 선전관청에서 횃불을 얻어다가 이일이 올린 장계를 읽어 보니, "적군이 오늘내일 사이에 도성에 이를 것이다."는 말이 있었다.
 임금께 장계가 들어간 지 한참 만에 인정전 앞의 불빛이 있는 곳에 사람들의 말소리가 떠들썩하여 급히 달려가 보니, 궁인들이 길을 꽉 메워 나가고 있었으며, 사복시의 관원이 이미 임금이 타는 말을 동쪽 섬돌 밑에 세워 놓고 있었다.
 밥 한 끼 먹을 동안에 임금께서는 대궐 안에서 군복 차림에다 활과 화살을 메고 나오셔서, 말을 타고 궁궐을 나가셨다.
 이날 밤에 삼청(三廳: 궁중을 지키고 임금을 호위하던 내금위, 우림위, 겸사복 세 부서)의 호위 군사들은 모두 흩어져 달아났는데, 캄캄한 어둠 속을 빨리 달아나다보니 서로 부딪혀도 누가 누구인 줄도 알 수 없었다.
 우림위의 지귀수(池貴秀)는 내가 평소부터 잘 알고 있던 사람인데, 때마침 그 또한 여러 사람들을 따라 달아나다가 내 앞을 지나가는지라, 내가 지귀수를 불러서 말했다. "임금의 행차가 곧 떠나려고 하는데, 너희들이 어찌 감히 이럴 수가 있느냐."라고 하니, 귀수가 말하기를, "어찌 감히 있는 힘을 다하지 않을 수 있겠습니까" 하고서는 즉시 자기 무리 두 사람을 불러왔으므로, 책임을 지고 어가를 호종하라고 지시하였다.

또 내가 내의원 제조(提調: 총책임자)로 있었기 때문에 하인(下人: 내의원)들과 약속하여 흩어져 떠나지 말도록 하였기에, 하인 19명도 또한 어가를 따라가게 되었다.

경복궁 앞을 지나갈 때 길 양쪽에서 백성들의 우는 소리가 끊어지지 않았다. 승문원(承文院)의 서원(書員: 외교문서 담당자) 이수겸이 다가와서 나의 말고삐를 잡고 통곡하며 물었다.

"승문원에 보관된 문서는 어떻게 처리해야 합니까?"

내가 그 중에서 중요한 것들만 챙겨서 뒤쫓아 오라고 하니, 수겸은 울면서 돌아갔다.」 -〈징비록〉-

5. 도시락 준비도 없이 굶으면서 떠난 피난길

「(30일) 새벽에 임금이 인정전(仁政殿)에 나오니 모든 관리들과 사람들, 말들이 대궐 뜰을 가득 메우고 있었다.

이날 하루 종일 큰비가 퍼부었는데, 임금과 세자는 말을 타고, 왕비는 지붕 있는 가마를 탔다. 숙의(淑儀) 이하는 홍제원까지 이르러 비가 너무 세차게 퍼붓는 바람에 가마를 버리고 말을 탔다. 궁녀들은 모두 통곡하면서 걸어갔으며, 종친들과 따라가는 문관과 무관들은 그 수가 1백 명도 되지 않았다.

점심은 벽제관에서 먹었는데, 왕과 왕비의 수라만 겨우 준비

되었고 세자는 끼니를 걸렀다.」 -〈선조실록〉(1592. 4. 30.)-

　조정은 피난길에 먹을 도시락과 떡은 물론 누룽지조차 준비하지 못한 비실용적인 집단이었다. 수라간에서 쌀 몇 가마니라도 싣고 갔어야 했지만, 평소 붓글씨 쓰기와 시문놀이에 젖어서인지 이 같은 준비를 하지 못했다.
　빈들이 가마(轎子)를 버린 것은 피난 도중에 가마꾼들이 도망쳐버렸기 때문이다. 궁인들은 통곡을 하면서 걸어서 따라갔는데, 의주까지 가야 하는 멀고도 먼 피난길의 시작이었다.
　세자가 끼니를 걸렀을 정도였다면 다른 사람들은 물론 굶었을 것이다. 창졸간에 겪은 일이어서 그렇게 됐다고 할 수도 있겠지만, 아무튼 당시 조정은 피난 준비조차 제대로 해내지 못하는 무능한 샌님 집단이었다.
　최소한 왕비나 궁인들만이라도 마포에서 배편으로 강화도나 개성으로 보냈다면 이렇게까지 처참하지는 않았을 것이다. 도중에 쉬면서 끼니를 해결할 수 있는 밥집도 많았으며, 길 안내를 맡을 김포군수와 강화도 부사, 그리고 강화도에는 경기수군절도사의 군영도 있었기 때문에 선조의 피난길은 한결 수월했을 것이다.
　민족사적으로도 강화도는 조정의 좋은 피난지였고, 거리상으로도 한성과는 지척이다. 그러나 수운의 이치를 연구한 사람이 조정에는 아무도 없었던 것 같다.

　　「저녁에 임진강 나루에 닿아 배에 올랐다. 임금이 모시고 가는 신하들을 보더니 한참 동안 엎드려 통곡하였다. 곁에 있던 사람들도 모두 눈물을 흘리면서 임금의 얼굴을 감히 쳐다보지 못하였다. 하늘은 흐리고 밤은 칠흑같이 캄캄한데 등불 하나 없었다.

　밤이 깊어서야 겨우 동파(東坡)에 닿았다. 임금은 배를 가라앉히고 나루를 끊어버리게 하고 가까운 곳의 인가도 철거시키라고 지시했다. 이는 적의 군사들이 그것을 헐어다가 뗏목으로 이용할 염려가 있었기 때문이다. 모든 관리들은 굶주리고 지친 몸으로 촌가에 흩어져서 밤을 보냈는데, 강 길이 막혀서 건너지 못한 자들이 절반이 넘었다.」　-〈선조실록〉(1592. 4. 30.)-

선조는 임진강 나루에서 통곡을 했다. 아래는 〈징비록〉에서다.

　「사현(沙峴. 사직터널이 있는 고개 아니면 무악재인 듯)에 이르니 동쪽이 이미 훤하게 밝아 왔다. 남대문 안 방향을 돌아보니 큰 창고에 불이 일어나서 연기가 공중으로 치솟아 올라갔다. 사현을 넘으니 비가 오기 시작하였다. 석교를 지나가는데 덮개가 없는 가마 한 채가 길가에 버려져 있었다. 아마도 내전께서 먼저 떠나셨는데 이를 메고 갈 사람이 없어서 버리고 간 듯하였다.
　연서역에 도착하니 경기감사 권징이 뒤따라 와서 임금을 호위하여 따랐다. 벽제역에 이르자 비가 많이 내렸다. 임금께서 벽제역 안에서 조금 휴식하고는 곧 길을 떠나셨는데 따라온 관원들이 이곳에서부터 되돌아가니, 도성으로 돌아가는 사람이 매우 많아졌다. 대간 남근, 정사신 등도 모두 뒤에 떨어져 있었다.
　혜음령을 넘으니 비가 더욱 심하게 왔다. 궁인이 약한 말을 타고 소매로 얼굴을 가리면서 울고 있었는데, 울부짖는 소리는 차마 들을 수가 없었다. 파주의 마산역은 그냥 지나고 들어가지 않았다.

세자가 길가의 빈 집에 들어가므로 나는 길가에서 멈추고 있었는데, 조금 있다가 세자가 나와서 그를 뒤따라갔다.
　밭 가운데서 어떤 사람이 울부짖으며 말하기를 "나라님이 우리를 버리고 가시면 우리들은 누구를 믿고 살라는 겁니까?" 하였다.」
-〈징비록〉-

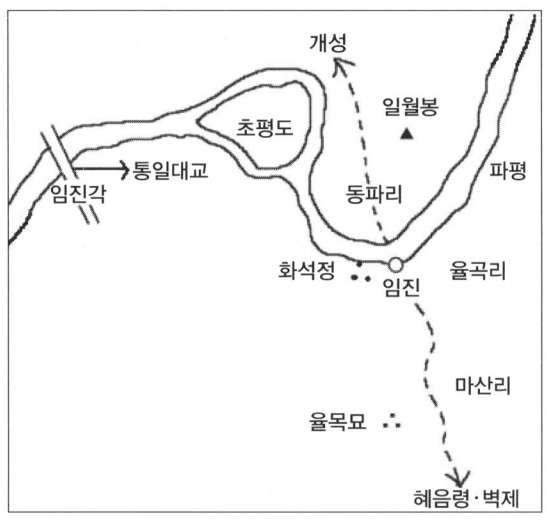

　경기감사 권징은 경기도의 수군과 육군은 방치해 두고 임금의 행차를 호위하면 따라간다(扈從)는 명분으로 몇 사람의 수하 군사들과 함께 어가를 따라가고 있다.

　궁인들은 사랑하는 가족과 작별인사도 하지 못한 채 어가를 따라가면서 절망 속에서 울었다.

　옛날에는 비가 오면 짚신 발로 다니기가 어려웠다. 또 비를 맞으면 병이 나기 쉽고 또 습도가 높아서 활을 사용하기에도 어려웠기 때문에 군사 행동을 하지 않는 것이 상식이었다. 아무튼 이 비로 인해 한성의 방위사령부는 꼼짝도 하지 못했을 것이다.

엎친 데 덮친 격으로, 경복궁을 불태운 백성들은 한강과 한성을 지킨다는 김명원과 이양원의 명령에 따르기는커녕 돌팔매질을 하려고 했고, 이에 김명원은 사복으로 갈아입고 황급히 도망쳤다.

「임진강에 이르니 날은 이미 저물어 가고 비는 조금 그쳤다. 임금께서 배 안에 계시면서 영상(영의정 이산해)과 나를 불러보시고 울고 계셨으며, 신하들도 또한 울었다.

임금께서 말하시기를, "내가 평일에 주색에 빠지기까지는 하지 않았는데도 이런 일을 만나게 되었구나." 하시었다. 또 말하시기를, "내가 경들에게 국정을 맡겼는데도 오히려 이 지경에 이르게 되었구나." 하므로, 신하들은 대답할 말이 없어서 다만 손으로 땅바닥만 짚고 가만히 있을 따름이었다.

이 날은 임금께서 종일토록 음식을 드시지 않았는데, 내관을 돌아보시고서 손수 장과(長瓜: 기다란 오이) 두 개를 집어서 두 신하(李山海, 柳成龍)에게 내리시고, 또 소주를 술잔에 부어내리도록 하셨으나, 나는 술을 마실 수가 없었다.

임금께서, "국가가 다행히 중흥하게 되려면 당연히 경들에게 힘입어야 할 것이니, 모름지기 자기 몸을 아끼기 바라오." 하시기에, 나는 또 고개를 숙이고 감당할 수 없다고 사양하였다.

이미 북쪽 언덕으로 건너오니, 날이 캄캄하게 어두워서 어떤 물체도 분변할 수가 없는데 비는 물을 퍼붓듯이 쏟아졌다. 내전과 궁빈들이 모두 배에 타고 있었으나 노 젓는 사공이 없어서 배가 떠날 수가 없었다. 내가 몸소 나가 노 젓는 사람을 불러와야 했는데, 입술이 타고 목소리가 쉬고 나서야 겨우 모시고 떠나갈 수가 있었다.

임진강 남쪽 언덕에 승청(丞廳)이 있는데, 임금께서 왜적이 이곳에 와서 승청을 헐어 뗏목을 만들고 강을 건너올까 염려하여 불태우게 하였는데, 불빛이 수 리(里)를 비추어서 이 불빛 때문에 간신히 길을 찾아 갈 수가 있었다.」   -〈징비록〉-

이 같은 일을 당하지 말라고 율곡은 선조에게 〈진시폐소(陳時弊疏)〉와 〈만언봉사(萬言封事)〉 상소문을 올렸으며, 10만 양병(養兵)을 건의했다. 하지만 선조는 이 같은 조언을 수용하지 않았고, 시문 짓기(記誦詞章)와 붓글씨 쓰기에 빠져 왜란 대비를 소홀히 했다. 그 결과 임진강을 건너면서 피눈물을 쏟는 왕이 되었다.

'승청(丞廳)을 불태우자 불빛이 수리를 갔다'고 했는데, 승청은 수백 명 정도의 관리와 군사들이 묵을 수 있는 역사(驛舍)이며, 크기는 수백 칸의 건물 규모였기 때문에, 불을 태웠다면 실제로 몇 리(1리는 393m)까지 가는 조명효과가 있었을 것이다.

한편, 율곡이 선조가 이렇게 피난갈 것을 미리 예견하고 파주의 화석정 마루에 기름을 먹여 두었다는 전설이 있는데, 그러나 이를 뒷받침하는 기록은 없다. 또 화석정은 임진나루에서 약 500m 거리에 있고, 화석정의 크기는 두 칸 정도의 건물이므로 불이 났다면 큰 모닥불 정도에 지나지 않았을 것이다. 따라서 '몇 리를 가는 조명효과'는 없었을 것이다.

아래는 숙종 42년(1716년)에 세운 율곡 이이(李珥)의 묘비에서 인용한 것이다.

「선생은 덕수(德水) 이씨(李氏)로 이름(諱)은 이(珥)요, 자(字)는 숙헌(俶獻)이다.… 자품(資品)이 영수(英秀)하여 경사(經史)에 널리 통하였는데, 병신년(중종 31, 1536) 12월 26일 강릉에서 태어났다.」

율곡의 특징을 經·史學에 밝은 데 있다고 기록했다. 하지만 20세기에 와서는 經·史學이 실종되었기에, 오늘날 經·史學으로 율곡을 연구한 연구물을 만나기는 어렵다. 그래서 율곡의 經·史學도 재조명해야 하는데, 〈진시폐소〉와 〈만언봉사〉가 그 첫 걸음이 될 수 있다. 그 이유는, 이 상소들은 사서오경의 첫 걸음 격인 격물·치지·성의·정심을 골격으로 삼고 있기 때문이다.

6. 하늘에서 통곡했을 율곡의 혼령

만약 선조가 임진강을 건너며 통곡하는 모습을 율곡의 혼령이 보았다면, 그 혼령은 앞으로 조선 백성들이 흘릴 피눈물을 생각하며 그날 화석정에서 통곡을 했을 것이다.

율곡의 상소문 〈진시폐소(陳時弊疏)〉

아래는 율곡이 임진왜란이 일어나기 10년 전 선조에게 올린 〈진시폐소〉 상소문이다. 율곡은 이 상소에서 선조가 붓글씨와 시문놀이의 기송사장에 젖어 격물·치지를 모른다며(세상의 이치를 모른다고) 완곡하게 나무라고 있는데, 이 같은 정신이 율곡의 사상이다.

「옛날부터 한 국가의 최고 지도자가, 비록 그 정치적 역량이 매우 미약하다 하더라도, 어찌 자기 나라가 망하기를 바랐겠습니까? 그러나 정치적 역량이 미약한 지도자는 지혜가 밝지 못하기 때문에(국가 經·營에 있어 큰 깨달음, 즉 致知의 경지에 이르지 못하기 때문에) 어지러운 사회를 보고 잘 다스려진다 하고, 간사한 사람을 보고 충성스럽다 하는 것이며, 또한 마음이 바르지 못하기 때문에 어진 사람의 도리가 지켜지는 것을 꺼리고, 간사한 사람이 자기에게 아첨하는 것을 기쁘게 생각하는 것입니다.

지금 전하께서는 타고나신 성품이 성스러우셔서 욕심이 적고 청수(淸秀)하며, 공손하고 검소하셔서 국민들에게 친절하신 것은 조금도 모자람이 없으십니다.

옛날에 정치를 논의하였던 사람들은 반드시 격물·치지(格物·致知)와 성의(誠意)·정심(正心)을 국정 經·營의 근본으로 삼았습니다(必以格致誠正爲本). 그것은 격물·치지가 아니면 앎(智)이 이치에 밝지 못하고(不格致, 則智不燭理), 성의(誠意)·정심(正心)이 아니면 마음이 이치를 따르지 못하기 때문입니다(不誠正, 則心不循理).

앎이 이치에 밝지 못하면 사·정(邪正)과 시·비(是非)를 분별할 수 없고, 마음이 이치를 따르지 못하면 어진 사람을 등용해서 국민을 편안히 해 줄 방도를 시행할 수 없습니다(無以施任賢安民之術).

전하께서 즉위하신 지 16년이 되었는데도 정치는 나아짐이 없고 오히려 위태롭고 쇠망해 가는 양상이 앞에서 지적한 바와 같으니, 이는 혹시 전하께서 격물·치지, 성의·정심하는 노력이 모자라서 그런 것은 아닙니까?" ―〈진시폐소(陳時弊疏)〉―

'어지러운 사회를 보고 잘 다스려진다 하고, 간사한 사람을 보고 충성스럽다 하는 것'이라고 비판하였는데, 선조가 보위에 오른 후 붓글씨와 시문에 능한 인재를 충성스럽다고 보고 등용한 것을 비판한 것이다. 뒤에서 살펴보겠지만, 훗날 선조가 고니시 유키나카를 하늘이 보낸 사람으로 보고 원균을 통제사에 임명한 것도 '간사한 사람을 보고 충성스럽다'고 보았던 사건이다.

명종 임금이 후사 없이 갑자기 승하하자 명종의 4촌인 16세의 하성군이 보위를 이었는데 그가 바로 선조다. 선조는 세자를 거치지 않았기 때문에 세자 때 받았어야 할 국가 經·營의 학습인 서연(書筵) 교육을 받지 못했다. 그 대신 하성군 시절부터 열심히 연마해온 시문 짓기와 붓글씨 쓰기에 계속 빠져 있었다.

선조가 율곡의 이와 같은 성학(聖學)론을 듣고 공효(功效)를 쌓는 데 노력했다면 군영 經·營과 경국제민 經·營의 이치에 밝은 이순신이나 제갈량 같은 인재들을 가려 뽑을 수 있었을 것이다. 또 임진왜란을 앞두고는 일본의 동향도 손바닥 들여다보듯 알 수 있었을 것이다. 그러나 선조는 기송사장(記誦詞章: 격물·치지의 공효 쌓음 없이 암기나 주입식으로 배워서 문자나 쓰고 시문이나 지으면서 유식한 척하는 것)의 체질이었으므로 율곡의 상소문을 시문 놀이형 잔소리 정도로 수용하고는 깨우침을 얻으려 하지 않았다.

율곡의 '10만 양병'설에 대해 일부 학자들은 율곡이 주역으로 점을 친 것이라고 말하기도 한다. 그러나 실은 율곡이 병조판서와 이조판서를 거치면서 국방과 관련한 문제들을 격물·치지로 따져 본 결과였다.

선조는 율곡의 이 같은 조언에 따라 군사학(자료 3에서 A쪽)과 인성학(자료 3에서 B쪽) 양쪽으로 수도(修道)하는 군왕이 되었어야 했다. 그렇게 수도한 군왕들로는 세종대왕과 정조대왕이 있다.

율곡의 상소문 〈만언봉사(萬言封事)〉

다음은 임진왜란 18년 전에 올린 상소문인 〈만언봉사〉이다. 율곡은 이 상소에서도 선조가 붓글씨와 시문놀이를 줄이고 격물·치지·성의·정심 등을 經으로 삼아 국가 經·營에 매진함으로써 성군(聖君)이 되기를 바랐다.

격물·치지라는 단어를 국어사전에서 찾아보면, '이치를 끝까지 규명해서 진심으로 아는 것'이라고 되어 있는데, 국어학적으로는 이해가 되지만 그 참 뜻은 알기가 쉽지 않다.

고등학교에서는 윤리시간에 아래와 같은 짤막한 내용으로 배우고 있는데, 학생들은 뜻도 제대로 모르면서 암기하고 시험을 본 후에는 바로 잊어버렸을 것이다.

> 「격물치지(格物致知)와 성의정심(誠意正心)은 수신을 위한 공부이고, 제가(齊家)와 치국(治國) 및 평천하(平天下)는 수신의 결과라. 우리의 전통윤리에서도 수신(修身)을 수양의 근본으로 삼았다. 한편, 유학에서는 인격적으로 완성된 사람을 군자나 성인(聖人)이라고 하는데, 성리학은 이와 같은 성인이 되는 것을 학문의 목표로 삼고 있기 때문에 성학(聖學)이라고도 한다. 주자(朱子)는 성인이 되기 위해서는 먼저 자기 자신을 포함한 세계의 참모습에 대하여 밝게 알아야 하며(格物致知), 양심을 보존하고 본성을 함양하면서 나쁜 마음이 스며들지 않도록 잘 살펴서 단호하게 물리쳐야 한다(存養省察)고 주장하였다.」
>
> ─〈고교 윤리교과서〉

〈진시폐소〉와 〈만언봉사〉에는 격물·치지·성의·정심에 대한 원리와 그 중요성이 들어 있다. 그러나 임금을 위해서 쓴 것이므로 수준이 높아서 현대인을 위한 교재로는 적합하지 않다.

그런데 격물·치지·성의·정심을 經으로 삼고, 이순신의 문집을 史로 해서 조명해 보면, 격물·치지는 초등학생의 눈높이에서도 가르칠 수 있음을 알 수 있다. 즉, 선조는 〈만언봉사〉를 실천하지 않았기 때문에 〈만언봉사〉 해독을 위한 모델이 될 수 없다. 그러나 〈만언봉사〉를 실천한 사람은 이순신이며, 그래서 이순신은 성자가 되었기 때문에 〈만언봉사〉 해독을 위한 모델로 삼을 수 있다.

「성학(聖學) 공부를 열심히 하여 성의(誠意)와 정심(正心)이 실제로 마음 속 깊이 간직되도록 하여야 한다는 것에 관하여 말씀 올리겠습니다.

이미 앞에서 지적한 큰 뜻이 세워졌다 하더라도 그 뜻은 반드시 학문을 통하여 내면화된 다음에야 언행(言行)이 일치되는 것이고, 표리(表裏)가 서로 돕게 되어 뜻이 행동과 어긋나지 않게 되는 것입니다. 그런데 학문을 하는 방법은 성현들의 교훈에서 많이 발견되는 것이지만 그 커다란 요점으로 세 가지를 지적할 수 있습니다.

그 요점 세 가지가 바로 궁리·거경·역행(窮理·居敬·力行)인 것입니다. 안으로는 자기 자신의 내면적 이치를 깊이 살펴야 하는데, 그 살핌에는 풀, 나무, 새, 짐승 등에 관해서 각각 그에 합당한 존재 이치(고유의 이치)가 있다는 것을 알아야 한다는 것입니다. 가정생활에 있어서는 부모에게 효도해야 하고 인륜에 어긋나지 않는다는 근본적인 이치를 잘 살펴야 합니다. 그리고 사회생활에 있어서는 현명함과 어리석음, 올바른 것과 거짓, 순수

함과 조잡함, 공교함과 졸렬함 등을 올바르게 가려내야 합니다.

또한 일을 처리함에 있어서는 옳은 것과 그른 것, 얻음과 잃어버림, 안전함과 위태로움, 다스려짐과 혼란해짐 등에 관한 조짐을 상세하게 살펴야 합니다.

궁리에 관한 이와 같은 문제들은 반드시 독서를 통하여 옛일들을 상고(詳考: 經·史학적 독서로서 교훈을 찾는 데 목적이 있다. 따라서 조상들을 칭송하는 문집의 독서, 시문놀이, 흥미 위주의 독서와는 엄연히 구분된다.)함으로써 분명히 밝혀질 것이고, 또한 실제로 느껴질 것입니다. 바로 이와 같은 것들이 궁리의 요체입니다.

거경(居敬)은 움직일 때와 가만히 있을 때를 막론하고 중요시해야 하는 것입니다. 가만히 있을 때에는 마음에 잡념이 생겨나지 않게 하여 항상 마음을 맑은 상태로 텅 비게 할 것이고, 진리의 깨달음 속에 마음을 간직하여 항상 어둡지 않게 해야 합니다. 움직일 때에는 일을 처리함에 있어서 하고 있는 일에 전심전력함(誠意)으로써 다른 일에 대한 생각을 조금도 하지 않게 하고, 그래서 아주 작은 착오도 일으키지 않게 해야 합니다. 몸가짐에 있어서는 반드시 몸을 가지런하게 하고 엄숙한 태도를 가지도록 하여야 하며, 마음가짐에 있어서는 반드시 경계하고 삼가며 두려워하도록 해야 합니다. 이렇게 하는 것이 거경(居敬)을 하는 요체가 됩니다.

역행(力行)은 극기(克己)하는 데 있는 것이기 때문에 기질(氣質)에서 나올 수 있는 병폐를 잘 다스려야 하는 것입니다. 기질에서 나온 좀 지나치게 부드러운 성격은 강인한 성격으로 교정되어야 하고, 기질에서 나온 무기력한 성격은 자립심이 강한 성격으로 교정되어야 하며, 기질에서 나온 지나치게 엄격한 성격은 화기에 찬 성격으로 조절되어야 하고, 기질에서 나온 조급한 성격은 관용이 있는 성격으로 조절해야 합니다.

그리고 기질에서 자신에게 치우치는 일이 생기게 되면 이를 정당하게 판단하여 반드시 공정함에 이르도록 해야 할 것입니다. 이와 같이 하기를 스스로 굳세게 노력하여 잠시라도 게을리 하지 않아야 하며, 바로 이러한 것들이 역행을 하는 요체가 되는 것입니다.

궁리(窮理)는 격물치지(格物致知)의 의미가 되고, 거경(居敬)과 역행(力行)은 성의(誠意)와 정심(正心), 그리고 수신(修身)의 의미가 되는 것입니다. 궁리와 거경, 그리고 역행 셋을 동시에 몸에 익숙하게 하고 동시에 실천해 나가게 되면 이치에 밝아서 어떤 문제에 당면하더라도 이를 잘 처리하게 될 것이고, 내면의 마음이 정직해서 그 정직한 내면의 마음이 그대로 정당하게 밖으로 나타나게 될 것이며, 자신의 개인적인 욕망이 억제되어 인간의 본성(本性)이 그대로 회복될 것입니다.

성의(誠意)와 정심(正心)의 공효(功效)가 몸에 쌓여지면, 성의와 정심은 가정에 영향을 주어 형제들도 그대로 따르게 되고, 나아가 나라 전체에 영향을 주어 교화(敎化)가 잘 행하여져서 풍속이 아름다워지는 것입니다.

주자(朱子)는 "문왕(文王)이 쌓아 올린 정심(正心)과 성의(誠意)의 공효(功效)는 주변 지역의 많은 사람들에게 크게 감동을 주었기 때문에 남쪽 나라 사람들도 문왕의 교화(敎化)에 심복(心服)하였던 것이다."라고 말했습니다. 이 같은 말은 어찌 주자가 사실이 아닌 것을 꾸며서 한 말이라고 하겠습니까?

전하께서는 진리의 길이 멀고 높아서 행하기가 어렵다고 하지 마시기 바라고, 또한 진리 그 자체가 미세(微細)하다고 하여 소홀히 하지 마시기를 신(臣)은 간절히 바라는 것입니다. 전하께서 한가롭게 시간을 보내고 계실 때에는 항상 학문을 계속하여야 합니다. 학문을 함에 있어서는 사서(四書)와 오경(五經), 그리고 선현(先賢)의 격언(格言), 심경(心經), 근사록(近思錄) 등을 돌려가며 읽어야 하고, 책에 나오는 올바른 의미를 깊이 연구하여, 성현의 뜻이 아니면 감히 마음에 생각하지도 않고, 성현의 글이 아니면 감히 보지도 않아야 합니다.

예기(禮記) 옥조(玉條) 편에 나오는 구용(九容)의 내용을 자세히 체인(體認)한 다음, 생각할 때마다 천리(天理)와 인욕(人慾)의 조짐을 잘 살펴야 하는 것이며, 그 생각이 인욕의 조짐을 보이면 과감하게 제거해야 하며, 그 생각이 천리의 조짐에서 나오려고 할 경우에는 그 조짐을 잘 밀고 나가 충만 되게 해야 합니다. 방심(放心)은 반드시 본심(本心)으로 되돌려야 하고, 자신의 사욕(私慾)은 반드시 억제해야 하며, 옷차림은 반드시 단정하게 해야 하고, 바라보는 시선(視線)은 반드시 존엄하게 해야 하며, 기쁠 때와 노여워할 때에는 기쁨과 노여움의 표현에 반드시 조심함이 있어야 하고, 말을 할 때에는 반드시 순하게 해야 하는 바, 이러한 것들을 충실히 수행함으로써 성의(誠意)와 정심(正心)의 공효(功效)를 극진히 할 수 있도록 해야 합니다.」

-〈만언봉사(萬言封事)〉-

초등학생 눈높이의 史例들

'이치를 따진다', '옳은 이치다', '이치에 맞다', '一理(일리)있다', '理財(이재: 비즈니스 분야의 이치)에 밝다', '窮理(궁리: 이치를 끝까지 규명, 격물·치지적 무한 이치 탐구)', '道理(도리: 가야 할 길과 따라야 할 이치, '理判'이라고도 한다)', 事理(사리: 일에 담겨 있는 이치, '事判'이라고도 한다)를 따진다' 등도 격물·치지가 생활화되고 대중화되어 있는 현실 속에서의 사례이며, 이 같은 현실도 격물·치지 교육의 교재가 될 수 있다.

이치에 대해 눈을 뜨기 시작하는 두 살 무렵부터 이치학을 가르칠 수 있는데, 교육 방식은 우선 이치라는 말을 조기(早期)에, 그리고 많이 듣고 사용하도록 하는 것이 중요하다.

- 한글 속의 이치학: ㄱ + ㅏ = 가 (서문 〈자료4〉에서 A쪽 중심)
- 산수 속의 이치학: 3 + 2 = 5 (머리말 〈자료4〉에서 A쪽 중심)
- 블록놀이: 조립과 분해의 이치 (A+B의 이치)
- 근면·정직·검소: 가치관적 이치 (B쪽 이치 중심)

유아원과 유치원에서도 이미 이러한 이치를 가르치고 있다. 사연 학습시간, 과학·음악·미술·도덕 시간 등 어느 분야에서든 격물·치지적 이치 탐구(궁리)의 시간이 아닌 것이 없다.

다음은 이창호 9단의 격물·치지적인 도 닦기를 알게 하는 그림이다. 역시 초등학생에게 격물·치지를 가르칠 수 있는 史例다.

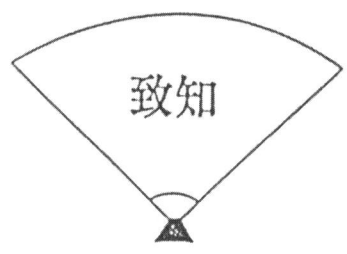

1996년 2월 27일 동양증권배 바둑대전에서 선보인 이창호 기사의 부채

이창호는 평소에 그 뜻을 마음에 새겨 바둑에 임했을 것이다. 격물·치지가 세계적인 인재를 탄생시킨 바둑 분야의 史例이다.

이창호 기사가 소지하고 있는 또 하나의 부채에는 '誠意(성의)' 라는 글자가 적혀 있는데, 그래서 격물·치지·성의·정심이 바둑 천재의 철학임을 알 수 있다.

TV의 바둑 프로에서는 바둑을 해설할 때 '이치' 라는 용어를 자주 사용한다. 또 바둑은 머리를 좋게 한다는 말을 자주 듣는데 이창호 기사의 부채가 그 원리를 말해주고 있다.

MBC에서 방영한 바 있는 드라마 〈대장금〉에서 장금이가 수라간에서 음식을 개발하고 내의원에서 약재와 의술을 개발하는 것은 〈자료 4〉에서 A쪽(事判)의 격물·치지이다. 또 장금이가 직업인으로서 올바른 가치관이나 철학을 가진 것은 〈자료 4〉에서 B쪽(道理, 理判)으로 수도(修道)했음을 나타낸 것이다.

학교 교육에서 학년이 올라갈수록 과목이 어려워지는 것은 격물·치지에서 말하는 '이미 알고 있는 이치에 근거하여 이치를 더욱 추구하며'에 해당한다. 그러나 현실은 '궁극의 이치를 규명' 하기보다는 입시나 취직시험 준비를 위한 암기식, 주입식 교육이 우리의 교육환경을 지배하고 있다.

이순신은 함경도 군관, 한양 훈련원 교관, 그리고 전라좌수사로 근무하면서 병법과 병서, 지리, 병선, 병력, 화약무기, 조수의 흐름, 진법, 후방고을의 經·營 등 해당 분야의 이치를 무한 탐구했고, 왜군들의 전략·전술·병선·병기류에 대한 이치들도 마찬가지로 연구했다.

해전 전날은 이러한 이치를 종합해서 해전 프로그램을 짰다. 그런데 내용을 보면 옥포해전에서 당포→한산도→울돌목 해전으로 갈수록 매우 고차원적인 해전 원리를 구사했음을 알 수 있는데, 이것이 격물·치지에서 말하는 '이미 알고 있는 이치에 근거하여 더욱 이치를 추구하여'에 해당하는 사례이다.

뒤에서도 계속 살펴보겠지만, 격물·치지는 '동양적인 영재(英才)와 천재 육성법'이기도 하다.

한 끼 밥에 임금을 저버린 '임금님의 하인들'

「동파(東坡)에 도착하여 임금께서 동헌에 드시니, 파주목사 허진과 장단부사 구효연이 지공차원(支供差員: 임금의 식사 담당자)의 임무를 맡고 와서 기다리고 있었으나, 하인들이 주방 안에 들어가서 음식을 함부로 훔쳐 먹고 가버렸으므로 임금에게 진상할 음식이 없게 되었다. 두 사람은 겁이 나서 모두 도망쳐 가버리니 일행들은 윗사람이건 아랫사람이건 모두 밥을 먹지 못했다.」 -〈징비록〉-

파주목사와 장단부사는 경기도 관내 벼슬아치들이다. 이들은 경기감사 권징의 신신당부를 받고 나름대로 아랫것들을 달래서 음식을 차려 왔는데, 하인들이 수라상에 올릴 음식을 먹어버리고 말았다. 허진과 구효연은 음식을 빼앗긴 죄로 큰 벌을 받게 될 것을 겁내어 도망을 쳤다.

'하인들'이라고 하였는데, 평소 임금 가까이 있었던 하인들이었을 것이다. 그 정도 굶었다고 임금님의 수라를 훔쳐 먹었다는 것에 대하여 더 이상 언급하기는 유성룡 스스로도 남부끄러운 사건이었기에 '하인들'이라고 했다.

이 사건은 그렇다 치고, '한성의 친위대' 격인 파주목사와 장단

부사까지 도망을 갔다. 도대체 선조는 대궐 經·營과 인근 관아에 대한 국가 經·營을 어떻게 해왔기에 이 지경까지 되었을까?

「5월 1일. 임금의 행차가 개성부를 향하여 떠났으나 따르는 사람이 갖추어지지 않았다. 경기감사 권징이 병을 핑계 삼고 촌사(村舍)에 누워서 불러도 이르지 않기에, 내가 임금에게 계청하여 표신(標信)으로써 부르니 그제야 왔으나, 날이 저물어 길을 떠나지 못하였다.」
―〈징비록〉―

권징 또한 그 전날 비를 맞으며 굶은 채 먼 길을 걸어왔기에 병이 날 만도 했다. 권징 감사의 수병들도 많이 도망갔을 것이다. 게다가 파주목사와 장단부사는 '목사와 부사직이므로 전쟁에 대비해서는 나름대로 준비와 각오가 있을 것'으로 알아왔는데, 어떻게 된 영문인지 이들 부사들이 상감과 조정 대신들에게 저녁 한 끼 대접을 못하고 '위아래가 모두 밥을 굶은 채 잠을 자게 했다'니, 피난 조정은 더 이상 무엇을 어떻게 할지 몰랐다.

「때마침 황해감사 조인득(趙仁得)이 군사를 거느리고 장차 서울로 들어가 구원하려고 하였는데, 서흥부사 남억이 군사 3백여 명을 거느리고 먼저 이르니 말이 1백여 필이나 있었다. 마침내 이 군사를 짐꾼으로 충당하고, 궁인들은 그 말을 나누어 타고(그 직전까지는 걸어갔다) 곧 길을 떠나려고 하는데, 사약(내관)이 나와서 임금의 명령을 전달하였다.
"하인들이 아직까지 밥을 먹지 못하였으니, 쌀을 구하여 요기를 해야만 길을 떠날 수 있을 것이다."
내가 남억을 불러서 군인들이 지닌 양식을 찾아내게 하니 쌀과 좁쌀 3, 4말을 얻어서 헤어진 전대에 넣어 가지고 왔는데, 사약이 이것을 받아서 안으로 들어가(밥을 지어 먹고서) 조금 후에 길을 떠나게 되었다.」　　　　　　　　　　　－〈징비록〉－

권징의 경기감영의 역할은 무능력하게 끝났고, 결국 조인득 황해감사가 바친 좁쌀과 쌀로 밥을 지어 먹고 허기를 채웠다.

7. 이산해와 신성군 세력의 몰락

「초현참에 이르러 조인득이 길가에 장막을 쳐놓고서 임금을 영접하여 접대하니 백관들도 밥을 먹게 되었다. 저녁에 개성부에 이르러 대간이 영상(李山海)을 탄핵(論劾)하기를, "그는 궁인들과 결탁하여 나라를 그르치고 백성을 해쳤으니 관직을 삭탈하고 도성 밖으로 내쫓기를 바랍니다"고 하였으나, 임금께서 허락하지 않으셨다.」　　　　　　　　　　　－〈징비록〉－

'궁인'은 인빈 김씨의 오라비 김공량이다.

「김공량(金公諒): 선조의 후궁인 인빈 김씨의 오라비로, 누이가 선조의 총애를 받자 세도를 부렸으며, 선조 24년(1591)에 영의정 이산해와 함께 세자책봉 문제로 정철을 유배시켰다. 25년 임진왜란이 일어나 선조가 개성에 이르렀을 때, 백성들의 항의로 처형의 명령이 내리자 강원도 지방으로 도주하였다.」

－〈선조실록〉－

김공량은 내수사 별감으로서 물품을 납품하는 저자거리 상인들과 정경유착을 하여 정치자금을 마련하고 이산해와 함께 신성군이 세자로 책봉되도록 붕당을 키우면서, 광해군을 세자로 추대하려는 정철을 귀양 가게 하였다.

왜란이 터지자 신성군의지지 세력인 신립은 전사하고 광해군이 세자로 책봉되었으며, 이산해는 왜란에 대한 부실 대비의 책임도 져야 했다. 이에 세력이 꺾인 이산해와 김공량에 대한 탄핵이 시작되었다.

「전 함경남도병사 신할(申硈)이 군사를 거느리고 도착하였다.」
　　　　　　　　　　　　　　　　　　　　　　　－〈징비록〉－

신할은 신립의 동생인데, 함경남도 병마사로서 임기를 끝내고 얼마간의 군사를 이끌고 왔다.

「2일. 개성부에 머물렀다. 대간이 수상을 탄핵하기를 전일과 같이 하니 임금이 이들을 불러 만나보셨다. 대간이 방금 일을 아뢰어서 끝나기도 전에, 임금께서 측근의 신하를 불러서 국(탕)을 올리게 하여 이를 드셨다.

환관 한 사람이 안에서 나와 임금의 귀에 대고 말을 하니 임금이 일어나서 안으로 들어가셨는데, 승지 신잡과 병조정랑 구성이 뒤따라 들어갔다. 밥 한 끼 먹을 동안의 시간이 지난 후에 임금이 다시 밖으로 나오셔서 대간에게 이르시기를 "이 일에는 어찌 좌상(유성룡) 혼자만이 (잘못을) 면할 수 있겠는가?" 하시니, 대사헌 이헌국이, 세간의 평판은 그렇지 않다는 말로 대답을 하고서, 이산해가 김공량과 서로 결탁하였으며, 궁인에게 붙어서 밤중에 나귀를 타고 서로 따라다닌다는 등의 일을 빠짐없이 말씀드리니, 임금께서 이산해를 파면하라고 명하셨다.」
-〈징비록〉-

'밤중에 나귀를 타고 서로 따라다닌 사람'은 이산해이다. 이산해는 영의정의 신분이므로 어디를 방문할 때에는 가마를 타고 가는 것이 신분에 어울리는 것이었다. 그런데 이산해는 남의 눈에 띄지 않으려고 밤에 평범한 선비처럼 나귀를 타고 김공량을 찾아다녔고, 신성군의 세자 추대에 관여한 사실로 탄핵을 받았다.

영의정에 오른 유성룡

「곧이어 나를 불러 정승이 될만한 사람을 가려 뽑도록 하라고 하시기에 나는, "나라 일이 이 지경에 이르게 되었는데 신이 산해와 더불어 함께 정승의 자리에 있었으니, 그 죄를 저 혼자만 면하기가 어렵겠습니다. 지금 산해가 이미 파면되었으니 신이 어찌 감히 스스로 죄가 없다 여기고서 정승이 될 사람을 가려 뽑을 수가 있겠습니까?" 하고는, 이내 울면서 말하기를, "신은 나라 일이 이 지경에 이르게 될 것을 일찍부터 알면서 물러가지 못했으니 이는 신의 죄입니다."라고 하였다.
그러나 임금께서 정승이 될 사람을 가려 뽑도록 나에게 굳이 명하셔서 나는 일어나 섬돌 위로 내려가서 처벌을 기다리니, 임금께서는 승지 이충원으로 하여금 나를 부축해 일으켜서 전상(殿上)으로 올라오도록 하였다.
나는 굳이 사양하면서 말하기를, "신은 죽을죄를 지었으니 정승이 될 사람을 가려 뽑는 일은 신의 임무가 아니므로 죽어도 감히 이 일만은 할 수가 없습니다"고 하고는 또 섬돌 아래로 내려가서 뜰에 엎드리니, 일어나 (어전으로) 올라오라고 명하시고 이내 자리에 앉으라고 하셨다. 여러 대신(宰臣)들 중에서 가려 뽑아 마땅히 정승이 될 만한 사람을 추천해야 하는데, 어떤 이가 말하기를 "유홍(俞泓)이 적합합니다"고 하니, 이헌국이 아뢰기를 "유홍은 사람이 허망하여 실상이 없으므로 난국을 구제할 만한 재간은 못됩니다."라고 하였다.」 －〈징비록〉－

대간들의 탄핵으로 개각이 이루어졌다. 그러나 새로 임명된 사람들 또한 군사학의 이치를 모른다면 무엇이 달라질 수 있었을까? 아무튼, 간신히 끼니를 때울 수 있게 되자 피난의 와중에서도 당쟁성 탄핵이 이어졌고, 개각도 이루어졌다.

귀양지에서 풀려난 정철과 파직된 유성룡

「이날 정오에 임금께서 개성부의 백성들을 남대문 밖에 모이게 한 후 친히 문루에 나가서 그들을 위로하고 타이르시면서 하고 싶은 말이 무엇인가 하고 물으니, 여러 사람들 가운데서 한 사람이 앞으로 나와서 고개를 숙이고 엎드리므로, 다시 할 말이 무엇인가고 물으니, 대답하기를, "정(鄭) 정승(송강 정철)을 불러들이시기를 청합니다"고 하였다. 이때 정철이 죄를 얻어 강계로 귀양 가 있어서 그렇게 말한 것이다. 임금께서 말씀하시기를 "이미 알고 있다."고 하였다.

저녁에 임금이 행궁으로 돌아와서 특명으로 나를 파면하고,

정철을 방면하여 행재소로 돌아오게 하였다.」　－〈징비록〉－

　정철을 불러들여 달라고 청한 사람은 정철을 지지하는 초야의 선비로 보인다. 이 선비는 이산해의 정치적 몰락을 지켜보면서 정철의 복원을 조심스럽게 건의한 것이다.
　유성룡도 왜란에 대한 부실 대비의 책임을 지고 파직되었다. 조정의 대신들 가운데 그나마 군사학에 밝았던 인물로는 유성룡이 유일했는데 그마저 파직되고 말았다. 이에 영의정에는 최흥원, 좌의정에는 윤두수, 우의정에는 유홍, 그리고 정철은 임금의 고문격이 되었다. 그런데 한 가지 흥미로운 것은, 이들 모두가 붓글씨와 시문에서만큼은 당대를 대표하는 정상급 인사들이라는 점이다.
　아래는 1592년 7월 29일자 〈선조실록〉에서인데, 어느 사관(史官)이 정철을 비판하며 기록해 둔 대목이다.

「사관(史臣)은 말한다.
　정철(鄭澈)은 길(의주 행재소에서 3도체찰사에 제수되어 전쟁터로 가는 길)을 떠난 지 열흘이 지나서야 영유(永柔: 청천강 남쪽)에 이르러 그 고을의 관기(縣婢)를 보고 끌어당겨 앉혀 놓고는 시를 지어 주었다. 그 시는 이러하였다.

　　미인이 청강의 일 묻고자 하기에　　　　佳人欲問淸江事
　　청강을 말하려니 눈물이 절로 난다　　　欲說淸江淚自潸
　　깊은 밤 꿈속에 천리 밖 님 그려도　　　中夜戀君千里夢
　　북쪽으로는 첩첩 산 넘기가 어렵구나　　北歸難渡萬重山

　청강은 정철이 지난날에 귀양을 갔던 강계(江界)의 별명이다.

아, 임금은 서울을 버린 채 떠다니고 종묘와 사직은 폐허가 되었는데 지금이 어디 흥얼거리며 싯귀나 찾을 때인가. 대신의 몸으로 3도(경기·충청·전라)를 체찰(體察)하게 되었으니 그 임무 또한 막중한데도 도리어 일개 기녀(妓女)와 붙어 앉아서 이야기한다는 것이 고작 강계(江界)의 일에 불과하였다. 이런 때를 당하여 눈물을 흘려야 할 일이 어찌 유독 자신이 배척당했던 한 가지 일뿐이겠는가.

　더구나 세상을 원망하는 말이 또 '넘기 어렵다(難渡)'는 두 글자 가운데 들어 있으니, 그가 한평생 동안 품고 있었던 마음 또한 알 만하다. 그가 나라를 회복하는 큰일을 해내기를 기대하였지만, 이래서는 애당초 어려운 노릇이다.」

－〈선조실록〉(1592. 7. 29.)－

　선조는 귀양 가 있는 정철을 불러들여 3도의 체찰사(군사령관)직에 임명했다. 정철이 시문과 가사문학의 대가였다고는 해도 병법의 이치에 어두운 사람을 선택한 것은 그가 경기·충청·전라도의 유림사회에서 신망이 높다는 점을 참작한 결과였다.

　정철은 자신이 체찰사라는 막중한 직책에 임명되었음에도 불구하고 급히 현지로 달려가지 않고 의주에서 영유까지 하루 반나절이면 갈 수 있는 길을 마치 '봄나들이 가듯이' 열흘이나 허비했다. 그리고 그 와중에 관기와 시문놀이를 했기 때문에 사관이 비판해 둔 것이다.

싸우지 않고 도망간 한강·한성의 방어사령부

「이보다 먼저 강원도 조방장 원호(元豪)는 군사 수백 명을 거느리고 여주 북쪽 강 언덕을 지키며 왜적과 서로 대치하고 있었으므로 적들이 강을 건너오지 못한 것이 며칠이나 되었다. 조금 뒤에 강원도 순찰사 유영길(柳永吉)이 격문으로 원호를 불러서 강원도로 돌아가니, 적들은 마을의 민가와 관사를 헐어서 그 재목을 가져다가 엮어서 긴 뗏목을 만들어 타고 강을 건너오다가 중류에서 그냥 물에 떠내려가서 죽은 사람도 매우 많았다. 그러나 원호도 이미 가버려서 강 언덕에는 한 사람도 지키는 군사가 없었으므로, 적들은 여러 날에 걸쳐 다 건너왔다.」 －〈징비록〉

원호(元豪)는 무관(武官) 출신이다. 그래서 병법의 이치에 따라 여주 나루를 지켰고 배가 없는 왜군들은 강을 건너지 못했다. 그런데 병법의 이치를 모르는 강원 감사가 원호를 불러들였다.
이에 왜군들은 뗏목을 만들어 강을 건넜는데, 왜군 선봉 제1진인 고니시군이었으며, 강을 건넌 시점은 4월 30일 경이다.

「도원수 김명원은 제천정(濟川亭)에 있다가 적이 오는 것을 바라보고 감히 싸우지도 못하고 군기(軍器)·화포·기계(機械)를 강물 속에 다 집어넣고는 사복으로 옷을 갈아입고 도망하였다.
이양원(李陽元)은 성 안에 있다가 한강을 지키는 군사가 이미 흩어졌다는 말을 듣고는 도성을 지켜낼 수 없음을 알고 역시 성을 버리고 나와서 양주로 달아났다. 5월 3일에 왜적이 서울에 들어왔다.」 －〈징비록〉－

왜군들이 부산포에 도착해서 한성에 입성하려면 큰 고개도 넘고 큰 강도 건너야 했다. 조선군은 큰 고개인 문경새재는 그렇다 치더라도 천험의 요새이자 최후의 보루인 한강을 전혀 활용하지 못했다. 더구나 '군기·화포·기계를 강물 속에 집어넣었다'고 했는데, 당시의 비변사와 군기시에는 몇 문의 대포를 보유하고 있었으며 그 중 몇 문을 강에 집어넣었다는 것일까?

김명원이 사복으로 갈아입고 도망친 것은 한성의 민심이 흉흉했기 때문이었을 수도 있고, 왜군 특공대의 기습을 우려했기 때문이었을 수도 있다. 답답한 것은 김명원 등이 한강 방어 책임자로 임명된 것은 4월 29일이었고, 바로 이날 고니시 군이 여주 나루에 도착했다는 점이다. 비록 제갈량이라 한들 무엇을 할 수 있었겠는가.

《임진왜란 400주년》

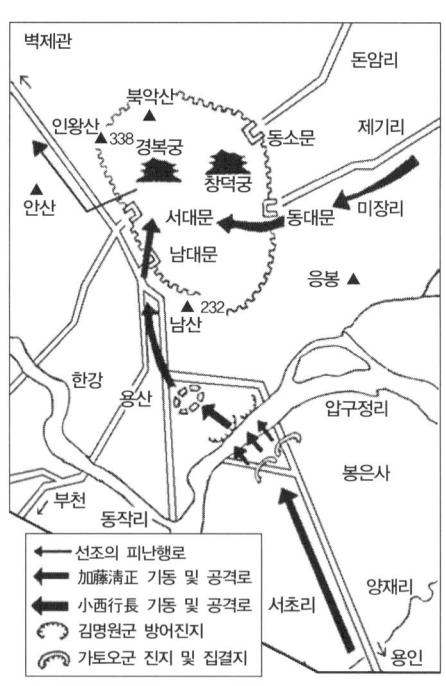

제천정(濟川亭)자리는 용산구 보광동과 한남동 사이로 흘러내린 남산의 지맥이 한강가로 돌출하면서 빚어낸 등성으로(한강볼링장부지와 이어져 있는 한남동 537번지일대) 지금은 강변도로와 경원선철도가 놓이면서 깎여나가 아카시아나무가 우거진 정자 터의 일부만이 강변 쪽으로 남아있다.

동재기나루(銅爵津) 일대(현재의 반포·잠언·신사동)에 도달한 일본군이 제천정을 마주보며 포진해 있던 뽕나무와 갈대밭은 빌딩 숲으로 변했다.

　4월 30일 새벽 2시, 선조의 피란길은 참으로 비감했다. 전복차림의 선조는 인정전 층계에서 내려 말에 올랐고, 전날 부랴부랴 세자로 책봉된 광해군과 종친 대신들이 뒤를 따랐다. 행렬이 서대문 밖에 이르니 날이 새면서 비마저 뿌렸다. 沙峴(사현: 무악재)에서 바라본 성안에는 이미 연기가 하늘로 치솟고 있었다.

　도성(都城)을 이처럼 쉽게 내준 것은 도성 방어 병력이 없었기 때문이다. '40리에 이르는 도성의 성가퀴(城堞)가 3만 개이며 활을 쏠 수 있는 곳(弓架)이 7천2백 개소나 되는데 남아 있는 병력은 4천5백 명에 불과해 한 곳에 1명씩을 배치해도 턱없이 부족했다'는 기록이 당시의 상황을 전해준다.

　이듬해 5월 한양 수복 후 실시한 인구조사 결과는 3만 8천여 명의 3분의 1에 불과한 것으로 나타나 일본군의 폐해가 얼마나 극에 달했는지 미루어 짐작할 수가 있다. 이기창 기자」

-〈한국일보〉(1992. 7. 2.)-

빈집에 이사 오듯 한성에 들어온 왜군

　「이에 세 갈래 길로 갈라져 진격하였던 왜적의 군사들은 다 서울로 들어왔다. 그런데 성안의 백성들은 이미 다 흩어져 나가 버리고 한 사람도 없었다.」　　　　　　　　-〈징비록〉-

　한성의 백성들은 인근 산속에 숨었고 그래서 한성은 빈집과 같이 되었다. 마치 빈집에 이사 오듯 한성에 입성한 왜군들은 집집을 다니며 땅에 묻어둔 식량과 재물들을 '보물찾기 놀이' 하듯 찾아냈고, 반 년치의 군량미도 확보했다. 그리고는 떡과 술을 빚어 잔치를 벌였다.

산에 숨은 백성들 중에는 먹을 것이 떨어지자 한성으로 돌아와 왜군의 종살이를 한 자도 있다. 그래서 한성은 '왜군들의 서울'이 되었다.

4월 17일, 조정은 왜란의 소식을 들은 즉시 한강·임진강·예성강의 선단을 화약무기로 무장시켜서 한강을 막아섰어야 했다. 그랬다면 전황은 전혀 다르게 전개되었을 것이다. 왜냐하면 왜군들은 급히 행군해 오느라 10일치 정도의 비상식량만을 가지고 있었고, 더구나 한강을 건널 배가 없었기 때문이다.

「도원수라는 최고사령관이 먼저 이 지경으로 도망치니 대군(大軍)은 붕괴되고 각자 모래알 같이 흩어지고 말았다. 한편, 이 당시의 왜군 가토 기요마사는 한강 남쪽 언덕에 이르러 멀리 바라보니 북쪽 강가에는 배들이 있으나 남쪽에는 하나도 없고, 또 북쪽 강에는 백로가 한가하게 물 위에 떠 노는지라 조선군이 이미 도망친 것을 짐작하고 "누가 저쪽 언덕까지 헤엄쳐가서 저 배들을 가져올 사람이 없느냐"고 하니, 헤엄을 잘 치는 부하들이 선뜻 나서서 헤엄쳐 건너가 배들을 몰고 돌아왔다. 이리하여 이 배를 타고 여러 곳을 찾은 결과 여기저기에서 여럿을 얻게 되어 차례로 한강을 건너게 되었다.

그러나 이것으로는 부족하였으므로, 부근에서 민가를 허물고 기둥과 판자를 구하여 뗏목을 만들어 대병력이 도강을 완료했다. 그러나 한성에 대군이 있을까 두려워서 한강변에서 2일간 진을 치고 머물면서 신중하게 남대문까지 들어왔다.

남대문 앞에 이르자 성안이 고요하고 병마의 소리도 없었으며 또 대문도 열린 채로 있었으므로 틀림없이 복병이 있을 것으로 생각하여 들어가지 못하고 성밖에 진을 치고 있다가, 용사 한 명을 뽑아 가지고 성 안에 들어가 보게 하였다.

　이 군사들은 성문으로부터 죽음을 각오하고 들어간 후 성 위에서 먼저 백기를 흔들고, 다음에 흑기를 흔들었으며, 마지막에 적기를 흔드니, 왜군들이 이 신호를 바라보고 곧 성안에 사람이 없음을 알고 안심하고 입성해 보니, 과연 성 안은 인적이 없이 텅 비어 있었다.

　한성 안에서는 사대부들이 이미 멀리 도망갔고, 시민과 천민들도 모두 흩어져 갔으며, 난민들이 이미 궁궐을 불태워 공사(公私)의 집들만 남아 있었다.

　고니시와 가토는 서로 상의하여 진을 성 밖(지금의 용산 부근)에 치고 방문(榜文)을 붙여 백성들을 위로하고 각자의 생업에 복귀토록 하니, 백성들이 차츰 모여들기 시작하였다.

　3번대인 구로다 나가마사 등과 4번대인 모리 요시나리(毛利吉成) 등이 청주에서 진천→죽산→용인을 거쳐 한성에 들어왔으며, 이어 적의 총사(總師)인 우키타 히데이에(宇喜多秀家)는 5월 중순 한성에 들어왔다.

　한성의 백성들은 적병들과 서로 섞여서 물건을 사고팔며 교역을 하였는데, 왜적은 정예병들을 뽑아 4대문을 지키게 하고 조선 백성들로서 왜적이 발급해준 증명서를 가진 자들은 자유롭게 출입하도록 허가하였다.」

　　　　　　－국방부 전사편찬위원회 발행, 〈임진전란사〉－

　한성의 백성들은 처음에는 왜군들과 판매교역도 하면서 예전처럼 살고자 했다. 그러나 곧 먹을 것과 입을 것, 땔감 등 물자가 들어오지 않자 살아갈 수가 없게 되었고 이에 야반도주를 하기 시작했다.

그 결과 한성은 왜군의 주둔지를 제외하고는 또 다시 빈 성이 되어 갔다.

「5월 16일에 나고야성의 히데요시는 한성 점령의 보고를 받고 그 공을 치하한 다음 자신이 직접 건너오고자 하였으나 여러 장수들이 바다를 건너가서는 안 된다고 역설하였으므로 당분간 이를 보류하고 세 사람을 삼봉행(三奉行: 이시다 미쓰나리石田三成, 마스다 나가모리松田中森, 오타니 요시스쿠大谷吉繼)으로 삼아서 자기 대신 바다를 건너가서 군사 관련 일을 전담하게 하였다.
왜군 1번대 이하는 한성에서 다시 북진하였으며, 한성에는 우키타 히데이에를 비롯한 약 6만의 병력이 성 내외에 주둔하고 있었다.」 −국방부 전사편찬위원회 발행, 〈임진전란사〉−

◀ 임진왜란 소설 '시인과 사무라이' ▶

「원로작가 김성한(金聖漢: 예술원 회원. 85)이 임진왜란을 다룬 장편소설「시인과 사무라이」(전3권)를 냈다.
"소설 제목에 나오는 시인은 선조(宣祖), 사무라이는 토요토미(豊臣秀吉)를 상징합니다. 조선은 선비의 나라, 일본은 무(武)를 숭상하는 나라로 극명하게 대비되지요."
"역사소설의 제1의 덕목은 역사적 사실을 정확하게 전달하는 데 있습니다. 역사소설은 사료(史料)라는 큰 가지에 잎사귀와 꽃을 붙여 생명을 불어넣는 작업이지요."
임진왜란에 대한 작가의 역사적 평가는 냉정하다. "국가의 존망에 책임이 있는 조정은 적에 대하여 알지 못했고, 알려고도 하지 않았고, 알려주는 사람이 있어도 귀를 기울이려 하지 않았지요. 패망 직전의 나라를 구한 것은 소수의 유능한 장수들과 민간에서 일어난 다수의 의병들이었습니다." 작가는 "임진왜란과 같은 파국을 되풀이하지 않기 위해서도 역사를 냉정하게 바라보고 그 속에서 우리의 모습을 되돌아볼 수 있어야 한다."고 말했다.」　　　　－〈조선일보〉(2004. 1. 12.)－

제9부. 임진왜란은 임진강에서 막을 수 있었다

　이순신의 문집(〈난중일기〉, 〈임진장초〉)과 유성룡의 문집(〈징비록〉, 〈진사록〉, 〈근포집〉, 〈군문등록〉, 〈서〉, 〈잡서〉 등), 그리고 〈선조실록〉을 두고 '임진왜란 3대 고전' 이라고 한다. 이 고전들은 임진왜란사 전반을 조명하기 위해서는 반드시 거쳐야 하는 관문과도 같은데, 이순신의 기록을 읽고 나면 〈징비록〉이 자세히 해독되고, 〈징비록〉을 해독하고 나면 〈선조실록〉이 더욱 자세히 해독되는 상호연관성을 가지고 있다.
　독자들은 이미 이순신의 문집과 유성룡의 문집 원문을 직접 탐방하고 있으며, 이 같은 탐방을 기초로 해서 〈선조실록〉의 원문도 직접 살펴보게 된다.
　임진란 당시의 전적지와 유적지는 오늘날에도 한강·진강·예성강 등지에 산재해 있으므로 '임진란 3대 고전' 은 이들 전적지의 역사 탐방에 훌륭한 안내서가 될 것이다.

1. 선조가 어명으로 지휘한 '임진강 전투'

「이날 적병이 아직 도성에 들어오지 않았다는 소식을 듣고는 여러 사람들의 의론이 모두가 서울을 경솔히 떠난 일을 책망하였다. 그리하여 승지 신잡을 서울로 보내어 살펴보도록 하였으나 신잡(申磼)은 중도에서 돌아오고 말았다.

김명원은 이미 한강을 빼앗기고 임금에게 장계를 올려 상황을 말하니, 임금께서는 "다시 경기도와 황해도의 군사를 징집하여 임진강을 지키라"고 명하였다. 이어서 또 "신할과 함께 임진강을 지켜 왜적이 서쪽으로 내려오는 길을 막아라"고 명하였다.」
―〈징비록〉―

김명원은 한성을 벗어날 때 관선·군선·어선·상선들을 이끌고 임진강 하구에 위장선단을 만들어 진을 치게 해서 왜군들을 견제했어야 했다. 또 다른 한편으로는 전투선단으로 하여금 임진강 중·하류를 오르내리도록 해서 임진강 방어전을 전개했어야 했다.

강 상류는 설령 왜군들이 도강을 하더라도 육로는 길이 험하고 게다가 중·하류를 조선군이 차지하고 있으면 왜군들의 북상은 어려워지기 때문이다. 이 무렵 조선군 장수들이 최우선 작전목표로 삼아야 했던 것은 시간을 버는 일이었다.

도강을 앞둔 왜군들에게는 심각한 약점들이 있었다. 첫째는 강을 건널 배가 없었다는 것이고, 둘째는 신속한 이동을 위해 10일분 정도의 식량만을 가지고 다녔다는 것이다.

때문에 김명원 등은 이순신이 거북선을 건조한 것처럼 '임진강

철갑선단 건조계획안' 같은 것을 급히 장계하고 조정의 후원을 받아 주야로 노력하는 한편, 어민과 상인들을 대상으로 군사와 격군을 모집해서 '위장형 전투선단' 꾸미기도 서둘렀어야 했다.

「3일. 아침에 병조에서는 대신의 서면 요청에 따라서 파산인(罷散人: 관직을 그만둔 사람)도 모두 어가(御駕)를 따르게 하자고 청하니, 그렇게 하라는 어명이 내려져서, 알려주었다. 도성이 이미 함락되어 임금의 행차가 평양을 향해 떠난다는 말을 듣고서 나는 그 뒤를 따랐다.」 -〈징비록〉-

유성룡은 파직된 신분으로 어가를 따라갔는데, 일종의 백의종군이다.

선조의 발목을 잡은 신주단지

「개성을 떠나올 때, 종묘의 신주를 목청전(개성에 있는 이성계의 옛집)에 두고 떠나왔는데, 종실의 한 사람이 울면서 말하기를 "신주를 적지에 버려둘 수는 없습니다"고 하여 밤을 새워 개성으로 달려가 신주를 받들고 돌아왔다고 한다.」 -〈징비록〉-

한시가 급했지만 피난 어가가 신주단지에 발목을 잡힌 모습이다. 신주단지를 운반하기 위해 스물여덟 필의 말이 필요했을 만큼 엄청난 양이었다. 신주단지를 마포나루에서 배에 실어 강화도로 옮겼어야 했고, 이 때라도 배편으로 평양으로 보냈어야 했다.

「5월 5일에 임금께서는 안성·용천을 지나서 봉산군으로 가셨다. 6일에는 황주에, 7일에는 중화를 지나 평양으로 들어가셨다.」　　　　　　　　　　　　　　　　　　－〈징비록〉－

선조의 평양 도착은 5월 7일, 평양을 떠난 것은 6월 11일이다. 선조는 평양에 머물러 있던 5월 23일 〈옥포파왜병장〉을 받았다.

조정이 힘을 다해서 동원한 병력

임진강 방어작전을 위하여 조정에서는 1만 5천 명이라는 개전 이래 최대의 육군력을 동원했다. 동원된 병력의 규모는 가토 기요마사의 1만5천 명과 비슷했고, 참전한 장수들 모두가 이름 있는 장수들이었다. 하지만 결과는 패전으로 끝났고, 그로 인해 임진강 이북 지역마저 초토화되고 말았다.

- 제1진 (임진강 하류 동파역의 임진나루)
  도원수 김명원 7천 명
  부원수 이빈
  제도도체찰사 한응인 3천 명
  독진관 홍봉상, 순찰부사 이성임,
  조방장 유극량, 검찰사 박충간,
  좌위장 이천, 방어사 신할,
  조방장 변기, 경기감사 권징

- 제2진 (임진강 중류 대탄여울)
  전(前)유도대장 이양원 5천 명
  순변사 이일

전 부원수 신각
조선군 병력합계 1만5천 명

- 왜군
  2번대: 주장 가토 기요마사, 병력 약 1만5천여 명

선조가 뒤흔들어 놓은 조선군의 지휘체계

한강에서 도망쳤던 김명원이 임진나루를 지키고 있던 5월 10일경, 왜군들은 강변에 도착했지만 배들이 모두 북쪽에 대어져 있었고, 강물이 불어 물살이 급했으므로 강변에서 머뭇거리고 있었다.

이 모습을 본 문신들은 왜군들이 힘을 소진해서 머뭇거리는 것으로 착각했다. 그래서 선조에게 반격의 때가 왔다고 건의했다. 선조역시 그 말이 옳다고 판단했고, 김명원 등에게 '왜 속히 진격하지 않는가'라고 책망조의 어명을 잇달아 내려 보냈다.

> 「조정에서는 지사 한응인(韓應寅)을 파견하여 평안도 강변의 정예군사 3천 명을 거느리고 임진으로 달려가서 왜적을 치게 하고 김명원의 지휘를 받지 말도록 하였다. 이때 한응인이 명나라 북경에 갔다가 막 돌아왔는데, 좌의정 윤두수(尹斗壽)가 여러 사람들에게 말하기를 "이 사람은 얼굴에 복기(福氣)가 있으니 반드시 일을 잘 처리할 것이다."라고 하였다. 한응인은 드디어 임진강으로 떠났다.」
> -〈징비록〉-

선조로서는 그렇지 않아도 왜군과 싸우지 않고 있는 김명원이 몹시 못마땅했는데, 때마침 명나라에 갔던 한응인이 돌아왔고, 또 이원익이 뽑아 보낸 강변(압록강의 강계·초산·벽동·창성)의 군사들도 도착했다.

한응인은 황해도 신천 고을 군수로 있을 때 정여립 사건(1590~1591)의 잔당들을 잡아들이는 공을 세워 평난공신의 훈작을 받았고, 선조의 총애로 명 나라에 갔다가 막 돌아온 상태였다. 선조는 그에게 육군의 마지막 병력이자 최강의 병력으로 손꼽히는 강변 군사들의 지휘를 맡겼다. 또 일찍이 없었던 제도체찰사(諸道體察使)라는 직책을 주면서 "도원수 김명원의 지휘를 받지 말고 곧바로 임진강을 건너 한성까지 수복하라"는 어명을 내렸다.

어명을 받은 한응인은 제갈량도 실천해 내기 어려웠을 작전을 지엄한 어명 때문이었는지, 아니면 군사학의 이치를 몰라서였는지, 혹은 "이제 반격의 때가 왔다!"며 호언하던 문신들의 말을 굳게 믿었기 때문인지, 강변 군사들에게 강 건너 왜군들을 향해 백병전식의 돌격전을 명하게 된다.

윤두수가 장수된 자의 관상에 대하여 논한 것은 당시의 시대감각으로 보면 충분히 있을 수도 있는 일이다. 하지만 김명원의 군령체계가 위기에 처해 있을 때 마치 불난 집에 부채질 하듯 나선 것은 매우 유감스런 일이다. 혹시 윤두수는 선조의 뜻에 맞추기 위해서 일부러 그렇게 지어내서 말했던 것은 아니었을까?

훗날 이순신이 선조의 미움을 사고 있을 때에도 윤두수는 원균을 보고 "얼굴에 복기가 있으니 반드시 일이 잘 될 것이다"고 하면서 원균에게 이순신의 명령에 복종하지 말도록 부추겼던 것은 아닐까?

유성룡이 밝혀둔 왜군의 약점

「이보다 먼저 김명원은 임진강의 북쪽에 있으면서 군사를 나누어 강여울에 벌려 서서 지키게 하고, 강 가운데 있는 배는 모두 북쪽 언덕에 매어두게 하였다. 왜적은 임진강 남쪽에 진을 쳤으나 배가 없으므로 건널 수 없었다. 다만 유격병들만 내보내어 강을 사이에 두고 서로 싸우면서 버티기 10여 일이나 되었으나 왜적은 끝내 강을 건널 수가 없었다.」 -〈징비록〉-

배가 없다는 것이 왜군들의 최대 약점임을 알 수 있다. 왜군들로서는 그렇게 시일을 보내다 보면 식량부족 등 여러 가지 문제에 직면했을 것이므로 조선군으로서는 그 때를 기다렸어야 했다.

만약 임진강 하구에 위장선단을 만들어 진을 치게 했다면 왜군들은 도강 시도를 무기한 연기했을 것이다. 또한 양측의 대치상태가 장기화되는 시점에서 왜군들이 해전에서의 연전연패 소식을 들었다면 아마도 한성으로 되돌아갔을 것이다.

그러나 선조는 이러한 가능성을 읽지 못했고, 조급한 성격 때문이었는지 '반격의 때가 왔다'는 아부성 건의에 솔깃해서 임진강에 있던 장수들에게 '강을 건너 돌격하라!' 는 어명을 내렸다.

「하루는 왜적이 강 언덕에 지은 여막을 불태우고 장막을 헐어치우고 군기를 거두어 싣고 물러나 도망가는 모양을 보이며 우리 군사를 유인하는 것이었다. 신할(申硈)은 평소 행동이 가볍고 날카로우나 꾀가 없어서 왜적이 정말로 도망하는 것으로 생각하여 강을 건너 뒤쫓아 가서 짓밟아버리려 하였다. 경기감사 권징(權澂)도 신할과 합세하였기 때문에 김명원은 이를 금할 수가 없었다.」 -〈징비록〉-

신할은 신립(申砬) 장군의 동생이다. 그는 함경도병마사로 있다가 임기를 마쳤지만 전쟁이 일어나자 선조가 한성의 방어를 위해 불러들였고, 한성이 무너지면서 임진강에 배치되었다. 형의 죽음에 대한 복수심에서였는지, 아니면 선조로부터 머뭇거리고 있다는 질책을 받아서였는지, 왠지 공격을 서두르고 있는 모습이다.

그러는 중에 왜군들이 도망가려는 듯한 기미를 보이자 신할, 권징 등은 어명에 대해 더욱 확신하게 되었고, 각 부대 간에는 '도하(渡河) 돌격 작전'에 뒤질세라 서로 경쟁까지 하는 지경이 되었다. 상황이 상황인지라 김명원은 그저 보고만 있을 수밖에 없었다.

한편, 조선군 쪽의 이 같은 '도하 돌격 작전'에 대해 왜군 측은 이미 눈치를 채고 있었던 것 같다.

왜군들은 지리에 밝은 조선 백성들을 첩자로 활용했을 가능성이 크다. 또 이러한 첩자를 통한 정보수집 활동을 통해 평양 행재소에서 임진강으로 하루가 멀다 않고 달려오는 선전관들이 언제 어떤 어명을 하달했는지도 알아낼 수 있었을 것이다.

강변군 수뇌진의 목을 벤 한응인

「이날 한응인도 또한 임진강에 이르러 모든 군사를 거느리고 왜적을 추격하려고 했다. 한응인이 거느린 군사들은 강변의 강군들로서 북쪽 오랑캐와 가까이 있어 싸우고 진 치는 형세를 자세히 알고 있었으므로 한응인에게 말하기를, "군사들이 먼 곳에서 오느라고 피로한데다가 아직껏 밥도 먹지 못하였고, 기계도 정비하지 않았으며, 뒤따라오는 군사도 또한 다 도착하지 않았습니다. 또 왜적이 물러가는 것이 참인지 거짓인지 알 수 없

사오니 원컨대 조금 쉬었다가 내일 적군의 형세를 보아서 나아
가 싸우도록 하십시다"고 건의하였다. 한응인은 군사들이 머뭇
거린다고 하여 몇 사람을 베어 죽였다.」　　　－〈징비록〉－

　압록강 강변에서 천리 길을 달려온 역전의 장졸들은 한응인에게
다음과 같이 건의하면서 출전 연기를 요청했다.
　첫째, 군사들이 먼 곳에서 오느라 지쳐 있다. 먼 길을 주야로 달
려왔을 강변의 군사들은 발이 부르터 있다.
　둘째, 아직 밥도 먹지 못했다. 병사들이 그런 실정이므로 말들도
여물을 먹지 못했다.
　셋째, 기계도 정비되지 않았다. 토치카 공격용 설비와 포병용 부
대설비 등도 기계에 속한다.
　넷째, 뒤따라오는 군사들이 아직 다 도착하지 않았다.
　당시는 농사철이라 논밭에는 들어갈 수 없었을 것이므로 좁은 길
을 따라서 왔고, 청천강 같은 큰 강이나 실개천을 만나서는 소단위
병력으로 건너왔다. 게다가 천리 길 강행군이었기 때문에 병이 나서
뒤쳐진 군사도 많았다. 그렇다 보니 3천5백 명이 백여 리에 걸쳐서
왔을 것이다. 강변 고을의 병사들이 제대로 된 전투력을 발휘하기
위해서는 병사들이 모두 도착해서 피로를 씻고 지형과 나름대로의
전투편제에 맞게 선봉·중군·후군으로 진형을 갖추어야 했다.
　다섯째, 왜군의 퇴각이 유인책이 아닌지 파악하지 못했다.
　왜군들은 전쟁에서 잔뼈가 굵은 무사들로서 조선군의 약점을 알
고 유인책을 폈다. 강변 군 수뇌진도 직감적으로 이것이 적의 유인
책일 수 있다는 가정 하에 공격을 늦추자고 건의했다. 하지만 한응
인은 이렇게 건의한 강변 군 수뇌진의 목을 베었다.

「김명원은 한응인이 새로 조정으로부터 보내져 왔고 또 자기의 통제를 받지 말라는 명령까지 받았기 때문에, 비록 그것이 옳지 않은 줄 알면서도 감히 충고하지 않았다.」 -〈징비록〉-

싸우기도 전에 많은 것이 잘못되어 가고 있었다. 강변군 수뇌진의 목이 베이기 바로 전에는 이각과 신각이 목 베임을 당했다.

김명원이 위장선단과 전투선단을 보유하고 있었다면 그의 지휘권은 그렇게까지 무기력해지지는 않았을 것이다. 또 선조도 그렇게까지 독촉하지는 않았을 것이다.

이순신의 장계를 보면, 선조나 조정 대신 등 군사학의 이치를 모르는 사람들의 오판을 예방하기 위한 차원에서 쓰여진 것이 많다. 하지만 김명원은 도원수였음에도 불구하고 그가 그러한 차원에서 써놓은 기록은 전해져 오는 것이 없다. 김명원은 군사학의 이치를 몰랐기에 선조에게 무엇을 건의해야 하는 줄도 몰랐고, 후세인들을 위해 무엇을 기록으로 남겨야 하는지도 몰랐던 것 같다.

사지(死地)로 내몰린 무장들

「별장(別將) 유극량은 나이도 많고 군사에도 익숙하였으므로 결코 가볍게 진격해서는 안 된다고 극력 말하자, 신할이 그를 베려고 하였다. 그러자 유극량은 말하기를, "내가 어려서부터 군사가 되어 싸움에 따라다녔으니 어찌 죽음을 피할 생각을 하겠습니까? 그렇게 말씀드리는 까닭은 나라 일을 그르칠까 염려해서입니다."라고 말하고 화를 내며 나와서는 자기에게 소속된 군사를 거느리고 먼저 강을 건너갔다.」 -〈징비록〉-

「*유극량(劉克良: ?~1592)은 연안 유씨(延安劉氏)의 시조로서 선조 초에 무과에 급제하여 위장(衛將)이 되었다. 1591년(선조 24) 전라도 수군절도사가 되었고, 1592년 임진왜란이 일어나자 조방장으로 죽령을 수비했으나 패배했다. 이어 임진강의 적을 방어하다가 전사했다. 병조참판에 추증되었고, 개성 숭절사(崇節祠)에 배향되었다.」
―국방부 전사편찬위원회 발행 〈임진전란사〉―

유극량 같은 뛰어난 무장을 어명을 내세워 사지로 내몰았다.

「김명원과 한응인은 강 북쪽에 있으면서 이것을 바라보고 그만 기운을 잃어버리고 말았다. 이때 상산군(常山君) 박충간(朴忠侃)이 마침 군중에 있다가 말을 타고 먼저 달아났는데, 여러 사람들이 바라보고는 그가 김명원인 줄 알고 모두 다 부르짖기를 "노원수가 달아났다!"고 하니 상여울을 지키던 군사들은 그 소리에 응하여 다 흩어졌다.」 ―〈징비록〉―

「*박충간(朴忠侃: ?~1601)은 1589년 재령 군수로 있을 때 한응인 등과 함께 정여립의 역모 사건을 고발한 공로로 평난공신 1등에 책록, 형조참판으로 특진하고 상산군(常山君)에 봉해졌다. 1592년 임진왜란 때에는 순검사로 적병과 교전하다가 도망친 죄로 파직되었다. 뒤에 영·호남 지방에 파견되어 군량미를 조달하고, 1594년 진휼사(賑恤使)로서 백성의 구호에 힘썼다. 그 후 선공감(繕工監) 제조(提調)를 역임, 1600년 붕당의 폐해를 상소하여 남이공 등에게 여러 차례 탄핵을 받았다.」
―국방부 전사편찬위원회 발행 〈임진전란사〉―

김명원, 한응인, 박충간 등이 임진강 전투를 지휘했는데 이들은 모두 문신 출신들이다. 이들은 강 건너에서 적에게 도륙당하고 있는 조선군을 '강 건너 불 보듯' 했고, 도망병을 잡는 검찰사 박충간은 자신이 먼저 도망을 쳤다. 한응인과 같이 박충간은 정여립 사건 때 공신이 되고 선조의 총애를 받아 벼락출세를 한 사람이다.

「신할도 또한 죽었다. 군사들은 달아나서 강 언덕까지 왔으나 건널 수가 없어서 바위 위로부터 스스로 몸을 던져 강물에 빠지니 마치 바람에 불려 어지럽게 날리는 나뭇잎과 같았다. 그리고 미처 강물에 뛰어들지 못한 사람은 적이 그 뒤로부터 긴 칼을 휘둘러 내려찍으니 모두 엎드려 칼을 받을 뿐 감히 저항하는 사람이 없었다.」 -〈징비록〉-

조선군이 자신들의 유인책에 걸려들자 왜국 사무라이들은 피에 굶주려온 맹수처럼 자신들의 칼솜씨를 유감없이 발휘했다.

유인책에 속아서 선봉이 낭패를 당한 것은 그렇다 치고, 중군과 후군은 선봉을 구원하든지 아니면 자신들만이라도 방패를 세우고 왜군들의 공격을 둔화시키면서 서서히 강변 쪽으로 물러났어야 했다. 그리고 이때 장갑형 전투선단으로 하여금 도망해 오는 우군을 구하고 왜군에게 치명타를 가했어야 했다.

그러나 구체적인 작전계획이나 선봉·중군·후군의 구분도 없이 지휘관들은 선조의 독촉이 두려워 각자 거느리고 있던 군사들을 데리고 따로따로 진격했고 따로따로 싸우다가 모두 패하여 물러났다.

1만5천 명 가운데 약 7천 명이 강을 건넜다면, 200척 가량의 중·소형 배가 동원되었을 것이다. 이 배들을 수송선이 아닌 전투함으로 사용했다면 임진강 전투의 결과는 달라졌을 것이다.

패전의 책임을 묻지 않은 선조

「김명원과 한응인은 행재소로 돌아왔으나 조정에서는 패전의 책임을 묻지 않았다. 경기감사 권징이 가평군으로 들어가서 난을 피하니 왜적은 드디어 승리한 기세를 타고 서쪽으로 달려 내려왔으나 이를 다시 막아낼 수가 없었다.」 -〈징비록〉-

임진강전투에 투입된 1만5천 명의 군사는 전사하거나 살아남은 이들은 모두 고향으로 도망갔다. 이들은 김명원, 한응인, 박충간 등과는 처음 보는 관계였고 전장에서 지휘관들의 몰인정과 자기만 살려는 이기심, 그리고 무능함을 보았기 때문에 결코 그들과 생사를 같이 할 생각이 없었다.

이러한 과정으로 김명원과 한응인 등은 모든 군사를 잃고 평양 행재소로 돌아갔다. 그러나 선조는 패전에 대한 책임을 묻지 않았고, 자리를 옮겨서 문신으로서의 공을 쌓게 한 다음 다시 군의 지휘를 맡겼는데, 이들은 그 후로도 비슷한 실책을 되풀이한다.

「임진강 전투에 패하고 6월 2일에 왕 앞에 불려나온 도원수 김명원은, 왕이 "장차 무엇을 할 것인가?"라고 묻자, "여러 번 패한 장신(將臣)이오니 다만 목 베임을 면하게 되면 만족하옵니다. 비록 성패는 하늘에 달려 있다고 하오나 신에게는 죽음이 있을 따름입니다"고 하니, 왕은 이 말에 감격하여 "과연 장사(將師)의 말이로다." 하였고, 조정에서는 패전 책임은 모두 한응인에게 있다고 하여, 김명원을 강동 지구(평양서쪽) 방어 및 수비 책임자로 임명하여 공을 세우도록 하였다.」 -〈임진전란사〉-

조정에서는 패전의 책임이 한응인에게 있다고 했지만, 선조로서는 한응인은 자신의 명령에 충실했을 따름이므로 책임을 물을 수가 없었다. 이렇게 해서 임진강 전투는 알게 모르게 묻혀 지나갔다.

2. 피난 중에도 멈추지 않은 조정의 시문놀이

「(1592년 5월 1일) 임금이 동파관(東坡館)을 떠나 판문(板門)에서 점심을 들었다. 풍덕 군수 이수형(李隨亨)이 길에서 임금을 뵙고 약간의 수라를 마련해 올렸다. 모든 관리들도 얻어먹었고, 아래로는 군량과 말먹이까지도 모두 마련되었다. 따로 쌀 5섬을 바치니 임금이 즉시 호위 군사들에게 나누어 주었다. 저녁에 개성부에 도착했다.

이날 저녁에 한 호위 군사가 가위에 눌려 헛소리를 지르는 바람에 모두들 깜짝 놀라 서로 치고받고 하였다. 그 소리가 전각(殿閣: 임금의 처소)에까지 들렸다. 궁녀들 중에는 칼로 자기 목을 찔러 거의 죽게 된 자도 있었는데, 다행히 전각의 문이 이미 닫힌 뒤여서 소동부리는 소리가 전각 안으로는 들리지 않았.

호위 군사 중에 평안도 토병(土兵)의 말을 빼앗은 자가 있었으므로 즉시 목을 베어 효시하였다.」

-〈선조실록〉(1592. 5. 1.)-

호위병사 중 하나가 잠을 자다가 "왜군이다!" 하고 헛소리를 지르자 왜군들이 정말 쳐들어 온 줄 알고 서로가 치고받고 한 모양이다. 또 그 소리를 들은 한 궁녀는 몸을 더럽히지 않으려고 자살소동까지 벌였다.

「임금이 개성부(開城府)에 행차를 머물렀다.
함경남도병사 신할(申硈)이 변란 소식을 듣고 관하의 직속 군사를 거느리고 들어와 호위하였다. 임금이 남대문에서 늙은이들과 군사와 백성들을 불러보고 죽음을 각오하고 지켜야 한다는 의리로 타일렀다.」 -〈선조실록〉(1592. 5. 2.)-

임진강으로 떠나기 전 신할의 모습이다. 선조는 개성을 사수한다는 뜻을 밝혔는데, 이 무렵 선조의 결의는 정말 그랬는지도 모른다.

왜군의 병력 규모도 모르는 조정

「임금이 묻기를 "본부에 군사들이 얼마나 있느냐?"고 물으니, 개성 유수(留守) 홍인서(洪仁恕)가 대답하기를, "기병과 보병 합해서 9백30여 명입니다"라고 하였다.
홍문관 교리 이상홍(李尙弘)이 임금의 지시문(諭書)을 읽어주려고 하자, 임금이 말하기를 "백성들이 문자를 모르니 유수를 시켜서 읽어주게 하라"고 하였다.
홍인서가 명을 받들어 읽어주기를 마치자 백성들이 모두 감동하여 울면서 말하기를, "전하께서 서울을 떠나셨으니 수도는 이미 무너진 셈입니다. 만약 또다시 이곳을 떠나신다면 더욱 수습하기 어려울 것입니다. 이곳에 머물러 계시기 바라나이다"고 하니, 임금이 말하기를 "마땅히 너희들의 뜻을 따르겠다."고 하였다.」 -〈선조실록〉(1592. 5. 2.)-

선비와 백성들이 경성은 이미 무너졌다고 하였는데, 상인들이 마포나루→예성강→개성으로 전한 소식을 듣고 말한 것 같다. 하지만 조정에는 이 같은 정보망이 없었고 오히려 이렇게 들어오는 정보들을 '근거 없이 떠도는 천민들의 소리' 정도로 넘겼다.

「민준(閔濬: 좌부승지): "경성은 중한 곳이므로 버릴 수 없습니다. 마땅히 신할을 시켜 군사를 거느리고 가서 방어하게 해야 할 것입니다.
선조: 도원수 김명원이 지금 한강을 지키고 있다.
민준: 비록 원수가 있더라도 군사들이 적고 약한 상황에서 만약 적이 일단 강을 건넌다면 줄곧 내밀고 오기가 무엇이 어렵겠습니까.
선조: 그렇다면 한강을 지켜야 하겠는가, 아니면 서울을 지켜야 하겠는가?
민준: 당연히 한강을 지켜야 합니다.
김응남(병조판서): 본 부(개성부)도 성이 튼튼하여 지켜내기가 허술합니다."」　　　　　　　　　－〈선조실록〉(1592. 5. 2.)－

선조와 대신들은 그때까지도 한강 방어선이 건재한 것으로 알고 있었다. 그렇게 된 이유는, 한성 수비를 맡고 있던 장수들이 아무도 장계를 올려 진상을 보고하지 않았기 때문이다. 또 장계를 올릴 만한 경황도 없었으며, 조정에서는 정확한 정보에 의하지 않고 막연한 짐작만으로 전략전술을 논의했는데, 이러한 상황에서 매번 잘못된 어명이 내려졌다.

아무튼, 이때도 한강을 지키느냐 경성을 지키느냐의 문제를 놓고 논의를 했지만 그 논의는 늦어도 너무 늦은 것이었다. 게다가 조정은 북상하고 있는 왜군의 숫자가 얼마인지도 모르고 있었으니 속절없는 시문놀이요, 현실과 괴리된 탁상공론의 연속이다.

소급해서 분석해 보면, 조정에서는 신립의 8천 군이 탄금대에서 왜군을 잘 막아 줄 것으로 기대했었는데 이 역시 왜군의 규모에 대해서 아는 바가 없었기 때문이다. 잘 싸워 줄 것으로 믿었기에 한강을 막아설 준비도 못했고, 갑자기 피난길에 오르다보니 도시락도 준비하지 못했다.

5월 2일, 신할의 소수 병력을 한성으로 보내서 한강을 지켜야 한다는 대신들의 발상도 그렇고, 선조의 '그렇다면 한강을 지켜야 하는가, 아니면 경성을 지켜야 하는가?' 하는 반문은 흡사 어린아이들의 시문놀이를 보고 있는 것 같다.

5월 10일경, 한성의 왜군들은 10만의 수준인데 조정에서는 강변 군사 3천을 포함한 1만5천의 조선군이 한성을 수복하리라고 기대한 것도, 가토군의 유인책에 속아서 유극량 등 무장들을 돌격시키고는 김명원, 한응인, 박충간 등 문신들은 임진강 건너편에서 강 건너 불구경하듯 한 것도 이런 수준의 시문놀이 같은 모습이다.

왕자궁과 개성상인들 간의 충돌

「이날 황해도에서 6천여 명을 징병하였는데 종묘의 수복(隨僕: 신주단지를 가지고 따라온 종들)들과 밥 짓는 일 때문에 서로 다투다가 칼을 뽑아 들고 고함을 지르며 전각문(殿閣門: 임금의 처소의 문) 앞에까지 이르렀다. 임금이 명하여 수복들의 머리를 베어 효시하니 잠잠해졌다.」   -〈선조실록〉(1592. 5. 3.)-

종묘의 신주단지를 가지고 온 종묘 소속의 종들과 황해도에서 징병한 군사들 간에 밥 짓는 일을 두고 벌어진 싸움이 전각문 앞까지 이르렀는데, 마치 난장판을 보는 것 같다.

「이곽(동부승지)이 건의하였다.
"멸망의 위기가 눈앞에 닥쳤는데 임금과 신하 사이에 무슨 숨길 일이 있겠습니까. 대체로 인심을 수습하는 것이 상책입니다. 그런데 근래 궁인들의 행패가 심해졌고, 내수사(內需司) 사람들은 궁중에서 쓸 물건이라고 거짓말하여 백성들에게 원망을 사고 있습니다.
오늘의 변이 생긴 까닭도 다 왕자궁에 소속되어 있는 사람들의 행패에서 비롯된 것입니다. 그래서 사람들이 원한을 품고 배반하여 왜적과 한마음이 된 것입니다. 듣기로는 왜적이 쳐들어올 때 말하기를 "우리는 너희들을 죽이지 않는다. 너희 임금이 너희들을 학대하므로 이렇게 하는 것이다"고 했다고 합니다. 우리 백성들도 말하기를 "왜놈들도 사람인데 우리들이 무엇 하러 우리 집을 버리고 피해야 하겠는가"고 했다고 합니다. 폐단을 일으킨 내수사 사람들의 목을 베시기 바랍니다."
임금이 대답하였다. "그런 폐단을 저지른 자들을 옥에 가두어 신문한 뒤에 처리하도록 하라."」

－〈선조실록〉(1592. 5. 3.)－

왕자궁에서 쓸 물건이라면서 저자거리에서 상인들의 물건을 빼앗아 가다시피 했다는 것이다. 탐관오리가 백성을 착취한 역사는 많았지만 어쩌다 왕자궁의 형편이 이 지경에까지 이르렀단 말인가.
당시 선조의 내수사와 왕자궁에서는 저자거리의 물건들을 빼앗듯이 착취한 경우가 많았는데, 왜란이 일어나기 전에 한성에서는 임금의 권위도 있었고 또 김공량 등이 뒤처리 수습을 했기 때문에 그때 그때 덮어져 왔다. 그러나 개성에서는 임금의 권위도 실추되었고 김공량 같은 뒤처리 할 사람도 없었다. 또 개성상인들은 셈이 바르기로 유명한데, 상인들의 입장에서는 내수사와 왕자궁 사람들은 모두 초면이고 언제 어디로 떠나갈지 모르는 사람들인지라 외상거래 등을 사절했기 때문에 생긴 사건인 것 같다.

한편, 동부승지는 "한성에 있을 때에도 내수사와 왕자궁의 폐단이 심했고, 그랬기 때문에 왜군이 한성에 들어오자 저자거리의 상인들은 왜적과 한 마음이 되었다"는 뼈아픈 설명을 했다.

선조는 6조에 대한 經·營을 부실하게 한 탓에 정신없이 피난길에 올랐지만, 내수사와 왕자궁 등에 대한 經·營 역시 부실했다.

태종의 국가 經·營과 선조의 국가 經·營

아래는 태종 임금의 국가 經·營을 짐작케 해주는 〈태종실록〉의 사례들인데, 선조의 經·營과는 판이하게 다르다.

> 「임금이 미행으로 화원에 갔는데 팔각전(八角殿)을 수리하기 때문이었다. 그 회식(繪飾: 그림을 그리고 조각을 하는 일)을 經·營하고, 화초를 심고, 나무와 돌을 다듬는 일은 내시 김사행이 모두 관장했다.」　　　　　　　　　　　－〈태조실록 2년〉－

經·營이 건축 경영에 사용된 사례이다.

「 "지난 해 가을부터 중(僧徒)들을 불러 모아 창고의 쌀을 내어 공급하고 사직 단장과 창고·관사를 經·營하게 하는데, 내가 일찍이 생각하니 중들 또한 사람인데 어찌 이토록 수고롭고 곤하게 할 수 있는가. 제군부와 조방은 비바람만 피하면 된다. 어찌 저토록 장엄하고 화려하게 할 필요가 있겠는가?"」
-〈태종실록 7년〉-

태종은 승려들의 고생을 걱정해서 짓고 있던 정부의 건설공사 經·營(project)을 어명으로 중단시키고 있다. 공자의 인(仁)과 부처의 자비 사상이 태종의 經으로 삼아져 있음을 알 수 있다.

「외방(外方)의 저화속죄법(楮貨贖罪法: 楮貨는 조선 초기에 발행되었던 지폐. 닥나무(楮) 종이로 만들었기 때문에 楮貨라 하였다.)으로 경성 안에 제용감(濟用監)이라는 환전소를 설치하여 죄를 지은 사람들에게 바꾸어 납부하게 했으니 무엇이 어려움이 있겠습니까? 그러나 군현에서는 경성과 혹 천여 리나 떨어진 농부가 쟁기를 버리고 서울로 올라와 화폐(楮貨)를 바꾸어 가는 사람이 열에 일곱, 여덟은 됩니다.
화폐 발행의 권리가 국가에 있으므로 經·營하기가 쉬움은 있을 망정 수고는 없을 것으로 보입니다.」 -〈태종실록 11년〉-

죄인의 벌금 납부를 편리하게 하기 위해서 물건과 지폐를 교환해 주는 환전소(換錢所)인 제용감(濟用監)의 분소를 설치하자는 상소문으로서, 재정분야 행정 經·營의 사례이다.

「호조판서 박신(朴信)이 과염법(課鹽法)의 도입을 건의하였다.

"소금은 백성들이 그것에 의지하여 살아가는 것이니, 그 중요성은 오곡(五穀) 다음 가기 때문에 옛날부터 이에 세금을 부과하는 법(課法)이 있었습니다. 지금 국가의 연해안 주(州)나 군(郡)에서는 공염간(貢鹽干)을 설치하고 또한 사염세(私鹽稅)를 거두고 있는데 그 수가 많다고 하지 않을 수 없습니다. 그러나 그 교환하는 물건들이 모두 긴요하지 않은 것들이기 때문에 그 이익은 대부분 이(利)를 추구하는 자들에게 돌아갑니다. 또 각 도의 감사가 간혹 마음대로 옳지 않은 곳에 쓰기 때문에 나라에 보탬이 되는 것이 없습니다.

원컨대, 이제부터 각도의 염세(鹽稅)를, 공조(工曹)에 바치는 것과 그 도의 1년 경비를 제외하고는, 백성들에게 잡곡 여부를 따지지 말고 가격을 낮추어 바꾸어 주도록 허락해서 그것을 군자(軍資)에 보충한다면, 민간에서는 여전히 소금을 쉽게 얻을 수 있을 것이며, 그렇게 하여 1년에 거두어들이는 곡식도 1만여 섬 이하로 내려가지는 않을 것입니다. 각 도의 공염간이 많고 적음이 고르지 않고 거두는 세의 액수 또한 서로 다르니, 다시 참작하여 액수를 정하여 그 역(役)을 고르게 하도록 해야 할 것입니다."

임금이 그대로 따랐다.

박신이 나라를 부강하게 하기 위하여 經營하는 방식(經營之術)은 모두 이와 같았다.」 　　　　　　 −〈태종실록 14년〉−

소금 전매업 經·營에 관한 사례이다. 중간상인과 각 도 감사의 자의적 운영으로 인한 낭비를 줄이기 위해서 중간상인을 없애고 관에서 백성들의 곡식과 직접 교환하며, 이에 필요한 관아의 비용은 예산제로 해서 각 도끼리 비교 분석케 했다. 실록은 호조판서 박신을 명경영자(名經營者)라고 적고 있다.

태종 14년(세종원년), 태종이 수성기(守成期)의 문물제도의 완성을 위해 염전 經·營을 확립하고 있는 모습이다.

아래는 〈세종실록〉 4년에 기록된 태종의 CEO로서의 모습이다.

「총명하고 영특하고, 강직하고 너그러웠으며(剛健寬仁), 경전과 사서를 널리 읽어(博觀經史) 고금의 일을 밝게 아셨고(貫穿古今), 어려운 일을 많이 겪어(備嘗艱難) 사물의 진위를 밝게 아셨으며(洞識情僞), 한 가지 재주와 한 가지 선행이 있는 자도 등용하지 아니한 일이 없었고, 선대의 제사에는 반드시 참석하셨고, 중국을 섬김에 있어서 여러 예식에 반드시 정성을 다하셨고, 재상들에게 나라 일을 위임하셨고, 환관(宦官)을 억제하셨으며, 상을 주고 벌을 줌에 어긋남이 없었고(信賞必罰), 귀천(貴賤)과 친소(親疎)에 따라 차등을 두지 않았으며, 벼슬을 올려줌에 재직 기간의 장단(長短)을 따지지 않았으며, 문교(文敎)를 숭상하고 무예를 닦으셨으며, 검소하셨고, 사치와 화려함을 없애어 20년간 백성이 편하고 산물이 풍부하여(民安物阜) 나라의 창고가 가득 차 넘쳤고(倉庫充溢), 해적들이 찾아와서 복종하였고(海寇賓服), 예악이 바르고 골랐으며, 모든 법령이 바로 서고 시행되었다(剛擧目張).」 -〈세종실록 4년 5월 10일〉-

經·史學은 고금의 일을 밝게 알게 해 준다는 동양권의 패러다임이다. 태종은 經·史學으로 공부하고 스스로 經·營해서 조선 왕국의 창업과 수성의 기초를 쌓았으며, 이렇게 다져진 국력을 바탕으로 대마도를 정벌했으니, 선조 때와는 많이 다른 양상이다.

한편, 조선 왕국의 經·史, 經·營 學을 학문적으로 완성하고, 또

제도적으로 완성한 것은 세종대왕인데 이를 기록으로 남긴 것이 〈세종실록〉이다. 〈세종실록〉의 經·史, 經·營의 學에 대해서는 제10부에서 살펴본다.

「이곽이 보고하였다. "서울의 시장 사람들은 태연히 있으면서 옮기지 않고 있다고 합니다."」　－〈선조실록〉(1592. 5. 3)－

'서울의 시장 사람들'이란 장사치들, 즉 경제인들이다. 선조는 이들 경제인들이 '왜와 한 마음'이 되었다고 걱정을 했다.

3도 감사들의 모습

「선조: "경상도 사람들은 다 배반했다고 하던데, 사실인가?
이곽: 김수(金睟)는 경상감사로서 백성들의 원한을 사고 있으니 장차 지탱해내지 못할 형편인데도 대신들은 정신을 잃고 머리만 숙이고 앉아 있으니 인심을 수습하기 어려울 것입니다. 김수를 교체하는 것이 좋겠습니다. 전라감사 이광(李洸) 역시 하는 일이 없으니 놀라운 일입니다."」
－〈선조실록〉(1592. 5. 3.)－

경상도의 거의 모든 관아가 텅 비었으니 김수 감사는 실성한 듯 망연자실 했겠지만, 그러나 이렇게 된 데에는 김수 자신이 왜란을 대비하여 군영과 경국제민 經·營에 소홀했기 때문이다.

이무렵 이광은 전라 육군 6천을 거느리고 공주로 향하는 중이었고, 이광의 출동명령을 받은 이순신은 이튿날(5.4) 새벽 출동 준비에 바빴다.

> 「선조: "충청감사 역시 멀리 공주로 피해 갔다고 한다. 사리를 알만한 사람조차 이 모양이니 다른 사람들이야 어떻게 믿겠는가."」
> —〈선조실록〉(1592. 5. 3.)—

충청감영은 본래 충주에 있었는데 후에 공주로 옮겨갔다. 당시 충청감사는 충주가 함락되었으므로 공주로 피신한 것 같다. 신립의 탄금대 전투에 동원된 병력의 과반수는 충청도 관아 직속의 군사들과 역졸들이다.

아무튼, 선조의 이 같은 원망으로 경상·전라·충청도에서 임금을 호위할 군사(勤王軍) 5만여 명이 동원되는데, 이 5만여 명의 대군은 용인전투에서 와키자카 야스하루(脇坂安治)의 2천 군에게 치욕적인 패배를 당한다.

김공량을 두둔하는 선조

> 「김찬(金瓚: 대사간): "전번에 궁의 종들이 폐단을 일으켰는데, 잡아 가두면 백성들의 마음을 풀어줄 수 있을 것입니다.
> 선조: 장사치들(市民)이 배반한 것은 작은 문제가 아니다. 상거래 때문에 이렇게 한다고 하니, 이것은 한두 명의 간사한 자들이나 하는 짓이지 어찌 사람마다 다 하는 일이겠는가."」
> —〈선조실록〉(1592. 5. 3.)—

'궁의 종들'이란 김공량을 가리킨 것이다. 인빈 김씨는 원래 종의 신분이었는데 선조의 총애를 받아 빈궁이 되었고, 그의 오라비 김공량도 종이었기에 궁중에서 종의 신분으로서 임명될 수 있는 별정직을 맡은 것이다. 별정직은 전문직이다. 이 같은 전문직이 누이의 배경을 업고 내수사 經·營과 세자책봉 등에 문제를 일으켰기 때문에 탄핵을 받았다. 그러나 선조는 이를 무마시키려고 했다.

> 「홍인상(洪麟祥): "김공량이 작폐한 진상을 전하께서 어찌 다 알 수 있겠습니까. 요즈음 민간에 원망하는 소리가 극도에 이르러 차마 입에 담을 수 없는 말까지도 있습니다.
> 선조: 변변치 못한 사람이 분수에 넘친 짓을 한 것이야 없지 않겠지만 무슨 별다른 일이야 있겠는가?
> 김찬, 이곽, 홍인상: 신들은 위급하고 난처하여 이제야 비로소 말씀드리지만, 항간에서는 못하는 말이 없습니다."
> 노직: 평소에 말씀드리지 않다가 지금에 와서야 말씀드리니 신들은 죽어 마땅합니다."」   -〈선조실록〉(1592. 5. 3.)-

'평소에 말씀드리지 않다가'라고 하였는데, 평소에는 김공량·이산해·인빈 김씨·신립·신성군이 세력을 형성하고 있었고, 선조가 신성군을 세자로 책봉할 가능성이 높았다. 그래서 사간원에서도 탄핵할 용기가 없었다.

> 「선조: "그야 무슨 상관이 있는가. 그런데 사람들의 말을 어찌 다 믿겠는가. 그래 무슨 짓을 하였다고 하던가?"」
>   -〈선조실록〉(1592. 5. 3.)-

선조는 계속 그냥 덮어 넘기려고 했다. 선조의 제가(齊家: 친인척

관리) 經·營이 말씀이 아니다.

> 「이곽: "사람들은 모두 다 공량의 목을 벤 다음에야 일을 할 수 있다고 합니다. 옛날 임금 중에는 총애하던 사람도 떼어버린 일이 있습니다.
> 선조: 내가 공량을 두둔하는 것은 아니다. 죄는 꼭 알맞게 주어야 하는데 사람들의 말을 어찌 그대로 믿을 수 있겠는가."」
> −〈선조실록〉(1592. 5. 3.)−

선조는 김공량을 두둔하고 있으면서도 두둔하는 것이 아니라고 강변했는데, 김공량 사건이 불거지게 되면 그간 문제가 많았던 자신의 가정 經·營이 드러날 것을 우려한 것 같다.

> 「이곽: "백성들의 마음이 이러한데 어찌 거짓말이라 할 수 있겠습니까.
> 홍인상: 지금은 한 순간이 급합니다.
> 선조: 도대체 공량이 무슨 짓을 하였는가?
> 홍인상: 뇌물을 받았습니다.
> 선조: 이쯤 되었으면 숨기는 일이 있어서는 안 될 것이다. 외부에서는 재상들도 오히려 친구들의 청탁을 받을 수 있지만 귀신이 지켜보거니와 공량에게는 그런 일이 별로 없었다."」
> −〈선조실록〉(1592. 5. 3.)−

선조는 김공량을 계속 변호하고 있다.

> 「김찬, 이곽, 홍인상: "전하께서는 모르고 계시지만 공량은 뒤

에서 그런 짓을 했습니다.

이곽: 종루(鐘樓)에 방문이 붙었는데 이산해와 공량 둘이 서로 가까이 지내면서 아첨하는 추한 모습을 그려놓은 것이었습니다. 이것은 너무나 미움을 받았기 때문에 그렇게 한 것입니다.

선조: 시장 장사치들이 모두 왜적에게 붙었다고들 한다.

윤두수: 어찌 다른 족속들과 더불어 상종할 리가 있겠습니까. 보나마나 밀수꾼(潛商人)들의 소행일 것입니다.”」

―〈선조실록〉(1592. 5. 3.)―

종루는 오늘날 광화문 네거리 자리에 있었는데, 옛날 종로 저자거리가 시작되는 지점이다. 그곳에 이산해와 김공량이 서로 아첨하는 그림이 붙었다고 했다.

'시장 장사치들이 다 왜적에게 붙었다'라고 한 것은 김공량에 대한 탄핵을 의식해서인데, 윤두수는 '밀수꾼들과 몇몇 사람들의 소행'이라면서 임금을 위로했다.

한성 함락 소식에 놀란 선조임금

「이보다 먼저 임금이 직접 지시문을 써서 우승지 신잡(申磼)에게 주면서, 서울에 가서 백성들을 타이르는 동시에 수도에 머물러 있는 대신(留都大臣) 이양원과 도원수 김명원을 위로해 주라고 하였다. 신잡이 떠나서 파주에 이르렀을 때 서울이 이미 함락되었다는 말을 듣고는 가지 않고 되돌아 왔다.」

―〈선조실록〉(1592. 5. 3.)―

선조는 우승지 신잡을 김명원과 이양원에게 보내서 위로하려 했으나 우승지는 파주에서 되돌아왔다.

「신잡이 돌아왔다. 임금이 불러서 만나보고 물었다.
선조: "적세가 어떠하던가?
신잡: 유시(酉時: 오후 6시경)에 혜음령까지 갔다가 다시 동파로 되돌아 왔는데 이각·성응길 등이 적을 막아내지 못하고 모두 이미 퇴각하여 돌아갔습니다.
선조: 적이 이미 강(한강)을 건넜는가?
신잡·이상홍: 어제 저녁에 이미 성 안으로 들어갔다고 합니다.
선조: 여기서 무엇을 하겠는가? 빨리 피하는 것이 좋겠다.
윤두수: 오늘은 떠날 수 없습니다. 내일 조용히 떠나시기 바랍니다.
선조: 오늘 떠나 금교까지 가서 묵을 생각이다.
윤두수: 밤길을 갈 수는 없습니다. 인심이 두려운데 뜻밖의 변이라도 생길까 걱정이니 내일 일찍 떠나는 것이 좋겠습니다.
선조: 여러 말 말고 빨리 떠나자."」

-〈선조실록〉(1592. 5. 3.)-

선조는 한성이 적의 수중에 떨어졌다는 사실에 겁을 먹고 이성을 잃었다. 밤에 피난을 가게 되면 급히 모집한 군사들이 먼저 도망갈 우려도 있고, 처음 가는 길이므로 대궐 사람들이 어떤 사고를 당할지도 모른다. 그럼에도 선조가 피난을 재촉했던 것은 개성 백성들이 잠을 자는 동안 야반도주를 하려고 했기 때문으로 보인다.

아무튼 이러한 경황 속에 선조 일행은 신주단지를 개성에 두고 갔는데, 이는 임금의 조상들을 피난길에 내팽개친 격이므로 종묘사직을 지킨다는 시각에서는 용납될 수 없는 일이었다.

「선조: "평산을 거치지 않고도 갈 수 있는 다른 길이 있는가?
이상홍: 용천을 거쳐 자비령을 넘으면 천험(天險)의 요해처입니다.
선조: 평양에는 닿을 수 있겠는가?
신잡: 여기서는 손을 쓸 수 없지만 평양으로 가신다면 할 수 있을 것입니다.
이상홍: 신이 보건대 평양은 역시 천험의 요해처입니다.
윤두수: 먼저 황해감사를 보내어 지나가는 일대의 백성들을 타일러 주는 것이 좋을 것입니다. 만약 소동을 피우면 사람들이 틀림없이 놀라서 흩어질 것입니다.
선조: 우의정이 나가서 모든 일을 잘 처리하도록 하라.
이상홍: 경성에서는 나라의 창고들이 이미 다 타버려 적들이 아무 소득도 없었으므로 틀림없이 서둘러 이리로 올 것입니다.
선조: 그렇겠다. 속히 나가서 일을 잘 처리하도록 하라."
삼사(三司: 사헌부, 사간원, 홍문관)에서 연합하여 김공량의 목을 베어 매어달자고 청했다.
선조: "김공량이 무슨 정사(政事)를 어지럽힌 일이 있는가? 왜적이 쳐들어온 것이 어찌 이 사람 탓이겠는가. 벌은 반드시 죄에 맞게 주어야 한다. 그러니 우선은 가두어 놓고 천천히 처리하도록 하라."」 —〈선조실록〉(1592. 5. 3.)—

드디어 김공량은 하옥되었다.

「임금이 김명원의 군사가 한강에서 패배했다는 말을 듣고 묘시(卯時: 오후 4시경)에 개성부를 떠나 밤에 금교역에 도착하였다.」　　　　　　　　　　　　－〈선조실록〉(1592. 5. 3.)－

한성에 들어온 왜군의 숫자가 얼마인지, 또 왜군들의 향후 진로가 어떻게 될지도 모르는 상황에서 피난길에 올랐다.

「(5월 4일) 임금이 금교역(金郊驛)을 출발하여 흥의역(興義驛) 평산부(平山府)에서 점심을 들고(晝停) 저녁에 보산관(寶山館)에 이르렀다.

승지와 비변사의 당상관들을 접견하였다.

윤두수: "중로(中路)에는 신할(申硈)과 황윤용(黃允容), 해주목사 등이 군사 1천 명을 이끌고 가게 되어 있으니 다시 대장(大將)을 보낼 필요는 없습니다. 오늘 전하의 행차가 보산관에 닿는다면 매우 편하실 것입니다.

이헌국(李憲國): 해가 한창 긴 때이므로 안성을 지나 용천에서 묵고 내일은 황주에서 묵는다면 모레는 평양에 들어가시게 될 것입니다. 다만 앞으로 나가기만 하고 음식을 드시지 않는다면 옥체가 상할까 걱정됩니다.

윤두수: 우리가 한 걸음 물러서면 적들이 한 걸음 앞으로 나오는데, 신할은 나가서 싸우지도 않고 돌아오니 놀라운 일입니다.

선조: 그(신할)를 따라오지 못하게 하라. 경들은 아직 경성 소식을 못 들었는가?"

이충원: 들으니, 적들이 동대문으로 들어갔다고 합니다."」

　　　　　　　　　　　　－〈선조실록〉(1592. 5. 4.)－

신할 등을 임진강 방어선으로 보내고 있다.

> 「윤두수(尹斗壽): "역참길이 끊어졌으니 사람을 보내서 소식을 들어오게 해야 할 것입니다."」 −〈선조실록〉(1592. 5. 4.)−

개성→평양 간의 역졸 망(網)도 이미 무너지고 없었다.

> 「선조: "적의 군사가 얼마나 되는가? 절반은 우리나라 사람이라던데 사실인가?
> 윤두수: 그 말이 사실인지 거짓말인지 모르겠습니다. 내시위의 사복은 전적으로 견마잡이 일을 담당하고 있는데 모두 다 도망치고 이마(理馬: 사복시의 정6품 잡직) 네 명만 남아 있습니다. 경기감사를 시켜서 붙잡아 보내게 해야 할 것입니다."」
> −〈선조실록〉(1592. 5. 4.)−

'적의 군사가 얼마나 되는가?', '절반은 우리나라 사람…?' 등은 대단히 중요한 내용의 질문임에도 불구하고 윤두수는 적당히 얼버무려 대답했다. 붕당의 거두(巨頭)다운 노회한 답변이다. 한편, 이 대목은 조정을 주도한 윤두수가 왜군의 규모조차 잘 몰랐음을 짐작케 한다.

사복시(司僕寺)는 대궐의 말을 관리하는 곳이고, 대궐의 말은 1천여 필은 되었을 것이다. 그 많은 말을 관리하는 사복시에서 피난길에 따라온 사람은 고작 이마(理馬) 4명뿐이었다.

그런데 막상 평양으로 출발하려니까 타고 갈 말도 부족했고, 거기에 말을 관리할 인력도 부족했다. 윤두수가 경기감사를 시켜서 도망간 사복시 사람들을 붙잡아 와야 된다고 했지만 실천 불가능한 이야

기다.

> 「이충원(李忠元: 승지): "어찌 잡인(雜人)들을 동반(東班)에 섞어 넣을 수 있습니까. 아무리 어지러운 때라도 명기(名器: 문관(東班) 벼슬자리)부터 먼저 더럽힐 수는 없습니다.
> 선조: 승지의 말이 옳다. 그러나 지금은 일반적인 규례만 지킬 수는 없다."」　　　　　　　　－〈선조실록〉(1592. 5. 4.)－

사복시의 이마(理馬) 김응수(金應壽)는 도망가지 않고 선조를 호종하며 말들을 관리해 왔다. 선조는 그들마저 도망갈까 봐 걱정이 되어 그들에게 동반(東班: 문관직, 무관은 西班)직을 제수하려고 했다. 그러자 승지 이충원은 '문관의 벼슬자리(名器)를 더럽힐 수 없다' 면서 반대했다.

문관직(東班)에 있는 자들이 병법에 알맞게 대응하지 못해서 나라가 망해 가는 지경인데도, 승지 이충원은 아직도 그 같은 잘못을 깨닫지 못하고 있다. 또한 깨달으려고 자성(自省)하는 빛도 없다.

하루 140리를 달려서 피난 간 임금

> 「(5월 5일) 임금이 이른 새벽에 보산을 떠나 비를 맞으며 안성을 지난 다음 용천에서 점심식사를 하고 해질 녘에 봉산에 닿았다. 이날 1백40리 길을 갔다.
> 임금이 용천현 대청에서 영의정 최흥원, 좌의정 윤두수, 좌참찬 한응인, 예조판서 정창연(鄭昌衍), 우부승지 민여경(閔汝慶)과 가주서 박정현(朴鼎賢), 검열 김의원(金義元)을 불러보았

다.」   -〈선조실록〉(1592. 5. 5.)-

하루에 140리를 갔으니, 걸어서 간 사람들의 고생은 이루 말할 수 없었을 것이다. 아래는 〈징비록〉에서다.

「흥의역의 오조천 냇가에 도착하여 조호와 남복시를 만났는데, 이들은 평양으로부터 서울로 가서 부모를 찾으려고 하였으나 길이 막혀 돌아오는 길이었다. 조호는 바로 이웃에 살던 친구 윤지의 아들이었으므로 그를 보니 매우 위안이 되어 동행하기로 하였고 남복시는 먼저 떠나갔다.

첨사 이천(李薦)이 군사를 거느리고 의주의 방산으로부터 서울로 가다가 이르지 못하게 되자, 그에게 후방을 수비하도록 했기 때문에 오조천 냇가에서 이천이 말을 쉬고 있었던 것이다. 나를 맞이하여 함께 현미밥을 먹으면서 싸움(兵事)에 관한 이야기를 하였다. 저녁밥을 먹고 저녁에 보산에 도착하여 길가의 시골집에서 유숙하였는데, 바라보니 임금의 행차가 금암역의 관사에 머무르고 있었다.」   -〈징비록〉-

이천(李薦)이 의주의 군사를 거느리고 달려왔다. 첨사 벼슬이므로 거느린 군사는 300~400명 정도 되었을 것이다.

「5일. 아침에 비가 내렸다. 임금의 행차는 이날 안성의 용천·검수를 지나 봉산에 머물렀는데, 나는 말이 지쳐서 앞으로 더 갈 수가 없으므로 검수에서 유숙하였다.」   -〈징비록〉-

이 날이 140리를 달려간 날이다. 말도 지쳐 있다. 왜군은 한성에서 잔치를 벌이고 있는데 선조는 왜군들이 바짝 추격해 오기라도 하는 것처럼 도망가고 있다.

「6일. 저녁에 비가 뿌리듯이 내렸다. 임금의 행차가 황주에 머물렀는데, 나는 뒤따라 봉산에 도착하여 잠깐 휴식하였다가 황주까지 뒤따라갔으나, 물러나서 촌가에 유숙하였다.
황주목사 민인백과 황해감사 조인득이 서로 안부를 묻고 먹을 것을 보내주었다.
7일. 임금의 행차가 황주를 떠나 중화의 생양관에서 휴식하고 평양으로 들어갔다. 나는 저복원에서 종 언이의 집을 찾아 양식과 노자를 구하고 저녁은 그곳에서 유숙하였다.」
―〈징비록〉―

종 언이는 유성룡이 평양에서 벼슬을 할 때 정착시켜준 듯하다.

「8일. 중화의 관선교 촌사에서 조금 휴식하고서 저녁에 대동강가에 도착하였다. 바라보니 순찰사 이원익이 동대원 밑에서 군사를 점검하고 있었다. 배를 찾아 강을 건너가서 성중의 애향(愛香)의 집에서 묵었는데, 조호가 와서 나를 보고 안내하였다.」
―〈징비록〉―

애향(愛香)은 평양 관아의 퇴역 관기(官妓)로 보인다.

임진강 방어를 논의한 어전회의

다시 또 〈선조실록〉(1593. 5. 5.)을 살펴보자.

「병조판서 김응남, 부호군 이천, 좌승지 노직, 검열 김선여·김의원 등을 불러 만나보고 두기나루(豆其渡: 임진강의 한 나루)를 파수하는 일을 의논하게 하였다.」 -〈선조실록〉(1592. 5. 5.)-

봉산 관아에서 임진강 방어를 위한 작전회의가 열렸다.

「이천: "불과 5, 6천 명만 있으면 지켜낼 수 있습니다. 그런데 지금의 군사들은 모두 농사꾼들이기 때문에 훈련이 되어 있지 않고 또 신의 벼슬이 낮아서 만약 신이 통솔한다면 군사들이 반드시 흩어지고 말 것입니다. 적에게도 별로 뛰어난 장기(長技)라고는 없고 다만 조총과 짧은 칼(短兵)뿐입니다. 생소가죽(生牛皮)으로 방패를 만든다면 탄알을 피할 수 있습니다."」
　　　　　　　　　　　　　　　-〈선조실록〉(1592. 5. 5.)-

이천은 선조가 이일과 신립을 떠나보낸 후 처음 대면하는 무인 같다. 그런데 그의 벼슬은 고작 첨사(僉事)이다.

'불과 5, 6천만 있으면 지켜낼 수 있다'고 한 것을 보면, 이천 역시 왜군의 규모를 모르고 있고, 그의 말을 잠자코 듣고 있는 임금과 병조판서 김응남도 왜군의 규모를 모르기는 마찬가지다.

아무튼 5, 6천 명으로 임진강 하류에서부터 상류에 이르기까지 150여 리나 되는 지역을 어떻게 막아선다는 것인가.

'생소가죽으로 방패를 만들면 된다.'고 했는데, 설령 생소가죽 몇 장을 덧붙인 방패로 조총탄의 관통력을 감당할 수 있다손 치더라도 그 많은 생소가죽 물량은 또 어떻게 조달하겠다는 것인지 의문이다.

「김응남: "마름쇠는 황해도에서 만들게 하는 것이 좋겠습니다. 평양에 도착하면 반드시 장병들을 단속하여 민간의 재물을 약탈하지 못하도록 해야 할 것입니다."」

－〈선조실록〉(1592. 5. 5.)－

마름쇠는 뾰족한 철제 침으로 만든 입체형 구조물인데, 초소나 성곽 앞에 깔아서 적이 몰래 기어 들어오지 못하게 하는 일종의 철조망 같은 기능을 했다. 그런데 임진강 200여 리에 어떻게 깐다는 것이며, 또 그만한 쇠를 어떻게 조달한다는 것인지 모르겠다.

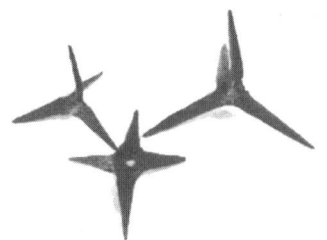

마름쇠

또 만약 왜군들이 강화도의 병선과 어선들을 타고 강을 건넌다면 임진강에 깔아둔 마름쇠가 무슨 기능을 할 수 있을지에 대해서도 꼼꼼히 따져보았어야 했지만, 그런 논의는 없었다.

병조판서 김응남이 주재한 그날의 어전회의 겸 작전회의는 또 다시 공리공론과 시문놀이 식으로 진행되었다.

「선조: "만약 이천에게 거느리고 있는 군사가 없다면 본도(황해도)의 군사를 거느리고 가게 하는 것이 어떻겠는가?
이천: 황해 감사와 함께 가고자 합니다.
선조: 대신들과 의논하여 이천의 의견대로 시행하도록 하라."
그리고 술을 하사한 후 파하였다.」

－〈선조실록〉(1592. 5. 5.)－

이천이 거느리고 온 병력 역시 소수인 것 같다. 이천은 임진강전투에서 좌위장으로 참전했고, 황해 감사 조인득은 임금의 행차를 호위하며 따르느라(扈從) 임진강으로 가지 못했다.

「(5월 6일) 임금이 아침에 봉산(鳳山)을 떠나 동선령(洞仙嶺)을 넘어 오후에 황주에 닿았다.
　임금이 지시하였다. "아침에 큰 재를 넘었더니 기력이 매우 피곤하여 여기서 묵고자 한다."
　임금이 지시하였다. "행차를 따르는 다른 사람들에 대해서는 대간이 건의한대로 차후에 처리하되 그 중에서 삼사(三司)의 높은 관리들부터 먼저 품계를 올려주도록 하라. 그리고 내시 김기문·오윤형·김양보도 품계를 올려주고, 견마군 이춘국 등은 서반직(무관직)에 임명하도록 하라."」
　　　　　　　　　　　　　　　－〈선조실록〉(1592. 5. 6.)－

호종(扈從)하느라 고생한 사람들의 품계를 올려주었다. 임금이 탄 말을 모는 이춘국 등에게는 문관(東班) 아닌 무관(西班)직을 제수했다.

황해감사의 조언

「임금이 황해감사 조인득(趙仁得)을 불러보았는데, 동부승지 이곽, 가주서 박정현, 검열 김선여와 김의원, 대사간 이헌국, 대사헌 김찬, 부제학 홍린상 등이 접견을 청하여 함께 참가하였다.

조인득이 말했다. "신의 생각에는, 전하의 행차가 일단 서울을 떠난 이상 마땅히 평양에 머물러 계셔야 한다고 봅니다. 그런데 지금 행차가 너무 빨리 가므로 인심이 동요할 뿐 아니라 모든 관리들과 군사와 말들이 굶주리고 지쳐서 뒤떨어져 있습니다.

서울 이남은 왜놈들도 길을 잘 알고 있지만 서쪽 지방으로야 어떻게 이전처럼 그렇게 빨리 올 수 있겠습니까. 평양은 성곽이 험하고 튼튼하니 지켜낼 만합니다. 전하의 행차가 평양에 도착한 다음에는 왕궁에 딸린 사람들과 하인들을 단속하여 추호도 백성들을 해치지 못하도록 해서 백성들로 하여금 그 혜택을 입도록 하신다면 다행이겠습니다. 어제 저녁에 후위를 맡았던 신의 군사 1백여 명 중에서 절반을 뽑아 신할 등에게 보내주었습니다." －〈선조실록〉(1592. 5. 6.)－

조인득은 행정 經·營에 밝았기에 황해도를 잘 다스리고 있다. '신의 후방'은 감영을 말하는 것 같은데, 마지막 남은 100명 중 50명을 임진강으로 보냈다. 조인득이 훗날 거북선도 만들어 보았다는 기록이 있는 것으로 보아 군영 經·營에도 관심이 많았던 듯하다.

「선조: "정승이 경을 데리고 중화까지 가는 것이 좋겠다.
이곽(동부승지): 만약 인득이 없었더라면 이 지방은 이미 허물어졌을 것입니다. 외부 사람들은 병조판서가 다스리게 하고 별감 무리들은 승전내관(承傳內官)이 다스리도록 해야 합니다.
선조: 중화에 가서 타일러 주는 것이 좋겠다. 백성들을 침해하는 자가 있거든 내부 사람이건 외부 사람이건 상관없이 다스리도록 하라.

선조(인득에게): 경이 힘써 이 도(황해도)를 잘 지키게 되면 나라를 다시 일으켜 세우는 공로도 이룰 수 있을 것이다. 평양은 양식이 떨어질 걱정은 없는가?

조인득: 이 도에도 군량이 있어서 이미 운반해 보내기도 하였습니다."」　　　　　　　　　　　　 －〈선조실록〉(1592. 5. 6.)－

역시 행정 經·營에 밝은 인물이다. 하지만 왜군과 싸워서 승리했다는 기록은 보이지 않는바, 문관으로서의 한계인 것 같다.

한응인을 도순찰사에 임명

「임금이 최흥원과 윤두수를 불러들여 만나보았다.

선조: "경들은 유홍(俞泓)이 올린 글을 보았는가? 개성을 떠난 것이 어찌 내가 한 일이겠는가.

최흥원: 적의 군사가 도성에 입성한 지가 3일이 되었는데 아직 싸움을 벌였다는 말을 듣지 못했습니다. 김명원 도원수의 보고도 역시 분명치 못합니다. 여러 사람들의 의견은 본 도의 지방 병사들이 정예병들이니 적임자 장수를 정하여 도순찰사(都巡察使)란 이름으로 보내자고 합니다.

선조: 누구를 보내야겠는가?

홍원: 보낼만한 사람이 없습니다.

윤두수: 이윤덕(李潤德)이 있습니다.

선조: 신할은 안 되겠는가? 장수가 훌륭하지 않으면 병사들이 흩어지는 법이다."」　　　　　 －〈선조실록〉(1592. 5. 6.)－

모두들 김명원이 왜군과 싸우지 않고 임진강만 지키고 있다고 불만이었다. 하지만 한성의 왜군이 10만에 가까워지고 있다는 사정을 안 사람이 조선 조정에는 아무도 없었다.

「선조: 전라도의 원병은 왜 오지 않는가?」
윤두수: "심대(沈岱)가 이미 군사를 불러올리려고 내려갔습니다. 그러나 길이 통하지 않는다고 합니다. 임진강에 보낸 이천·조의(趙誼)·김의일(金毅一)은 다 용감한 장수들이지만, 대장은 한응인(韓應寅)으로 임명하는 것이 좋을 듯합니다. 한응인은 나이가 젊어서 도원수보다 낫기는 하지만, 도원수는 지금 대군을 거느리고 있기 때문에 장수를 바꾸기는 어렵겠습니다."」   -〈선조실록〉(1592. 5. 6.)-

이 같은 논의가 있은 후 한응인이 도순찰사에 제수되었다.

평양에서도 김공량 탄핵

「5월 7일. 임금이 중화에서 평양으로 들어왔다.
지평(持平) 이경기(李慶琪)와 정언(正言) 황붕(黃鵬)이 건의하였다.
"김공량을 가두고 신문하라는 지시를 받은 이상 의금부에서는 마땅히 즉시 잡아가두어야 할 텐데도 급하지도 않은 일을 핑계대고 심지어 건의하기까지 하였습니다. 전하께서는 이미 신들의 건의를 허락하고서도 다시 천천히 가두라고 지시하셨으니 앞뒤의 지시가 다를 뿐 아니라 여러 사람들의 마음을 더욱 답답하게 만들었습니다.

 의금부 당상관과 담당 당하관들을 모두 추궁하도록 지시하고 김공량은 목을 베어 달아매도록 빨리 지시함으로써 많은 사람들의 마음을 후련하게 해주시기 바랍니다."

 임금이 대답하였다.

 "잠시 천천히 하라고 말한 것은 내가 급한 김에 한 말이다. 이미 가두고 신문하도록 지시하였으니 응당 죄를 지우게 될 것이다. 그런데 도대체 이번에 왜적이 쳐들어온 것이 이 사람 때문이란 말인가? 이 하찮은 한 사람의 문제를 가지고 이런 때에 이렇게 말하는 것은 온당치 못한 것 같다. 일처리는 조용히 알맞게 해야 한다. 추궁하는 문제는 건의한 대로 하라."」

〈선조실록〉(1592. 5. 7.)-

「비변사에서 건의하였다.

 "강원감사 유영길(柳永吉)은 한 도를 책임진 사람으로서 적들이 경내에 들어오지 않은 상황에서 마땅히 사람들의 마음을 진정시켰어야 함에도 불구하고 이미 모여온 군사들마저 몽땅 흩어지게 하였습니다. 마땅히 중한 법조문으로 다스려야 하겠지만 나라의 일이 한창 급하여 형편상 지금 교체시키거나 파직시키기는 어려우니, 우선 잘못을 추궁만 하도록 하고 그대로 직책을 수행하라는 뜻으로 지시를 내려 보내는 것이 어떻겠습니까?" 임금이 승인하였다.

 홍문관 부제학 홍인상(洪麟祥), 부응교 윤담무(尹覃茂), 교리 이상홍(李尙弘) 등이 글을 올렸다.

 "생각건대 김공량은 일개 천한 종에 불과하므로 신들이 규탄하는 것조차 매우 수치스러운 일이지만 그가 나라에 죄를 졌으니 더욱 용서할 수 없습니다.

　전하께서 왕위에 오르신 후 24년 동안 처리하신 일들 가운데 백성들의 기대에 크게 어긋난 적이 없었습니다. 그런데 김공량이 한번 나온 뒤로부터는 저자거리에 비난의 소리가 일어나고, 장사치들은 원망을 품고 배반하며, 죄인으로부터 뇌물을 받는다는 비방이 생기고 뇌물을 수수하는 일이 성행하게 되었습니다. 심지어는 조정에서 하는 일의 옳고 그름이나 관리의 임명과 파면 등의 문제에까지 간여하지 않는 것이 없었습니다. 그리하여 모든 사람들이 다 같이 격분한 지가 하루 이틀이 아닌데도 유독 전하께서만 듣지 못하고 계십니다.

　이번에 변란이 터진 후에 많은 사람들이 한결같이 비난하며 분해서 이를 갈며 말하기를 '이 놈을 꼭 죽여야만 인심도 진정되고 왜적도 물리칠 수 있을 것이다'고들 합니다. 이것이 어찌 털끝만큼의 개인적인 원망이나 노여움이 있어서 그러는 것이겠습니까. 오늘날 난리가 터지게 된 근원은 사실 이 자에게 있습니다.

　그런데도 전하께서는 한결같이 그를 감싸주시면서 한편으로는 '이 사람의 탓이 아니다'라고 하며, 다른 한편으로는 '조용히 처리해야 한다'고 하십니다. 그리하여 삼군(三軍)이 맥을 놓게 하고 모든 사람들을 더욱 울적하게 만드니, 신들은 가슴이 아프고 답답하여 견딜 수 없습니다.

　바라건대 전하께서는 빨리 공론을 들어줌으로써 중앙과 지방에 널리 사죄하고 온 나라 사람들로 하여금 평소에 백성들에게 원망을 산 것이 모두 다 이 도적에게서 나온 것이지 전하 때문이 아니라는 것을 온 나라 사람들이 분명하게 알도록 하신다면 더없이 다행이겠습니다."

사헌부와 사간원에서 연합하여 김공량에게 죄를 주자고 청하니 대답하였다.

"이미 가두고 신문하게 하였으니 응당 죄를 지우게 될 것이다. 풀 한 포기, 나무 한 그루도 경솔히 죽일 수 없는데 하물며 사람이야 더 말할 게 있겠느냐. 지금 하나의 천한 사람 때문에 나라를 그르친 것처럼 말하는 것은 지나친 일이 아닌가. 나는 원래 속병이 있는데 이제 와서는 형체만 남아 있는 형편이다. 이런 때에 어찌 서둘러 지나친 논의를 하는가. 짐작해서 조처해야 할 것이다."
　　　　　　　　　　　　　　　　　-〈선조실록〉(1592. 5. 8.)-

선조는 '속병'까지 들먹이며 김공량을 보호하고 있다. 또 중용(中庸)의 사상까지 동원해서 중재에 나섰다.

「임금이 지시하였다.
"수라(임금이 먹는 음식)는 생물(生物)로 할 것이며, 수량도 풍족하게 하라. 세자 이하도 다 이에 따르도록 하라."」
　　　　　　　　　　　　　　　　　-〈선조실록〉(1592. 5. 8.)-

'생물(生物)'은 생선, 채소, 풋과일 등을 말하는 것 같은데 식량이 부족했기 때문이다.

「정빈(貞嬪) 홍씨, 정빈(靜嬪) 민씨, 숙의(淑儀) 김씨, 숙용(淑容) 김씨와 신성군(信城君)·정원군(定遠君) 및 그 부인 두 사람에게는 각각 하루에 세 끼니씩, 시녀·수모(水母)와 그 아래의 나인들에게는 하루에 두 끼니씩 이날부터 지급하였다.」
　　　　　　　　　　　　　　　　　-〈선조실록〉(1592. 5. 8.)-

신성군(14세)의 부인은 신립(申砬)의 딸이고, 정원군(12세)의 부인은 구사맹(具思孟)의 딸이다.

3. "경연을 열고 국가 經·營을 바로 세우라"는 양사

평양에 도착한 조정은 다소 안정을 찾았는지 만신창이가 된 국가 經·營을 바로 세우기 위하여 사헌부와 사간원에서 연합하여 경연의 부활을 건의했다.

「대사간 이헌국(李憲國), 대사헌 김찬(金瓚), 집의(執義) 권협(權悏), 장령(掌令) 정희번(鄭姬藩)·이유중(李有中), 지평(持平) 박동현(朴東賢)·이경기(李慶禥), 헌납(獻納) 이정신(李廷臣), 정언(正言) 황붕(黃鵬)·윤방(尹昉) 등이 건의하였다.

"삼가 생각건대 국운이 극도로 궁색하여 왜적이 쳐들어오자 각 고을이 모두 소문만 듣고서도 무너지는 형편입니다. 모든 백성들의 희망은 오직 전하의 행동 여하에 달려 있는데 수당지계(垂堂之戒: 垂堂은 처마와 뜰 아래 사이의 장소로 기와가 떨어지면 다치기 쉽다. 그래서 위험한 처지에 놓여 있음을 주의시키는 경계의 뜻으로 사용됨)를 생각지 않으시고 경솔히 파천의 계획을 세우셨습니다. 행궁의 참담함과 형색의 처량함은 저 천보(天寶: 당나라 현종의 연호) 연간에 있었던 안록산(安祿山)의 난리 때보다 심합니다.」

-〈선조실록〉(1592. 5. 9.)-

'행궁의 참담함'을 '안녹산(安祿山)의 난'이 있었을 때의 중국의 옛 역사에 비유하고 있는데, 이렇게 옛 역사에 비유해서 비판하는 것이 춘추필법, 즉 經·史의 史學이다.

「전하의 행차가 도성을 떠난 지 겨우 3일 만에 적병이 이미 도성에 들어와 조상들께서 경영(經營)해 오신 기업(基業)이 하루 아침에 모두 잿더미로 변했습니다. 이는 다 조정에 가득한 신하들이 전하의 마음을 돌리지 못한 죄이오니 몸을 만 조각으로 자르더라도 조금도 아까울 것이 없으나, 천추만세 뒤에 전하께서는 무슨 낯으로 하늘에 계신 선왕들을 뵙겠습니까.

지나간 일은 후회해도 아무 소용이 없습니다. 지금의 계책으로는 전하께서 뜻을 굳게 정하시어 인심을 얻는 것이 상책입니다. 전하의 뜻이 정해지고 인심이 수습되면 아무리 위급한 처지에 있더라도 모두 구제될 수 있는 것입니다.

한 나라의 인심은 모두 전하의 한 몸에 달려 있습니다. 그러므로 전하의 행차가 한 번 떠남에 도성이 온통 비었으며, 다시 송도를 떠남에 송도마저 텅텅 비었던 것입니다.」

-〈선조실록〉(1592. 5. 9.)-

임진왜란을 당(唐)나라의 '안녹산의 난'에 비유하면서, 그렇게 된 원인을 평소의 잘못된 국가 經·營에서 찾고 있다. 즉, 이산해, 김공량 같은 자들이 나라를 어지럽힌 데 있다면서 경연을 부활시켜 국가 經·營을 바로 세워야 한다고 했다.

「바라건대 전하께서는 통렬하게 자책하시고 결연하게 마음을 고치시어 비록 혼란한 중이지만 자주 경연(經筵)에 나가시어 날마다 묻고 들으심으로써 한 마음의 진망(眞妄)과 천고의 시비(是非)에 대한 논란이 간책(簡策) 속에서 분명하게 드러나게 하소서. 그렇게 하신다면 어찌 전하의 뜻이 안정되지 않고 인심이 화합하기 어려운 근심이 있겠습니까.

그렇게 하지 않으신다면 전후좌우에 함께 있는 자들은 모두 부녀자나 내시들뿐일 것이니, 듣는 말이라고는 모두 슬프고 괴로운 말일 것이요, 건의하는 바는 모두 일시적인 계책들뿐일 것이므로 근심걱정 외에 다른 생각이 없을 것입니다. 따라서 어찌 전하의 심화(心火)가 가라앉을 날이 있겠으며, 무너진 국운이 다시 회복될 시기가 있겠습니까.」

-〈선조실록〉(1592. 5. 9.)-

'전후좌우에 함께 있는 자들은 모두 부녀자나 내시들뿐일 것이니, 듣는 말이라고는 모두 슬프고 괴로운 말'이므로 경연을 통해서 심화(心火)를 가라앉힐 것을 권했다. 선조는 귀공자형의 마마보이적 자질이라 젊었을 때부터 경연을 소홀히 하고 비빈이나 내시들과 붓글씨를 쓰면서 노는 것을 좋아했던 것 같다.

「아아, 당당하게 도성을 죽음으로써 지켰어야 했는데 마치 헌신짝처럼 버린 죄악이 이미 가득 찼는데도 그를 보호하기에 급급했으며, 조정의 대신들은 오직 안일을 일삼아 도망갈 생각뿐 다시 충의(忠義)를 발휘하여 떨쳐 일어나지 않는 것은 기필코 지키겠다는 전하의 확고한 뜻이 없었던 데서 비롯된 것입니다. 이것이 바로 신들이 가슴을 치며 통탄해 마지않는 까닭입니다. 전하께서는 유의하십시오."

선조: "차자(箚子: 간단한 서식의 상소문)를 보니 그 충의를 알

겠다. 나라의 일이 이 지경에 이르렀으니 천지 사이에 설 면목이 없다. 다만 한번 죽지 못한 것이 한이다. 다시 통렬히 자책하는 바이다."」　　　　　　　　　－〈선조실록〉(1592. 5. 9.)－

광해 세자를 위한 국가 經·營 교육의 시작

「시강원(侍講院)에서 부(傅)의 의견으로 건의하였다.

"오늘 서연(書筵)에서 강론이 있게 되는데, 본래는 반드시 사(師)와 부(傅), 이사(貳師)와 빈객들이 서로 만나보는 의식을 가진 다음에야 서연에 모여 강론하는 법입니다. 그런데 서로 만나보는 의식에는 반드시 의물(儀物) 물건과 예복(禮服)을 갖추어야 하는데, 그것은 그 의식을 중시하기 때문입니다. 그러나 지금은 난리 중이어서 모든 관리들은 다 예복을 가지고 있지 못하며 의장물건들도 다 마련되어 있지 못합니다. 서로 만나보는 의식을 갖기 어려울 것 같으니, 당분간 세자궁에 소속된 관리들이 낮 강론과 저녁 강론만 하도록 하시기 바랍니다."

임금이 승인하였다. 」　　　　　－〈선조실록〉(1592. 5. 9.)－

시강원은 세자를 위한 국가 經·營 교육기구이고, 학풍은 經·史學이다. 세자 광해에 대한 교육(書筵)은 사정상 약식으로 시작했는데, 〈세종실록〉 등의 史쪽 교재를 준비하기가 불가능했다.

다음은 그 무렵의 세자교육 현황이다.
　○ 인종(1515~1545): 재위 1544~1545. 중종의 아들로 장경왕후의 소생이다. 서연에서 군왕으로서의 교육을 받았다. 즉위 2년

후 승하했다.
- 명종(1534~1567): 재위 1546~1567. 중종의 아들로 문정왕후의 소생이다. 형인 인종이 후사가 없이 갑자기 승하하자 12살에 보위에 올랐고, 문정왕후는 섭정을 폈다. 명종은 세자 시절이 없었기 때문에 서연 교육을 받지 못했다.
- 선조(1552~1608): 재위 1567~1608. 명종에게 후사가 없어서 중종의 일곱째 아들 덕흥군의 아들이자 명종의 4촌인 하성군(河成君)이 보위에 올랐는데, 그가 선조이다. 선조도 서연 교육을 받지 못했다. 그 대신 어릴 때부터 붓글씨·그림 그리기·시문에 뛰어났다.

이렇게 정리해 보면, 세자를 위한 국가 經·營 교육은 오랜만에 회복된 것이다. 하지만 6월 11일 평양을 떠나 다시 피난길에 올랐고, 한성에 돌아와서도 교재로 삼을 서책들이 모두 불타고 없었기 때문에 세자의 서연과 임금의 경연은 제대로 진행되지 않았다.

4. 충청·전라·경상도 소식

「(5월 10일) 임금이 선전관 민종신(閔宗信), 승지 노직(盧稷), 주서 박정현(朴鼎賢), 가주서(假注書) 한우신(韓禹臣), 검열 김선여(金善餘)·김의원(金義元) 등을 불러들여 만나보았다.
선조(민종신에게): "그대가 들은 것을 다 말하라. 징병은 어떻게 하였는가?"
민종신: 신은 4월 23일 밤에 나주에 도착했는데 감사는 본 주

(나주)에 있었습니다. 신은 어명을 전한 다음 군사 1천 명을 신립에게 주고 군사 6백 명을 거느리고 29일에 경상 순찰사가 있는 곳으로 갔습니다. 순찰사가 '이일(李鎰)은 이미 패하고 마침 이지시(李之詩)가 와 있으므로 그 군사를 이지시에게 주어 올라오는 적을 막도록 하였는데, 지시의 군사도 패했다'고 하였습니다."」　　　　　　－〈선조실록〉(1592. 5. 10.)－

4월 23일 나주에 도착한 것을 보면 4월 20일 이일과 신립이 한성을 떠날 무렵 한성을 출발해서 나주→경상 감영을 거쳐 평양 행재소로 돌아온 것이 5월 10일이다. 이순신에게 4월 26일과 27일에 '원균과 함께 적을 치라는 임금의 지시(諭書)'를 가지고 온 선전관도 4월 23일 나주에 도착했을 것이다. 그러나 그 선전관은 민종신 선전관과는 달리 행재소에 도착하지 못한 것 같다.

「선조: "아군(我軍) 중에 계속 오는 자가 있었는가?
민종신: 원균이 바다에 나가 적선 30여 척을 격파했다고 하였습니다. 신이 천안에 이르니 병사 신익(申翌: 충청 병사)이 군사 1만 명을 거느리고 있었고, 방어사 이옥(李沃)과 이세호(李世灝) 등도 그곳에 있었습니다. 신이 신익 등에게 '전하께서 이미 거동하셨는데 어찌하여 경성으로 가지 않는가?' 라고 하였더니, 이옥이 말하기를 '그 말이 옳다. 군사를 인솔하고 전진하겠다.' 고 하였습니다. 신이 또 길에서 심대(沈岱)를 만나서 역시 같은 말을 하였더니, 심대 역시 밤을 무릅쓰고 달려갔습니다."」　　　　　　－〈선조실록〉(1592. 5. 10.)－

원균이 적선 30여 척을 격파했다는 얘기는 옥포해전에 대한 소문

같고, 충청도 병사와 방어사에게 전한 명령은 그 후 충청도→전라
도→경상도의 근왕군 5만으로 이어진다.

> 「선조: "이곳 병사들을 급히 보내야겠다. 대군이 일제히 나아
> 가지는 못하지만 정예병 약간 명을 보낸다면 기각지세(掎角之
> 勢: 군대를 두 곳으로 배치하여 적을 견제하는 것)를 이룰 수 있을
> 것이다.
> 민종신: 용사 1백 명이면 충분합니다. 창을 쓰는 군사는 쓸 수
> 없습니다."」　　　　　　　　　　　－〈선조실록〉(1592. 5. 10.)－

선조는 평안도 군대가 임진강을 막아서고 남쪽의 조선군이 한성
을 공격한다면 한성의 왜군들을 견제할 수 있다고 했다. 그런데 이
같은 작전에 민종신이 말하는 '용사 100명'이 어떤 역할을 한다는
것인지 도저히 이해가 되지 않는다.

> 「선조: "적의 형세는 어떠한가?
> 민종신: 애당초 접전한 곳은 김해·밀양·상주·충주뿐이었는데,
> 이각(李珏)과 유숭인(柳崇仁)이 박진(朴晉)을 도와주었다면 절
> 대로 패하지는 않았을 것입니다."」
> 　　　　　　　　　　　　　　　　　－〈선조실록〉(1592. 5. 10.)－

'애당초 접전한 곳'은 '김해·밀양' 등이 아니고, 부산성과 동래성
이다. 이각 병마사는 동래성으로 달려갔으나 싸움이 안 될 것으로
알고 울산으로 돌아갔지만 부대는 해체되고 말았다. 해체된 부대가
어떻게 밀양의 박진을 도와줄 수 있었겠는가.

동래성이 무너질 때 김수(金睟) 감사는 밀양까지 달려와 있었으나

왜군 선봉군의 예봉을 당해 내지 못할 것을 알고 각 고을에 격문을 내어 '왜적의 칼날을 피해서 도망가라!' 고 했다. 함안군수 유숭인도 이같은 격문을 받고 스스로 몸을 피했으며, 왜군 선봉군이 소나기 지나가듯 지나가자 정신을 수습한 후 내 고장 지키기 군영 經·營에 나서서 그 후 경상우도 병마사가 된다.

「선조: "박진(朴晉)은 지금 어디에 있는가?
민종신: 박진은 김수(金睟)를 따라 지금 거창(巨昌)에 있습니다.
선조: 신립(申砬)은 어째서 패했는가?
민종신: 새재를 지키지 않고 있다가 적이 새 재(鳥嶺)를 넘어와 밤중에 돌격해 왔으므로 패배하였다고 합니다."」
－〈선조실록〉(1592. 5. 10.)－

'적이 밤중에 돌격해 왔으므로 패했다' 고 했는데, 왜군은 낮에 돌격해 왔으므로 민종신의 보고는 잘못된 것이다.

「선조: "부산포에서 오는 길에는 머물러 있는 적병이 없는가?
민종신: 1백여 명만이 있다고 합니다. 김해는 네 번째 싸움에서 비로소 무너졌는데, 이유검(李惟儉)이 먼저 성을 빠져나갔기 때문이라고 합니다. 유검은 도순찰사(都巡察使)가 이미 참형 시켰다고 하고, 서예원(徐禮元)은 간 곳을 모른다고 합니다."」
－〈선조실록〉(1592. 5. 10.)－

부산포의 왜군이 1백여 명만이라고 보고한 것을 보면 민종신은 부산 근방에 가보지도 않은 것이다. 이 같은 엉터리 정보를 믿은 선조는 왜군의 규모를 삼포왜란 때의 1~2만 명 정도로 판단했고, 임진강의 조선군 1만 5천과 충청·전라·경상의 근왕군 5만 명이면 한성을 탈환할 수 있을 것으로 낙관했다.

「선조: "평의지(平義智: 대마도주 宗義智)는 왔다고 하던가?

민종신: 현소(玄蘇)와 평의지가 다 왔다고 합니다. 또 적들이 붙인 방문(榜文)에는 '각 지방 고을(郡縣)의 백성들은 남자는 보리를 거두어들이고 여인은 길쌈을 하면서 제각기 가업을 돌보도록 하라. 군사들이 법을 범하면 극형에 처하겠다. 천정(天正) 2년 시중(侍中) 평의지.' 라고 서명이 되어 있었다고 합니다. 또한 '우리는 너희 나라를 미워하는 것이 아니라 중국을 치려고 하는데 너희 나라가 말을 듣지 않기 때문에 와서 치는 것이다' 라고 하였다고 합니다."」

-〈선조실록〉(1592. 5. 10.)-

왜군들이 점령지를 영지화(領地化) 하려고 조선 백성들을 달래고 있는 모습이다.

「김의원: "한응인은 오늘 재송에 도착했고 이천은 중화에 도착합니다.

선조: 선전관은 누구인가?

노직: 민종신입니다.

선조: 그에게 5품 관직을 제수하여 군사를 인솔하고 한응인을 따르게 하라. (이어서 종신에게) 그대가 공을 세우면 중상(重賞)을 내리겠다.

민종신: 소신은 부모도 안 계신 독신입니다. 어찌 목숨을 아끼겠습니까."」

-〈선조실록〉(1592. 5. 10.)-

민종신은 남쪽을 다녀온 공으로 정5품에 제수되었고, 한응인의 종사관이 되었다. 그러나 두 사람 다 '군사학의 이치에 맹(盲)한 사람들'이다. 이 같은 사람들이 어떻게 공을 세울 수 있겠는가.

임진왜란에 대한 연구가 많으나 막상 선조에 대한 연구물은 빈약한 수준이다. 그런데 經·史의 史學으로 탐방해 보면 많은 것이 새롭게 조명된다.

우선 율곡의 〈진시폐소〉 등을 經·史의 史學으로 보면, 각 분야에서 격물·치지·성의·정심에 밝은 인재를 등용하라는 것이었는데, 임진강 전투를 맡은 한응인과 민종신은 군사학 분야에서 격물·치지가 되지 않았기에 허무하게 패전했다.

다음은 민종신의 보고가 있은 후의 한응인과 선조의 대화이다.

돌격전을 구상한 한응인

「도순찰사 한응인, 승지 노직, 주서 박정현, 가주서 한우신, 검열 김선여·김의원 등을 불러들여 만나보았다.
선조: "경이 거느리고 있는 군사는 몇 명이나 되는가?"
한응인: 수영패(隨營牌)와 쓸모없는 군사가 얼마간 있을 뿐이며 강변의 지방 병사들은 아직 도착하지 않았습니다.
선조: 이천도 함께 가는가?
한응인: 이천은 먼저 떠나가도록 했으며 원수성(元守性)과 민종신 등도 다 데리고 가겠습니다. 군사들 중에는 말(戰馬)이 없는 자도 더러 있으니 사복시에서 말을 나누어 주도록 하시기 바랍니다."
임금이 그의 건의를 따랐다.」　-〈선조실록〉(1592. 5. 10.)-

'사복시에서 말(戰馬)을 나누어 주도록' 청했는데, 그 무렵의 사복시가 말을 나누어 줄 수 있는 형편이었을까.

> 「한응인: "요즘 올라오는 보고들을 보면 형편이 좋아지고 있는 것 같습니다. 그런데 왜적은 그 성질이 목숨을 가볍게 여기고, 우리 군사들은 쉽게 무너집니다. 강변의 지방 병사들을 데리고 간다면 아마 기대할 수 있을 것입니다.
> 임금: 나라를 다시 일으켜 세울 희망은 이번의 싸움에 달렸다. 힘껏 싸워 공을 세워 후세에 전하도록 하라."」
> −〈선조실록〉(1592. 5. 10.)−

'형편이 좋아지고 있는 것 같다'고 하였으나, 조정에서는 '한성의 왜군들은 발이 부르터서 싸움을 못한다', '조선 군사가 남쪽에서 치고 올라올까봐 왜군들은 두려워하고 있다'는 식의 엉터리 정보들을 통하여 왜적의 기세가 꺾이고 있다는 잘못된 판단을 했다. 소문에 바탕을 둔 장계와 '김명원 도원수는 겁쟁이여서 하는 일 없이 머뭇거리고 있다'는 등의 잘못된 정보 때문에 돌격전론이 나온 것이다.

'왜적은 그 성질이 목숨을 가볍게 여기고'에는 목숨을 돌보지 않고 돌격을 잘 한다는 뜻이 담겨 있고, '강변의 지방 병사(土兵)들을 데리고 간다면 아마 기대할 수 있을 것'이라는 말에는 돌격전으로 맞대응 한다는 구상이다.

經·營의 회복을 주청하는 홍문관

「홍문관 부제학 홍인상(洪麟祥), 부응교 윤담무(尹覃茂) 등이 건의하였다.

"바다 밖의 오랑캐가 한 번 변경을 침범하자 고을들이 모두 바람에 쓰러지듯 무너져 그들의 길잡이가 되었는가 하면, 경성의 백성들은 어느 한 사람 적을 막는 자가 없었습니다. 적이 아직 재를 넘어오기도 전에 이미 투항할 뜻을 가지는가 하면, 길거리의 떠도는 말들은 차마 들을 수 없는 말이 있더니, 드디어 종묘와 사직이 폐허가 되고 성곽과 대궐은 불에 타서 재가 되었습니다."」 -〈선조실록〉(1592. 5. 10.)-

조정이 야반도주하여 피난을 가서 경성 백성들을 버린 것도 유감이지만, 경성의 백성들도 조선 왕을 버리고 왜국에 붙어버리는 상황이 되자 피눈물 나는 청을 올리고 있다.

「아! 2백 년 동안 조종(祖宗)이 휴양(休養)시킨 결과가 하루아침에 이 지경이 되었습니다. 이 어찌 아무런 까닭 없이 그렇게 되었겠습니까. 조정에 가득한 신하들이 나라를 그르치고 백성을 병들게 한 죄는 몸을 만 조각낸다 하더라도 아까울 게 없지만, 전하 또한 어찌 반성하고 자책하실 점이 없겠습니까.

대궐 안이 엄하지 못하여 간사한 무리가 권세를 농락하고, 성색(聲色)으로 사람을 거절하자 아첨하는 무리가 높은 자리에 줄을 지었습니다. 하늘이 노여움을 잇달아 보였는데도 두려워할 줄 몰랐고, 백성들의 원망이 날마다 쌓였지만 그것이 보고되지 않았습니다. 괴이한 재앙이 생기는데 어찌 그 조짐이 없었겠습니까.

변란이 일어난 뒤로도 성문이 닫혀 있어 언로(言路)가 열리지 못했고, 자신을 자책하는 하교(下敎)가 있었으나 형식에 흘렀습니다. 파천(播遷)의 위험이 몹시도 위태로웠으나 한 번 호령을 내려 백성들의 마음을 위로하고 그들의 귀와 눈을 감동시킨 적이 아직 없었습니다."」   -〈선조실록〉(1592. 5. 10.)-

'대궐 안이 엄하지 못했다'는 것은 궐내의 제반 經·螢이 문란했음을 말하고, '언로가 열리지 못한 것'도 모두 임금의 잘못이다. 그런데 이 같은 잘못을 김공량과 그의 누이 인빈 김씨에게만 돌리고 있다.

「심지어 새 새끼나 쥐새끼 같은 일개 천한 종(김공량)은 흔쾌히 죽임으로써 중앙과 지방에 사죄해야 마땅한데도 여러 날을 지연시킬 뿐 아니라 도리어 미안한 전교까지 내리셨으니, 신들은 실로 전하의 뜻이 어디에 있는지 모르겠습니다. 옥사(獄事)에 뇌물을 받고 관직을 판다는 말에 대해서는 신들이 어찌 전하를 의심하겠습니까.

전하께서 모르시는 가운데 간악한 자들에게 속으시어 이익은 자신들이 취하고 원망은 전하에게로 돌린 것이니, 이것이 바로 신들이 더욱 마음 아파하는 점입니다.

삼가 살피건대, 요즈음 이 일을 여러 차례 자주 아뢰었지만 아직도 흔쾌히 승낙을 하시지 않았습니다. 부녀자와 내시들과 함께 계시면서 오랫동안 경연을 비우기 때문에 옛 도성의 민심이 점차 흩어지게 되었는데도 궁궐의 괴로워하는 말들만 전하의 총명을 날마다 어지럽히고 있으니, 이것이 바로 신들이 너무도 민망하고 답답하게 여기는 점들입니다. 부디 유념하시기 바랍니다."」   -〈선조실록〉(1592. 5. 10.)-

5. 평양성 방어 준비

「사간원과 사헌부에서 건의하였다.

"전하의 행차가 떠난 지 지금 벌써 여러 날이 지났는데도 본부에서는 성벽 위에 세우는 여러 가지 기구들을 아직도 조치하지 않아서 보기에 매우 허술합니다. 빨리 관찰사에게 지시하여 하루 빨리 갖추어놓게 해야 할 것입니다."

임금이 대답하였다. "건의한 대로 하라. 왜 지금까지 조처하지 않았는가. 대신에게 말해주도록 하라."」

−〈선조실록〉(1592. 5. 10.)−

평양감사가 대동강에서 기생들과 시문놀이를 하고 있는 후대의 그림.
이 같은 선단과 상선, 어선단에 방패를 세우고 화약무기로 무장시키는 한편, 성 위에는 여러 가지 방어시설과 화약무기를 갖추었더라면 고니시·구로다의 3만 군으로는 평양성 공격이 쉽지 않았을 것이다. 이러한 상황에서 명의 요동군 등이 속속 도착했다면 평양성은 난공불락의 역사를 남겼을 것이다.

선조의 조정은 이 같은 낙공불락의 역사를 믿고 평양으로 피난을 왔는데, 그러나 막상 와서 보니 준비해야 할 것이 너무나 많았다.

우선 '내 세워야 할 여러 가지 기구들'이 필요했는데, 평양감사 송언신은 평소 대동강에서 평양기생들과 시문놀이만 즐겼는지 비상 전시체제를 위한 준비를 해놓지 않아서 방어시설이 태무했다.

비변사에서도 돌격전을 주장

「○비변사에서 건의하였다.

"군사는 오랫동안 쓰지 않으면 예기(銳氣)가 차츰 꺾이는 법입니다. 도원수가 대 병력을 가지고도 강 위에서 지키고 앉아 있은 지가 여러 날이 되었는데, 박성립(朴成立) 등이 베어온 적의 머리를 보고나서야 군사를 진격시키려고 한답니다. 이것으로 본다면, 도성 안에 한 명의 왜구도 없어야만 비로소 움직이려는 것입니다. 지금 듣건대, 유극량(劉克良)이 원수의 막하로 왔다는데, 이 사람은 전쟁을 여러 번 겪었으므로 자못 담략이 있다고 합니다. 원수에게 글을 내려 그에게 군사들을 주고 신할(申硈)과 같이 서둘러 들어가게 하는 것이 어떻겠습니까?"」

-〈선조실록〉(1592. 5. 11.)-

박성립이 특공전으로 왜병 3명의 수급을 베었으니 김명원이 이를 보고 용기를 얻어 진군할 것이라며 낙관하고 있다. 유극량을 '담략이 있는 사람'이라면서 돌격전을 건의했다.

선조의 희망은 돌격전이었고, 비변사는 이 같은 어의에 맞춰 아뢰고 있음인데, 작전을 군사학의 이치에 맞추지 않고 임금의 취향에 맞추고 있으니 성공은 애초부터 기대하기 힘들었다.

「○이조(吏曹)에서 건의하였다.
"박성립(朴成立)의 품계를 올려 주어야겠는데 이조(吏曹)의 관인(官印)이 없습니다. 특명으로 공로를 권장하는 일에 그냥 이름만 써서 줄 수는 없으니 맨 끝에 승지의 이름을 쓰고 승정원의 관인을 찍어서 주는 것이 어떻겠습니까?"
선조: "그렇게 하도록 하라."」 -〈선조실록〉(1592. 5. 11)-

한성을 떠나올 때 이조판서의 관인을 가져오지 못했다. 경황이 없어서였겠지만, 피난의 가능성에 전혀 대비하지 않았음을 짐작할 수 있다. 이일의 3백군과 신립의 8천군이 잘 막아내리라고 착각했기 때문이다.

끝나지 않은 이산해 엄벌론

「(5월 12일) 임금이 평양에 있었다.
사간원과 사헌부에서 건의하였다.
"급제(及第: 과거에 급제는 했으나 벼슬이 없는 사람. 영의정 이산해(李山海)가 벼슬을 잃었기에 급제라고 말한 것이다) 이산해(李山海)는 본래 간사한 사람으로 일평생의 처신이 전하께 아첨하고 환심을 사는 것으로 일을 삼았으며, 정승이 된 뒤에는 몸을 보존할 생각과 지위를 잃게 되지 않을까 하는 염려가 더욱 심해져서 천한 사람들과 결탁하여 빌붙는 등 못 하는 짓이 없었으므로 백성들의 마음은 날마다 떠나게 되고 나라의 형세는 날로 기울게 되었습니다.

　왜적의 변란이 일어난 뒤에는 나라의 어려움을 구제하기 위한 한 가지 계책이나 한 가지 지모도 낸 적이 없으며, 입대(入對)하는 날 전하께서 서울을 떠나실 뜻을 갖게 된 것도 모두 이 사람이 한 것입니다. 결국 그는 임금으로 하여금 나라를 잃고 떠돌게 만들었을 뿐 아니라, 종묘사직이 적의 소굴로 되고 2백 년 동안 편히 살아온 백성들을 모두 어육(魚肉)이 되게 하였으니, 임금을 잊고 나라를 져버리고 질서를 어지럽히고 재앙을 부른 죄가 극도에 달한 것입니다. 벼슬을 깎는 것만으로는 부족하니 법(法)에 의거하여 죄를 줌으로써 종묘사직에 사죄하고 백성들을 위로해야 할 것입니다."

　임금이 말했다.

　"이산해에 대한 논죄(論罪)는 지나치다. 이미 삭직했으니 결단코 죄를 더 줄 수는 없다. 또 이산해만이 그 죄를 받는다는 것은 나로서는 이해할 수 없다. 승인하지 않는다."」

-〈선조실록〉(1592. 5. 12.)-

자중지란에 빠지게 한 믿을 수 없는 정보들

　「충청도 관찰사의 장계를 올렸다(入啓).

　임금이 물었다. "관찰사의 장계 내용이 선전관 민종신의 말과 어째 이리도 다른가?"

　승정원에서 대답을 올렸다.

　"음성현(陰城縣)에 나타난 왜적들은 충주에서 올라온 적들입니다. 황간(黃澗)에 나타난 적들 중에는 우리나라 사람들이 왜놈 모양으로 변장한 자들이 있는데 붙잡은 것은 18명이고 그 나머지는 몇 명인지 모른다고 합니다. 혹시 최준(崔濬)이 이것을 가지고 과장해서 몇 천 명인지 모르겠다고 말한 것 같습니다.

이광(李洸)이 도로 내려갔다는 문제는 이상합니다. 이광은 본도의 순찰사로서 도 안에 적들이 쳐들어왔기 때문에 장수를 정하고 군사를 갈라주어 서울로 보낸 다음 그 자신은 아마 되돌아가서 군사를 뽑고 있는 것 같습니다. 그렇다면 전날 원수의 보고서에서 그가 낙생역(樂生驛)에 와 있다고 한 것은 의심스럽습니다. 원수에게 물어보면 그것이 사실인지 아닌지 알 수 있을 것입니다."」 　　　　　　　　　－〈선조실록〉(1592. 5. 12.)－

충청감사의 장계가 그곳을 다녀온 선전관 민종신의 보고와 큰 차이가 있자 조정은 어떤 정보를 믿어야 할지 몰라 혼란스러워하고 있다.

김명원의 장계에는 '이광이 낙생역에 와 있다'고 되어 있었다. 그런데 충청감사 윤선각의 장계에는 이광이 전주로 돌아갔다고 되어 있었던 것 같다. 그래서 김명원의 장계까지 모두 '의심스럽다'고 한 것이다.

「홍문관 부제학 홍인상(洪麟祥)과 부응교 윤담무(尹覃茂) 등이 건의하였다.

"급제(及第) 이산해는 오랫동안 정승의 자리에 있으면서 국사를 염려하지 않고 오직 아부와 아첨으로 몸을 보존할 계획만 하였으며 벼슬자리를 지키고자 하는 일념으로 못하는 일이 없었습니다.

영상(領相)이 된 몸으로 궁녀·내시 등 천인들과 결탁 왕래한 것은 다 아는 일이어서 감추기 어려운 일로 온 나라 사람들이 침을 뱉으며 욕한 지 오래입니다. 변란이 생긴 후로 우두커니 묘당(廟堂)에 앉아 있으면서 변란에 대응하는 어떤 계책도 내놓을 줄 몰랐고 정책을 건의하였을 때에도 전혀 찬성도 반대도 하지 않았습니다.

파천(播遷)에 대한 전하의 지시가 있자 그만두도록 하지 못했을 뿐 아니라, 도리어 신잡(申磼)을 보고 옛날부터 위태할 때에는 잠시 피한 일도 있었다고 하였습니다. 사직을 위해 죽어야 할 대신의 도리가 과연 이럴 수 있는 것입니까? 종묘와 사직이 전복되고 백성들이 어육(魚肉)이 되었으니 시종 나라를 저버린 죄를 어찌 숨길 수 있겠습니까. 그 관직을 깎는 것만으로는 사람들의 마음을 승복시키기에 부족하니 법에 의거하여 죄를 줌으로써 내외에 널리 사죄토록 해야 할 것입니다."

그러나 임금은 그 건의를 따르지 않았다.

이때 강변에서 징발해 온 지방 병사들로서 평양을 지원하러 온 자들을 다 임진강으로 보내려고 했지만, 피난 중의 조정(行朝)에는 장수가 없었다. 이에 경상 감사 이성임(李聖任)을 부임 도중에 교체하여 조정으로 돌아오게 한 후에 그를 장수에 임명하여 강변의 지방 군사 8백 명을 거느리고 임진강으로 떠나게 하였다.

막 떠나려는 참인데 비변사에서 건의하였다.

"이성임(李聖任)을 지금 보내야겠는데 칭호가 없어서는 안 되겠으니 순찰부사(巡察副使)로 허락해 주시는 것이 어떻겠습니까? 지방 군사들은 멀리 강변에 살면서 오랫동안 국가의 특별 보호를 받았으므로 모두들 죽음을 각오하고 싸우려고 합니다.

이제 도성으로 떠나는 만큼 특별히 술과 고기를 먹여주기는 했지만 이곳에 저축되어 있는 녹봉으로 줄 무명(祿俸木) 500필 중에서 200필을 덜어내어 그들에게 나누어 주는 것이 좋을 것 같아서 이에 감히 건의 드립니다.

또 도순찰사 한응인이 직접 추천한 군관인 정주 판관 김의일(金毅一)·전인룡(田仁龍)과 그밖에 지원한 사람들도 모두 들여보내도록 하기 바랍니다."

임금이 대답하였다. "건의한 대로 하라."」

―〈선조실록〉(1592. 5. 13.)―

임진강 쪽은 도순찰사 한응인, 순찰부사 이성임, 강변군사 3천명, 그밖에 각지에서 집결한 군소 부대들이 모여 1만 5천군은 되었으나 상하 좌우 모두가 처음 보는 얼굴의 '잡탕군'이었다.

「비변사에서 건의하였다.

"도망쳐 피한 수령들은 난리가 평정된 뒤에는 마땅히 죄에 따라 처결해야 합니다. 그러나 이제 만약 그 자리를 모두 다른 사람으로 임명한다면 비단 그 교체시키는 일이 너무 잦을 뿐 아니라 새로 부임하는 사람이 업무에 익숙하지 않아 일이 허술하게 될 우려가 있을 것 같습니다. 그러니 우선은 감사로 하여금 각 고을에 알리어 도피중인 수령들을 빨리 되돌아오게 하기 바랍니다."

임금이 그 의견을 따랐다.」

―〈선조실록〉(1592. 5. 13.)―

제10부. 선조 시대의 캄캄하고 어두운 국가 經·營

 선조 즉위 초 조정에서는 조광조(趙光祖)를 영의정으로 추서하고 사림파들을 대거 기용하였으며, 주자의 신유학에 바탕을 둔 왕도정치와 이상사회 건설에 나섰다.

 그 결과 긍정적으로는 퇴계·율곡 등 조선의 유학을 대표하는 학자들이 많이 배출되었지만 이로 인한 부정적인 폐해도 나타났다. 이른바 성리학(性理學)을 중심으로 공리공론이 지배층에 널리 확산되고, 기송사장(記誦詞章) 시문놀이 문화가 확산되었으며, 사림·훈구파 간의 당쟁이 격화되는 등으로 '세상은 캄캄하고 어둡게' 변해버렸다.

 신유학을 정립한 주자(朱子. 1130~1200)는 기송사장의 시문놀이는 "세상을 캄캄하고 어둡게 한다."고 경고했는데, 선조 시대의 위정자들은 주자의 이 같은 경고를 받아들이지 않았기 때문에 캄캄하고 어두운 국가 經·營의 시대가 도래했던 것이다.

 지금까지, 그리고 앞으로도 계속 살펴보게 될 이순신과 유성룡의 문집은 이같이 캄캄한 시대상을 바로 세우기 위해 집필된 안간힘과 고뇌의 산물이기도 하다.

1. '세상을 캄캄하고 어둡게 한다' 는 주자(朱子)의 경고

「이때는 피난 중이어서 종묘의 신주를 봉안만 겨우 했을 뿐 의식과 예물(儀物)도 갖추지 못하고 형편도 군색하여 제사를 지내지 못했는데 심지어는 삭망제(朔望祭)나 계절 제사(節祭)도 모두 지낼 수 없었다.」　　　　　　－〈선조실록〉(1592. 5. 14.)－

삭망제(朔望祭: 초하루와 보름에 지내는 제사)와 절제(節祭: 계절마다 지내는 제사)도 올리지 못했는데, 유학을 국학으로 삼았던 시대였기에 임금이든 대신이든 쥐구멍이라도 있으면 들어가고 싶었을 것이다.

왕실 제관(祭官)이 올린 經·史의 춘추필법 상소

「한음도정(漢陰都正: 종친에게 내리는 벼슬. 종묘제사에 관한 일을 맡아본다) 현(俔)이 건의하였다.
"삼가 생각하건대, 어가가 궁궐을 떠나던 날 신은 순릉향사(順陵香使: 왕릉의 제사 담당 왕실 제관)로서 대궐문까지 달려갔습니다. 모여 있던 장수들은 눈을 흘기면서 달아나며 말하기를 '이것은 하늘이 내린 운수가 아니라 사람이 빚어낸 일이다' 고 하였습니다."」　　　　　　－〈선조실록〉(1592. 5. 14.)－

'사람이 빚어낸 일이다' 라는 말은 '소인들이 정치를 잘못하여 그 때문에 빚어진 난리'라는 뜻이다. 이는 〈시경〉(詩經)의 소아편(小雅篇: 十月之交)에 나오는 말인데, 소인들이 안에서 일을 맡아서 처리하고 임금의 총애를 받는 여인(嬖妾)이 안에서 임금의 마음을 고혹시켰기 때문에 변이 일어났음을 풍자한 시다.

「적을 맞아 싸우러 나가던 병사들도 병기를 질질 끌고 도망가면서 '우리 임금(왜적)이 왔으니 이제 살았다. 기꺼이 적군을 맞이해야지'라고 하였습니다.」 -〈선조실록〉(1592. 5. 14.)-

'임금이 왔으니 이제 살았다'라는 것은 학정에 시달리던 백성이 쳐들어오는 적의 군대를 환영한다는 뜻이다. 상(商)나라 때 갈백(葛伯)이 백성들을 학대하자 탕 임금(成湯)이 그를 쳤는데, 이때 탕 임금이 이르는 곳마다 백성들은 "우리는 임금을 기다렸는데, 이제 오셨으니, 이제 우리는 살았구나!"라고 했다는 史에 근거하여 당시의 잘못된 정치를 비판하고 있다(서경 중훼(仲虺)·맹자(孟子) 등문공하(滕文公下)).

「아, 터전을 닦고 인(仁)을 쌓은 선왕의 공로와, 쉬게 하고 먹이고 길러준 전하의 은혜는 어찌되는 것입니까. 심지어 파천하던 날 시장에 가득 떼를 지어 어가의 뒤를 따를 생각은 하지 않고 '이제야 갚을 수 있다'는 말을 드러내놓고 하였으니, 이렇듯 심할 수가 있단 말입니까?」 -〈선조실록〉(1592. 5. 14.)-

'이제야 갚을 수 있다'는 것은 이제야 학정에 시달렸던 것에 대한 보복을 할 수 있다는 뜻이다. 인정(仁政)을 베풀지 않으면 위급한 때에 백성들이 장상(長上)을 위하여 싸우지 않는다고 한 데에서 온 말이다(맹자(孟子) 양혜왕하(梁惠王下)).

> 「그 근원을 캐 보면 한두 가지가 아닙니다. 총애 받는 간신이 아첨하여 위로는 전하의 총명을 좀먹고, 밖으로는 권세를 휘둘러서 민심은 날이 갈수록 가려지고, 정치는 날이 갈수록 문란해졌는데도 그들이 아직까지 살아 있기 때문입니다.
> 누구에게 물어봐도 김공량의 죄라고 말하지 않는 이가 없습니다. 귀로 듣고 눈으로 직접 본 신(臣)은 간담이 찢어지고 통곡이 나오며 피를 토할 지경입니다. 당(唐) 현종(玄宗)은 양국충(楊國忠)의 목을 쳐서 마외(馬嵬)의 군사들을 감동시켰고, 덕종(德宗)은 애절한 조서를 내린 뒤에야 봉천(奉天)으로부터 돌아올 수 있었습니다.」 —〈선조실록〉(1592. 5. 14.)—

'덕종(德宗)은 …돌아올 수 있었다'는 것은 덕종의 충신이던 요영언(姚令言)이 반란을 일으키자 덕종은 도성인 장안을 버리고 봉천으로 파천했다. 이때 덕종이 자신의 실정을 뉘우치는 조서를 내렸다. 결국 이성(李晟)이 반란군을 토벌하여 서울을 수복했다(당서(唐書) 제7권(卷七)).

> 「삼가 바라건대, 전하께서는 조종(祖宗)의 구물(舊物)을 생각하시고 사직이 폐허가 된 것을 통감하시어 즉시 자신을 죄책하는 전교를 내리시고 통렬하게 자책하셔야 합니다.
> 사치스러운 토목공사, 여러 궁궐의 침탈 행위, 조정의 부정(不靜), 외교상의 실책, 벌과 상의 부적합한 시행, 이단(異端)의 숭상, 언로(言路)의 두절, 총애 받는 궁녀들이나 신하들의 등쌀, 가득 찬 내탕(內帑), 번거롭고 가혹한 부역(賦役) 등 온갖 잘못

들을 나열한 뒤 글을 강개하게 써서 내외에 선포하시고, 잇달아 김공량(金公諒)의 머리를 베어 효시하신다면 백성들은 즐거워하면서 임보(林甫)의 고기를 다투어 씹게 될 것이며, 사기가 진작되어 구준(寇準)의 담력에 격동될 것이며, 백성들은 상처를 싸매고 전쟁터로 나갈 것이고, 병사들은 진격만 하고 후퇴하지 않을 것은 물론, 백 번 패한다고 해도 오히려 백 번 싸울 것을 생각할 것입니다. 그러니 어찌 토붕와해(土崩瓦解)될 염려가 있겠습니까."」 -〈선조실록〉(1592. 5. 14.)-

'임보(林甫)의 고기'는 당 현종 때에 이임보가 19년 동안 벼슬하면서 환관들과 결탁하여 정치를 전횡한 결과 안녹산(安祿山) 등이 난리를 일으키게 만들었으므로 백성들이 그의 살을 씹어 먹어야 난리가 평정된다고 했는데, 여기에서 생긴 말이다(당서(唐書) 제260권).

〈시경〉,〈서경〉,〈맹자〉 등을 經으로 삼고〈당서〉를 史로 한 춘추필법의 상소이다. 선조는 나름대로 유교적 왕도정치를 펴왔다고 생각했지만 왜란을 당해서는 죽지 못해 그날그날을 넘기고 있었다. 그런데 한음도정이자 왕실 제관으로 있는 왕실의 어른으로부터 이 같은 상소문을 받자 뼈골이 아팠을 것이다.

주자(朱子)가 정립한 8단계의 성학 프로그램

〈대학(大學)〉을 정립한 주자는 사람들이 유학을 經·史學으로 학습한 후 스스로 실천할 수 있도록 하기 위해서 '격물(格物)→치지(致知)→성의(誠意)→정심(正心)→수신(修身)→제가(齊家)→치국(治國)→평천하(平天下) 經·營'이라는 8단계 프로그램을 정립해 두었다.

유학에서는 이 8조목을 성학(聖學)이라고 하는데, 세종대왕과 이순신은 이 8조목 經·營에서 만점을 받았기 때문에 성군(聖君)과 성웅(聖雄)으로 칭송되고 있다.

※ 4서 5경과 대학의 8조목(條目)
· 4서(四書): 논어, 맹자, 대학, 중용
· 5경(五經): 시경, 서경, 주역(易經), 예기, 춘추
· 대학의 8조목
· 격물(格物)·치지(致知)·성의(誠意)·정심(正心)·수신(修身)
└──── 자기계발 經·營(聖學의 기초) ────┘
· 제가(齊家)·치국(治國)·평천하(平天下)
└─ 봉사적 經·營(聖學의 완성) ─┘

격물·치지(格物致知)는 4서 5경 가운데서도 가장 먼저 배우기 때문에 '유학과 동양학의 출발점'이라고도 하지만, 이순신 연구와 동양사 연구에도 출발점이 된다. 주자는 〈대학〉 8조목의 실천에 정진하지 않고 시문놀이(기송사장, 풍월놀이)에 젖는 것은 '세상을 캄캄하고 어둡게 한다'면서 〈대학〉에서 다음과 같이 경고했다.

「속된 선비들이 경전을 암송하고 시문을 짓고 하는 습관은 그 노력을 〈소학(小學)〉에 기울이는 것보다 배나 더 하지만 쓸모가 없고(俗儒記誦詞章之習이 其功倍於小學而無用), 이단(道家와 佛家)의 가르침은 그 고답(高踏)함이 〈대학(大學)〉보다 더하지만 실속이 없다. 서로 패를 갈라 권모술수로(黨爭) 공명(功名)을 추구하는 그 밖의 모든 학설들과 온갖 사상가와 여러 기교의 무리들은 세상을 미혹케 하고 백성들을 속이는 장본인들로서 캄캄하고 어둡고 답답하게 막혀 심한 병폐가 반복되었는데, 오대(五

代)의 쇠퇴기(당나라 이후 송대 이전까지)에 이르러서는 파괴와 혼란이 극도에 달했다.」

선조는 세상의 올바른 이치를 격물·치지적으로 탐구해서 군국과 경국제민 經·營에 노력하지 않고, 시문놀이에 빠져서 개전 초에 막을 수 있었던 왜란을 7년이나 끌고 갔다. 그 결과 전후 조선의 인구는 반으로 줄어들었는데, 민족사에서 이보다 더 '캄캄하고 어두웠던 시대상'은 또 없었다.

시문놀이를 싫어한 세종

아래는, 經學은 經·史의 학습으로 이치를 탐구하고 그리고 성의·정심으로 실천(知行合一)하라는 세종의 말씀이다.

「 "오늘의 선비는 명색이 經學(4서5경)을 공부한다고 하면서도 참으로 이치(理致)를 궁리(窮理: 격물·치지)하고 정심(正心)으로 받들고 실천(經·營)하려는 사람이 있다는 말을 내 일찍 들어보지 못했다(今之士者. 名爲治經學. 而窮理正心之士. 末之聞也).
　그리고 經書를 구절 따라 읽는 것(史쪽의 비교조명 없이 경전 글귀만 자구적으로 해석하여 공부하는 것)은 학문에 아무 이익이 없으니, 반드시 마음공부(지식으로서만 아는 것이 아닌, 공효가 쌓이는 공부)가 있어야만 유익하다." 」 　-〈세종실록〉(세종 7년)-

아래는 經典과 史學을 비교학습해서 국가 經·營 學을 공부했다는 세종 7년의 말씀이다.

「경전(經)과 사서(史)를 공부하여 다스리는 도(국가 經·營의 道)를 머리 속으로 생각하면 나라를 다스리는 일(營)이 손바닥을 뒤집는 것처럼 쉬운 듯하나, 실제 일에 부딪혀서는(현장 經·營) 손 쓸 바를 모르는 경우가 있다.」 -〈세종실록〉(세종 7년)-

다음은 세종이 경연(經筵)에서 기송사장 글귀를 경(經)으로 삼고 송(宋) 태종의 실록을 사(史)로 삼는 經·史學으로 분석하면서, 사람들이 사장(詞章)에 빠지는 것을 경계하고 있는 모습이다.

「세종: "송 태종은 참으로 현명한 군주(賢主)였다. 그러나 때로는 공(功)을 자랑하고 또 장난을 좋아했는데 그것은 제왕으로서 할 일이 아니다.

정인지: 해박하기에 힘쓰고 또 시와 문장을 좋아하는 것은 제왕의 학문이 아닙니다. (송 태종은) 낚시를 매우 좋아하여 4품 이상의 관리들을 들어와 참관토록 했습니다.

세종: 못하도록 간(諫)한 자는 없었는가? 만약 간한 자가 있었더라면 그의 큰 도량으로 보아 어찌 따르지 않았겠는가?

정인지: 사서(史書. 송나라 실록)에는 힘껏 간(諫)한 자에 대한 기록이 없습니다. 다만 그때 한 사람이 시를 지어 말하기를 "꾀꼬리 임금의 수레(鳳輦)에 놀라 꽃을 뚫고 날아가고, 물고기 임금의 얼굴(龍顏) 무서워서 낚시 잘 물지 않네."라고 했습니다.

세종: 시를 잘 짓는구나. 지은 자는 누구인가?

정인지: 정위(丁謂)입니다.

세종: 정위가 비록 시는 잘 지으나 그 마음씨는 바르지 못하다.」 -〈세종실록〉(세종 12년 11월 18일)-

정인지는 '시장(詩章)'이라는 말로 기송사장을 비판하면서 송태종의 학문하는 태도가 제왕의 학문(帝王學: 經·史의 원리에 입각한 국가 經·營學)하는 태도가 아니라고 지적하고 있다. 세종은 송 태종에게 누군가가 간해서 말렸어야 했다고 하였다. 그리고 기송사장으로 지은 정위의 시에 대해 간사함이 배어 있는 아첨배의 시라고 평하고 있다.

꾀꼬리가 날아간 것은 사람들을 보고 놀라서 날아간 것인데 어찌하여 천자의 수레를 보고 놀라서 날아갔다고 하며, 물고기가 낚시를 물지 않음은 물고기 제 사정이지 어찌 천자의 용안이 무서워서 빨리 물지 않는다고 했느냐는 것이다. 세종은 신하된 자가 이 따위 아첨하는 시를 지어 바친 것을 개탄하고 있다.

세종은 이처럼 철저히 經·史의 원리로 공부했기 때문에 기송사장의 공리공론에 빠지지 않았고, 기송사장적인 인재를 멀리하였고 그 대신에 격물·치지, 실사·구시, 이용·후생, 온고·지신, 근면·검약한 인재를 중용했다. 그런데 조선 중기에 와서 經·史學은 외면되었고 그 대신 시문놀이와 붓글씨 쓰기가 조정과 사대부 사회의 주된 학풍으로 자리잡았기에 '세상은 캄캄하고 어둡게' 되었다.

다음은 1982년 한국정신문화연구원(한국학 중앙연구원)이 발행한 〈세종조 문화연구〉에서 經·史, 體·用에 대한 관계를 발췌한 것이다.

• **역사 분야**(정구복)
「 "經과 史는 體와 用으로서 서로 보조적이기 때문에 어느 한 쪽을 경시할 수 없다. 지금 학자는 혹 경전 연구에 집중하여 사학(史學)을 공부하지 않는다"고 세종이 말하자, 시강관 안지는 이에 응대하여 "經은 體이며 史는 用이니, 진실로 어느 쪽을 경시할 수 없으나, 모든 일에 적용함에 있어서는 史가 더욱 절요하다"고 하였다(세종 20년).

    정치의 원리와 원칙을 제공해 줄 수 있는 것이 體이고, 體의 이념을 실천으로 옮긴 구체적인 사례가 史라는 것으로 인식하고 있었다. 이어서 세종은 특히 經典과 史學을 배울 것을 강조하였으며, 실제로 경전으로는 명나라 초기에 편찬된 〈사서대전(四書大全)〉, 〈오경대전(五經大全)〉과 〈성리대전(性理大全)〉을 연구하였고, 史書로는 사마광의 〈자치통감(資治通鑑)〉과 주자의 〈자치통감강목(資治通鑑綱目)〉을 치밀하게 연구하여…

    이처럼 經學을 體로, 史學을 用으로 파악한 것은 史學을 정치에 이용되는 교훈 위주의 종속적 학문으로 인식한 것이지만, 史學의 효용성을 강조하였다는 점에서 우리나라 유학에서 새로운 전기를 마련한 것이다. 즉, 고려시대 이래로 문학에 치중하던 학풍에서 고려 말 사대부 층에 의하여 經學이 강조되었고, 새로이 이 때에 와서 史學이 강조됨으로써 통치 위주의 학문으로 전향한 것을 의미한다.」   -〈세종조 문화연구〉-

    세종의 이 말을 기초로 작성한 것이 다음의 〈자료 10〉이다.
    이 표에는 동양학(동양인의 사고와 행동에 관한 학문)의 과거·현재·미래형이 모두 들어있고, 서양의 히브리즘과 헬레니즘, 그리고 지구촌 최첨단학으로 불리는 대뇌학도 수용된다.
    표에 들어있는 개념들은 우리가 상식적으로 알고 있는 개념들이다. 그러나 經·史의 史學이 근 100년간 실종되어 왔기에 세종의 '經=體, 史=用'의 말씀을 바탕으로 이 같은 표를 만들지 못해 왔는데(經·史의 史學이 실종되었기에 사학을 History학(역사학)으로 인식하고 있다: 예컨대 이동철 교수의 'Philosophy(철학)과 'History(역사학)는 하나'라는 주장), 이로 인한 지적 손실은 필설로 다하기가 어렵다.

體	本體	이념, Principle, 원칙, 이치, 기본	經	經	天적인 것	仁		修己
用	末用	실천방안, 실용분야, Energy	史	營	地적인 것	禮		安人
體	經	날줄	經天	弘益人間	음	理	본질	법도	內聖	core
用	緯	씨줄(복실)	緯地	360 재세리화	양	氣	방편	형편	外王	husk
體	4端 (仁, 義, 禮, 知)						理判	내적차원	
用	7情 (喜, 怒, 哀, 樂, 惡, 欲, 憎)						事判	외적제도	
體	經國	中體		和魂	東道	좌우명 철학			
用	濟民	西用		西用	西器	실천 행동			
體	나의 훈	가훈	교훈	기업의 경영철학		정치인 윤리강령			
用	행동	행동	행동	사업계획, 사업추진		행동			
體	주님의 말씀	히브리즘(신앙)		우뇌학	7가지 습관	암묵지	종교, 신념		
用	인간의 행함	헬레니즘(이성)		좌뇌학	행동	형식지	논리, 과학		

〈자료 10〉 지구촌 經·史, 體·用 계열의 접목(지구촌의 지혜와 지식의 접목)

- **경연 분야**(권연웅)

「경연(經筵)은 군주를 위한 교육제도인데, 왕에게 유교의 경전(經典)과 사서(史書)를 매일 강의함으로써 이상정치를 실현하는 것이 그 목표였다.

중국에서 한대(漢代)에 기원한 경연은 송대(宋代)에 이르러 하나의 제도로 확립되었다. 우리나라에는 고려 중엽에 예종이 처음 도입하여 실시하였으나 고려 후기에는 대체로 유명무실해졌다. 조선왕조가 시작된 후에도 태조나 태종 조에는 경연이 부진하였다. 그러나 세종은 즉위 이후 약 20년간 거의 매일 경연에 참석하여 經·史로 학습했다.

세종이 학문을 연구한 궁극적 목적은 이상정치였다. 왕이 매일 신하들과 經·史에 실린 이상정치의 원칙과 사례를 토론한 것은 이를 본받아 좋은 정치를 실현하려는 것이었으므로 세종조에는 정치의 유교화가 현저하게 이루어졌다.

　　경연에 관한 세종의 열성은 유례가 없었다. 한여름(盛夏)이나 한겨울(嚴冬)에도 정기휴강이 없었고, 특별한 사유가 없으면 좀체 경연강의를 거르지 않았다. 경연에서 왕과 신하들은 經史를 읽고 그 내용을 토론하였는데, 그 목적은 왕이 經·史에 담긴 정치의 원리와 실체를 배우려는 것이었다.

　　그런 의미에서 경연강의는 일반적인 유학교육과 성격이 달랐다. 사가(賜暇) 독서에는 반드시 읽을 책을 지정하였다. 이것은 곧 經·史에 대한 전문가를 양성하기 위한 조치였다. 세종은 經書뿐만 아니라 史書도 경연에서 강독했음은 이미 지적한 바 있다. 특히 사마광의 〈자치통감〉과 주희의 〈자치통감강목〉을 경연에서 강독한 것은 전례가 없는 특이한 일이었다.」

-〈세종조 문화연구〉-

경연은 하루에 세 번 있었기에 세종은 백관들과 국사를 논하는 시간을 제외하고는 비빈이나 내시들과 시문놀이를 하고 있을 시간이 없었다.

- **정치 분야**(김운태)

「세종은 또 사서오경(四書五經)의 經學 연구는 학문의 '體'로서 주(主)가 되며 고제(古制)나 史學 연구는 '用'으로서 실용성을 부가하는 것이라 하여 원리론적인 經學과 실용적인 經史·古制와의 균형과 조화를 갖출 것을 원칙으로 주장하고 있는 것이다. 이렇듯 세종은 원리와 실용을 조화할 것을 강조하면서 완벽하게 어느 한 쪽을 폐할 수 없다 하고, 특히 여러 가지 국가사업을 시행하는 데 있어 史記 연구가 절실히 필요한 것이라고 하였다…

　세종의 유교사상이라 하면 사서오경의 연구와 史 學 연구를 중요시하는 학문관에 토대를 둔 것으로, 따라서 제자백가적(諸子百家的) 공리공담이나 고루한 사상이 아니고 온고지신(溫故知新), 격물치지, 이용후생(利用厚生), 실사구시(實事求是)의 통유주의(通儒主義) 유교였던 것이다.」　　－〈세종조 문화연구〉－

　'온고지신·격물치지·이용후생·실사구시를 經으로 삼고, 군국과 경국제민에 노력한 것이 세종의 국가 經·營이다. 선조가 율곡의 〈만언봉사〉 상소문을 읽고 경연을 열고 〈세종실록〉을 史로 한 經·史의 史學으로 국가 經·營을 공부했더라면, 일찍이 이산해와 김공량 등이 문제가 있는 인물임을 알고 멀리했을 것이다.
　한편, 이순신은 온고지신·격물치지·이용후생·실사구시 사상 등을 經으로 삼아 군영 經·營과 관아 經·營에 충실했기에 국난을 극복하는 원동력이 되었다.

- **과학사상**(박흥수)
「세종은 즉위한 직후부터 시작된 경연이 세종 21년까지 계속되었으며, 국상 기간(25개월)과 중국 사신이 왔을 동안, 기우제를 지내는 동안, 경연관들이 〈자치통감훈의(資治通鑑訓義)〉의 편찬을 하였던 37개월과 야외군사훈련 등 중대한 국사가 있을 때를 제외한다면 거의 열렸는데, 〈실록〉에 기록된 일수만도 무려 1,833일에 달한다. 여기에 세종 7년부터 시작된 신하들과의 윤대일수(輪對日數) 1,027일을 합한다면 경연과 검토가 하루 걸러서 21년간 계속된 것이 된다.」　　－〈세종조 문화연구〉－

과학분야 경연에서는 화약무기 관련 분야도 논의되었고, 행궁 가까이에 대포 제작소를 마련한 후 세자를 책임자로 임명하여 아래와 같은 지시를 내려가면서 현장주의 經·營(격물·치지 사상을 經으로 한 營)을 했다.

- 화살의 사정거리를 크게 할 것
- 화살의 적중률을 높일 것
- 한꺼번에 많은 화살을 발사하면서도 사정거리를 크게 하고 적중률을 높일 것
- 화약인 염초(焰硝)의 소모량을 적게 할 것
- 화약의 중량을 작게 할 것

「내가 28년 동안 화약에 관심을 두어 자주 강론하고 연구하면서 그때마다 제작법을 고쳐 왔는데(격물·치지에서 말하는 이미 알고 있는 이치에 근거하여 더욱 궁리해 감) 사람들은 볼 때마다 더 좋아졌다고 말했다. 지금 보니, 옛날에는 잘된 것으로 여겨지던 것이 우습게 여겨진다. 이제 전문적으로 연구할 종신직 군기감을 임명해서 더욱 연구하게 하고 그 제작법을 영구 관리하도록 하라. 뒷날 긴히 쓰일 때가 있을 것이다.」

-〈세종실록〉(세종 30년)-

여기서 언급한 '뒷날'은 임진왜란이 되었고, 그 복원에 앞장선 사람이 이순신이다. 그런데 선조와 왕실 종친 그리고 대신들은 〈세종실록〉을 사고(史庫)에만 넣어두고 읽지 않았음이 분명하다.

앞에서 선조에게 상소문을 올린 한음도정 또한 만약 〈세종실록〉을 經·史 學으로 읽었다면, 그가 올린 상소문에는 당 나라 〈현종실

록〉에 추가해서 〈세종실록〉도 인용이 되었을 것이다. 하지만 인용이 없는 것을 보면 한음도정은 세종의 영릉에 제사만 모셨지 經·史의 史學을 제대로 이어받지 못한 것이다.

푸대접 받은 經·史 學

「예조에서 건의하였다.

"포천에 사는 홍지성(洪志誠)은 고(故) 생원(生員) 홍유손(洪裕孫)의 아들입니다. 지성은 비록 가정의 교훈은 받지 못했으나 경서(經)와 사서(史)를 널리 읽었고 늙어서도 공부하기를 그만두지 않았습니다. 배우기를 원하는 사람들 가운데 책 상자를 메고 와서 배우려는 사람들이 줄을 잇고 있습니다. 이 사람에게 만약 적은 녹봉이나마 주어 수도에 와 있게 한다면 반드시 사람늘을 가르치는 데 유익함이 있을 것입니다. 지금 귀화한 자에게 주고 남은 체아(遞兒) 벼슬이 있으니, 홍지성을 부사맹(副司孟) 체아(遞兒) 벼슬의 녹봉을 주어 선비의 자제들을 가르치게 하는 것이 어떻겠습니까?"

지시하기를 "건의한 대로 하라"고 하였다.

-〈선조실록〉(1591. 1. 11.)-

'經·史學에 밝은 학자에게 적은 녹봉의 벼슬을 주고'라고 하였는데, 마지못해 예우해준 것이다. 經·史學이 퇴조하면서 개인 經·營과 국가 經·營이 부실해져 '세상은 캄캄하고 어둡게' 되었다.

지금까지 經·史의 史學으로 세종 시대 성업을 탄생시킨 학풍이 무엇인지 살펴보았으며, 선조 시대의 시문놀이 학풍이 세상을 얼마나 캄캄하고 어둡게 했는지도 알아보고 있다.

오늘의 한국학 중앙연구원과 經·史 學

필자들이 〈세종조 문화연구〉란 책을 구입한 것은 1984년이며, 그 때부터 세종의 經·史, 經·營學을 연구해서 〈자료 3, 4, 5, 6, 7, 8, 9, 10〉을 정립하고, 2001년 4월에 와서 〈세종·충무공·다산의 메시지: '너희가 經·營을 아느냐'〉를 출판하였다. 그 다음으로 출판하는 것이 본서 〈이순신과 임진왜란〉이다.

> 「한국학 중앙연구원이 변신을 꾀하고 있다. 지난 3일 1978년 설립 후 27년간 지속된 '정신문화연구원' 현판을 내린 데 이어 이달 중 연구원 내에 10개 안팎의 연구소를 새로 설립한다. 윤덕홍 원장은 "한국형 문화와 리더십 연구를 통해 기업과 국가가 필요로 하는 한국의 문화상품을 만들어낼 것"이라고 말했다.
> 변화의 핵심은 경쟁과 개방이다. 윤원장은 "새로 설립되는 고전학연구소, 생활사연구소, 세종국가경영연구소, 한민족공동체연구소, 종교문화연구소, 동북아고대사연구소 등은 1년 단위로 연구 성과를 평가하는 경쟁시스템을 통해 폐지 또는 존속을 결정할 것"이라고 말했다. 연구에는 인력뿐 아니라 국내외의 한국학 연구자들도 참여하는 개방형 시스템을 갖추기로 했다.
> 윤원장은 "연구원 장서각에는 60만 권이 넘는 고문서와 궁중 자료가 있다"면서 "이러한 콘텐츠를 제대로 읽어내기만 해도 역사학계의 통설을 뒤집는 학문적 기여를 할 수 있다"고 자신했다.」   -〈조선일보〉(2005. 3. 7.)-

그런데 〈세종조 문화연구〉가 발행된 이후로는 經·史의 史學을 다룬 논문이나 저서가 나오지 않았기에 기다려 왔는데, 지금부터는 봇물 터진 듯 쏟아져 나올 것으로 기대한다.

'고전학연구소'에서는 經·史學을 도입해야 하고, '세종국가경영연구소'는 〈세종실록〉에 579회나 나오는 국가 經·營 개념(자료 5)에 대한 해설서를 출간할 필요가 있다. '60만 권의 고문서'는 '經·史의 史學＋논리의 History 學'으로 해독해야 한다. '역사학계의 통설을 뒤집는' 기여라고 하였는데, 〈이순신과 임진왜란〉에서 보듯이 經·史의 史學을 추가해서 조명하면 기존의 임진왜란에 관한 통설이 많이 뒤집어지는 것을 실감하게 된다.

2. 전략·전술적 마스터플랜이 없는 조선군

왜란을 당한 조선 조정에서는 군사학의 이치에 따라 전략·전술을 펼쳐야 했다. 그러나 격물·치지와 실사·구시의 시대상이 아닌 기송사장의 시대상이었기 때문에 군사작전을 논한 숱한 어전회의들이 마치 시문놀이의 경연장 같다. 불행하게도 이러한 체질은 임진왜란이 끝날 때까지 계속되었다.

목 베기 전투 방식을 권장하는 비변사

「비변사에서 건의하였다.
"조정에서 2백 년 동안 무사를 길러왔으나 팔을 걷고 분발하여 일어서는 사내 하나 없었고, 적군이 쳐들어왔다는 소문만 듣고도 그만 움츠러들고 마는 형편입니다. 그런데 유격장 이사명(李思明)은 자기 한 몸 돌보지 않고 분연히 앞장서서 뛰쳐나가 적의 머리를 벰으로써 다른 군사들에게 모범을 보였으니 그 충성과 용기가 가상합니다. 특별히 3품의 실직(實職)에 임명하여 다른 사람들을 격려해야 할 것입니다."
임금이 그 의견을 따랐다.」　　-〈선조실록〉(1592. 5. 15.)-

'분발하여 일어나는 사내'가 하나도 없는 가운데, 이사명이 임진강을 건너서 매복하고 있다가 왜군 탐색병을 쏘아 죽이고 목을 베었으므로 귀감으로 삼기 위하여 3품의 벼슬을 제수하였다.

하지만 치밀한 작전계획도 없이 목 베기를 기준으로 포상을 한다면 조선군의 희생은 10배가 넘을 것이다. 5월 18~20일에 있은 임진강전투에서 조선군은 그와 같은 대가를 치렀다.

대가를 치룬 조선군은 분발하여 일어나기는 고사하고 전사했거나 고향으로 도망가서 산속에 깊이 숨어버렸다.

「비변사에서 건의하였다.
"영남과 충주에서 패전한 장수와 병사들과 난리를 피하여 여러 곳에 숨어있는 사람들은 자수하여 나와서 공을 세우게 해야 할 것이니, 방문을 붙여서 알려주도록 해야 할 것입니다."
임금이 그 의견을 따랐다.」　　-〈선조실록〉(1592. 5. 15.)-

'자수하여 나와서 공을 세우도록 방문을 붙이는 것'도 중요하지만, 이 무렵 가장 서둘러야 했던 것은 조총을 제압하는 방법을 제시하는 일이었다. 하지만 남해바다 이순신의 해군을 제외하고는 제시

된 곳이 없었다. 조정, 군기시, 훈련원 등 세상이 온통 시문놀이 학풍에 젖어서 세종대왕이 군국 經·營의 차원에서 완성해 둔 조선식 화약무기에 대해서조차 관심을 가진 사람이 없었다.

선조가 말하는 '이치'

「사헌부와 사간원에서 연합하여 이산해(李山海)에게 법조문대로 죄를 주자고 청하니 임금이 대답하였다.
 "나라 일을 도모하는 대신들 중에서 산해 혼자서만 그 죄를 받는다는 것은 이치에 맞지 않는 것 같다. 또 이미 벼슬을 빼앗았으므로 이제 더 이상 죄를 줄 수는 없다."」
-〈선조실록〉(1592. 5. 15.)-

'이치에 맞지 않는 것 같다'고 하였는데, 여기서의 이치는 격물·치지에서 말하는 이치이다. 선조가 경연에서 〈세종실록〉을 교재로 삼았다면, 세종이 경연에서 사서오경을 공부할 때의 이치는 經·史학적 이치(자료 3에서 B쪽)이고, 조선식 대포의 개발과 한글창제 때 동물의 성대를 해부할 때의 이치는 과학·논리적(자료 3에서 A쪽) 이치임을 알았을 것이다.

이산해 세력의 반발을 우려

「사헌부와 사간원에서 연합하여 이산해를 법에 따라 죄를 주자고 청하니, 임금이 대답하였다.

"나의 생각은 이미 이야기하였다. 이제 수도를 떠나온 일을 가지고 산해의 죄라고 한다면 억울하기 짝이 없을 것이고 산해도 승복하지 않을 것이다."
　　　　　　　　　　　　　　－〈선조실록〉(1592. 5. 16.)－

'산해도 승복하지 않을 것이다' 라고 하였는데, 이산해 역시 한 붕당의 우두머리이기에 그를 심하게 벌주면 그를 따르는 세력들이 어떤 반발을 할지 모르는 일이다.

조선군은 분산전략, 왜군은 집중전략

「양사(兩司: 사헌부와 사간원)에서 건의하였다.

"적병이 이미 임진강에 가까이 왔으니 사태가 진실로 위급합니다. 이곳에 모습을 나타내고는 다른 곳을 통하여 몰래 건너올 염려가 없지 않으니 상류의 얕은 여울을 잘 지키도록 다시 엄하게 명령하시기 바랍니다.

하류인 낙하(洛河)·조해(照海) 등에서도 뗏목을 만들어 바로 건너올 염려가 있습니다. 또 경강(京江: 한강)에서 배를 타고 물길을 따라 내려온다면 예봉을 더욱 막을 수 없을 터이니 도 순검사(박충간)와 도원수(김명원)에게 지시를 내려 급히 계획을 세워 조처하도록 해야 할 것입니다.」
　　　　　　　　　　　　　　－〈선조실록〉(1592. 5. 16.)－

왜군들이 임진강 하구에 있는 낙하 등지에서 뗏목을 만들어 건너는 것도 우려되고, 한성의 왜군들이 한강의 배를 임진강 하구까지 끌고 와서 도하→북상하는 것도 걱정이다. 재차 언급하지만, 조정은 4월 20일경 신립 등을 탄금대로 보낼 때 한강과 강화도의 배들을 모아 전투선단으로 꾸몄어야 했다.

「또 두기(豆只: 豆其의 오기인 듯) 위쪽의 얕은 여울을 경유하여 우봉(牛峯)·신계(新溪)·수안(遂安)·삼등(三登)·상원(祥原) 등의 길을 택한다면 이 또한 지름길이 됩니다. 그 방비책을 이미 조처하게 하였지만 십분 엄히 단속하지 않는다면 지난 날 조령에서 겪었던 후회가 있을 것이니 별도로 장수를 정하여 지키도록 하는 한편, 순찰사·병사를 시켜 항상 엄하게 단속하게 하여야 할 것입니다.」 −〈선조실록〉(1592. 5. 16.)−

임진강 하류에서부터 상류에 이르기까지 백여 리를 수비하고, 그 위에 후방인 황해도와 강원도 북부 일대까지 수비해야 된다고 했기에 '극도의 분산전략'이다. 또 10만의 왜군이 우글대고 있는 경기도와 한성을 수복한다는 것인데, 1만 5천군으로서는 시상(詩想: 시인들의 상상) 속에서나 가능한 일이다.

이에 비해 고니시−구로다의 3만 군, 가토의 2만 군은 임진강의 어느 나루를 집중 공략한다는 '극도의 집중전략'이었다.

「또 행재소의 성 머리(城頭)에 여러 기구들을 설치하는 일은 신들이 전에 이미 논의하여 건의하였는데, 설치한 기구가 아이들 장난감 같습니다. 또 성을 지키는 장수가 나누어 지키는 곳이 서로 거리가 멀어 두루 살필 수 없는 형편이니 근방의 수령들 가운데 무관이 아니더라도 많은 인원을 배정하게 해야 할 것입니다.

군사의 수가 부족하면 감사로 하여금 영(營)과 부(府)에 소속

된 자들을 모두 차출하여 융통성 있게 배정하되, 본 부(평양부)에는 군기(軍器)와 방패의 수가 부족하니 이웃 고을에 저장된 것을 속히 실어 와서 비상시에 대비하게 하시기 바랍니다."」
―〈선조실록〉(1592. 5. 16.)―

조선 육군이 분산전략을 펴다 보니 병력과 병기가 집중되어야 할 평양성의 수비력이 한심한 수준이 되고 말았다.

임금의 취향에 맞춘 비변사의 돌격형 작전계획

「비변사에서 건의하였다.
"도원수 김명원(金命元)은 요즘 일 처리가 사람들의 마음에 매우 흡족하지 않게 하고 있습니다. 경성이 함락된 지 이미 오래인데 진격할 마음은 없고 오로지 물러나 앉아 나루터를 지키는 일만을 상책으로 삼고 있으므로 시기를 잃은 것이 몇 번인지 모를 정도입니다.

또 부원수 신각(申恪)이 제멋대로 도망쳤는데도 이를 막아내지 못했으니 그 나머지 일을 가히 알 수 있습니다. 신할(申硈)은 조정이 이미 사태를 보아서 바로 진격하라고 명령했음에도 불구하고 군사들을 계속 묶어두고 영세한 적을 습격하지 않음으로써 적의 세력을 날이 갈수록 더욱 성해지게 만들어 회복할 길이 없게 하였습니다.」
―〈선조실록〉(1592. 5. 16.)―

'영세한 적을 습격치 않는다' 고 하였는데, 한성 왜군의 규모를 모르고 있음이다. 영락없는 시문놀이이다.

「신들은 우려를 금하지 못하여 늘 교체시키려고 했지만 적과 대치하고 있는 이 마당에 장수를 바꾸기가 쉽지 않아서 그대로 두었던 것입니다.

그러나 이제 한응인이 이미 대군을 모두 거느리고 갔으니 사태에 대응하여 진격하는 일을 한응인이 임의대로 처리하게 하고, 임진·두기·낙하 등지의 강 연안 위와 아래를 지키는 일은 김명원이 맡아서 방어하게 하되, 사태의 진전을 보아서 이러한 명령에 집착하지 말고 시기를 정하여 진격함으로써 적을 섬멸토록 하라고 두 곳의 대장에게 지시하시기 바랍니다."

임금이 건의대로 따랐다.」　　　-〈선조실록〉(1592. 5. 16.)-

임진강 도하→돌격전→한성 수복이 선조가 바라는 것이다. 이렇게 되자 비변사의 작전계획도 군사학의 이치를 따르지 않고 임금의 취향에 맞추고 있다.

'임금이 건의대로 따랐다'고 했는데, 선전관이 임금의 돌격명령을 가지고 임진강으로 달려갔으며, 이렇게 돌격명령을 가지고 달려간 것도 여러 번째다. 왜군들은 첩자들을 통해서 조선군의 이 같은 움직임을 파악했고 바로 유인책을 준비했다.

「승정원에서 건의하였다.

"본 원(승정원)의 서리와 사령 각각 3명이 구사일생으로 간신히 찾아왔으므로 승정원의 모든 일을 이들에게 분담시켜 대강 처리하고 있는데, 이렇게 해온 지가 벌써 오래되어 날이 갈수록 살림이 구차해지고 있으므로, 형편을 보면 그들이 오래 머물러 있기가 어려울 듯합니다.

신들의 어리석은 생각으로는, 서리들은 군사 관계의 벼슬이나 서제(書題)나 별좌(別座)로 임명하고 사령들은 양인 신분으로 만들어주고, 그 중에서 인장을 가지고 온 자는 각별히 후하게 표창하되 난리가 평정된 다음에 시행하도록 함으로써 그들의 수고에 보답하고 그들의 마음을 든든하게 해주어야 할 것 같습니다."

임금이 그 의견을 따랐다. 」 -〈선조실록〉(1592. 5. 16.)-

구사일생으로 간신히 찾아온 몇 사람의 하급관리들에게 승정원의 모든 일을 맡기고 있지만, 그들 또한 끼니를 잇는 것이 어려웠다.

「약방 도제조(都提調) 윤두수와 부제조 정탁이 건의하였다.
"오늘 들어와 참가한 여러 신하들 가운데는 전하의 얼굴을 우러러본 사람들이 더러 있었는데, 전날 길을 오던 때보다 더 수척해졌다고 말했습니다. 지금은 오직 전하의 몸을 돌보는 것이 급한 일인데, 만약 눈앞의 위급한 일을 생각하느라 걱정을 많이 하면서도 수라를 적게 드신다면, 난리를 평정하고 정상상태로 회복할 책임을 어떻게 감당하시겠습니까? 생각이 여기에 미치니 저희도 모르게 가슴을 두드리게 됩니다. 의원을 불러 진찰하고 안색을 살피게 한 다음 충분히 조리하시기 바랍니다."
대답하기를 "지금은 아픈 곳이 없다."라고 하였다.」
-〈선조실록〉(1592. 5. 16.)-

윤두수는 내의원의 도제조를 겸하고 있었다.

임금의 표신까지 동원한 돌격령

「양사(사헌부와 사간원)에서 연합하여 건의하였다.

"적병이 이미 임진강까지 닿게 되었고 또 양주(楊州)에도 나타났다고 하니, 양주에서 영평(永平)·마전(麻田) 등지로 길(내륙 쪽의 길)을 잡아 곧장 평양으로 향한다면 매우 편하고 가까울 뿐만 아니라 나루터 등으로 막힌 곳도 없어서 그 속도가 매우 빠를 것입니다.

그런데도 도순검사(都巡檢使)는 많은 병사들을 끼고 연천(漣川)으로 물러나 앉아 있고 전진하지 않으며, 모든 장수들 역시 관망하면서 움츠리고만 있으니 분통이 터질 지경입니다. 만약 서둘러 진격해서 그 예봉을 꺾지 않는다면 군사들은 지치고 양식은 떨어지는 등 닥쳐올 환난이 이루 말할 수 없을 것입니다.

청하건대 시종(侍從) 중에 한 사람을 특별히 파견하여 표신(標信: 임금의 명령)을 가지고 가서 도순검사·도원수 및 각 도의 도순찰사(都巡察使) 등에게 지시하되, 어느 날까지 기한을 잡아 진격하라고 독려하여 결코 기회를 놓치지 말도록 하시기 바랍니다."

선조: "대신들과 의논하여 처리하라."」

-〈선조실록〉(1592. 5. 17.)-

사헌부와 사간원에는 군사학 전문가가 없었을 터인데, 주청한 내용은 사무라이와 조총수들 앞에 돌격전을 감행케 해야 한다는 것이었다. 이순신이 알았다면 놀라고 놀랐을 것이다. 외적이 침입하면 성이나 험지에 의지해서 굳게 지키고 있다가 식량이 떨어진 적군이 물러갈 때 공격에 나서는 것은 군사학의 상식이다. 5월 17일이라면 임진강을 막아선 지 불과 열흘 정도이고, 기다리고 있는 강변 군사 3천 명도 선발대만 임진강에 막 도착했을 무렵이다. 이러한 상황에서 '양식이 떨어지는 환란'을 걱정하며 임금의 표신까지 들먹이면서 돌격전을 독촉하고 있으니, 군사학의 상식조차 설 땅이 없었던 시대상이다.

「사헌부와 사간원에서 연합하여 건의하여 이산해를 법에 따라 죄를 주도록 청하자, 임금이 대답하였다.
"이번 이 일은 나의 잘못이므로 정승에게 책임을 돌릴 수는 없다. 그러나 이처럼 규탄하니 중부 지방으로 그의 거주를 제한시키도록(中道付處) 하라."」   -〈선조실록〉(1592. 5. 17.)-

이렇게 해서 이산해는 귀양을 갔다.

「당시 호위하던 신하들 중 부모의 행방을 모른다는 소식을 듣고는 꼬리를 물고 사임 신청을 냈는데 임금은 청하기만 하면 곧바로 허락하였으므로 조정은 거의 빌 지경에 이르렀다.
이에 대신 최홍원, 윤두수, 유홍원이 건의하였다.
"행궁의 호위가 빈약하여 체모가 서지 않습니다. 신하된 도리는 위급한 때를 당하면 오로지 그 있던 자리에서 죽어야 합니다. 이제부터는 부모가 변고를 당했다는 소식을 확실히 들은 사람 외에는 일체 개인적인 편의를 허락하지 않음으로써 대의를 중하게 여기도록 하시기 바랍니다."
임금이 그 의견을 따랐다.」   -〈선조실록〉(1592. 5. 18.)-

평양까지 호종한 관리·무인들이 이런 저런 이유로 집으로 돌아가려고 하였는데, 평양성 수비는 고사하고 임금의 호위도 어려운 실정이었다.

3. 신각의 죽음을 밝혀주는 한강·임진강 전투

「비변사에서 건의하였다.

"오늘의 폐단은 장병들이 많지 않은 것이 아니라 군율이 엄하지 못한 것이 걱정입니다. 인정이 위엄을 눌러 임시 땜질(姑息之計)만 일삼다가는 결국 큰일을 성공시키지 못할 것입니다.

부원수 신각(申恪)은 이미 중대한 지시를 받은 이상 한강에서 군사가 허물어진 뒤에는 응당 밤중에라도 원수에게 달려가서 원수의 지휘를 받았어야 합니다. 그런데도 제 어미의 병을 핑계대고 도중에서 며칠이나 피하여 숨어 있다가 도검찰사(都檢察使: 李陽元)한테로 가버렸습니다. 제멋대로 오고 가면서 조정의 명령을 무시하였으니 어찌 주장(主將)의 명령만 어긴 것이겠습니까.

심지어 도원수가 공문을 띄워 빨리 오라고 했는데도 버티면서 갈 생각조차 하지 않았으므로 도원수도 어찌할 도리가 없어서 장계를 올려 이런 사실을 전한 것입니다. 신각의 명령을 듣지 않음이 이 지경에 이르렀으니 부득이 군율을 엄숙하게 하지 않으면 안 되겠습니다."

임금이 "신각을 어떻게 조치하자는 것인가?" 하니, 비변사에서 회답 보고하였다. "군법을 적용하려고 합니다."

임금이 허락하였다.」 　　　-〈선조실록〉(1592. 5. 18.)-

아래는 〈징비록〉에서다.

「부원수 신각(申恪)이 양주에서 적을 무찌르고 적병 60명의 목을 베었다. 그런데도 조정에서는 선전관을 보내어 신각을 죽였다.

신각은 도원수 김명원의 부장(副將)이었다. 그런데 한강 싸움에서 패하자 김명원을 따라가지 않고 이양원(李陽元)을 따라 양주로 들어갔다. 그리고 마침 그곳에 온 함경우도 병사 이혼(李渾)과 함께 서울로 들어가 민가를 약탈하던 왜적들을 격퇴했다. 이야말로 왜적이 우리나라에 침략한 후 처음으로 (육지에서) 승리한 싸움이었으므로 백성들은 감격해서 모두 나와 환호했다.

그럼에도 김명원은 임진강에서 올린 장계에 이렇게 썼다.

"신각이 제멋대로 다른 곳으로 가는 등 명령에 복종하지 않았습니다."

우의정 유홍(俞泓)은 글을 읽자마자 그대로 임금께 보고하였다. 결국 조정에서는 신각을 처형하기 위해 선전관을 파견하였는데, 마침 그때 신각의 승리 소식이 조정에 전해진 것이다. 조정에서는 부랴부랴 사람을 뒤쫓아 가도록 했으나 이미 선전관의 손에 신각이 죽은 후였다.

신각은 비록 무인이었지만 청렴하고 신중한 인물이었다. 예전에 연안 부사로 있을 때 신각은 성을 쌓고 해자를 판 후 무기도 충분히 마련해 놓았다. 후에 이정암(李廷馣)이 연안성을 굳게 지키게 되자 사람들은 이야말로 신각의 공이라고 입을 모았다. 그런 인물이 아무 죄도 없이 죽은 것이다. 뿐만 아니라 그에게는 90이 넘은 노모가 계셨으니, 이야기를 들은 모든 사람들이 애통해 하였다.」 -〈징비록〉-

신각이 수급 60을 벤 것은 5월 15일 경이다. '제멋대로 다른 곳으로 가는 등 조정의 명령을 무시했다'고 하였는데, 조정은 신각을 김명원의 부원수로 임명한 것이지 이양원의 부사령관에 임명한 것은 아니었다. 그런데 이양원의 뒤를 따라다녔으므로 오늘날로 보면 A사단의 부사단장이 도망을 가서 B사단장을 따라다닌 격이 된다.

인천부사는 당상관에, 신각은 목 베인 죄인으로

「비변사에서 건의하였다.
"해유령(蟹踰嶺) 싸움에서의 승첩에 대한 논공행상은 마땅히 그 주장(主將)이 등급을 매겨서 보고한 다음에 시행해야 할 것입니다. 그런데 돌격장인 인천부사 이시언(李時言)은 지난 번 양주 싸움에서 힘껏 싸우며 적진으로 쳐들어갔는데 이번에도 또 앞장서서 왜적 세 명이나 죽였습니다. 우선 특별히 당상관으로 임명해 줌으로써 싸움터에 나가 있는 군사들의 사기를 고무해야 할 것입니다."
임금이 그 의견을 따랐다.」 -〈선조실록〉(1592. 5. 20.)-

김명원은 4월 29일 도원수 겸 한강방어 사령관에 임명되자 인천부사 등에게 즉시 달려오라고 명했고, 그것이 계기가 되어 인천부사 이시언은 김명원을 따라 임진강까지 왔으며, '적병을 3명이나 죽이는 공'을 세워 당상관에 올랐다.

인천부사의 책임구역은 인천·김포 일대인데, 그곳의 성곽이나 피난온 상선·어선·화물선들은 내버려 두고 해유령과 임진강 중류에 와서 몇 개의 수급을 베는 데 전념했으니, 이는 큰 문제이다. 그런데도 비변사는 이 같은 인천부사를 우국충절의 모델로 삼았다.

혜유령 전투에서는 신각도 60개의 수급을 베었다. 그러나 '주장이 등급을 매겨 보고하지 않았다'고 했는데, 당시 주장은 김명원이었다.

김명원은 혜유령 전투의 결과를 보고받고 신각이 지은 '그 이전의 죄'와 60개의 수급을 벤 공, 그리고 불러도 나오지 않는 신각의 태도 등을 어떻게 절충해야 할지 고심한 것 같다. 그 결과 우선 인천부사의 전공만 먼저 알렸기 때문에 신각에 대한 '주장의 등급'이 빠지게 되었다. 이 같은 경황 속에 신전관이 달려와서 신각에 대한 참수형을 집행했고, 그 후 '주장의 등급표'를 보고받은 조정은 다시 신각의 참수형 집행을 취소하라는 명령을 선전관을 통해 보냈지만, 그때는 이미 신각의 목이 잘려 나가버린 다음이었다.

문무백관들의 아부성 어전회의

「임금이 대신·비변사·병조의 당상관들을 불러 만나보았다.
선조: "하고 싶은 말이 있으면 다 하라."」
―〈선조실록〉(1592. 5. 20.)―

비변사는 6조의 당상관으로 구성된 기구이므로 사실상 전 조정 차원의 확대 조정회의가 열렸다.

「윤두수(좌의정): "한응인(韓應寅)은 10일에 나갔고 정예병들도 잇따라 갔는데 지금 들으니 18일에 강을 건넌다고 합니다. 오늘 중으로 거사할 것이라는 것과, 동편에서 왜놈을 사로잡은 일을 도원수(임진나루의 金命元)가 이미 알고 있으니 사기가 반드시 오를 것이며 성공할 가능성도 있습니다."」

－〈선조실록〉(1592. 5. 20.)－

윤두수는 조선군의 작전이 성공할 것으로 보고 있다. 하지만 윤두수는 한성과 경기도 일대 왜군들의 병력이 얼마인지 모르고 있었으니 임금에게 '듣기 좋은 말'만 한 것이 된다. 반면, 율곡이 선조에게 올린 〈만언봉사〉 상소문은 '듣기 좋은 말'이 아닌 '들어야 할 말'이었다.

「선조: "성공할지 못할지는 미리 알 수 없는 것이다. 다시 조처할 일은 없는가? 군량은 어떻게 하고 있는가? 이 싸움은 2~3일에 결판날 것이 아닌데 여러 날이 걸리는 지구전이 된다면 군량을 빨리 조처해야 한다. 임진의 군사 수는 얼마나 되는가?

윤두수: 1만여 명 됩니다."」 －〈선조실록〉(1592. 5. 20.)－

선조가 윤두수보다는 생각이 더 깊다. 그러나 선조 역시 왜군의 규모를 몰랐다. 알았다면 겁에 질린 반응을 보였을 것이다.

「선조: "남쪽 지방 병사들의 소식은 아직 듣지 못했는가?

윤두수: 장계를 갖고 온 영광(靈光) 사람의 말에 의하면, 금산(金山)에서 곽영(郭嶸)이 왜적을 사로잡았다고 합니다.

선조: 남쪽 병사들 중에 나를 호위할 군사(勤王軍)들은 오지 않았는가?

윤두수: 오늘 아니면 내일 올 것입니다.

선조: 그것을 어떻게 믿을 수 있느냐?

윤두수: 심대(沈岱)가 목전의 위급함을 보고 갔으니 아마도 독
촉해서 오게 할 것입니다."」   -〈선조실록〉(1592. 5. 20.)-

심대가 떠난 날은 5월 초 행재소가 개성에 있을 때이다. 그가 왕명을 전했다고 해서 근왕군이 곧바로 출동을 하고, 또 10만의 왜군이 한성과 수원·파주·양주 등지에 분산 주둔하고 있는 상황에서 임진강으로 달려온다는 설명이므로 현실을 도외시한 시문놀이의 시상(詩想) 속에서나 있을 수 있는 얘기들이다.

「선조: "금곡창(金谷倉)은 어디에 있는가?
최흥원(영의정): 강음(江陰)에 있으며 언제나 전세(田稅)를 보관하고 있는데 현재 있는 것은 2천 섬이라고 합니다. 날짜를 따져 보면 어제 오늘 사이에 틀림없이 거사했을 터이니 이로부터 탕평이 되면 다행이겠습니다."」
   -〈선조실록〉(1592. 5. 20.)-

영의정 최흥원도 이길 것으로 낙관하고 있다.

「유홍(우의정): "온갖 고생을 하며 떠도는 일은 어느 왕조인들 없었겠습니까. 모름지기 회복하실 생각을 가지고 성체를 보존하시기 바랍니다. 성체가 불안하면 신하와 백성들이 어디에 의지하겠습니까. 요즘 수라를 드시는 일이 전일만 못하다고 하니 신하와 백성들로서 그 누가 우려하지 않겠습니까. 이곳 장수와 군사들은 다 비분강개해 하는 마음이 있으니 전하께서는 지나치게 걱정하지 마시기 바랍니다."」
   -〈선조실록〉(1592. 5. 20.)-

우의정 유홍도 낙관론에 젖어 있다. 그러나 이 같은 아부성 낙관론은 조선왕국을 계속 위기로 몰아넣었다.

당시 대신들의 나이는 윤두수(60세), 유홍(68세), 최흥원(60대)로서 고니시(小西行長: 35세), 구로다(黑田長政: 24세), 가토(加藤淸正: 30세) 등 왜군 사령관들과는 연령적으로도 대조를 이루었다.

「선조: "남쪽의 군사(勤王軍)들이 오면 좋겠다.
최흥원(영의정): 양주(楊州) 싸움에서 군사들의 사기가 좋아졌습니다.
선조: 그것은 (왜군의) 패잔병들이었기 때문이겠지.
(모두들): 패잔병이라 하더라도 사기는 크게 떨쳤습니다."」
−〈선조실록〉(1592. 5. 20.)−

선조가 '남쪽의 군사(근왕군)들이 오면 좋겠다'고 했는데, 최흥원도 윤두수와 같은 의견이었는지 답변을 피했고, 대신에 '양주 싸움(인천부사의 싸움)으로 사기가 높아졌다'고 했다. 선조는 '그것은 왜군 패잔병을 상대한 것이기 때문'이라며 평가절하했다.

그러자 모두들 '사기가 크게 떨쳤습니다'라며 이구동성으로 말했다. 60대 3정승의 낙관론을 거스를 수 없었기에 모두가 동조한 것인가, 아니면 모두들 진심으로 낙관하고 있었을까?

한편, 영의정 최흥원은 인천부사가 3개의 수급을 베고, 당상관에 임명되었기 때문에 임진강의 조선군 사기가 높아졌을 것이라고 했다. 그러나 60개의 수급을 베고도 죽임을 당하는 신각의 사건이 가져온 현지 부대의 충격과 사기 저하에 대해서는 말이 없다.

'모두가 말한' 것을 보면 모두가 아부하고 있음인데, 이 같은 공론을 선조는 여론몰이 하듯 형성시켜 가고 있었다. 선조는 이 같은 여론몰이에 능했는데, 뒷날 이순신을 실각시키고 원균을 통제사로 삼을 때에도 이러한 여론몰이 과정을 밟았으며, 그때 여론몰이에 앞장섰던 사람이 윤두수와 김응남이다.

「선조: "한응인이 남쪽 지방의 군사를 기다리지 않고 들어간다면 고립될 것 같다.
윤두수: 반드시 형편을 살펴보고 들어갈 것입니다."」
-〈선조실록〉(1592. 5. 20.)-

'반드시 형편을 살펴보고' 들어간다고 했지만, 현장에서는 '남쪽 군사'의 소식은 없었고, 강변 군사들에게 밥도 먹이지 않고 돌격시켰다.

「김응남: "사기가 크게 떨쳤으니 이것은 아주 다행한 일입니다."」   -〈선조실록〉(1592. 5. 20.)-

이날은 군사작전에 관한 확대 어전회의였기에 3정승 다음으로 병조판서 김응남이 발언했는데, 그 역시 아부성 낙관론이다.

「심충겸(부제학): "적은 궁지에 몰려 죽을 지경이 되면 칼을 버리고 항복하겠다고 한답니다."」
-〈선조실록〉(1592. 5. 20.)-

물론 '궁지에 몰려 죽을 지경이 되면 칼을 버리고 항복하겠다'고 애걸하는 왜병들도 있었을 것이다. 그러나 조선군은 궁지에 몰려 죽을 지경이 되기는 고사하고 조총소리만 듣고도 도망을 쳤는데, 심충겸은 임금의 비위를 맞추느라 조선군의 약점은 거론치 않고 왜군들의 약점만 거론했다.

> 「선조: "왜적들의 성질이란 그렇지 않다. 항복하겠다고 애걸한다는 말은 믿을 수 없다. 군량에 대한 조치가 미진하면 다시 의논하여 보고하도록 하라. 오늘날 이보다 더 큰 문제는 없다. 임진에 있던 군사들은 이미 강을 건너갔는가?
> 이성중: 장계를 가지고 온 사람의 말에 의하면 이미 강을 건너갔다고 합니다.
> 선조: 얕은 여울목도 다 지키고 있는가? 어제 듣기로는 징파(澄波) 나루에는 지키는 사람이 하나도 없어서 몹시 허술하다고 하였다."」 　　　　　-〈선조실록〉(1592. 5. 20.)-

선조는 '항복하겠다고 애걸한다는 말은 믿을 수 없다'고 하였는데, 심충겸 등의 속 보이는 발언을 못마땅해 한 것이다.

'징파 나루(澄波渡)에는 지키는 사람이 하나도 없다'고 하였는데, 선조가 보기에도 임진강 하류에서 연천까지 1백여 리를 1만5천 명으로는 막을 수 없을 것 같았다. 이런 이유로 선조는 임진강에서 5월 17일에 있은 야간의 기습돌격전을 희망한 것 같다(이로부터 1개월 후 선조는 평양성을 빠져나갈 때에도 어명으로 야간 기습돌격전을 내렸고, 동대원 기습전이 있게 된다).

> 「이덕형: "우리가 밤낮으로 바라는 것은 남쪽 군사들이 오는 것입니다.
> 선조: 나 또한 늘 하는 말이 그것이다.
> 노직: 심대가 신에게 보낸 편지에서는 길이 막혀서 전진하기가

매우 어렵다고 하였습니다."」

－〈선조실록〉(1592. 5. 20.)－

길이 막힌 것은 비 때문인 것 같고, '전진'하고 있는 군대는 충청·전라·경상도 군사들이 전주와 공주 등지에 집결하기 시작했음이다. 이들 군대는 그 후 5월 28일~6월 5일 용인에서 패전했으므로 그날의 '남쪽 군사 논의'는 부질없는 것이 되고 말았다.

4. 임진강전투

「이양원은 이일·신각·김우고(金友皐) 등과 함께 대탄(大灘)에 있었고 한응인과 김명원은 권징(權徵)·신할·이빈(李蘋)·이천(李薦)·유극량(劉克良)·변기(邊璣) 등과 함께 임진에 있었는데, 5월 18일에 싸우기로 약속이 되어 있었다.

이때 군사들 중에서 어떤 사람이 건의하기를 "우리 군사가 비록 수는 많지만 모두가 지치고 약해서 믿을 것이라고는 강변 고을들의 지방 군사들뿐인데, 그들도 먼 길을 오느라 지쳐 있다. 2~3일 늦추어 쉬면서 힘을 모으고 사기를 북돋아 주어야만 일을 치를 수 있다."고 하였으나, 그 건의는 받아들여지지 않고 17일에 밤을 타고 강을 건넜다. 좌위장 이천(李薦)이 강 상류에서 적을 만나 패하였고, 유극량은 죽었으며, 신할도 적들 속에 빠져버렸다. 왜적은 강 하류로부터 은밀히 행군하여 강을 건넜다.」

－〈선조실록〉(1592. 5. 23.)－

'우리 군사가 비록 수는 많지만' 이라 하였는데, 왜군 선봉 5만 군 (고니시군 2만, 구로다군 1만, 가토군 2만)이기에 조선군 1만 5천은 3:1의 열세이다. 이 같은 열세의 경우라면 튼튼한 성에서 수성전(守城戰)으로 버텨야 옳았지만, 그 지역에는 고구려 옛 성의 주춧돌만 남아 있을 뿐이었다.

그렇다면 뒷날 행주대첩에서처럼 야산에 목책을 쌓고 그 안에서 화약무기로 수비하는 것이 차선책이었다. 만약 그렇게 했다면 임진왜란은 그때부터 반전의 계기를 맞았을지도 모른다. 하지만 현지에서나 조정에서나 강변군사 3천 5백이면 왜군을 감당해낼 것으로 믿었고, 더구나 화약무기에 대해서는 아무도 얘기하는 이가 없었다.

결국 5월 17일 야간 기습돌격전을 감행해서 패전했고, 무장들은 큰 피해를 입었으며, 문신들은 강 건너에서 불구경하듯 전투를 지켜봤다.

'왜적은 강 하류로부터 은밀히 행군하여 강을 건넜다' 고 한다면, 조정은 왜군이 임진강 돌파→평양성→요동반도로 향할 것을 예상하고 그에 대한 대비도 하고 있었어야 했다. 그러나 아래의 내용을 보면 비변사에서는 가벼운 패전을 입은 것으로 알고 있는데, 앞에서 본 '적이 하류로부터 강을 건넜다' 는 보고는 훗날 사관이 기록한 것 같다.

왜군들은 평양성으로, 조선군은 한성으로 가는 '이상한 전략'

「비변사에서 건의하였다.

"이제 듣건대, 도검찰사(박충간) 관할 하에 있는 여러 장수들이 거느린 군사들이 패하여 흩어졌다 모였다 하여 확고한 세력이 되지 못하는데다가 험한 산길의 요충지에 자리 잡고 있으니, 비록 용맹한 장수를 시켜 머물러 지키게 하더라도 정예병이 없다면 어떻게 힘을 쓸 수 있겠습니까. 어제 지시하시기를, 강변의 지방 군사들은 행재소를 떠날 수 없다고 하셨으니 신들이 감히 다시 무슨 청을 드릴 수 있겠습니까. 하지만 양주의 형세가 지금 매우 위급하니 지방 군사 3백 명 중에서 1백 명만 들여보내어 군사를 보충해 주고 도중에 머물러 있는 본 도의 지방 군사 2백 명은 도착하기를 기다려서 그들 전부가 행재소를 호위하게 하는 것이 합당할 것 같습니다. 그래서 감히 말씀드립니다.

충청·전라 두 도의 군사들이 며칠 안으로 도성에 들어가게 되면 도검찰사(박충간)·도원수(김명원)·도순찰사(한응인)가 서로 연락하여 날짜를 정하여 거사해야 할 것입니다. 그런데 검찰사가 거느린 군대가 약하니 남쪽 지방의 군사들을 나누어 한성 동쪽 방면으로 들여보내서 검찰사의 군사와 합력해서 진격하도록 지시하는 글을 내려 보내는 것이 어떻겠습니까?"

임금이 그 의견을 따랐다.」　　-〈선조실록〉(1592. 5. 23.)-

〈징비록〉을 보면 유극량과 신할 등이 전사한 날 임진강의 조선군은 심각한 타격을 입었는데, 위의 비변사의 보고는 경미한 피해로 되어 있다. 그리고 남군과 합세해서 한성을 수복한다는 전략은 여전히 추진되고 있다.

전략의 내용은 남쪽은 근왕군의 일부를 한성의 동쪽 길로 우회시켜 임진강 상류에 있는 대탄에서 합류한 후 북쪽으로부터 한성의 왜군을 압박한다는 것이다. 그러나 10만의 왜군이 한성과 경기도에 주둔하고 있었기에 동쪽 길로는 대탄으로 갈 수도 없거니와 대탄에 있는 함경도의 이빈 군과 순변사 이일의 군사는 가토의 2만 군에게 이미 패퇴해 도망다니고 있었다.

한편, 고니시-구로다의 3만 군은 주야로 달려서 평양으로 다가오고 있었기 때문에 '조선군은 한성으로 향하고, 왜군들은 평양으로 향하는 이상한 작전'이 추진되고 있었다.

산 속에 숨어 있는 조선군 사령부

「비변사에서 건의하였다.

"도원수와 도순검사가 올린 장계를 보니, 순전히 임진 나루터에서 패한 것 때문에 제각기 미안한 생각을 갖고 애써 싸운 여러 사람들의 공로에 대한 말은 감히 꺼내지도 못하고, 싸움에서 노획한 물건들은 보관해둔 채 기다리고 있다고 하였습니다. 전번에 이미 더 채찍질하고 분발하라는 내용으로 글을 내려 보냈으니, 지금 한창 적과 대치하고 있는 때에 작은 과오는 무시하고 하찮은 공로라도 평가해 주는 것이 무엇보다 급한 일입니다. 적을 쏘아 죽였거나 목을 벤 사람과 적의 안장이나 말을 빼앗은 사람들의 성명을 일일이 적고 등급을 매겨 급보를 올리도록 하라는 지시의 글을 내려 보내는 것이 어떻겠습니까."」

-〈선조실록〉(1592. 5. 23.)

도원수 김명원 등은 패전 후 어느 산골 험지로 퇴각해서 그곳에 진치고 있으면서 '미안하다'는 장계를 올렸다. 결과적으로 보면 임진강 방어선은 무너졌고, 조선군은 일부 패잔병을 수습해서 평양으로 가는 어느 길목을 지키고 있었다.

이에 반해 왜군 측은 패잔병이 된 조선군은 차츰 손보기로 하고, 평안도와 함경도로 파죽지세로 북상해 갔다.

5. 구원의 빛이 된 〈옥포파왜병장〉

「전라수사 이순신은 수군을 동원하여 타도까지 깊이 들어가 왜적의 배 40여 척을 들이받아 깨뜨리고(撞破) 왜적의 머리 2개를 베었으며 왜적들이 약탈해갔던 물건도 수없이 많이 도로 빼앗아 왔다.

비변사에서 표창을 하자고 청하니 임금이 품계를 올려주라고 지시하였다.」 -〈선조실록〉(1592. 5. 23.)-

〈징비록〉을 포함한 여러 기록에는 조정은 〈옥포파왜병장〉을 받고 처음 받아보는 승첩의 장계인지라 임금 이하 모두가 통곡했다고 한다. 〈선조실록〉을 보면 〈옥포파왜병장〉의 영향으로 확대 어전회의가 열렸고, 여러 가지 변화의 조짐도 엿볼 수 있다.

「임금이 대신들을 불러들여 만나보았다.
(*참석자 명단: 최흥원(崔興源), 윤두수(尹斗壽), 우찬성 최황(崔滉), 예조판서 윤근수(尹根壽), 호조판서 한준(韓準), 병조판서 김응남(金應南), 대사헌 이항복(李恒福), 동지 이성중(李誠中), 부제학 심충겸(沈忠謙), 대사간 정곤수(鄭崑壽), 동지 이덕형(李德馨), 병조참판 이정립(李挺立), 참의 황섬(黃暹), 참지 정사위(鄭士偉), 승지 유근(柳根), 주서 박정현(朴鼎賢), 가주서 한우신(韓禹臣), 한림 김선여(金善餘)·김의원(金義元))

선조: "적과의 싸움이 어떻게 되어 가는가?
최흥원: 임진강 전투에서 패한 뒤로 군졸들이 흩어져 도망했으며 지방병 5백 명은 아예 참전도 하지 않았습니다. 신할(申硈)의 군졸들도 다시 많이 모였고 나머지 군졸들도 모이고 있는데, 다시 거사한다고 합니다. 함경남도 병마사도 당연히 올 것이며 먼저 보낸 3천5백 명(강변군, 평안도군)은 최고의 정예병입니다. 임진강 전투에서 패한 군졸이 아직 다 모이지는 않았지만 어찌 그들이 다 죽었겠습니까. 유극량과 김여율(金汝嵂)은 간 곳을 알 수 없다고 합니다."」

-〈선조실록〉(1592. 5. 23.)-

임진강 패전 후 흩어지고 도망간 군사들을 모아서 다시 한성 수복에 나설 것으로 낙관하고 있다. 낙관론이 임금과 조정의 대세이기도 하고, 최흥원은 군사학에 맹(盲)한지라 조선군이 궁지에 몰리고 있음을 꿰뚫어 보지 못했다.

유극량과 김여율 등은 임진강을 건너 20~30리까지 돌격해 들어가서 전사했고, 김명원·한응인·박충간 등 문신들은 임진강 북쪽에서 기다리고 있었기에 유극량과 김여율 등이 행방불명되었다는 정도로 보고해온 것이다.

「윤두수: "형편을 보니 싸움이 잘 풀리지 않을 것 같은데 군량 문제가 매우 어렵겠습니다. 듣기로는 재령의 둔전에 저장된 곡식이 2만 섬 있다고 하니 쓸 수 있을 것입니다.
최흥원: 금곡창의 곡식은 지금 쓰고 있고 아산창(牙山倉)의 곡식도 실어오려 했는데 도로가 막혀서 이제야 비로소 군사들을 뽑아서 실어오기로 했습니다."」

-〈선조실록〉(1592. 5. 23)

임진강의 조선군은 이미 흩어지고 없는데 군량미 걱정을 하고 있다.

왜군은 칼, 조선군은 활

「윤두수: "충청감사가 올린 장계를 보니 적들이 향하는 곳마다 바람에 풀 눕듯이 한다는데, 이것은 태평세월이 오래 계속되어 백성들이 전란이라고는 몰랐던 탓입니다. 전라도의 경우에는 을묘년 변란을 겪었기 때문에 싸워보려는 배짱이 있어서 다른 곳의 군사들과는 다릅니다.
최황: 군사들에게는 제각기 장기(長技)가 있습니다. 왜적은 칼을 잘 쓰고 우리는 활을 잘 쏘는데, 장기인 말을 타고 활을 쏘는 방식으로 하지 않고 지친 군졸만을 먼저 내보냈다가 한 번 무너지고 나면 맹장(猛將)들마저도 패합니다. 또 우리는 척후를 내보내지 않기 때문에 매번 적의 복병에게 당하여 패합니다."」
  －〈선조실록〉(1592. 5. 23.)－

윤두수의 말은 한 나라의 재상으로서는 도저히 할 수 없는 수준의 말이다. 정치지도자의 임무는 태평세월에도 유비(有備)하는 데 있는 것인데, 우환이 생기자 이를 백성들의 탓으로 돌리고 있다.

이순신은 활, 대포 등 사격전과 척후전에서의 우세로 승리하고 있었던 반면, 임진강에서는 사격전과 척후전도 없이 무모한 돌격전을 감행하여 왜군의 장기인 칼싸움이 100% 발휘되게 했다. 최항의 발언에는 중요한 내용이 들어 있다.

「최흥원: "이혼(李渾: 함경남도 병사)의 군사도 꼭 모일 것인데 지금 제일 우려되는 것은 군량입니다. 개성에 있는 쌀 4백여 섬과 적전(籍田)의 곡식 1천여 섬은 다 쓸 수 있습니다. 금곡 창에도 2천여 섬이 있으나 날라 오기가 어렵습니다. 삼강(三江: 한강, 용산강, 마포강)의 사람들이 배를 많이 모아 놓았기에 어제 윤담(尹湛)을 보내어 그것들을 가져오게 하였습니다.
선조: 적들이 그 배를 빼앗으면 어떻게 할 것인가?"」
－〈선조실록〉(1592. 5. 23.)－

이혼의 2차 증원군 3천은 함경도에서 임진강으로 오던 중에 가토 군이 철령→함경도로 진격해 갈 때 맞섰다가 패퇴했다. 그래서 최흥원의 기대는 이루어지지 않았다.

강화도로 피난 온 배들이 관심의 대상이다. 그러나 화약무기로 무장시킨 전투선단을 만들어 임진강과 대동강을 막아선다는 구상은 아직 보이지 않는다.

'해군형 의병'의 등장

「최흥원: "피난 가는 사람들은 자기들의 처자들을 배에 싣고 있으니 틀림없이 있는 힘을 다해 지켜낼 것입니다
윤두수: 어제 임진에서 얻은 지도를 보았는데 강화·교동 등지의 물길의 거리를 일일이 다 적어서 왜적에게 준 것이었습니다. 인심이 이 모양이니 통분하기 짝이 없습니다."」
－〈선조실록〉(1592. 5. 23)－

최흥원의 발언에서 '수군형의 내 고장 지키는 의병들'의 탄생 가능성이 엿보인다. 또 윤두수의 발언을 통해서는 강화도·교동 등지가 중요시될 것임을 알아볼 수 있다.

수수께끼의 사나이 경기수사

「선조: "바다 길목에는 다 척후를 내보냈는가?
최흥원: 경기 수사가 책임져야 할 일인데 수사가 도망쳤습니다. 그래서 다시 임명해 보냈습니다.
선조: 경기 수사가 정말로 도망쳤는가?
최흥원: 군사 1천 5백 명을 데리고 도망쳤다고 하지만 그럴 리가 없을 것 같습니다. 그러나 아직 정확히 알 수는 없습니다.
한준: 신도 길에서 들었는데, 수사는 군사가 패하자 강원도로 향했다고 하였습니다."」   -〈선조실록〉(1592. 5. 23.)-

경기수사에 대한 논의가 처음 나왔는데 누군지 이름도 없다. '다시 임명해 보냈다'고 했는데, 방치해 오다가 〈옥포파왜병장〉으로 수군에 관심이 집중되자 허겁지겁 어느 누구인가를 경기수사직에 임명했다.

경기수사도 임금이 발병부(發兵符)를 내리는 중요 직책이다. 군사 1천5백 명으로 하여금 조선식 화약무기를 준비케 하고, 어선과 상선들을 징발하여 전투선단을 꾸민 후 임진강을 막아섰다면 임진강은 쉽게 돌파당하지 않았을 것이다. 또 돌파되었다 하더라도 왜군들은 심한 타격을 받아 '세력이 약해진 태풍'이 되었을 것이다.

'강원도로 향했다'고 하는데, 천험의 피난지인 강화도를 버리고 왜 강원도로 갔는지 이해하기 어렵다. 더구나 김포·제물포·인천에는 왜군들이 들어오지도 않았는데 도망을 갔다니 더욱 수수께끼 같다. 군사 1천5백 명은 단지 장부상의 숫자가 아니었을까?

김명원이 4월 29일 도원수 임명을 받고 인천과 강화도에 전령을 보내 '장병들을 이끌고 달려오라!' 고 했다면 인천부사 등은 관아의 병사·병선들을 이끌고 달려왔을 것이다. 그러나 경기수사가 소수의 병선들을 이끌고 마포에 왔을 때에는 모두가 임진강 쪽으로 철수한 후였고, 또 왜군들이 서해를 돌아 강화도로 올 것을 예상해서 강원도 산속으로 도망간 것으로 보인다.

그런데 강화도로 올 것으로 예상했던 왜선단은 오지 않고 그 대신 〈옥포파왜병장〉이 도착했다.

영의정·좌의정·우참찬 등 품계에 따라 발언이 끝나자 다음 판서들의 발언으로 이어졌다.

「김응남: "어제 윤선각(尹先覺)의 장계를 보니 청주에도 적이 있다고 하였습니다."
이덕형: "어제 심대(沈岱)를 만났더니, 청주뿐 아니라 오는 길 (새재-충주-용인-한성)에는 전부 적이 머물러 있다고 했습니다."」 −〈선조실록〉(1592. 5. 23.)−

왜군들은 충청도를 영지화 하는 한편, 충청도 내 왜군의 보급로를 지키고 있었다. 윤선각은 이 같은 왜군들을 두고서는 근왕군을 거느리고 한성을 탈환하기 어려운 상황이었다. 그러니 그간 조정의 남군에 대한 기대는 '시문놀이 같은 기대'였다.

「윤두수: "자세히 알 수는 없으나 적들이 파주와 양주를 서로 왕래한다고 했습니다. 또 김명원의 장계를 보니, 적장을 사로 잡은 것은 분명한데 싸움에서 패했기 때문에 감히 공로를 말하지 못하고 있었습니다.

최흥원: 양주에 있는 적들이 이미 다 분탕질을 했을 것이라 여겼는데 공사(公私) 창고가 아직도 남아 있다고 합니다."」

-〈선조실록〉(1592. 5. 23.)-

경기도의 왜군도 파악되고 있으나, 그 규모나 전술 전략적인 목표는 제대로 모르고 있었기에 여전히 '장님 코끼리 만지기' 같다.

빗나가는 비변사의 예상

「비변사에서 건의하였다.

"전하를 호위할 남쪽 지방의 군사들이 며칠 안으로 반드시 도착할 터인데, 그들이 행조(行朝)의 소식과 적군의 동정을 전혀 모르게 되면, 군사들은 팔을 걷어 부치고 나서야 할지 말아야 할지를 잘 모를 수밖에 없을 것입니다.

이번에 마침 윤승훈(尹承勳)이 무유어사(撫諭御史)로 내려가게 되었으니, 그에게 큰 군사가 주둔하고 있는 영내로 급히 달려가서 지금 조정에서 밤낮으로 기다리고 있다는 뜻을 직접 전하게 하고, 또 그들의 노고를 위로함은 물론, 최근에 들은 적의 동정을 알려주어 군사들의 마음을 단단히 붙들어서 제때에 나라를 회복해야 한다고 말해주도록 단단히 일러 보내는 것이 어떻겠습니까?"」

-〈선조실록〉(1592. 5. 24)-

비변사는 패잔병이 된 조선군을 임진강 북쪽에 숨겨두고 남쪽의 근왕군 출동을 계속 독촉했다. 그러나 고니시-구로다 군은 황해도의 평산→봉산→황주→평양으로 다가오고 있었다.

「임금이 말했다. "그래야 한다. 다만 왜적들은 화살은 무서워하지만 창을 쓰거나 방패를 쓰는 군사는 업신여긴다. 이 때문에 지금까지 군사들이 패했다는 것을 병사들에게 말해주도록 하라."」 -〈선조실록〉(1592. 5. 24)-

우찬성 최황이 지적한 '왜적은 칼, 조선은 활' 에 관한 방법론이 차츰 확산되어 가는 분위기다. 늦어도 너무 늦었다.

「사헌부와 사간원에서 건의하였다.
"변란이 터진 뒤로는 오로지 고식책만 쓰다가 요즘에 와서야 무관을 특별히 파견하여 경성 안팎에 방문(榜文)을 붙이게 한 것은 특별한 뜻이 있어서 그랬던 것인데, 지시를 받은 사람이 겁을 먹고 들어가지 못하고 겨우 임진강 건너편 양주까지만 갔다가 되돌아 왔습니다. 임금의 지시를 내버린 죄가 크니 도총도사(都摠都事) 김계현(金繼賢)과 선전관 이호의(李好誼)에게 모두 법 조문대로 죄를 주기 바랍니다."
임금이 대답하였다. "형편이 그랬다면 어떻게 일률적으로 문책할 수 있겠는가. 비변사에 물어보도록 하라."」
-〈선조실록〉(1592. 5. 24.)-

도성 안에 방문을 붙이려는 등 여러 가지 전술·전략적인 방법이 동원되었어야 했지만, 이 무렵 3만의 왜군이 봉산을 지나 황주로 향하고 있음을 놓치고 있었다.

평안도 각 관아의 병사들은 굶었다

「본도 도순찰사 이원익이 급히 건의하였다.

"각 고을에서 군사들을 불러다 모아놓고 기다린 지가 이미 오래되었고, 각 고을들에서 식량을 공급하게 하는데, 길이 너무 멀어서 굶는 사람이 많습니다. 비변사에서 강변 고을들의 지방 군사들에게는 술과 고기와 무명을 주어 잘 돌보아주는 뜻을 보여야 한다고 하면서도 유독 안쪽 지대의 군사들에 대해서는 강 건너 불 보듯 하고 있습니다. 호조로 하여금 조세(田稅)나 창고에 저축된 쌀과 콩을 나누어주도록 하기 바랍니다."

임금이 그 의견을 따랐다.」   -〈선조실록〉(1592. 5. 25.)-

임진강의 패잔병에게는 술·고기·무명을 주었는데, 후방 관아에 대기 중인 군사들에 대해서는 '강 건너 불구경 하듯' 하는 대접을 하였다. 식량문제는 '창고에 저축된 쌀과 콩'으로 해결했지만, 이들 군사들을 평양성에 집결시키지 않고 '길이 먼 고을'들에 분산시켜 두었기에 6월 초 왜군이 평양성 건너편 동대원에 도착했다는 소식을 듣자 모두 도망갔다. 임진강의 조선군은 뒤늦게 고니시-구로다 군이 평양으로 향했음을 알고 김명원·한응인·이일 등은 각기 1백여 명의 선발대를 이끌고 평양으로 달려왔고, 지휘부가 없는 임진강의 조선군은 뿔뿔이 흩어지고 말았다.

왜군들에게서 노획한 조선의 해로도(海路圖)

「비변사에서 건의하였다.

"신들이 왜인들의 해로(海路) 지도를 얻어 보니, 그 지형이나 지세가 매우 상세하게 되어 있었습니다. 이는 틀림없이 우리나라의 간사한 정탐꾼들이 적과 공모하여 만든 것입니다. 이제 얼마 안 있으면 남쪽 지방의 군사들이 한강을 건너게 될 텐데, 이런 형편을 알고 정예 병사들을 따로 뽑아 방어하게 하는 것이 좋을 듯합니다.

도원수가 전날 임진을 지켜낸 공이 작지 않고 그 덕을 본 것도 적지 않으니 죄에 대한 처분을 기다리지 말고 종전대로 막아 지키게 하고, 도순찰사(韓應仁)도 그곳을 함부로 떠나게 해서는 안 되겠습니다. 만약 강 하류에 급변이 생길 경우에는 장수를 따로 정하여 군사를 나누어 주어 상황에 맞게 방어하게 해야 할 것입니다.

그러나 모든 대응책을 먼 곳에 앉아서 헤아리기는 어려우니 적의 상황을 보아서 처리하라는 뜻으로 두 장수에게 함께 글을 내려 보내어 지시하기 바랍니다."」

-〈선조실록〉(1592. 5. 25.)-

비변사에서는 왜군으로부터 노획한 해로도를 남쪽 지방의 군사들이 한강을 건널 때 활용하자고 했지만, 조정에는 그 같은 지도가 없었다. 또 고니시-구로다 군이 평양성에 가까이 오고 있음도 눈치 채지 못하고 있다.

6. 평양성 수비를 장담한 3정승

「임금이 지시하였다. "이곳 군사의 수가 점점 줄어가니 다시 조치를 취하도록 하라."

비변사에서 회답 보고하였다. "곧 감사·병사와 더불어 의논하였습니다. 각 고을의 잡류군(雜類軍)이 지금 막 모여들었고, 지난 3~4월에 번을 마친(下番) 군사들에게도 통지하여 나오게 하였습니다. 각 사찰의 승군도 5~6백 명이 되고 고을 수령들에게도 직속 군사가 2백여 명씩 있으니, 원래의 군사 4천 명 외에 이런 군사의 수도 적어도 몇 천 명은 됩니다."

임금이 대답하였다. "보고한 대로 하라."」

-〈선조실록〉(1592. 5. 27.)-

평양성에 4천 명, 그리고 승군과 각 관아의 직속 군사들의 수도 수천 명 있다고 했으나, 막상 왜군이 동대원에 나타났다는 소식을 듣자 각 고을 관아 소속 군사 등 수천 명은 평양성으로의 집결은 엄두도 내지 못하고 도망쳤다.

비변사의 우두머리는 최흥원, 윤두수, 유홍 등 3정승이었다.

선조의 건강도 걱정거리

「약방 제조(提調) 윤두수, 부제조 정탁, 이충원(李忠元)이 건의하였다.

"지금은 보통 때와 비교조차 할 수 없는데도 전하께서는 오랫동안 정사를 보러 나오시지 못하므로 모든 신하들은 안타까워하고 있습니다. 그런데도 이처럼 굳이 거절하시니 신들은 의원들과 함께 들어가 모시려 합니다."
임금이 허락하지 않고 도제조만 들어오게 하였다.」
-〈선조실록〉(1592. 5. 28.)-

임금은 지쳐 있었고 또 지병도 있었기에 걱정이었다.

「비변사에서 건의하였다.
"대탄(大灘)을 방비하는 문제가 지금 가장 중요한데, 군사를 보충하고 군량을 나르고 무기를 공급하는 일 등을 전적으로 강원감사에게 의지하고 있습니다. 감사가 검찰사가 있는 곳에서 떠나지 않고 더욱 더 힘을 다하여 조치를 취하라는 뜻으로 본도 감사와 도검찰사에게 지시를 내려 보내기 바랍니다."
임금이 그 의견을 따랐다.」 -〈선조실록〉(1592. 5. 28.)-

임진강 방어선은 이미 무너졌는데 아직도 연연해하고 있다.

「또 도원수와 도순찰사에게 지시를 내려 여러 장수들이 협력해서 일제히 진격함으로써 적을 무찌르게 하자고 청하였더니 건의한대로 하게 하였다.」 -〈선조실록〉(1592. 5. 28.)-

계속 한성으로 진격하려 하고 있다. 선조와 조정은 이때까지도 '왜군들아! 평양으로 올 테면 와라! 우리는 한성으로 간다!' 는 이상한 전략을 유지하였다.

임금님은 밤에 편히 주무신다

「대신과 약방(藥房)과 정원(政院)에서 문안을 드리니, "평안하다."고 대답하였다. 약방이 세자(광해군)에게 임금의 건강이 지금은 어떠하시냐고 물으니, "세 차례 수라를 드셨고 밤에는 편안히 주무신다."고 대답하였다.」

－〈선조실록〉(1592. 5. 29.)－

평양성에서 '편안히 주무실 날'도 2~3일 밖에 남지 않았다.

박충간에 대한 느림보 문책

「사헌부와 사간원에서 건의하였다.

"적의 군사가 물러가지 않아 군사와 나라의 모든 일들은 크건 작건 간에 모두 급합니다. 그런데 요즘 지시를 받아 내리거나 의견을 받아 올리는(出納) 과정에서 제 기일보다 지체시킨다는 비난이 있습니다. 의주에서 올린 보고서를 어제 비준하여 내려 보냈으면 응당 제때에 해당 부서(曹)에 내려 보내야 할 것인데 오늘 해가 저물어서야 비로소 내려 보냈으니 태만하여 직책에 충실하지 못함이 심합니다. 도승지를 파면하여 다른 사람들까지 경계하도록 하시기 바랍니다.

전(前) 판서 박충간(朴忠侃)은 자신이 중책을 맡은 몸으로서 적들이 지경 안에 들어오기도 전에 먼저 도망쳐 와서는 황당한 말을 꾸며내서 전하를 혼란시켰습니다. 또 고을을 버리고 멀리 도망쳐온 아들을 버젓이 부하 관리(幕僚)라고 불렀습니다.

　충간의 아들 치홍(致弘)은 마전(麻田) 군수로 있다가 고을을 버리고 도망쳤으므로 그것만도 놀라운 일인데, 충간은 자신이 원수(元帥)의 군중에 있게 되자 큰 강이 가로막힌 멀리에서 적의 선봉을 바라보고는 허둥대며 안장도 없는 말의 맨 잔등에 올라타고 놀라고 겁에 질린 채 고함을 쳐서 새로 모집해온 군사들이 그 바람에 다 흩어지게 만들었습니다. 그가 지금까지 범한 죄상은 한두 가지가 아닙니다. 붙잡아다 신문하고 그 죄를 결정하시기 바랍니다."」　　　　　-〈선조실록〉(1592. 5. 29.)-

　군국 經·營에는 신속한 행정처리가 긴요한데, 양사헌부와 사간원에서는 도승지가 박충간에 대한 문책을 느림보로 하고 있다고 탄핵하고 있다. 박충간이 임진강에서 도망간 것은 5월 18일~20일 경인데, 도승지가 아직도 문책을 주청하지 않은 것은 느림보 행정이다.

　도승지는 박충간의 죄를 양사에 급히 알려서 그를 탄핵도 하고, 또 임진강 조선군의 형편도 알려야 했지만, 임금이 박충간을 총애(정여립 사건으로 정난공신 1등에 봉해졌다)하고 있기에 늑장 보고를 한 것이다. 만약 제때 통보했다면 5월 28일에 있은 '왜군은 평양으로! 조선군은 한성으로!'의 이상한 작전은 중단되었을 것이며, 조정에서는 평양성이 위급해지고 있음을 알았을 것이다.

　임금과 도승지는 박충간 등의 임진강 패전을 덮으려고 했지만, 북상하는 왜군들이 황주 근방에까지 다다르자 피난민들의 소식 등을 통해서 임진강에 주둔해 있는 조선군의 건재 여부와 평양성의 안위에 대해 의심하기 시작했다.

수백 척의 선단으로 한성 수복을 계획

「비변사에서 건의하였다.

"난을 피하여 바깥 바다에 모여 있는 경강의 배가 무려 수백여 척이나 됩니다. 이제 만약 그들의 소원을 물어보고 처리하여 그들의 처자들을 안착시켜 주고 장정들만 뽑아내어 우리 군사들과 협력하여 방어에 진력하도록 하고, 또 경성에서 도망쳐온 사람들이 지금 강화·인천·남양·교동 등지에 많이 들어가 있으니 이들을 모집한다면, 건장한 군사들을 얻을 수 있을 것이라고 합니다.

무유어사(撫諭御史) 윤승훈(尹承勳)을 급파하여 형편에 맞게 조처하게 하고, 또 남쪽 병사들이 모여 있는 곳으로 달려가서 행조(行朝)의 소식을 직접 전달하고 그들로 하여금 기일을 정하여 경성을 수복하게 하기 바랍니다."

선조: "그렇게 하라."」　　　－〈선조실록〉(1592. 5. 29.)－

강화도 일대의 '수백여 척'에 이르는 선단이 있음을 확인하고 있다. 그러나 대동강 막아서기에 동원할 생각은 없고, 계속해서 '한성 수복작전'이라는 꿈같은 망상에 사로잡혀 있다.

제11부. 임진왜란은 평양에서 막을 수 있었다

1592년 6월 1일~6월 14일. 이 기간에 조선 제일의 거성인 평양성이 함락되었다. 평양성을 함락시킨 3만의 왜군은 고니시 유키나가(小西行長)와 구로다 나가마사(黑田長政)의 최정예 선봉부대였다.

이들의 기마대는 마음만 먹으면 선조의 피난행렬을 수일 내로 따라붙을 수 있었다. 때문에 선조의 조정은 임진왜란 발발 후 최대의 위기에 직면해 있었다.

반면, 이 무렵 남해안에서는 사천포·당포·당항포·율포해전이 있었는데, 임진왜란 중 가장 극과 극의 현상이 육지와 바다에서 벌어지고 있었다.

1890년경의 대동강 서안(西岸)의 모란봉. 가운데 있는 건물이
모란대이며 평양성 성곽도 보인다. 강 건너편이 동대원이다.

1. 평양성 백성들의 분노

한국일보 1991. 7. 23
〈임진왜란 400주년 특집〉

〈징비록〉은 조정의 한 대신이 쓴 요약형 〈선조실록〉격이다. 요약형인 〈징비록〉을 먼저 살펴보고, 다음 〈선조실록〉을 통해 주요 전략과 전술, 그리고 국가 經·營의 줄거리를 조명해 본다.

「요동 도사(都事: 명나라 요동지구 사령관)가 진무(鎭撫: 특별업무를 위한 직책) 임세록(林世祿)으로 하여금 우리나라로 가서 왜적의 정세를 탐지하게 하였다. 임금께서는 명나라 사자를 대동관에서 접견하였다.

나는 5월에 관직을 파면 당했다가(5월 1일 개성에서) 6월 1일에 다시 복직되었는데, 이날 바로 명나라 장수(唐將)를 접대하라는 명령을 받았다. 이때 요동에서는, 왜적이 우리나라로 쳐들어왔다는 말을 들은 지 얼마 후 또 서울이 함락되고 임금이 서쪽 지방으로 피난하였고 또 왜병이 이미 평양에 이르렀다는 말을 들었으므로, 이를 몹시 의심하여 왜적의 변고가 비록 급하다 하더라도 이토록 빠를 수는 없을 것이라고 생각하였다. 어떤 사람은 "우리나라가 왜적의 앞잡이가 되었다."고도 말하였다.

임세록이 오자 나는 그와 더불어 연광정(鍊光亭)으로 올라가서 그 형세를 살펴보니, 한 왜적이 대동강의 동쪽 숲 사이로부터 잠깐 나타났다가 숨더니, 조금 뒤에는 2, 3명의 왜적이 계속 나와서 앉거나 혹은 서 있는데 그 태도가 태연하고 한가로워 마치 나그네가 길을 가다가 쉬고 있는 모양과 같았다.

나는 임세록에게 그것을 가리켜 보이며 "저것은 왜적의 척후입니다"라고 하니, 임세록은 기둥에 의지하여 바라보고 믿지 않는 기색을 지으면서, "왜적의 군사라면 왜 저렇게 적겠습니까?"라고 하기에, 나는 "왜적은 교묘하고 간사하여 비록 대군이 뒤에 있더라도 먼저 와서 정탐하는 자는 몇 놈에 지나지 않습니다. 만약 그 적은 것을 보고 저들을 가벼이 여기다가는 반드시 왜적의 꾀에 빠지게 되는 것입니다."라고 말했다. 그러자 임세록은 "그렇겠습니다."고 하면서 급히 회답 공문(咨文)을 요구해서 받아 가지고 달려갔다.」　　　　　　　　－〈징비록〉－

유성룡은 명나라 임세록에게 초보적인 수준의 정보를 전달했다. 제대로 된 정보가 되기 위해서는 왜군의 병력, 무장 내용, 군량 사정 등에 관한 언급이 있었어야 했다.

이러한 정보들을 지속적으로 수집할 책임이 있었던 평양감사 송언신(宋言愼)은 평소 대동강에서 기생들과 뱃놀이, 시문놀이만 즐겼는지 그가 정보관리에 힘썼다는 기록은 없다.

「조정에서는 좌의정 윤두수에게, 도원수 김명원과 순찰사 이원익(李元翼) 등에게 명하여 평양을 지키게 하라고 명했다.」
-〈징비록〉-

왜군들이 평양에 나타났다는 소식을 들은 도원수 김명원은 임진강에서 급히 달려오느라 군사들을 데려오지 못했고, 평안도 각 관아의 군사들도 모이지 않아 평양성의 수비군은 고작 3~4천 명에 불과했다. 임진강 방어선에 배치되어 있던 1만여 군사들은 김명원 등 지휘부가 평양성으로 떠나자 곧 뿔뿔이 흩어졌다.

김명원, 이원익, 송언신 등의 문신들이 3, 4천의 병력으로 3만의 정병을 거느린 왜국 제일의 명장 고니시 등을 상대로 수성전(守城戰)을 벌이는 것 자체도 문제지만, 둘레 17km에 큰 성문만 7개나 되는 평양성을 그 정도의 병력으로 지켜낸다는 것 또한 불가능할 정도로 어려운 일이었다.

지키지도 못할 약속을 한 선조

「며칠 전에 성 안 사람들은 임금께서 평양성을 나와 피난을 떠나려 한다는 말을 듣고는 저마다 도망쳐서 흩어져 마을이 거의 텅 비게 되었다. 임금께서는 세자에게 명하여 대동관문으로 나가서 성안의 어른들을 모아놓고 평양성을 굳게 지키겠다는 뜻을 일러주게 하였더니, 어른들이 앞으로 나와서 말하기를 "세자(東宮)의 말씀만 듣고서는 백성들은 마음으로 믿지 않을 것이니 반드시 전하께서 친히 이르시는 말씀을 들어야만 되겠습니다."라고 하였다.

다음 날 임금께서는 할 수 없이 대동관문으로 나가시어 승지로 하여금 전날 세자가 말한 것처럼 타이르니, 어른들 수십 명은 엎드려 절하고 통곡하면서 명을 받들고 물러갔다. 그리고 마침내 각기 길을 나누어 나가서 남녀노소와 자제들로 산골짜기에 숨어있던 사람들을 찾아 불러내어 성안으로 들어오게 하니, 성안에 백성들이 가득 차게 되었다.」 −〈징비록〉−

효과적인 수성전(守城戰)을 위해서는 먼저 평양성의 전투사령관을 정하고 작전계획에 따라 백성들을 소집해서 그들을 적재적소에 배치한 후 맹훈련에 들어가야 했다. 그러나 백성들은 소집되지 않았고 성 밖에서 데모를 했다. 이렇게 된 이유는 조정이 전시형 국가 비상 經·營의 비전을 제시하지 못했기 때문이며, 그로 인해 선량한 백성들을 폭도로 만들었다.

선조는 데모를 진압하기 위해 세자와 함께 백성들을 달랬고 '평양성에 남아서 함께 싸울 것'이라는 지키지도 못할 거짓 약속까지 했다. 이 같은 약속을 하게 된 것은 임진강의 조선군과 남쪽의 근왕군으로 대 반격이 가능하다고 믿었기 때문이다. 그러나 약속을 한 지 2, 3일 만에 3만의 왜군이 코앞에 나타나자 선조와 조정의 대신들, 그리고 백성들의 놀라움은 이루 말할 수가 없었다.

부산성과 동래성의 경우는 왜군들이 바다로 공격해 왔기 때문에 기습을 당할 수 있었다. 하지만 평양성의 경우는 3만의 대군이 10여 일 동안 행군으로 이동했고, 이들이 대동강변에 모습을 드러낼 때까지 조정에서는 전혀 눈치조차 채지 못하고 있었다.

 아무튼 대동강에 나타난 왜군들은 조선을 병탄하고 대륙 정벌에 나서겠다는 일본 최정예 선봉부대였고, 이로써 평양성은 부산성과 동래성처럼 반나절 만에 무너질 위기에 처해졌다.

 평양성이 함락되고 임금과 세자가 왜군의 포로가 된다면 조선왕국은 그것으로 끝이었고, 그 같은 상황에서는 명의 구원군도, 남해안의 이순신도 죽은 조선을 다시 살려내 수는 없는 일이다.

 「그런데 왜적이 대동강변에 나타나자 재신(宰臣:정3품 이상의 대신) 노직(盧稷) 등은 종묘의 신주(神主)를 모시고 아울러 왕궁 사람들을 호위하며 먼저 성을 나갔다. 이에 성 안의 아전과 백성들이 난을 일으켜 칼을 빼어들고 길을 막고 함부로 쳐서 종묘의 신주를 땅에 떨어뜨리고, 따라가던 재신들을 지목하여 크게 꾸짖으며 말하기를, "너희들은 평소 나라의 녹만 훔쳐 먹다가 이제 와서는 나라 일을 그르치고 백성들을 속이는 것이 이와 같으냐?"라고 하였다.

 나는 연광정으로부터 임금님이 계시는 행궁으로 달려가면서 길 위에 있는 부녀자와 어린이들을 보았는데, 그들은 다 성난 얼굴로 머리털을 곤두세워 가지고 서로 함께 소리 질러 외치기를 "성을 버리고 가려면 무슨 이유로 우리들을 속여서 성안으로 들어오게 해서 우리들만 적의 손에 넣어 어육(魚肉)을 만들려고 한단 말이오?" 하였다. 궁문에 이르니 난민들이 거리를 꽉 막았는데 모두들 팔소매를 걷어 올리고 무기와 몽둥이를 들고 사람을 만나면 막 치며 시끄럽게 어지럽혔으나 그들을 금할 수가 없었다. 여러 재신들과 성문 안의 조당(祖堂)에 있던 사람들은 모두 얼굴빛이 하얗게 변하여 일어나 뜰 안에 서 있었다.

나는 난민들이 궁문 안으로 몰려 들어올까 염려하여 궁문 밖의 섬돌 위에 나가 서 있다가 그 중 나이 좀 들고 수염이 많은 사람을 보고 손짓하여 부르니, 그 사람은 곧 앞으로 나왔는데, 그는 그 지방의 관리였다.

나는 그를 타일러 말하기를 "너희들이 힘을 다하여 성을 지키고 임금께서 성을 나가시지 않아도 되기를 원하니 나라를 위하는 충성이 지극하구나. 다만 이런 일로 난을 일으키고 더구나 전하와 조정까지 놀라게 하였으니 심히 놀라운 일이다. 또 조정에서 마침 굳게 지킬 것을 청하여 임금께서 이미 이를 허락하셨는데, 너희들이 무슨 일로 이렇게 소란을 떠느냐? 너의 모양을 보니 유식한 사람 같으니, 모름지기 이 뜻을 여러 사람들에게 잘 타일러서 물러가게 만들어라. 그러지 않는다면 장차 중한 죄에 빠지게 될 테니 그 때에는 용서하지 않을 것이다"라고 하니, 그 사람은 곧 몽둥이를 버리고 손을 모아 빌며 말하기를 "소인은 성을 버리려 한다는 말을 듣고 분한 기운을 이기지 못하여 이와 같은 망령된 짓을 하였는데, 지금 그 말씀을 들으니 소인은 비록 우매하고 용렬하오나 가슴속에 맺혔던 원한이 시원히 풀립니다."고 하면서 드디어 무리를 지휘하여 흩어졌다.」

-〈징비록〉-

분노한 백성들을 진정시키기 위해서는 먼저 수성전에 능한 장수를 총사령관으로 삼고 조정의 중신들은 총사령관을 도와주는 역할을 맡았어야 했다. 그리고 이러한 내용을 임금이 친히 백성들에게 호소할 필요가 있었다.

또한 임금 스스로는 명나라에 구원병을 요청하러 간다고 하고, 세자로 하여금 전후방을 주야로 다니면서 군사를 모으고 군량을 수집하게 하는 '국가 비상 經·營 계획'을 발표하였더라면 선량한 백성들이 폭도로 돌변하는 일은 없었을 것이다.

정철, 윤두수, 유성룡의 시문놀이

「이보다 먼저 조정의 신하들은 적병이 곧 가까워 온다는 말을 듣고는 모두들 나아가 피난하기를 청했는데, 양사(兩司)와 홍문관은 날마다 대궐문 앞에 엎드려 피난가기를 청했고, 인성부원군 정철은 더욱 강하게 피난 떠날 것을 주장하였다.」
―〈징비록〉―

사헌부와 사간원 그리고 홍문관이 피난 가는 것에 앞장서고 있다. 그들 나름으로 왜군들이 평양성으로 오고 있다는 정보를 입수한 것 같다. 그러나 이들은 개성에 있을 때, 이산해가 서울에서 파천을 맨 처음 주장했다는 이유로 그를 탄핵하여 파직시켜야 한다고 주장했던 자들이다. 그리고 이들은 다른 한편으로는 도승지가 임진강 패전 소식을 느림보 처리했다고 탄핵했다.

군사학에 어두운 정철이 군사작전에 관여하고 있었던 것이다.

「나는 말하기를 "오늘의 형편은 전에 서울에 있을 때와는 다른 점이 있습니다. 서울에서는 군대와 백성들이 함께 무너져 버렸으므로 비록 지켜내려고 해도 지킬 수가 없었습니다. 그러나 이 평양성은 앞에는 강물이 가로막혀 있고 그리고 백성들의 마음이 자못 굳건하며, 또 중국에 가깝기 때문에 만약 며칠 동안만 굳게 지킨다면 명나라 군사가 반드시 와서 구원할 것이니 이를 힘입어서 왜적을 물리칠 수 있을 것입니다. 여기에서 의주까지는 다시는 의지할 만한 성이 없으므로, 만약 그렇게 된다면 형세는 반드시 나라가 망하는 데 이르게 될 것입니다."라고 하였다. 좌상 윤두수도 나와 같은 의견이었다.

나는 또 정철에게 말하기를 "평시에 나는 늘 공이 나라를 위하는 일이라면 비분강개해서 어려운 일이든 쉬운 일이든 회피하지 않는다고 생각했었는데, 오늘의 주장이 이와 같을 줄은 생각지도 못하였소."라고 하였다.

좌상 윤두수가 문산(文山: 중국 송나라 때의 충신이었던 문천상(文天祥)의 호)의 시(詩) '내가 칼을 빌려 아첨하는 신하를 베어버린다면'이란 구절을 읊조리니, 인성(寅城: 정철)은 크게 노하여 옷소매를 뿌리치고 일어나 가버렸다. 평양 사람들도 내가 성을 지키자는 의견을 내세웠다는 말을 들었기에 이날 내 말을 듣고 자못 순종하면서 물러간 것이다.」　　　　　　　－〈징비록〉－

정철은 〈사미인곡(思美人曲)〉, 〈속미인곡(續美人曲)〉 등을 지은 조선시대 가사문학의 대가로서 오늘날까지도 그 이름이 높지만, 군사학 분야에서는 유성룡과 윤두수의 비판을 받았다. 그러나 유성룡과 윤두수가 평양성을 지키기로 했다면 실용·실천적인 작전계획을 세웠어야 했고, 그 같은 계획을 제시하면서 피난을 주장한 정철을 비판했어야 했다. 하지만 두 사람 역시 문천상(文天祥)의 시문이나 읊조리는 정도에 불과하였다.

「저녁에 평안감사 송언신(宋言愼)을 불러서 난민을 진정시키지 못한 것을 책망하였더니, 송언신이 그 앞장선 세 사람을 결박하여 대동문 안에서 목을 베어 죽이자 그 나머지는 다 흩어져

가버렸다.」　　　　　　　　　　　　　　　－〈징비록〉－

　시골의 현감 정도로 전락한 평안감사 송언신의 모습이다. 평양성은 문관이 아닌 무관이 經·營했어야 할 자리였지만, 조선 중기 무렵부터 상대적으로 적어진 문관들의 벼슬자리를 만들어 주기 위해 평양성마저 송언신 같은 문관들에게 맡기고 말았다.
　기송사장의 문신으로서는 평화시에도 평양성 같은 거성을 經·營하기가 쉽지 않았을 것이다.
　하물며 전쟁 소식이 전해진 후로는 어찌할 바를 몰라 허둥댔을 것이고, 그 와중에 임금과 비·빈, 그리고 조정 대신들이 한꺼번에 들이닥치자 준비 하나 제대로 해놓지 못한 평안감사라는 신분으로서는 감히 입 한 번 열기도 힘들었을 것이다. 게다가 성 밖에서는 왜의 대군이 총포를 쏘고 칼을 휘두르면서 싸움을 걸어왔으니, 그는 손발이 떨리도록 정신조차 없었을 것이다.

함경도로 향한 중전마마

　「그때 이미 임금께서는 성을 나가기로 결정하였으나 갈 곳을 알지 못하였고, 조신(朝臣)들은 대부분 "북도(함경도)는 지역이 궁벽하고 길이 험하므로 난리를 피할 만하다"고 말하였다. 대개 이때 적병은 벌써 함경도를 침범하여 길이 막혀서 변고를 보고하는 사람도 없었기 때문에 조정에서는 (이러한 상황을) 알지 못하였다.」　　　　　　　　　　　　　　　－〈징비록〉－

　선조는 군사학 분야의 이치에 어두운 문신들의 이 소리 저 소리를 듣고 있자니 아무래도 불안했다. 그래서 우선 평양성을 벗어나기로 마음을 굳혔다. 그러나 마땅히 갈 곳이 없었다.

만약 이때 대동강을 학익진을 편 전투선단으로 지키게 했다면 오히려 고니시와 구로다군이 갈 곳이 없어 당황했을 것이다.

「그리하여 동지(同知) 이희득(李希得)을, 그가 일찍이 영흥부사로 있으면서 어진 정사를 베풀어 민심을 얻었다는 이유로 함경도순검사로 삼고, 병조좌랑 김의원(金義元)을 종사관으로 삼아서 북도로 가도록 하고, 내전(內殿) 및 궁빈(宮嬪) 이하의 사람들을 먼저 내보내어 북으로 향하게 하였다.

내가 물러나온 뒤에 지사(知事) 한준(韓準)이 또 홀로 임금께 뵙기를 청하고 힘써 북도로 향하는 것이 옳겠다고 말하였다. 이에 중전께서 드디어 함경도를 향하여 떠나셨다.」 -〈징비록〉-

을밀대(乙密臺: 평양성 안에 있는 누정)에서 바라본 대동강 그림. 대동강 건너편이 동대원이며, 그림에서와 같은 소·중형 배들로 전투선단을 만들었어야 했다.

평양에서 함경도로 가는 길은 평양→순안→안주→영변→설한령으로 가는 길이 있었다. 그러나 길은 험하고 난민과 도적, 그리고 여진족이 우글거리는 개마고원을 지나가야 한다. 때문에 여인들로 구성된 중전 일행에게는 위험천만한 길이었다.

6월 12일. 가토 군은 철령에서 함경도 병사 이혼(李渾)이 거느린 수천 명의 군사를 격파했고, 7월 18일에는 마천령에서 함경북도 병사의 1천 군을 격파하고 종성에서 두 왕자를 포로로 잡는다. 조정에서는 이 같은 상황을 파악하지 못하고 중전 일행을 함경도로 향하게 했기 때문에 호랑이 굴을 찾아 나서게 한 셈이다.

2. 선상에서의 강화회담

「이때 왜적은 대동강에 이른 지가 벌써 3일이나 되었다. 우리들이 연광정에 있으면서 건너편을 바라보니 한 왜적이 나무 끝에 작은 종이를 매달아 강가의 모래 위에 꽂고 가므로 화포장(火砲匠) 김생려(金生麗)로 하여금 작은 배를 타고 가서 이를 가져오게 하였더니….」
-〈징비록〉-

화포장은 대포 분야의 전문가이다. 그가 탄 배는 현자포 등을 싣고 있는 전투함이었을 것이다. 만약 이순신이 평양감사였다면 소·중형 전투함 2~3백 척으로 대동강에서 학익진 군함 퍼레이드를 펼쳤겠고, 그 광경을 본 왜군들은 기가 꺾였을 것이다.

「왜적은 무기도 휴대하지 않고 김생려와 손을 잡고 등을 두드리며 극히 친절하게 굴면서 서신을 붙여 보냈다. 그 서신이 이르렀으나 좌상 윤두수는 열어보려고도 하지 않았다. 나는 말하기를 "열어본들 해로울 게 무엇 있겠소?" 하고 열어보았더니, 그 서두에 '조선국 예조판서 이공 각하에게 올립니다.' 하였는데, 이것은 이덕형에게 보내는 서신으로서 평조신·현소가 준비하여 보낸 것이었고, 그 내용은 이덕형을 만나서 강화를 의논하고 싶다는 것이었다.

이덕형은 조각배를 타고 가서 평조신·현소를 대동강 가운데서 만났는데 서로 위로하고 안부를 묻는 것이 평일과 같았다.

이때 현소가 말한 내용은 "일본이 길을 빌어 중국에 조공(朝貢)을 하고자 하는데 조선이 이를 허락하지 않았기 때문에 일이 이 지경에 이른 것이다. 지금도 역시 한 가닥의 길을 빌려 주어 일본으로 하여금 중국에 통할 수 있게 한다면 아무 일도 없을 것이다"는 것이었다.

이덕형은 전날의 약속을 저버린 것을 책망하고, 또 군사를 물러가게 한 뒤에 강화를 의논하자고 하였다. 그런데 평조신의 말이 매우 공손하지 않았기 때문에 회담을 파하고 서로 헤어지고 말았다.」 -〈징비록〉-

한성을 점령한 왜군들은 5월 중순, 총사령관 우키타 히데이에가 입성하자 회의를 열고 북진을 결정했다. 이에 먼저 출발한 가토군은 임진강전투(5월 17~18일)에서 승리한 후 동쪽으로 진출, 철령을 넘어 함경도로 이동했다.

고니시군과 구로다군은 5월 20일~25일 사이 지키는 이가 없는 임진강을 건너 6월 초 대동강 남쪽 동대원(東大院)에 도착했고, 며칠간 머뭇거리다가 6월 9일, 불쑥 강화회담을 제의해 왔다.

선조의 조정을 쫓아 밤낮 없이 강행군을 해왔을 왜군들이 목표물을 코앞에 놓고도 선뜻 공격하지 않고 회담을 요청하게 된 이유는 무엇이었을까?

첫째, 강을 건널 배가 없었다. 뗏목이라도 만들어 건널 수도 있었겠지만 3만 명이나 되는 병력을 실어 나르는 것은 결코 간단한 일이 아니다. 또한 남해안에서 자신들 해군의 패전 소식을 들어서 알고 있기 때문에, 그렇게 급조한 선단으로는 보통강에 숨겨 놓았을지도 모르는 조선 측 전투선단을 당해내기 어렵다는 판단도 했을 것이다.

둘째, 도강 후 평양성을 공격한다는 것도 여간 부담스러운 일이 아니었다. 평양성은 조선 제일의 거성인 데다가 조선군의 병력 규모도 정확히 파악되지 않은 상태였다. 또 부산·동래성을 공격했을 때처럼 기습전이 아니었고 공성용 사다리나 운제(雲梯) 등도 준비되지 않았다.

셋째, '가도입명(假道入明)'을 주장하면서 북상해 온 왜군들로서는 이제 명 나라 국경 인근까지 왔으므로 자신들의 요구에 대한 조선 측의 입장을 최종 확인할 필요가 있었기 때문이다.

회담의 결렬

다음은 〈임진전란사〉에 기록된 대동강 선상(船上)에서의 강화회담 장면이다.

「유천조신(柳川調信: 야나가와 노리노부)과 일본 중(僧) 현소(玄蘇)가 공손히 인사하였다. 그 모습은 평일과 같이 담담했고, 서로의 말씨에는 우애의 감정이 넘쳐흘렀다. 먼저 현소가 말했다. "일본은 길을 빌려서 중원에 조공하고자 하였는데 귀국이 길을 빌려주지 않아서 이같이 되었소이다. 이제라도 길만 빌려주시어 일본으로 하여금 중원에 갈 수 있게 해주신다면 일은 모두 무사할 것입니다."라고 하니, 이덕형이 대답하였다. "일본은 지난 2백 년 동안의 두 나라 사이의 우의를 저버린 채 불문곡직하고 급습하여 닥치는 대로 인명을 살상하고 재산을 파괴하니 이 어찌된 일이오?" 하였다.

현소가 다시 "일본은 귀국과 싸우려는 것이 아니므로 일찍이 세 차례에 걸쳐 서신(書契)을 보냈으나 귀국의 답서를 받지 못했습니다. 그래서 마침내 본의 아니게 병화(兵火)로써 서로 만나게 되어 여기에 이르렀습니다. 바라건대 귀국의 왕을 모시고 잠시 피하신 다음 일본이 요동으로 들어가는 길을 열어주십시오"라고 하면서 술잔을 권했다.

이덕형이 대답하였다. "귀국이 다만 중원을 범하려 한다면 어째서 절강(浙江: 절강성)으로 향하지 않았소? 구태여 우리의 땅을 침범한다는 것은 그 뜻이 길을 빌리려는 데 있는 것이 아니라 조선을 쳐 없애려는 데 있었던 것이잖소. 또한 중국은 우리에게는 부모의 나라(父母之邦)인데 이제 우리가 적을 피하고 그 길을 열어준다는 것은 중국의 멸망을 좌시하는 것이니 죽더라도 응할 수 없소."」
　　　　　　　　　　　　　　　　　　　　　　-〈임진전란사〉-

히데요시는 '명나라를 치려고 하니 길을 빌려 달라(征明假道)'는 명분인데, 대마도주 종의지의 가신 유천조신(柳川調信: 야나가와 노리노부)과 중 현소(玄蘇)는 '중국에 조공을 바치고자 하니 길을 빌려 달라'고 하였는데, '치러간다'는 것이 '조공'으로 바뀌어 있다.

이덕형이 말한 '절강성'은 중국 상해 바로 남쪽에 위치해 있는 지역으로 예로부터 중국 해운과 수운의 요충지이다.

왜구들은 오키나와를 경유해서 절강성 지역을 자주 괴롭혀 왔기 때문에 사람들은 지도에서처럼 일본 땅이 절강성 가까이에 있는 것으로 착각해 왔다. 이덕형의 일본에 대한 지리적 인식도 이 같은 지도에 바탕을 두고 있다.

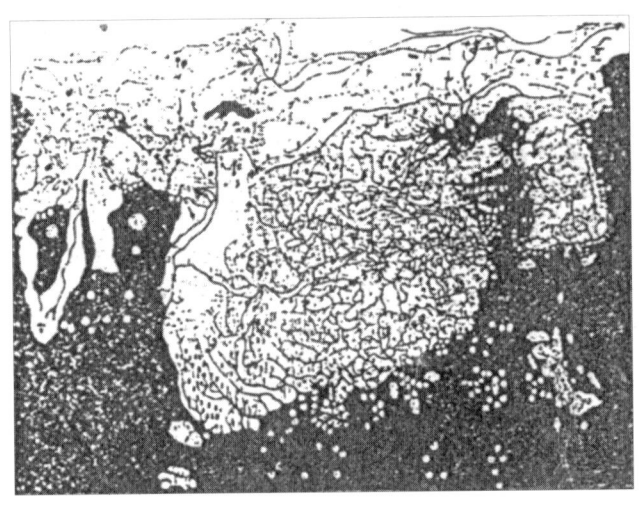

혼일강리역대국도지도 (1402년). 임란 전에도 이 같은 지도를 기준해서 왜국은 왜소하고 멀리 있는 국가로 인식했다.

회담이 결렬되자 왜군들은 그날 저녁 동대원 언덕으로 몰려와 진을 쳤다. 이 광경을 본 선조는 공포에 떨면서, 갈 곳조차 정하지 못한 상태에서 무작정 피난길에 올랐다.

「6월 11일에 임금께서 평양성을 떠나 영변으로 향하셨다. 대신 최흥원·유홍·정철 등이 호종하고, 좌상 윤두수·도원수 김명원·순찰사 이원익은 머물러 평양성을 지켰다. 나도 또한 명나라 장수를 접대하기 위하여 함께 머물렀다.

이날 저녁 적군이 성을 공격하였다. 좌상(윤두수)·원수(김명원)·순찰사(이원익)와 나는 연광정에 있었고, 감사 송언신은 대동성의 문루를 지키고, 병사 이윤덕(李潤德)은 부벽루 위쪽의 강여울을 지키고, 자산군수 윤유후(尹裕後) 등은 장경문(長慶門)을 지켰다.

성안의 군사와 민병(民兵)들은 합하여 3, 4천 명인데 이 인원으로 성가퀴(城堞)를 나누어 배치하였으나 대오가 분명하지 못하고, 성 위에 사람들이 혹은 드문드문하고 혹은 빽빽하며, 혹은 사람 위에 사람이 서서 그 어깨와 등이 서로 부딪치고, 혹은 연달아 몇 개 살받이 터(弓架)에는 한 사람도 없기도 하였다. 그리고 옷가지를 을밀대 근처의 소나무 사이에 걸어 놓고 이를 의병(疑兵)이라고 하였다.」 −〈싱비록〉−

관군과 민병을 합친 수가 고작 3, 4천이었다. 그런데 그 병력마저도 골고루 배치하지 못해서 허둥대고 있는 모습이다.

왜군들의 무력시위

「대동강 건너 적병을 바라보니 역시 매우 많지는 않았다. 동대원 언덕 위에 벌려서 한 줄로 진을 치고 붉고 흰 깃발을 벌려 세웠는데 마치 우리나라의 만장(挽章: 죽은 사람을 추모하기 위한 글을 종이나 비단에 적은 깃발) 모양과 같았다.

왜적은 10명의 기병을 내어 양각도(羊角島)를 향해 강물 속으로 들어가니 물이 말의 배에 잠기는데 그들은 모두 말고삐를 잡고 벌려 서서 곧 강을 건너오려는 시늉을 하였다. 그 나머지 적들도, 강 위를 왕래하는 자들은 혹은 한두 명, 혹은 3~4명씩 짝을 지어 큰 칼을 메었는데 칼날이 햇빛에 비쳐서 번개처럼 번쩍거렸다.

어떤 사람은 저것은 진짜 칼이 아니고 나무로 만든 칼에 백랍을 칠하여 남의 눈을 어지럽게 하는 것이라고 하였으나, 그러나 멀어서 잘 분별할 수가 없었다. 그리고 6, 7명의 왜적이 조총을 가지고 강변에 이르러 평양성을 향해 총을 쏘니 그 소리가 매우 크고 탄환이 강을 지나 성안으로 들어왔다. 멀리 온 것은 대동관까지 들어와서 기와 위에 쏟아졌다. 거의 1천 보 거리나 날아왔는데, 혹 성루 기둥에 맞은 것은 깊이가 몇 치쯤 들어박혔다.

그런 중에 붉은 옷을 입은 왜적 하나가 연광정 위에 여러 명의 높은 관리들이 모여 앉아 있는 것을 보고는 장수인 줄 알고 조총을 들어 겨누면서 차츰차츰 강가 가까이 나와서 모래벌판까지 이르러 탄환을 쏘아 정자 위에 있는 두 사람을 맞혔으나, 거리가 멀었기 때문에 중상은 아니었다.」 ―〈징비록〉―

'적병을 바라보니 역시 매우 많지는 않았다' 고 했는데, 조정에서는 이 무렵까지도 왜군의 규모를 파악하지 못하고 있었다. 사정이 이러했으니 적의 군량 보유 등의 사정에 대해서는 더욱 알 리가 없었을 것이다.

1천 보 거리를 날아온 것은 조총이 아닌 왜국식 소형 대포로 보이는데, 왜국 총포의 위력을 과시한 것이다.

왜군들의 칼날이 햇빛에 비쳐 번개처럼 번쩍거렸다는 것도 겁을 주기 위한 의도된 시위였다. 대동강변의 왜군들이 이 같은 시위를 벌이고 있던 바로 그 시점에 남해안의 왜군들은 사천포, 당포, 당항포, 율포에서 일본도를 잃고 울면서 도망치기에 바빴다.

평양성의 조선군이 대동강에 소형 전투선단이라도 띄워서 도강을 시도하는 왜군들을 향해 활과 산탄 등을 쏘았다면 대동강의 왜군들 역시 크게 낭패를 당했을 것이다.

망신만 당한 현자포

「나는 군관 강사익으로 하여금 방패 안에서 편전을 쏘게 하였는데, 화살이 모래벌판 위에까지 나가자 적들은 이리저리 피하면서 물러갔다. 이를 본 원수 김명원은 활 잘 쏘는 사람들을 뽑아서 빠른 배를 타고 강의 중류로 나가 왜적을 쏘게 했는데, 배가 점점 동쪽 언덕에 가까워지자 적들은 물러나 피하였다. 우리 군사들이 배 위에서 현자총을 쏘니 화전(火箭)이 서까래같이 쭉쭉 뻗어 강을 지나가 떨어졌다. 왜적의 무리들은 이를 쳐다보며 큰 소리로 비명을 지르며 흩어졌다가 화전이 떨어진 곳으로 다투어 모여들어 그것을 구경하였다.」 -〈징비록〉-

유성룡은 자신의 수하 병사를 내보내서 방패 안에서 편전을 쏘게 했고, 김명원도 사부(射夫)를 뽑아 내보냈다. 또 어떤 이는 현자총통을 탑재한 배를 내보내 싸우게 했는데, 이는 곧 전투선이다. 그러나 우선 지휘체계가 분산되어 있었음을 짐작케 한다.

임진강전투 때에도 조선군의 지휘체계가 일사불란하게 움직이지 않아 제각기 싸우고 제각기 패하여 흩어졌는데, 마치 그때의 상황이 재현되고 있는 것 같다.

「우리나라는 오랫동안 평화 상태를 유지해왔기 때문에 포를 쏘는 것이 미숙하여 성 위에서 쏜 화포전(火砲箭: 차대전)은 거의 모두 강물 속으로 떨어지고 그 소리도 맹렬하지 못했으므로, 왜적들은 이것을 무시하고 강변에 나와서 목욕까지 하는 형편이었다.」
－〈징비록〉－

차대전(火砲箭)은 인마(人馬) 살상용이 아니라 운제(雲梯) 등을 타격하는 시설물 파괴용이다. 유효 사정거리는 50m 이내였으므로 멀리 있는 왜군들에게는 아무런 타격도 가하지 못했다. 그나마도 화약이 없어서 몇 번 쏘아보는 데 그쳤다. 왜군들은 이를 조롱거리로 삼았다.

현자포에 산탄(철탄, 자갈탄)을 장착하고 적이 사정거리 안으로 들어오기를 기다렸다가 쏘았다면 좋았겠지만 이 같은 내용은 보이지 않는다. 평소에 연구와 훈련이 거의 없었던 것 같다.

평소에는 그렇다 치고, 조정이 피난길에 오를 때부터 대동강을 막아설 선단을 준비시켰다면 상당한 규모의 전투선단이 준비되었을 것이다. 그러나 조정은 실천되기 불가능한 한성 탈환전에 매달렸기 때문에 금쪽같은 시간만 허송하고 말았다.

「이날 즉시 병선을 정비하지 않았다고 해서 공방아전(工房吏) 한 사람을 베어 죽였다.」
－〈징비록〉－

병선 정비에는 선체의 보수, 전투원과 무장, 화약의 확보 유무 등도 포함된다. 따라서 결코 공방아전 한 사람만의 잘못은 아니다. 아무튼 이 분야에 대해서도 이치를 제대로 따지지 못했고, 그나마 있던 화약무기 분야의 기술자 한 사람을 죽이고 말았다.

행재소의 평양성 도착은 5월 7일이다. 조정이 그로부터 한 달 동안 평양성에 있으면서 대동강을 막아설 전투선단을 꾸미지 못했다니, 오늘에 와서 봐도 놀라운 일이다.

총사령관 역할을 한 유성룡

「이때 오랫동안 비가 오지 않아서 강물이 날마다 줄어들므로 일찍이 재신(宰臣)을 나누어 보내어 단군·기자·동명왕 묘에서 비를 빌게 하였으나 그래도 비가 오지 않았다.

내가 윤두수 좌상에게 "이곳은 강물이 깊고 배도 없으니 왜적들이 건너올 수 없겠으나, 다만 강의 상류에는 얕은 여울이 많으니 멀지 않아서 왜적들이 반드시 여기로부터 건너올 것이오. 건너오게 되면 성을 지킬 수 없을 테니 어찌 엄중히 방비하지 않을 수 있겠소?"라고 하니, 원수 김명원은 성품이 느린지라 다만 말하기를, "이윤덕에게 명하여 지키도록 했습니다"라고 하였다.

나는 "이윤덕 같은 사람을 어떻게 의지한단 말이오?" 하고는 순찰사 이원익을 가리키면서 "공들이 한 자리에 모여 앉아 있는 것이 마치 잔치 모임과 같소. 이래서는 일하는 데 아무런 도움이 되지 않으니, 공이 나가서 강여울을 지키면 안 되겠소?" 하니, 이원익이 말했다. "만약 가 보라고 명하신다면 어찌 감히 힘을 다하지 않을 수 있겠습니까."

이에 윤두수 좌상이 이원익에게 "공이 가보는 것이 좋을 것 같소."라고 하니, 이원익이 일어나서 나갔다.」 −〈징비록〉−

유성룡이 연광정에 모여 앉아 잔칫집에서 잔칫상을 받고 앉아서 시문놀이를 하고 있는 듯한 대신들을 꾸짖으며 이원익에게 얕은 여울을 지키라고 권했고, 이원익과 윤두수도 동의했다는 내용이다. 마치 유성룡이 총사령관 역할을 하고 있는 것 같은데, 정작 작전 지휘권을 행사했어야 할 도원수 김명원은 왠지 소외되어 있는 듯한 모습이다. 임진강에서도 김명원은 작전권과 지휘권이 없는 이상한 도원수였고, 그때는 한응인이 실질적인 총사령관이었다.

「나는 그때 임금의 지시에 따라 다만 명나라 장수만 접대하고 군사 일에는 참여하지 않게 되어 있었다. 그러나 가만히 생각하니 반드시 패망할 것만 같아서, 빨리 명나라 장수를 중도에서 맞이하여 한 걸음이라도 속히 와서 구원하여 도움이 되게 하는 것이 좋겠다는 생각이 들었다.

그래서 날이 저물 때 드디어 종사관 홍종록·신경진과 더불어 성을 떠나와서 밤이 깊어서야 순안(順安)에 도착했는데, 도중에 이양원의 종사관인 김정목이 회양(淮陽)으로부터 오는 것을 만나 적병이 철령에 이르렀다는 말을 들었다.

다음날 숙천을 지나 안주에 이르렀는데, 요동진무 임세록이 또 왔으므로 그에게서 공문을 받아 행재소로 보냈다.」

-〈징비록〉-

'나는 군사 일에는 참여하지 않게 되어 있었다'는 말로 미루어 보면 유성룡은 분명히 총사령관이 아니다. 그러나 총사령관처럼 작전을 지시하고 꾸짖기도 하였는데, 지휘와 군령체계를 생명으로 하는 군에서, 더구나 전시 상황 하에서는 있을 수 없는 일이다.

제1차 진주성전투 때 진주목사 김시민은 '나보다 계급이 높은 사람이 들어오면 군령이 서지 않는다'는 이유로 함께 싸우기 위해 달려온 경상병사 유숭인(柳崇仁)의 입성을 거절하였고 결과적으로 대승을 거두게 된다. 그러나 조정의 문신들은 군령체계를 무시하고 제각기 작전을 수행했다.

'적병이 철령에 이르렀다'고 하였는데, 가토군은 임진강 방어선을 돌파한 후 강을 건너지 않고 곧바로 임진강 상류로 올라가 철령→함경도로 이동했다. 이때 임진강 대탄 나루를 지키던 함경남도 이혼 병마사의 관군은 가토군을 견제하며 동쪽으로 이동하다가 철령 부근에서 패하고는 뿔뿔이 흩어졌다.

평양성은 수성전(守城戰)을 준비하지 않았다

그 다음날 임금께서 이미 영변을 떠나 박천에 행자하였다는 말을 듣고 나는 박천으로 달려갔다.

임금께서 동헌에 나오시어 나를 불러 보시고 "평양성을 지킬 수 있겠더냐?"고 물으시기에, 나는 대답하기를 "사람들의 마음이 자못 굳건하여 지킬 수 있을 것 같았습니다. 다만, 명나라의 구원병이 빨리 오지 않아서는 안 되겠습니다. 그러므로 신은 이 일을 위하여 속히 명나라 군사에게 달려가 구원을 요청하려고 하였으나 지금까지 구원병이 오는 것이 보이지 않아서 답답해하고 있습니다"고 하니, 임금께서는 손수 윤두수의 장계를 가져다가 내게 보이면서 "어제 이미 늙은이와 어린이들로 하여금 성을 나가게 하였다고 하니 어떻게 지킬 수 있겠는가?" 하셨다.

나는 대답하기를 "신이 그곳에 있을 때에는 아직 이런 일이 없었습니다. 대개 그곳의 형세를 보면 왜적들은 반드시 얕은 여울로부터 건너올 것이니 마땅히 마름쇠를 물속에 많이 늘어놓고 이를 방비해야 하겠습니다"고 하였다.

　임금께서 이 고을에 마름쇠가 있는가 물어보라고 하시므로, 곧 알아보아 "수천 개가 있습니다"고 하였더니, 임금께서는 "급히 모아 그것을 평양으로 보내라."고 하셨다.」

－〈징비록〉－

　명나라 군사들이 올 때까지 평양성을 수성전으로 버텨 내야 했으므로 급히 임진강과 황해·평안도 등 각 고을에 분산 배치되어 있는 군사들과 인근의 의병들을 평양성에 집결시켜 성가퀴에 배치했어야 한다. 그런데 이 같은 작전은 없이 늙은이와 어린이를 성 밖으로 내보내고 있는데, 그렇게 되면 그들의 젊은 남녀 가족들은 야밤에 성벽을 넘어 탈출하여 노약자와 어린이와 합류하여 멀리 도망갈 것이다. 선조는 이 같은 점을 우려했다.

　유성룡은 강바닥에 마름쇠를 깔아놓는 방안도 제시했는데, 만약 마름쇠를 깐다면 100여 리는 족히 깔아야 하므로 수천 개 가지고는 어림도 없고, 마름쇠가 있다면 대포를 만들어 청천강이라도 막게 해서 조금이라도 시간을 벌었어야 했다.

「내가 또 건의하기를 "평양 서쪽의 강서·용강·증산·함종 등 여러 고을에는 창고에 곡식도 많고 백성들도 많은데 적병이 가까이 온다는 말만 들어도 백성들은 놀라 흩어질 것입니다. 그러므로 급히 사람을 보내서 이들을 진정시키도록 하시고, 또 군사를 수습하여 평양을 구원하게 하는 것이 좋겠습니다"고 하니, 임금께서 "누가 갈 만한가?"고 하시므로, 나는 "병조정랑 이유징(李幼澄)은 계략이 있는 사람이니 그를 보낼 만하다고 생각됨니다"고 하였다.

　그리고 또 "신은 사세가 급박하여 지체할 수가 없습니다. 마땅히 밤새도록 달려가서 명나라 장수를 맞아 구원군이 올 때를 의논해야겠습니다"고 하고는 하직하고 물러나와 이유징을 보고 전하 앞에서 아뢴 대로 말하니, 이유징은 깜짝 놀라면서 "그곳은 적의 소굴인데 어떻게 간다는 말씀입니까?"고 하였다. 그래서 나는 "국록을 먹고 있으면 난리를 피하지 않는 것이 신하된 도리이다. 지금처럼 나라가 위험한 때에는 비록 끓는 물이나 불속에 뛰어들라고 하더라도 피해서는 안 되는데, 이 한 번 가는 것을 가지고서 어렵게 생각하는가?" 하고 꾸짖으니, 이유징은 아무 말 안 했지만 원망하는 기색이었다.」　　　 -〈징비록〉-

　〈옥포파왜병장〉을 가지고 온 송한련 일행이 대동강을 오르내리며 삼화나루에서 묵고 간 것은 5월 22일~25일 경이다. 이들이 전한 승첩의 무용담은 강서·용강·증산·함종 등지에도 알려져 있었고, 이 지역 의병봉기에 불을 지펴 놓은 지도 20여 일이나 지난 시점이다. 유성룡도 이 같은 상황을 알고 이 지역에서 의병을 모집하여 평양성의 병력을 보강해야 된다고 했다. 그러나 병조정랑 이유징은 그 지역이 적의 소굴이라면서 가기를 두려워했다. 병조의 정보망이나 평양성의 수성전에 대한 각오가 없었음을 알게 해준다.

3. 평양성의 함락

「임금에게 하직하고 나서 대정강(大定江: 청천강 바로 위에 위치함) 가에 이르니 해는 벌써 서산으로 기울어 있었다. 고개를 돌려 광통원(光通院)을 바라보니 들판에 흩어진 군사들이 잇달아 오고 있었으므로 평양성이 함락된 것이 아닌가 하는 의심이 들어 군관 몇 사람을 시켜 달려가서 그들을 데려오게 하였더니, 그들은 열아홉 사람을 데리고 왔다. 그들은 의주·용천 등지의 군사들로서 평양에 가서 강여울을 지키던 사람들이었다.

그들은 말하기를 "어제 왜적들이 왕성탄으로부터 강을 건너 오자 강가를 지키던 군사들이 다 무너졌고, 병사 이윤덕은 도망을 갔습니다"고 하였다.」 -〈징비록〉-

왕성탄은 대동문 앞에 있는 여울로서 결코 얕은 곳이 아니었는데도 뜻밖에 왜군들은 이곳으로 건너왔다. 어떻게 된 영문일까?

「나는 크게 놀라서 곧 도중에 편지를 써서 군관 최윤원에게 주어 보내어 행재소에 급히 알리게 하였다. 밤에 가산군(嘉山郡)으로 들어갔다. 이날 밤에 내전께서 박천에 이르셨는데, 그 이유는 북으로 향해 가시다가 적병이 벌써 북도로 들어갔기 때문에 더 앞으로 나가시지 못하고 돌아온 것이다.」 -〈징비록〉-

말 300필과 평양성을 바꾼 왕성탄의 비극

「평양이 함락되었다. 임금께서는 가산으로 행차하시고, 세자께서는 종묘사직의 신주를 모시고 박천으로부터 산골 군(郡)으로 들어가셨다.

이보다 앞서 적병들이 대동강의 모래 위에 나누어 주둔하였다. 적은 10여 개의 둔진(屯陣)을 만들고 풀을 엮어서 막을 치고 있었는데, 여러 날이 지났으나 강을 건널 수 없었고 경비도 자못 태만하였다.

김명원은 성 위로부터 이것을 바라보고는 밤을 타서 엄습할 수 있을 것으로 생각하고 정예군사를 뽑아서 고언백(高彦佰) 등으로 하여금 거느리고 가서 부벽루 밑 능라도 나루로부터 몰래 배로 군사를 건너게 하였다.

당초에는 삼경(밤11시~1시경)에 거사하기로 약속하였으나 시간을 어겨서 다 건너가고 보니 벌써 새벽이었다. 적의 여러 막사를 살펴보니 적들은 아직도 일어나지 않았으므로 드디어 먼저 그 제 1진을 돌격시키니 적들이 놀라서 소란해졌다.

우리 군사는 적을 많이 쏘아 죽였다. 그 지방 병사 임욱경(任旭景)은 먼저 적진으로 뛰어 들어가 힘껏 싸우다가 적에게 죽임을 당했다. 이 싸움에서 적의 말 3백여 필을 빼앗았다.」
－〈징비록〉－

400명의 군사는 기습전에 참가한 여러 장수들 휘하에서 선발했고, 이 군사들은 전투 때 소속 장수들의 명령을 따랐기에 일관된 전략·전술은 기대하기 힘들었다. 공격 시점을 놓치고 새벽을 맞게 된 것도 이렇듯 따로따로 움직였기 때문이다.

강을 건넜을 때에는 이미 새벽이 되었다면 마땅히 되돌아 왔어야 했다. 그런데도 무모하게 돌격을 감행했다. 또 기습을 한다면서 왜군의 말을 빼앗는데, 침묵을 생명으로 하는 기습전에서는 아군의 말에게도 재갈을 물린다는 군사학의 이치를 어긴 것이다. 이는 잠자던 3만 왜군을 깨운 것인데, '300필의 말과 평양성을 바꾼' 격이다.

이런 저런 실책으로 기습전의 성공은 애초부터 기대하기 어려웠고, 급기야는 왕성탄의 비극으로 이어졌다.

「그런데 갑자기 여러 곳에 주둔하고 있던 적들이 다 일어나서 크게 달려들므로 우리 군사들은 달아나 도로 배로 달려왔다. 그러나 배 위에 있던 사람은 적들이 이미 뒤에 육박하므로 강 중앙에 있으면서 감히 물가로 가서 배를 대지 못하니, 물에 밀려 들어가서 죽은 사람이 많았고, 나머지 군사들은 또 왕성탄을 거쳐 어지럽게 강을 건너왔다.
이를 본 적들은 비로소 강물이 깊지 않음을 알고 이날 어두워졌을 때 많은 무리를 휘몰아 얕은 여울을 통해 강을 건너왔다. 이때 우리 군사로서 여울을 지키던 사람들은 감히 화살 한 대 쏘지 못하고 다 흩어져 달아났다. 왜적들은 대동강을 건너와서도 오히려 성 안에 수비대가 있을 것으로 의심하여 머뭇거리며 전진하지 못하였다.」 －〈징비록〉－

대동강에 전투선단을 편성해서 퇴각하는 조선군을 구원하고, 그날 저녁 왕성탄을 건너오는 왜군을 공격했다면 왕성탄은 지켜졌을 것이고, 조선군과 조선 백성들의 사기는 전세를 뒤집어 놓을 수 있을 만큼 충천했을 것이다.

「이날 밤에 윤두수, 김명원은 성문을 열어서 성 안에 있는 사람들을 다 나가게 하고, 군기와 화포를 풍월루의 연못 속에 처박아 넣었다. 윤두수 등은 보통문으로 나와서 순안에 이르렀는데, 적병들은 뒤쫓아 오지 않았다.」 －〈징비록〉－

평양성에는 관병과 민병을 합해서 3, 4천 명이 있었지만, 강동과 강서, 순안 등 인근의 군·현에 관군과 백성들이 있었기 때문에 평양성을 지켜낼 것으로 낙관했다.

그러나 왜군들이 동대원에 나타나자 이들 인근의 관·민은 흩어져 도망갔고, 외로운 성이 된 평양성은 초조한 마음으로 400명의 결사대를 동대원으로 보내어 돌격전을 감행했으나 왕성탄의 수심이 얕다는 것을 왜군들에게 알려주는 결과만 가져왔다.

왜군들이 왕성탄으로 건너오자 여울을 지키던 이원익 군과 이윤덕 군은 혼비백산 도망갔다.

이렇게 되자 평양성의 수비군은 2천 명 정도. 이에 절망한 윤두수는 노약자와 어린이들을 성 밖으로 내보내면서 명나라 군사가 도착할 때까지 평양성을 사수하겠다고 천명했다. 그러나 3만의 왜군을 본 조선군은 밤이 되자 이삼백 명만 겨우 남았고, 그들은 군기와 화포를 풍월루의 연못에 처박아버리고는 윤두수를 호위하여 급히 야반도주 길에 올랐다. 그래서 평양성에서는 수성(守城)을 위한 싸움이 한 번도 없었다.

왜군들이 추격을 하지 않았던 것은 지난 10여 일간 발이 부르트도록 달려온 탓에 휴식이 절실했고, 또한 강서·용강·증산 등지로 정찰을 나간 부대들이 굳은 의지로 내 고장 사수에 나선 조선의 민병들의 저항을 받고 돌아왔으므로 무작정 추격에 나설 수도 없었다.

「이보다 먼저 임금께서 평양성에 이르니 조정에서는 식량을 걱정하여 여러 고을에 분산 저장되어 있던 조세(田稅)를 가져다가 평양으로 옮겨두었는데, 성이 함락되자 창고에 있던 곡식 10만 섬과 함께 다 왜적의 소유가 되고 말았다.」 -〈징비록〉-

얼마나 황급히 도망을 쳤으면 10만 섬이나 되는 식량을 불태우지도 않고 떠났을까? 이는 식량이 부족한 왜군들에게 무려 6~12개월 치의 군량을 조달해 준 이적행위에 다름 아닌 처사였다.

평양성에 들어온 왜군들은 창고에 가득 쌓인 군량미를 보고 감격했고, 그것으로 떡과 술을 빚어 잔치를 벌였다. 그리고 관아와 여염집을 보물찾기 하듯 뒤졌고, 평양 기생들이 조선 관원들의 수청을 들면서 치마폭에 받아두었던 붓글씨의 시문을 찾아 뒤집어쓰고 왜식 춤을 추었다.

4. 〈임진전란사〉에 기록된 동대원 전투

「중화현 출신의 지방 병사 임욱경은 힘이 세고 용감하기로 유명했는데, 이 싸움에서 직접 선두에 서기로 하였다.」
-〈임진전란사〉-

지방 병사 임경욱은 무과급제를 하지 않은 사람으로 힘이 장사이고 무예가 임꺽정처럼 뛰어난 사람이었다.

「영원 군수 고언백, 벽단 첨사 유경령(柳璟令) 등 4백여 명은 예정한 대로 강을 건넜다. 그러나 당시의 군령이 엄하지 못하여 예정 시각인 삼경을 훨씬 지나서야 강을 건너게 되었고, 강을 건넜을 때에는 이미 새벽에 가까웠다.」 -〈임진전란사〉-

400명이 3만 명의 군대를 기습하려면 적의 화약고·군량창고·지휘부 등을 목표로 삼았어야 했고, 공격 시점도 캄캄한 야밤이라야 했다. 그러나 공격 대상은 왜군의 정예 선봉군이었고, 공격 시점은 이미 날이 새는 시점이었다.

'군령이 엄하지 못하여'라고 하였는데, '따로따로' 와서 즉흥적으로 부대를 편성한 것도 원인이지만 작전 실패의 가능성 때문에 400명 사이에서도 의견이 분분했던 것 같다.

「아군은 먼저 강 언덕에 가장 가까이 위치한 종의지(宗義智) 부대를 공격하여 부장을 비롯한 많은 적을 살상했는데, 이때 임욱경은 선두에 서서 종횡무진으로 닥치는 대로 무찌르고 베고 또 때려 죽였다.」 -〈임진전란사〉-

먼저 공격한 대상이 왜군 선봉이다. 이들은 갑옷을 입고 칼을 찬 채로 잠을 자며, 기습에 대비해 꽹과리도 소지하고 있었다. 이 같은 선봉을 공격한 것은 전 왜군들의 잠을 깨우려는 행위였다.

「아군은 이 일선을 돌파한 다음 계속하여 제2선 적진에 돌입하였는데, 3번대는 구로다 나가마사(黑田長政) 군이었다.

아군의 비전(飛箭)이 빗발같이 쏟아졌고 전세가 더욱 치열하게 되었는데, 이때에 놀란 후방 여러 적진에서는 급히 대오를 정비하고 역습을 감행하여 그 위세가 매우 강하였다. 또한 날이 밝아서 기습효과도 없는데다가 임욱경마저 죽자 아군은 퇴각하기 시작하였다. 이때 미처 배를 타기 전에 죽은 자가 많았으며, 나머지 군사들은 배를 타지 못하고 왕성탄 얕은 여울을 따라 강물을 헤치고 건너니, 적은 그제야 왕성탄이 얕다는 것을 알게 되었다.」 -〈임진전란사〉-

전투에 들어가기 전에 이미 날이 새고 있었다면 급히 징을 쳐서 군사를 물리고 강을 건너왔어야 했다. 그러나 '돌격대별로 따로따로' 식으로 전투에 임했기 때문에 후퇴령을 내리는 지휘관도 없었다. 그러는 중에 흥분한 돌격대들은 전진만 계속했고 결국 처참한 패배를 당했던 것이다.

5. 코미디 같은 3도 감사들의 용인 전투

임진강 패전(5.17~18) 후 선조와 조정의 신하들은 하늘이 무너지는 절망감 속에서도 한성 수복을 위해 올라온다는 근왕군 5만에 한가닥 희망을 걸고 있었다. 그러나 근왕군을 이끄는 전라·충청·경상 3도의 감사들도 군사학의 이치를 모르기는 매한가지인 문신들이었고, 이들은 용인에서 맞닥뜨린 와키자카(脇坂安治) 군사 1,600명에게 농락당하듯 무너지고 말았다. 때문에 역사학계에서는 용인전투(5.28~6.6.)를 일컬어 '코미디 같은 전투'라고 말한다.

'文人이어서 군사 일에 익숙하지 못했다'는 〈징비록〉

「전라도순찰사 이광(李洸)은 전라도 군사를 거느리고 서울로 올라와 도우려 하다가 임금께서 서도로 피난하시고 서울이 이미 함락되었다는 말을 듣고는 군사를 거두어 전주로 돌아왔다. 그런데 도내 사람들은 이광이 싸우지도 않고 돌아온 것을 나무라며 분개하고 불평하는 사람이 많았다. 이렇게 되자 이광은 마음이 스스로 편치 않아서 다시 군사를 징발해 가지고 충청도순찰사 윤국형(尹國馨)과 더불어 군사를 합쳐 나아갔다. 이때 경상도순찰사 김수 또한 그 도로부터 군관(軍官) 수십 명을 거느리고 와서 합세하였는데, 군사들이 모두 5만여 명이나 되었다. 그들이 용인에 이르렀을 때 북두문산(北斗門山) 위에 적들의 작은 보루가 있는 것이 보였다. 이광은 이들 적을 얕보고는 먼저 용사 백광언(白光彦)·이시례(李時禮) 등을 시켜서 가서 적을 시험해 보게 하였다. 백광언 등은 선봉을 거느리고 산으로 올라가 적의 보루에서 수십 보쯤 되는 곳에 이르러 말에서 내려 활을 쏘았는데, 적들은 나오지도 않았다.

날이 저문 뒤에 적들은 백광언 등의 기세가 좀 풀린 것을 보고 시퍼런 칼을 빼어 들고 크게 소리를 지르면서 돌격해 나오니, 백광언 등은 황급히 서둘러 말을 찾아 타고서 달아나려 하였으나 달아나지 못하고 다 적에게 잡혀 죽임을 당하였다. 여러 군사들은 이 말을 듣고 놀라고 두려워하였다.

이때 세 순찰사는 다 문인(文人)이었기 때문에 군사 일에 관하여는 익숙하지 못했고, 군사의 수자는 비록 많았으나 훈련이 통일이 안 되었고, 또한 험한 요지에 군사적 설비를 하지도 않았으니, 참으로 옛사람이 말한바 '군사 행동을 봄놀이 하듯 생각하면 어찌 패하지 않겠는가?' 라고 한 그대로라 하겠다.

그 다음날 적들은 우리 군사들이 겁을 내고 있음을 알고는 몇 사람이 칼을 빼어 용맹을 뽐내면서 달려들어 왔다. 3도의 군사들이 이것을 바라보고 크게 무너졌는데 그 소리가 마치 큰 산이 무너지는 것과 같았다. 이때 군사물자와 기계를 헤아릴 수 없이 버려두고 도망하여 길이 막혀서 사람들이 다닐 수가 없었는데, 적들은 이것을 다 가져다가 불태워 버렸다.

이렇게 되자 이광은 전라도로 돌아가고, 윤국형은 공주로 돌아가고, 김수는 경상우도로 돌아갔다.」　　　　－〈징비록〉－

　중앙군은 평양성의 3~4천 명이 전부였으며, 지방군의 합계가 근왕군 5만 명이었다. 그런데 이 5만 명의 군대가 코미디 같은 일전을 치르고는 무너져버렸다. 그러나 패퇴하여 고향으로 도망간 것은 잘한 일 같다. 만약 한성까지 진군해 갔더라면 과연 몇 명이나 살아남을 수 있었을까.

6. 〈선조실록〉에 기록된 동대원·평양성 전투

「사헌부와 사간원에서 건의하였다.
　"이번에 임진에서 온 토병(土兵: 지방 병사)을 통하여 들은 바에 의하면, 강변 고을의 토병들이 패하여 흩어진 뒤에 뿔뿔이 도망쳐 돌아갔다고 합니다. 만약 순천·개천·자산 등 고을에 관리를 보내어 그들을 불러 모은다면 수습하여 급할 때 쓸 수 있을 것입니다. 선전관을 보내어 불러 모아 거느리고 오게 하기 바랍니다."
　임금이 그 의견을 따랐다.」　－〈선조실록〉(1592. 6. 2.)－

　5월 18일~20일에 있은 임진강전투 후 패잔병들은 자산→순천→개천 등지로 도망갔다. 한편 고니시-구로다의 3만군은 뗏목으로 임진강을 건넌 후 평산→봉산→황주로 향했고, 이를 알게 된 김명원·한응인·이일 등은 각기 소수의 수하 병사들만 거느리고 신계→수안→삼등→강동으로 퇴각하고 있었으며, 황해감사 조인득은 기십 명의 관아 직속 병사들을 이끌고 황해도의 어느 작은 섬으로 피신했기 때문에 흩어진 강변 군사들을 다시 소집할 수 없었다.

「선조: "경(卿)들은 무슨 할 말이 있는가?

이원익: 성을 지키는 절차를 지금 다 마련해 놓았지만, 성을 지킬 것인지 다른 곳으로 이주할 것인지 빨리 결정해야 합니다. 만약 죽음을 각오하고 지킨다면 할 수 있겠지만, 그렇게 하지 못할 바에는 역시 형편에 따라 조치를 취해야 합니다.

이항복: 병조는 바로 그 일을 담당하는 관청인데도 아직 어떻게 결정될지 모르기 때문에 조치를 취하지 못하고 있습니다. 모든 일은 반드시 미리 손을 써야 제대로 할 수 있고 갑작스럽게 하면 어쩔 수 없는 법입니다.

홍여순(洪汝淳): 아침에 지시에 따라 빈청(賓廳)에 나와 보니 사태가 급하게 되어야 행차가 떠난다고 하였습니다. 일이 급하게 되면 움직이지 못할 것입니다.

이원익: 빨리 결정해야겠습니다.

선조(정곤수에게): 무슨 할 말이 있는가?

정곤수(鄭崐壽): 의주로 옮겨 가려면 먼저 백성들을 타일러 깨우쳐 주어야 합니다.

선조: 의논들이 일치하지 않는데, 내 생각에는 여기 평양은 완전히 안전한 곳이 못 된다. 임금과 신하들이 다 함께 왜적의 칼날에 죽어서는 안 된다. 그래서 나는 옮겨가려고 하는데 대신들이 듣지 않는구나."」　-〈선조실록〉(1592. 6. 2.)-

왜군들이 평양성으로 오고 있는 것이 확인되었고, 그래서 평양성을 지킬 것인지 버릴 것인지를 놓고 확대 어전회의가 열렸다.

「정곤수: 좌의정 윤두수의 생각은 대체로 이 성을 굳게 지키자는 것이었는데, 이제는 그 역시 결코 떠날 수 없다고는 말하지 않습니다."」   -〈선조실록〉(1592. 6. 2.)-

윤두수도 당초에는 평양성을 지키자는 쪽이었다. 그러나 평양성 방어준비가 갖추어지지 않은 상황에서 왜군들이 다가오자 윤두수의 평양성 사수론도 흔들리고 있다.

「선조: "여기서 영변까지는 며칠 길이나 되는가?
홍여순: 닷새 길입니다.
선조: 영변에서 강계까지는 며칠 길이나 되는가?
홍여순: 6~7일 걸립니다.
홍진(洪進): 이것은 중대한 문제입니다. 강계로 옮겨가는 것에 대한 논의는 대신들을 불러 결정해야 합니다.
선조: 대신들을 불러서 들어오게 하라. 백성들을 타일러 깨우치는 일을 왜 빨리 하지 않는가?
최흥원(崔興源): 오늘 안으로 꼭 하겠습니다.
선조: 강계의 형세는 어떠한가? 각자의 의견을 말해 보라.
정철: 소신은 막 (귀양 가 있던)강계에서 왔습니다. 그곳은 매우 춥고 궁벽한 변방으로 풍토가 지극히 나쁘고 식량을 조달하기도 어렵습니다.
윤두수: 예로부터 천하의 중심지에 있으면 일을 도모할 수 있었지만 한쪽 구석으로 들어가면 지휘할 수 없었습니다.
선조: 그렇다면 안 되겠다.

윤두수: 영변이 어떻겠습니까?
　　유성룡: 영변에는 함흥으로 가는 길이 있으니 우선 영변으로 피
　　　　하는 것이 좋겠습니다.
　　선조: 속히 백성들을 타이르도록 하라."」

-〈선조실록〉(1592. 6. 2.)-

　강계는 궁벽하기도 하지만 압록강을 건너면 누루하치의 여진 땅이라 위험천만한 지역이다. 하지만 평양을 떠나 안전한 곳을 찾고 있는데 갈 곳이 없었다.

　　「이덕형: "성안의 백성들은 전하께서 다른 곳으로 옮겨간다고
　　　　불안해합니다. 타이를 때 여기를 최대한 힘껏 지켜내겠다는
　　　　뜻도 함께 말해주는 것이 좋겠습니다.
　　선조: 이곳에서 성을 지켜낼 수 있겠는가?
　　이원익: 그것은 장담할 수 없습니다.
　　이덕형: 여러 장수들이 모두 패하였으니 대세는 이미 기울어졌
　　　　습니다. 감당할 만한 장수도 없습니다."」

-〈선조실록〉(1592. 6. 2.)-

　갈 곳이 없는 것을 확인한 선조는 평양성의 수성 여부를 다시 물었다. 그러나 이원익과 이덕형은 자신할 수 없다고 했다.
　이덕형은 '여러 장수들이 모두 패하였다'고 하였는데, 그는 임진강 패전을 상당히 많이 알고 있는 듯하다.
　임진강 패전은 그렇다 치고, 대동강과 평양성을 지킬 수 있는 방안은 따로 또 마련될 수 있는데, 신하와 임금이 군사학의 이치에 어두웠으므로 방책을 세우지 못하고 도망갈 궁리만 하고 있다.

「선조(이항복에게): "판서의 생각에는 영변이 어떻다고 보는가?
이항복: 신은 영변에 가본 적이 없습니다.
홍여순: 영변에서 길을 잡아가면 영원(寧遠)을 넘어 북도까지 갈 수 있습니다.
선조: 왜적들이 양덕(陽德) 등지에도 퍼져 있으면 어찌할 것인가. 당연히 맹산(孟山) 쪽의 길을 거쳐 가야겠으니, 경이 먼저 가서 살펴보라.
이희득(李希得): 선전관 한 사람을 대동하고 가겠습니다.
선조: 휘하 병사 2~3명도 대동하고 가도록 하라.
정곤수: 세자가 함께 머물러 있을 수 없다면 두 분이 각기 따로 있는 것이 좋겠습니다.
선조: 그렇다. 강계가 아주 좋겠다. 세자가 강계로 갈라져 가 있는 문제는 주서(注書)가 나가서 대신들과 의논하라."」

—〈선조실록〉(1592. 6. 2)—

'세자가 갈라져 가 있는 문제'가 곧 세자 분조(分朝)의 출범이다. 광해 세자의 분조는 평양성을 지켜야 했지만 준비가 없었기 때문에 신주단지를 모시고 강계로 피난갈 것만 논의하고 있다.

함경도와 황해도 소식

「함경도로 왕자를 모시고 간 김귀영(金貴榮)과 윤탁연(尹卓然)이 급히 장계를 올렸다.

"왕자들을 나누어 보내어 인심을 진정시키려는 전하의 생각은 사실 예사로운 것이 아니었지만 신들이 변변치 못해서 늙은 이들을 위로하고 타일러 전하의 은혜로운 의도를 널리 공포하지 못했습니다. 그런데도 백성들은 눈물을 닦으며 우러러보고 절하고 기뻐하며 생기가 도는 것이 그지없었습니다.

그러나 생각건대 천만 마디의 빈 말보다는 조그마한 실제 혜택이 더 나은 법입니다.

본 도는 근래에 군사를 징발하고 군량을 운반하는 일 때문에 사람들은 온 집안이 다 싸움터에 나가고 마구간에는 말 한 마리도 없으니, 목장의 말 1백여 마리를 혹은 중요한 길목의 쇠잔한 역에 지급하기도 하고 혹은 재능은 있으면서 말이 없는 군사들에게 주시기 바랍니다.

그리고 함경도의 공물(貢物) 및 궁중에 바치던 음식물 재료 등을 감면해 주라는 은혜로운 지시를 내리시어 백성들이 다시 생기를 되찾도록 하시기 바랍니다."」

-〈선조실록〉(1592. 6. 4.)-

함경남도 병사도 임진강과 철령에서 패했다. 그 후 함경도는 가토군에 의해 초토화되고 황폐화되었다.

하지만 조정은 함경도 군사들이 계속 달려올 것으로 기대하면서 중전 일행을 그곳으로 보내려고 했다. 만약 갔더라면 두 왕자처럼 포로가 되었을 것이다.

「사헌부와 사간원에서 건의하였다.

"왜적의 변란이 일어난 뒤로 날이 갈수록 더욱 심하게 군율이 서지 않아 명령이 전혀 통하지 않습니다. 전하의 지시를 받은 사람들 중에는 핑계를 대고 그냥 돌아오는 자가 잇따르고 있습니다.

선전관 이책(李策)은 급한 지시와 신이의 표지(標信)를 가지고 황해 감사에게 갔으나 까닭도 없이 전달하지 않고 중도에서 바로 되돌아 왔으니, 임금의 지시를 내버리고 군법을 어긴 죄가 큽니다. 빨리 군법에 따라 죄를 지우라고 지시하기 바랍니다."
임금이 그 의견을 따랐다.」　　-〈선조실록〉(1592. 6. 6.)-

왜군 선발대가 평산→봉산→황주→중화의 관아(군수들은 관병들을 거느리고 임진강 방어진에 가 있었기 때문에 군관들이 소수의 병력으로 겨우 지키고 있었다)들을 기습, 접수하고 일부 병력을 주둔시켜서 ①그 지역의 영지화 작업, ②한성의 왜군사령부와 연락망 건설, ③임진강에 주둔한 조선군의 추격을 막는 복병으로 삼았다.

이 같은 상황이 되자 조인득은 소수의 관아 군사를 데리고 황해도 어느 섬으로 도망갔으므로 선전관은 그의 소재를 몰라서 중도에서 되돌아 왔다. 황해도가 구로다 군의 통치하에 들어간 것이다.

7. 이일 장군이 올린 긴급장계

「순변사 이일(李鎰)이 급보를 올렸다.

"신이 지난 달 18일에 대탄(大灘)에 있을 때 적정을 탐지하는 군관 고충경(高忠卿)을 통하여 왜적들이 영평현(永平縣)으로 쳐들어왔다는 말을 들었습니다. 영평현에서부터 곧바로 철원·삭령(朔寧)·연천 등지를 공격하면 그곳들은 모두 우리 군사의 후방지역이 되므로 즉시 도검찰사(박충간)와 약속하여 강원도 방어사 문몽헌(文夢軒)을 그대로 머물러 있으면서 대탄을 지키도록 하고, 신은 함경남도 병사 이혼(李渾)과 함께 군사들을 철원으로 옮겨다가 왜적을 막아 지킬 계책을 세웠습니다.

그런데 지금 들으니 임진이 함락되어 왜적이 서부 지방을 위협하고 있다고 합니다."」　　　　　－〈선조실록〉(1592. 6. 7.)－

이일은 대탄에서 왜군의 움직임을 밀착 감시하며 이혼 병사와 함께 철원으로 이동했다. 그곳에서 임진나루가 무너졌다는 소식을 듣고 이혼의 부대와 헤어져서 휘하 군사들을 이끌고 평양 길에 올랐다. 그러나 왜군들이 평산→봉산→황주→중화 길을 점령하고 있었기 때문에 내륙 길인 수안→곡산→삼등→강동→평양으로 왔고, 오는 길에 죽을 고생을 했다.

이일은 순변사였으므로 이동 중에 장계를 여러 번 올렸는데, 상주 전투 장계는 문경에서, 탄금대전투는 한성으로 올라오면서 올렸다. 그리고 아래의 두 장계는 철령→임진강→삼등→평양성으로 올라오는 길에 평양과 하루거리인 삼등쯤에서 급히 군관을 시켜 달려 보낸 것이다.

"생각건대, 평양은 성이 낮고 해자도 얕으므로 반드시 특별히 방비 조치를 하여야만 방어해낼 수 있을 것입니다. 바라건대, 활 쏘는 참호(弓架)를 많이 설치하여 성을 공격하는 왜적을 막아내고 평안·황해의 전선(戰船)들을 거두어 모아서 강어귀에 배치한 다음 총통(銃筒)을 많이 실어 적이 물길로 공격해 오는 것을 막아야 할 것입니다.

장마가 계속되어 활시위가 모두 늘어졌으니 각 고을에 저장된 무기들을 모두 평양으로 모아들이고, 패하여 흩어진 군사들을 소집해서 기어코 다시 한 번 떨쳐 일어나게 함으로써 성을 등지고 일전(一戰)할 계책을 세워야 할 것입니다."

−〈선조실록〉(1592. 6. 7.)−

이일이 임진나루에서 왜군이 강을 건넜다는 소식을 들었다면 조인득 황해감사의 해로 수비 작전과 〈옥포파왜병장〉을 가지고 올라온 송한련과 김대수의 화약무기 체험담도 전해 들었을 것이다.

그 무렵은 수백 척의 어선·화물선·상선들이 3강을 오르내리면서 생업을 이어가고 있었고, 조·왜 어느 쪽도 이 같은 생업을 막지 않았다. 그래서 이일은 이들로부터 온갖 정보를 듣고 있었다.

이일은 이순신을 젊은 날부터 잘 알고 있었고 또 라이벌로도 생각했다. 상주전투와 탄금대전투에서 조총에 의한 뼈저린 패배를 당한 이래 조총을 이길 수 있는 방안에 대해 주야로 궁리해 왔는데, 이순신의 화약무기를 동원한 승전담을 전해 듣자 하루아침에 대동강과 평양성을 지킬 방안이 꿰뚫어 보이기 시작한 것이다.

깨닫는 순간부터 산골의 험로를 쉬지 않고 달려왔고, 삼등에 도착해서는 군관을 시켜서 먼저 달려가 보고하게 한 것이다.

그러나 이일의 장계가 채택되기에는 너무 늦은 시점이었다. 아래는 같은 날에 수록되어 있는 이일이 올린 또 한 통의 장계이다.

「이일이 급보를 올렸다.

"신이 도중에 임진이 함락되었다는 소식을 듣고는 즉시 전하를 호위할 군사를 거느리고 어제 삼등의 강변에 도착하였습니다. 그 고을의 수령이 신이 오는 것을 바라보고는 곧바로 산골로 달려가서 백성들을 타일렀지만, 그들은 더욱 놀라서 피해 달아나 숨었습니다. 지나는 곳마다 다 그러한 형편이니 관리를 보내어 흩어져 도망친 백성들을 불러내야 할 것입니다.

　삼등은 대동강 상류에 있는 고을로서 수안과 곡산으로 곧바로 쳐들어갈 수 있는 위치에 있으므로 여기에 군사를 주둔시켜 지키는 것이 한 시간이 급합니다. 그러니 무관을 특별히 골라서 고을 백성들을 불러 모아 수안의 군사들과 연합하게 해야 합니다. 만약 삼등을 잃는다면 성천과 양덕으로 통하는 길도 마침내 끊어져 결국 북도의 소식도 영영 막히고 말 것입니다."

－〈선조실록〉(1592. 6. 7.)－

　수안, 곡산, 성천, 양덕 등 내륙의 도로와 고을들을 지켜야 한다는데, 이때의 평양성은 3~4천의 수비군으로 3만의 왜군과 대치했기에 조정에서는 오히려 수안, 곡산, 삼등, 강동 등의 군사들이 평양성으로 달려와 주기를 바라고 있었다.

「 "신이 거느리고 있는 군사들은 오는 길에 전하의 행차가 그대로 평양에 머물러 계신다는 소식을 듣고는 고무(鼓舞)되어 감격의 눈물을 흘리면서 모두들 죽음을 각오하고 싸우려 하고 있습니다. 도중에서 혹시 흩어진 군사들을 만나면 모두 '명령을 모르기 때문에 이처럼 도망친 것이다. 만약 명령만 있다면 어찌 감히 도망치겠는가'라고 서로 약속이나 한 듯이 말했습니다. 강원·황해·함경·경기에 신임의 표지를 내려 보내어 흩어진 군사들을 빨리 모아 고을 수령들로 하여금 그들을 거느리게 하고 곳곳에 군사를 주둔시킨다면, 적의 군사는 반드시 곧바로 전진할 리가 없을 것입니다."」　－〈선조실록〉(1592. 6. 7.)－

　'흩어진 병사들을 불러 모아, 그 고을 수령들로 하여금 그들을 거느리게 하고 곳곳에 군사를 주둔시킨다'고 하였는데, 이들 고을의 행정과 군영 經·營이 무너져 있었기 때문에 흩어진 군사들을 모을 수도 없었다. 또 모은 군사들이 있다고 하더라도 평양성 등지에서 항전토록 해야지 '고을별로 곳곳에 주둔시킨다면' 각개 격파되거나 뿔뿔이 흩어지는 결과를 낳게 되므로 이일의 판단은 잘못된 것이다.

〈징비록〉에 기록된 그 무렵의 이일

「이일이 평양에 이르렀다. 이일은 이미 충주에서 패한 뒤 강을 건너 강원도 지경까지 이리저리 옮겨 다니다가 이곳(평양) 행재소에 이른 것이다. 이때 여러 장수들이 서울로부터 남하하여 혹은 도망가고 혹은 죽고 하여 한 사람도 임금을 호종할 사람이 없었는데, 적군이 장차 (평양에) 이를 것이라는 말을 듣고 사람들은 더욱 두려워하였다.

이일은 무장들 중에서 평소 이름이 높았으므로 그가 비록 싸움에 패하여 도망쳐 온 형편이라 하더라도, 그가 왔다는 말을 듣고 기뻐하지 않는 사람이 없었다.」   -〈징비록〉-

'강원도 지역을 이리저리 옮겨 다니다가' 라고 하였는데, 대탄과 철령 등지를 오갔음을 말한다. 이일이 이렇게 다닌 것은 대단히 중요한 작전이었음에도 불구하고 유성룡은 이일이 그간 목 벤 것이 없다고 가볍게 본 것 같다.

문신인 유성룡으로서는 적에 대한 밀착 감시가 왜 필요했는지 몰랐을 것이다. 알았다면 고니시-구로다군이 평양성 성문 앞에 나타날 때까지 모르고 있는 현상은 일어나지 않았을 것이다.

'평소 이름이 높았음으로' 라고 하였는데, 아무리 유명한 장수였다고 하더라도 오합지졸 8백 명을 주고서 2만 명의 왜국 선봉군을 막아달라고 했으니 제갈량인들 어찌 막아 낼 수 있었겠는가. '기뻐하지 않는 사람이 없었다' 고 했는데, 이일이 대탄의 군사라도 끌고 온 줄로 알았던 것이다. 그러나 그 무렵은 아직 의병들은 없었고 관군만 있었다.

상주전투 이후에는 이일에게 관군을 준 적이 없다. 그래서 이일은 소수의 휘하 군사들만 이끌고 평양으로 온 것이다.

「이일은 이미 여러 번 패하여 가시덤불 속에 숨어 있었던 터이므로 평량자(平凉子: 하층민들이 쓰는 패랭이)를 쓰고 흰 베적삼을 입고 짚신을 신고 왔는데, 얼굴이 몹시 수척하여 보는 사람으로 하여금 탄식을 자아내게 하였다.

나는 그에게 말하기를 "이곳(평양) 사람들이 장차 그대에게 의지하려 생각하고 든든하게 여기고 있는데, 이와 같이 메마르고서야 어떻게 여러 사람들을 위로할 수 있겠는가?" 하며 행장을 뒤져 남색 비단 철릭(帖裏: 깃이 길고 허리에 주름을 잡은 무관복)을 찾아 그에게 주었다.

이에 여러 재신(宰臣)들이 말총으로 만든 갓(鬃笠)도 주고, 혹은 은정자(銀頂子)와 채색 갓끈도 주어 그 자리에서 바꿔 입혀서 옷차림은 일단 새로 갖추었으나 다만 가죽신을 벗어주는 사람이 없었으므로 그대로 짚신을 신고 있었다. 나는 웃으면서 말하기를 "비단옷에 짚신은 서로 격이 맞지 않는구먼!" 하니, 좌우에 있던 사람들이 다 웃었다.」　　　　　　－〈징비록〉－

'가시덤불 속에 숨어 있었다' 고 하였는데, 숨어 있은 것이 아니고, 대탄→철원 지역을 3천5백 명의 함경남도의 군사들과 함께 가시덤불을 헤치면서 수색전을 폈던 것이다. 오늘날 DMZ의 가시덤불을 지키는 우리 국군의 모습이다.

이일이 이동해 온 길은 역졸망이 무너졌기 때문에 잠을 자고 음식을 주는 역사가 있을 리도 없었고, 더구나 왜군들이 어디에 매복해 있는지 몰랐기 때문에 주간 행군은 엄두도 내지 못했을 것이다.

군복과 군화는 임진강변 수색전 때 이미 낡을 대로 낡아 있었을 것이고, 그 후 삼등으로 올 때는 민간복에 짚신으로 바꾸었으며, 그렇게 하는 것이 왜군들의 눈을 피하는 데도 좋았을 것이다.

그런데 그날 평양성의 문신들은 이일과 그의 수하 병사들이 겪은 고생을 몰랐고 알려고도 하지 않은 것 같다.

「그런데 갑자기 벽동에 사는 지방 병사 임욱경이 왜적들이 벌써 봉산에 이르렀다는 정보를 탐지해 가지고 와서 알려 주었다.」
-〈징비록〉-

토병 임욱경은 임꺽정 같이 힘이 센 장사인데, 이 무렵에는 봉산역에서 척후 활동을 하고 있던 중이었다.

「그래서 내가 좌상 윤두수에게 말하기를 "왜적의 척후가 틀림없이 벌써 대동강 밖에 와 있을 것이오. 이 강 사이에 있는 영귀루(詠歸樓: 만경동) 밑은 강물이 두 갈래로 나뉘어서 물이 얕으므로 사람이 건널 수 있는데, 만일 왜적들이 우리 백성을 잡아 길 안내자로 삼아 몰래 건너와서 갑자기 달려든다면 성은 위태로울 것이오. 어째서 이일을 급히 보내어 그 얕은 여울목을 틀어잡고 뜻밖의 변고를 방비하지 않으려 하시오?"라고 하니,

윤공(尹公)도 "그렇게 하는 것이 좋겠습니다"라고 말하므로, 곧 이일을 파견하였다.」　　　　　　　　　　　　－〈징비록〉－

　유성룡과 윤두수가 이일에게 여울을 지키도록 보내는 과정을 보면, 이일과는 작전 상의도 없이 마치 '하인 심부름 보내듯' 일방적으로 명령을 내린 것 같다. 명령을 내린 장소는 유성룡이 '잔치마당' 같다고 했던 연광정으로 보인다.
　이일이 그간 패전해 왔으나 그의 패전을 이해하려는 사람은 없었다. 하지만 왕성탄과 평양성을 지켜낼 수 있는 비결은 수군에서는 이순신이, 육군에서는 이일이 제시하였다.

「이때 이일이 거느리고 있는 강원도 군사는 겨우 수십 명이었으므로 다른 군사를 더 붙여주게 하였다. 이일은 함구문(含毬門)에 앉아서 군사를 점고하면서 곧바로 떠나지 않았다. 나는 사세가 급한 것을 생각하여 사람을 보내 살펴보게 하였더니, 그는 그대로 함구문 위에 있었다.
내가 연달아 윤공(尹公)에게 말하여 이를 독촉하게 하자 비로소 이일이 떠나갔다. 그는 성 밖으로 나가기는 하였으나 길을 가르쳐 주는 사람이 없어서 잘못 강서 쪽으로 향했는데, 길에서 평양좌수(平壤座首) 김내윤이 밖으로부터 들어오는 것을 만나서 길을 물어 그로 하여금 앞에서 안내하게 하여 만경대 아래로 달려가니, 그곳은 성으로부터 떨어지기 겨우 10여리 쯤 되는 곳이었다.」　　　　　　　　　　　　－〈징비록〉－

　이일은 화약무기와 전투선단으로 왕성탄 수비를 건의했고, 또 직접 먼 길을 달려왔지만, 그에 대한 예우가 말씀이 아니다. 이일을 따라온 군사들에게 밥이나 제대로 챙겨 먹였는지도 의문이다.

'다른 군사를 더 붙여주게 했다'고 하였는데, 1백 명 정도가 되도록 채워준 것 같다. 아무튼 조정이 이일에게 상주전투에 이어 두 번째로 군사를 붙여준 조치로 보인다.

'곧 떠나지 않았다'는데 무신을 하인 부리듯 하는 것을 못마땅하게 생각해서였을 수도 있고, 자신이 올린 장계에 대해서 쓰다달다 말이 없어서 답답해서 그랬을 수도 있다. 〈선조실록〉에는 이일이 장계에서 주청한 것에 대한 반응이나 조처에 대해서는 어떤 기록도 없고 장계만 수록해 두었다. 혹시 비변사에서 읽을 경황도 없어서 보관만 하고 있다가 뒷날 사관이 수록한 것은 아닌지 모를 일이다.

'길을 잘못 들어 강서현까지 갔다'고 하니, 지도도 주지 않은 모양이다. 새로 붙여준 군졸 가운데서도 길을 아는 자가 없었다. 상주전투 때에도 오합지졸을 주더니 두 번째도 오합지졸이다.

다행히 길에서 만난 김내윤의 도움으로 만경동에 도착했다.

이일의 만경대 여울 방어전

「이일이 강의 남쪽 언덕을 바라보니 적병이 와서 모여 있는 것이 이미 수백 명이었다. 강 안의 작은 섬에 사는 사람들은 놀라서 소리를 지르며 도망가고 있었다. 이일은 급히 무사 10여 명으로 하여금 섬 안으로 들어가서 활을 쏘게 하였으나, 군사들은 겁을 먹고 곧바로 나아가지 않았다. 이일이 칼을 빼어들고 그들을 베려고 하자 그제야 앞으로 나아갔다. 이때 왜적들은 벌써 강물 속에 들어 서 있다가 강 언덕으로 가까이 왔는데, 우리 군사들이 급히 굳센 활을 당겨 쏘아 연달아 6, 7명을 거꾸러뜨리니 왜적들은 드디어 물러가버렸다. 이일은 그대로 머물러 나루터의 어귀를 지켰다.」　　　　　　　　　　　－〈징비록〉－

'10여 명을 섬 안으로 들어가서… 배려고 하자…' 라고 한 것에서 무장으로서의 리더십과 용맹성, 아울러 조선 활과 조총의 장단점도 체득하고 있었음을 엿볼 수 있다. 그러나 문신들은 이 같은 용맹도, 조선 활의 강점과 조총의 약점도 몰랐으며, 조총의 소리만 듣고 왕성탄을 내어주는 형편이었다.

강물이 가슴까지 찼다면, 왜군들은 조총과 일본 활을 사용할 수 없었다. 결과적으로는 이일이 소수의 병력으로 왜군 수백 명의 도하를 막아낸 것이다.

이일이 올린 두 통의 장계를 접수한 비변사가 그 속에 여울 지키기 방안이 있음을 해독해서 여울마다 소·중형의 전투선단 몇 척씩을 배치시켰다면 전황은 달라졌을 것이다.

이같이 전황이 달라지고 있을 때 〈당포파왜병장〉이 올라와서 '거북선＋학익진의 해전법'이 알려지고, 곧이어 명나라의 구원군 5천이 도착했다면 대동강에는 '거북선＋학익진 선단'이 지키고, 평양에는 '조선군＋명나라 조승훈군의 화약무기'를 갖출 수 있었을 것이다.

도망병이 된 이일

왕성탄이 무너지자 이일은 뜻을 잃고 강서·안악 등지로 들어가서 의병을 육성하고 의병들을 이끌고 광해 세자의 분조를 모시게 된다. 그러나 의주의 조정은 이일이 광해의 분조에 나타날 때까지 도망간 것으로 여겼는데, 역시 무인 천시의 단면이다.

8. 한응인이 강동에서 올린 장계

한응인도 6월 8일 장계를 올렸다.

「청평군(淸平君) 한응인이 창을 쓰는 군사(槍軍) 1백 30명을 거느리고 대동강 상류의 여러 여울을 지키기 위하여 강동(江東)에 도착하니 현감 윤시침(尹時枕)이 겨우 관속(官屬) 두어 명과 함께 관청에 남아 있을 뿐, 온 경내의 백성들은 다 도망치고 없었다.
응인이 시침을 시켜서 도망친 백성들을 불러다가 타일러 다시 돌아와 모여살게 한 다음 활, 화살, 화포와 방어에 보충할 군사를 요청하였다.」 -〈선조실록〉(1592. 6. 8.)-

한응인도 왜군이 평양성으로 향했음을 알고 임진→신계→수안→삼등→강동으로 달려와서 장계를 올렸는데, 이일과 같은 시점이다.
한응인은 '화포를 요청' 했는데, 역시 〈옥포파왜병장〉의 영향을 받은 것이다. 하지만 너무 늦었다. 그로부터 3일 후인 6월 9일에 있은 대동강 전투에서 '초라했던 현자포'가 이를 방증해 준다.
위에서 보듯이, 한응인의 장계에 대해서도 역시 임금이나 대신들의 반응이 없다.
한편, 평양성의 비변사 쪽에서 판단했을 한응인에 대한 평가를 유추해 보자. 비변사로서는 머지않아 한성을 수복한다던 장수들이 무엇을 어떻게 했기에 평양성을 이 같은 위기에 몰아넣었는지 우선 원망이 앞섰을 것이다.

장계 내용을 보면, '보병 130명'만 이끌고 강동까지 와서 다시 또 병력과 대포를 보내달라고 했으니, 3만의 왜군을 눈앞에 두고 있는 행재소로서는 너무나 어이가 없어 할 말을 잃었을 것이다. 그래서 한응인의 장계에 대한 조정의 반응은 차가웠다.

재송정과 강동은 먼 거리

「임진에서 우리 군사가 패한 뒤로 왜적들은 계속 진격하여 황해도의 고을들로 쳐들어왔다. 이날 왜적의 선봉이 대동강 가에 있는 재송정(栽松亭) 앞까지 와서 세 곳에 군사를 주둔시켰다.」 —〈선조실록〉(1592. 6. 8.)—

왜군들의 진로가 임진강→평산→봉산→황주→중화→재송원이었음을 훗날 정리해둔 것이다.

왜군들은 강동 쪽으로 오지 않고 그보다 서남쪽으로 멀리에(강동 쪽은 꼬불꼬불한 육로였기에) 있는 재송원으로 와서 세 곳에 토치카를 구축했다. 이렇게 되자 조선군 쪽에서는 왜군을 쫓아내기가 어렵게 되었다. 이렇게 정리해 보면, 한응인이 강동을 막아선 것도 빗나간 작전이었다.

또 왜군이 재송정→동대원에 도착했다는 소식을 듣자 강동의 관아 직속 병사들은 도망가기 시작했는데, 이 같은 점도 예측하지 못했기에 결국은 평양성이 전날의 동래성처럼 '외로운 성'이 되었다. 그러나 동래성은 기습공격을 받았으므로 '외로운 성'이 되었던 점도 어느 정도 이해할 수 있다. 하지만, 평양성이 고립무원에 빠진 것은 '왜군은 평양성으로 오라! 조선군은 한성으로 간다!'는 이상한 전략·전술을 고수한 결과였기에 변명의 여지가 없다.

한응인이 병법을 알았더라면 임진강 패전 후에도 왜군들의 동태를 밀착 감시해서 고니시-구로다군이 다가오는 길목을 지키면서 평양성과 함께 여러 가지 작전을 준비했을 것이다.

하지만 〈옥포파왜병장〉이 5월 23일 평양성에 도착했을 때 한응인은 임진강 북쪽 어느 산속에 숨어 있었고, 그 후 송한련과 김대수의 화약무기 활용담이 소문으로 전해지자 비로소 화약무기의 중요성을 인식한 것이다.

왜군들의 군량미 사정

「이때 왜적들이 먼 길을 온 까닭에 지쳐 있는데다 사방의 곡식을 말끔히 치워버렸기 때문에 노략질을 하여도 소득이 없자, 가마니에 모래를 담아 강가에다 커다랗게 쌓아 위장해 놓고서 우리에게 축적된 곡식이 있는 것처럼 과시하였고, 강가에서 말을 달리기도 하고 혹은 성을 향하여 총알을 쏘기도 하였다.

이어 강가에다 글을 걸어 놓고 화친을 맺자고 끊임없이 요청하니, 성 안이 흉흉하여 조정 의논이 강계(江界)로 옮겨 가자고 하기도 하고 혹은 함흥으로 옮겨 가자고 주청하기도 하였다.

부제학 심충겸(沈忠謙)이 사헌부, 사간원과 함께 각기 부하 관리들을 거느리고 날마다 세 번씩 북도로 피해 갈 것을 주청하여 드디어 의논이 결정되었다.

이리하여 이희득(李希得)을 북도순검사(北道巡檢使)로 삼아 먼저 가서 행재소의 모든 일들을 조치하도록 하였다.」

'사방의 곡식을 말끔히 치워버렸다'는 것은 청야(淸野) 작전이다. 그렇다면 청야작전과 연계해서 어떤 결실이 나오도록 모종의 작전을 지속했어야 했다. 왜군들은 10일 분 정도의 군량미만을 가지고 있었기 때문에 작전을 지속적으로 전개했다면 어느 정도 소득이 있었을 것이다. 그러나 유감스럽게도 실록에는 위의 청야작전 기록이 전부이므로 그 후 이어진 작전이 없었음을 알 수 있다.

사헌부와 사간원은 이산해가 한성을 버리자고 했다며 탄핵을 했었다. 그러나 평양성을 버리는 데는 양사(兩司)가 앞장섰는데, 눈앞에서 왜군들의 총포 소리를 들어보니 안 되겠다고 생각했던 것이다.

중전마마 일행을 몽둥이로 폭행한 평양 백성들

「중전이 함흥으로 가려고 대궐에 딸린 사람들이 먼저 나가자 평양에 있던 군사들과 백성들이 난동을 부리고 몽둥이로 대궐의 궁녀들을 몽둥이로 때려서 말에서 떨어뜨렸다. 호조판서 홍여순(洪汝淳)은 길에서 난동을 부리는 군사들을 만나 매를 맞아 등을 다쳐 부축을 받고 끌려서 돌아왔다.

거리마다 칼과 창이 삼엄하게 벌려 있었고 고함소리에 땅이 진동하였는데, 모두들 왕의 행차가 성을 나가지 못하게 하려고 하였다.」 ―〈선조실록〉(1592. 6. 10.)―

궁비들이 폭행을 당하고 있다.

홍여순은 왜란이 일어나기 전에 병조판서였으나 4월 20일경 부실 대비의 책임을 추궁받고 파직되었으나 그 후 다시 호조판서로 복직되었다. 극소수의 인원만 평양까지 따라왔기 때문에 달리 다른 인물도 없었지만, 결과적으로는 군사학의 이치탐구가 안 된 문신들 간의 '벼슬자리 교대로 갖기 현상'이다.

9. 지휘·작전권을 넘기지 않은 선조 임금

「(6월 11일) 임금이 평양을 떠나 영변으로 향하였다.

좌의정 윤두수와 이조판서 이원익으로 하여금 머물러 있으면서 평양성을 지키게 하였고, 영변절도사 이윤덕(李潤德)에게는 강여울을 지키게 하였다. 또 이원익 등에게 비밀지시를 내려 은밀히 노리고 있다가 밤에 왜적의 진영을 치도록 하였다.

이날 밤에 윤두수와 이원익 등이 김진(金珍)에게 강변의 지방군사 1백여 명을 거느리고 강을 건너가 왜적의 군영을 쳐부수도록 하였다. 적들이 한창 자고 있을 때 김진 등이 수백 명을 사살하고 말 133필을 빼앗아 돌아왔다. 그런데 돌아오던 중에 배가 미처 일제히 닿지 못했기 때문에 지방군사 30여 명이 왜적에게 추격을 받아 강물에 빠져 죽었다.」

-〈선조실록〉(1592. 6. 11.)-

선조는 군사학에 어두운 임금이었음에도 대동강전투 2~3일 전까지 군의 지휘권과 작전권을 챙기고 있었는데, 평양성을 떠날 때가 되어서야 윤두수와 이원익 등에게 지휘권을 위임했다. 그러나 넘겨주는 그 순간까지도 야습을 하라는 어명을 내려두었고, 어명을 실천하다 보니 왕성탄 패전을 겪게 된 것이다.

영변성도 텅 비었다

「임금이 심충겸 등의 의견을 따라 북도로 향하려 하자, 좌의정 윤두수가 접견을 청하며 말하기를 "영변은 옛날부터 철옹성(鐵甕城)이라 불리던 곳이니 당분간 그곳으로 피하여 왜적의 형세를 관망하다가, 만약 위급하게 되면 점차 중국과 가까운 용만(龍灣)으로 가면 됩니다. 그러면 명나라도 가깝고 아울러 구원병을 청할 수도 있을 것입니다."라고 하였다.
임금이 그 의견을 따랐다.」　　-〈선조실록〉(1592. 6. 11.)-

영변에는 평안도 병마절도사의 본영이 있다. 예진부터 '철옹성이라 불리던 곳'이라고 했는데, 평양성도 옛날부터 철옹성으로 알려져 왔다. 그러나 지휘체계, 병력 규모, 무장 내용, 기타 전략·전술적으로 제대로 갖춘 것이 없었기에 힘없이 내어주고 말았다. 이 같은 상황은 영변성이라고 해서 다르지 않겠지만, 윤두수는 그곳에 머물면서 관망해 보자고 하였는데, 명나라 구원병의 도착을 기다리자는 주청이다.

「이날 임금이 (평양성을 떠나) 순안(順安)에서 점심을 들고 밤에는 숙천(肅川)에서 유숙하였다.」
-〈선조실록〉(1592. 6. 11.)-

6월 11일. 평양성을 나섰고, 순안에서 점심을 먹었다.

무너진 평안도의 파발조직

「의주목사 황진(黃璡)이 급보를 올렸다.

"관전보(寬奠堡)의 부총병도지휘(副摠兵都指揮) 동양정(佟養正)이 의순관(義順館)에 도착하였습니다. 명나라의 장수가 통역관(通事) 표헌(表憲) 등을 불러서 이르기를 '이번에 파견된 사람(差人)들은 전적으로 왜적이 앞으로 나오는가 물러가는가, 있는가 없는가 하는 소식을 급보로 알리기 위해서 왔다. 꼭 100리마다 파발을 한 군데씩 설치하여 차례차례로 소식을 전해야만 왜적들이 있는 곳을 분명히 알고 급한 상황에 대처할 수 있을 것이다. 그래서 동 지휘(佟指揮)가 너희 나라에 8명을 보낸 것이다. 의주에서부터 평양까지 다섯 곳에 파발을 나누어 둠으로써 중국에 급보를 띄우는 데 편리하도록 하라'고 하였습니다."」

-〈선조실록〉(1592. 6. 11.)-

임세록 등이 이미 조선에 와 있었는데 평안도 역졸망마저 무너져 있었기 때문에 명의 요동성에서 사람들을 특별히 뽑아 보내서 파발조직을 복구하도록 요구했다.

안주성도 텅 비었다

「임금이 숙천(肅川)을 떠나 정오에 운암원(雲巖院)에 도착하여 머물렀다. 안주(安州)의 관리와 백성들이 다 흩어져서 음식 공급도 할 수가 없었다. 목사 이민각(李民覺)이 혼자 나와서 영접

하니, 대신 등이 그에게 곤장 40대를 때리자고 청하였다.
 이때 강계 판관 김대축(金大畜)이 평양을 구원하러 가다가 길에서 임금의 행차를 만나 임금의 수라를 약간 준비하여 올렸다. 이날 밤 임금은 안주(安州)에서 유숙하였다.
 사헌부와 사간원에서 연합하여 주청하기를, "안주 목사 이민각이 나와서 접대하지 않았으니 태형(笞刑)만 가하고 그만둘 수 없습니다. 붙잡아다 신문하도록 명령하기 바랍니다."라고 하니, 임금이 대답하기를 "그가 알았다면 어찌 감히 나오지 않았겠는가. 틀림없이 미처 몰랐기 때문이었을 것이다. 앞으로 할 일이 있고 또 이미 벌을 주었는데 붙잡아서 신문하는 것은 너무 중하다."라고 하였다.」　　　　　　　－〈선조실록〉(1592. 6. 12.)－

「임금이 안주에서부터 비를 무릅쓰고 영변부(寧邊府)로 들어가니, 성 안의 아전과 백성들은 모두 산골짜기로 피해 늘어갔고 관리들 5~6명만 있을 뿐이었다.
 본 부에서 음식물을 바치자 임금이 따르는 여러 신하들에게 내려주라고 지시하였다.
 그리고 임금이 지시하였다.
 "본 고을이 비어서 음식물을 제공할 수 없다고 하니 내전이 이곳에 도착한 뒤에 세자는 이곳에 머물도록 하고, 대전은 바로 박천(博川)으로 가서 가산(嘉山)을 지나 정주(定州)로 갈 것이니, 모든 일을 즉시 준비하여 떠날 수 있도록 하라. 이런 뜻으로 즉시 시종(侍從)을 파견하여 그로 하여금 조치하여 준비하도록 하라."」　　　　　　　－〈선조실록〉(1592. 6. 13.)－

대동강 상류 강동 지역도 텅 비었다

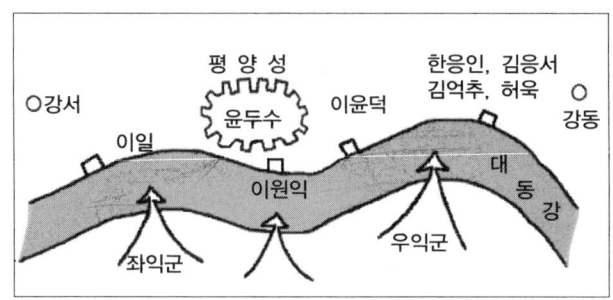

「좌의정 윤두수가 급보를 올렸다.

"이날 유시(酉時: 하오 6시경)에 강 상류의 조방장인 용천 군수 허숙(許淑)의 급보에 의하면, 11일 진시(辰時: 오전 8시경)에 왜적이 석회탄에 오자 여울을 지키던 군졸들이 다 흩어졌다고 하였습니다. 형세가 외로워 맞서 싸우기 어렵기 때문에 내강(內江: 대동강 상류)까지 물러가 의거하려고 강동에 갔더니, 방어사 김억추(金億秋: 울돌목 해전 때에는 전라우수사로서 이순신과 함께 싸운다)가 먼저 고을에 도착하였습니다. 억추는 흩어진 군사들을 끌어모아 성천강(成川江: 대동강 상류)으로 달려갔고 허숙은 열파정으로 달려왔습니다.

신이 허숙에게 형편을 살펴보면서 내강(內江)으로 물러가 주둔하도록 하였습니다. 그런데 김억추가 성천강으로 간 것은 그 까닭을 알 수 없어서 허숙에게 공문을 띄워 억추에게 전달하게 하고 그와 힘을 합쳐 내강을 방어하게 하였습니다.

강 상류의 여러 장수들인 김응서(뒷날 '요시라-고니시의 반간계'에 연루됨)·한희길·김의일·김응함(울돌목 해전 때 중군장) 및 순찰사 한응인 등은 어제 벌써 올라가버렸는데 일이 많이 꼬여서 앞으로의 일을 수습하기 어려울 것 같습니다."」

-〈선조실록〉(1592. 6. 13.)-

강동 지역 장수들도 대동강 상류 쪽으로 물러났다.

10. "죽더라도 천자의 나라에 가서 죽겠다!"는 선조 임금

「임금이 이어서 요동으로 들어가는 문제를 말했다.

최흥원: "요동은 인심이 매우 사납습니다.

선조: 그렇다면 왜 갈 만한 지역을 말하지 않는가? 나는 죽더라도 천자(天子)의 나라에 가서 죽겠다. 왜적의 손에 죽을 수는 없지 않다. 세자를 이곳에 남겨두고 떠나도 괜찮겠느냐?

정철: 만약 왜적이 몰아쳐온다면 세자도 어찌 여기에 머물러 있을 수 있겠습니까.

정철·홍원: 주서(注書) 2명과 한림(翰林) 2명이 안주에서부터 뒤에 떨어졌습니다."」 -〈선조실록〉(1592. 6. 13.)-

승정원의 일기 담당자들까지 뒤쳐지고 있는데, 허기와 피곤에 지쳤기 때문이다. 게다가 조선 왕국의 미래도 암울했다.

명나라에서 선조를 받아 줄지도 의문

「선조: "요동으로 가는 것이 어떻겠는가?
이곽: 사람들의 말에 의하면, 그 전에 일본과 거래한 일이 있기 때문에 명나라 조정에서 지금은 비록 너그럽게 대해 주지만 꼭 받아들여 줄지는 장담할 수 없으며, 만약 왜적들이 우리 뒤를 따라온다면 아무래도 받아들여 주지 않을 것이라고들 하는데, 이 말이 그럴 듯합니다."」

-〈선조실록〉(1592. 6. 13.)-

'만약 왜적들이 우리 뒤를 따라온다면 아무래도 받아들여 주지 않을 것' 이라고 하였는데, 명나라에서는 조선군이 너무 빨리 의주 쪽으로 쫓겨 오고 있기에 '조·왜가 합심해서 명을 침공하려 한다' 고 의심을 하고 있는 중이었다. 때문에 만약 왜군들이 선조의 피난 행렬을 곧바로 뒤따라온다면, 명나라는 이것을 '조선+왜국의 야합' 으로 판단하여 선조를 받아들이지 않을 것이라는 설명이다.

「한준(韓準): "세자는 북도로 가고 임금의 행차는 의주로 가게 된다면 명나라 조정에서는 반드시 군사를 보내 달라고 청한 것에 대하여 잘 돌보아줄 것입니다.
이항복: 신도 처음부터 끝까지 전하와 세자께서는 갈라져 있는 것이 옳다고 생각했습니다. 명나라에서도 반드시 포용하여 받아들여 줄 것이고 거절할 리가 없을 것입니다.
선조: 왜적의 손에 죽기보다는 차라리 부모의 나라에 가서 죽겠다."」

-〈선조실록〉(1592. 6. 13.)-

한준과 이항복은 세자는 국내에 남아 왜군과 싸워야 명나라에서는 선조의 명나라 행을 허가할 것이라고 했다.

「선조: "논의가 많으면 좋지 않은 법이다. 지금 이모저모 백방으로 다 생각해 봐도 내가 가는 곳이면 왜적들도 능히 갈 수 있을 것이니 본국에는 발을 들여놓을 곳이 없을 것 같다.
최흥원: 신의 생각에는 요동으로 들어가는 것은 옳지 않다고 봅니다. 만약 들어갔다가 받아들여주지 않으면 어떻게 하겠습니까?
선조: 비록 그렇기는 하지만 나는 꼭 압록강을 건너가겠다.
심충겸: 요동으로 들어가면 중궁(中宮)과 궁녀들은 어떻게 처리하시겠습니까?
선조: 다 내버릴 수는 없으니 간편하게 데리고 가도록 하는 것이 좋겠다.
이항복: 할 수 없이 아주 간편하게 데리고 가야 하겠습니다. 세자빈도 북도로 보내는 것이 좋겠습니다. 그리고 모든 일을 오늘 결정짓는 것이 좋겠으니 세자도 불러와서 함께 의논하여 처리하기 바랍니다."」   -〈선조실록〉(1592. 6. 13.)-

임금은 한사코 명나라로 가겠다고 하고, 신하들은 광해 세자라도 조선에 남아야 한다고 주청하고 있다.

「선조: "나를 따라갈 사람들은 자원하는 것이 좋겠다.
이항복: 힘이 약해서 따라가지 못할 사람도 있을 것입니다.
선조: 어려워하지 말고 각기 말하라. 북도로 가는 것도 역시 종묘와 사직을 위한 중요한 일인 만큼 많이 보내지 않을 수 없

다. 호조판서(韓準)는 북도로 가는 것이 좋겠다. 나는 종묘와 사직에 죄를 지었으니 꼭 나를 따라갈 것은 없다. 우리나라는 큰 나라를 지성껏 섬겨왔기 때문에 명나라 조정에서는 틀림없이 용납하여 받아들여 주고 거절하지는 않을 것이다. 경들은 모두 병이 있는 것 같으니 모두 북도로 가는 것이 좋겠고, 요동으로 들어갈 필요는 없겠다. 형편이 어렵게 되면 강계로 가도 무방할 것이다."

(이때 모든 신하들이 다 눈물을 흘렸다.)

심충겸: 궁녀들은 몇이나 되는지 모르는데 나누어 보내겠습니까?

선조: 세자와 함께 북도로 보내는 것이 어떻겠는가. 요동으로 가는 경우 중궁과 후궁 두세 사람은 부득이 데리고 가야겠다. 중국에 들어가면 군사를 청하고 구원을 빌어 혹시 나라를 회복할 수도 있을 것이다.

최흥원: 만약 중국에서 허락하지 않는 날에는 그 우환이 적지 않을 것입니다."」　　　　　　　-〈선조실록〉(1592. 6. 13.)-

임금은 명나라로 가는 것이 국난을 수습할 수 있는 유일한 길이라 보고 있고, 대신들은 이에 대해서 울면서 반대했다.

「이날 밤에 비망기로 전교하였다.
"내적으로 임금 자리를 물려주려는 의향을 한두 번 말한 것도 아닌데, 대신들 때문에 죽으려고 해도 죽을 수 없는 형편이다. 이제부터는 세자에게 나라 일을 임시로 대신하도록 하여 벼슬을 임명하거나 표창하고 처벌하는 등의 일들은 다 편리한 대로 스스로 결단하도록 한다는 것을 대신들에게 말해주도록 하라."
대신들이 그렇게 하기는 어려우므로 안 된다는 뜻을 말했으나, 대답하기를, "그렇게 하지 않을 수 없다."고 하였다.」

-〈선조실록〉(1592. 6. 13.)-

선조 임금은 임진란 7년 동안 보위 이양을 25회나 거론했기에 오늘의 학자들 가운데는 이를 선조의 '정치적 기교'로 보는 경우도 있다. 그런데 이날의 보위 이양 전교는 이러지도 저러지도 못하는 형편에서 해결방안을 찾기 위한 과정에서 나온 것으로 보인다.

〈이상 제 2권〉

【필진 프로필】

정광수
1937년생, 대졸
기업 연수원 강사

정신한
1968년생, 대졸
현 회사원

이병노
1967년생, 대졸
현 회사원

정민정
1967년생, 대졸
현 교사

윤수자
1941년생, 대졸

강경희
1972년생, 대졸/ 현 학원강사

황치영
1966년생, 대졸
현 교사

이순신과 임진왜란 · 2
― 죽더라도 천자의 나라에 가서 죽겠노라. ―

초판 1쇄 발행 | 2005년 4월 25일
초판 13쇄 발행 | 2014년 7월 15일

저 자 | 이순신역사연구회
펴낸이 | 박기봉
펴낸곳 | 비봉출판사
주 소 | 서울 금천구 가산디지털2로 98. 2-808(가산동, IT캐슬)
전 화 | (02)2082-7444
팩 스 | (02)2082-7449
· E-mail | bbongbooks@hanmail.net
등록번호 | 2007-43 (1980년 5월 23일)
ISBN | 978-89-376-0333-4 04900
       978-89-376-0331-0 04900 (전4권)

값 12,000원

ⓒ 이 책의 한국어판 판권은 본사에 있습니다.
본사의 허락 없이 이 책의 복사, 일부 무단전제, 전자책 제작 유통 등 저작권 침해 행위는 금지됩니다.

(파본이나 결함 있는 책은 구입하신 서점에서 교환해 드립니다.)